EM DEFESA DO CAPITALISMO
DESMASCARANDO OS MITOS

RAINER
ZITELMANN

EM DEFESA DO CAPITALISMO

DESMASCARANDO OS MITOS

70

EM DEFESA DO CAPITALISMO
DESMASCARANDO OS MITOS

Autor: Rainer Zitelmann

Diretor da Almedina Brasil: Rodrigo Mentz
Editor de Ciências Sociais e Humanas e Literatura: Marco Pace
Assistentes Editoriais: Isabela Leite e Larissa Nogueira
Estagiária de Produção: Laura Roberti

Título Original: *Die 10 Irrtümer der Antikapitalisten*
Tradução: Patrícia Berlanza
Revisão: Juliana Souza e Luciana Silva

Diagramação: Almedina
Design de Capa: Roberta Bassanetto

ISBN: 9786554270151
Novembro, 2022

Dados Internacionais de Catalogação na Publicação (CIP)
(Câmara Brasileira do Livro, SP, Brasil)

Zitelmann, Rainer
Em defesa do capitalismo : desmascarando os mitos / Rainer Zitelmann
tradução Patrícia Berlanza. – São Paulo, SP : Edições 70, 2022.

Título original: Die 10 Irrtümer der Antikapitalisten.
ISBN 978-65-5427-015-1

1. Capitalismo – História 2. Comunismo
3. Socialismo I. Berlanza, Patrícia. II. Título.

22-124929 CDD-330.12209

Índices para catálogo sistemático:

1. Capitalismo : História 330.12209

Eliete Marques da Silva – Bibliotecária – CRB-8/9380

Este livro segue as regras do novo Acordo Ortográfico da Língua Portuguesa (1990).

Translated into the Portuguese Language for Brazil through mediation of Maria Pinto-Peuckmann, Literary Agency, World Copyright Promotion, Kaufering, Germany.

Editora: Almedina Brasil
Rua José Maria Lisboa, 860, Conj. 131 e 132, Jardim Paulista | 01423-001 São Paulo | Brasil
www.almedina.com.br

SOBRE O AUTOR

Rainer Zitelmann nasceu em Frankfurt am Main, Alemanha, em 1957. Ele estudou história e ciência política de 1978 a 1983 e se formou com distinção. Em 1986, ele recebeu o título de Dr. Phil por sua tese *Hitler. Selbstverständnis eines Revolutionärs [Hitler: a autor-imagem de um revolucionário]* (em inglês: *Nacional Socialismo de Hitler*) sob a orientação do Professor Baron von Aretin. O estudo, que recebeu a nota "*summa cum laude*", recebeu atenção e reconhecimento mundial.

De 1987 a 1992, Zitelmann trabalhou no Instituto Central de Pesquisa em Ciências Sociais da Universidade Livre de Berlim. Ele então se tornou editor-chefe da editora Ullstein-Propyläen, na época o terceiro maior grupo editorial de livros da Alemanha, e chefiou vários departamentos do principal jornal diário alemão *Die Welt*. Em 2000, ele montou seu próprio negócio, Dr. ZitelmannPB. GmbH, que desde então se tornou líder de mercado em consultoria de posicionamento para empresas imobiliárias na Alemanha. Ele vendeu o negócio em 2016.

Em 2016, Zitelmann recebeu seu segundo doutorado, desta vez em sociologia, com sua tese sobre a psicologia dos super-ricos, sob a orientação do professor Wolfgang Lauterbach na Universidade de Potsdam. A tese foi publicada em inglês como *The Wealth Elite* [*A Elite da Riqueza*].

Zitelmann escreveu um total de 26 livros, que tiveram um sucesso substancial em vários idiomas ao redor do mundo. Ele é um palestrante convidado muito procurado na Ásia, nos Estados Unidos e na Europa. Nos últimos anos, ele escreveu artigos e deu entrevistas a muitos dos principais meios de comunicação do mundo, incluindo *Le Monde, Le Point, Corriere della Sera, Il Giornale, Frankfurter Allgemeine Zeitung, Die Welt, Der Spiegel, Neue Zürcher*

Zeitung, The Daily Telegraph, The Times, National Interest, Forbes e vários meios de comunicação na China e no Vietnã. Aos leitores deste livro, é recomendada a leitura de seus livros *O Capitalismo não é o problema, é a solução* e *The Rich in Public Opinion* [*Os Ricos na Opinião Pública*]. Informações detalhadas sobre a vida de Rainer Zitelmann podem ser encontradas em rainer-zitelmann.com.

APRESENTAÇÃO À EDIÇÃO BRASILEIRA

"Capital" vem do latim capitale, derivado de capitalis ("principal, primeiro, chefe"), que, por sua vez, provêm do protoindo-europeu kaput, significando "cabeça"[1]. A expressão latina foi empregada originalmente em referência a fundos, mercadorias ou dinheiro na Itália, entre os séculos XII e XIII. A partir do século XVII já se encontrava em uso a expressão derivada, "capitalista", que se referia, então, ao proprietário de recursos, o dono de capitais.

Todos esses usos são anteriores ao emprego da expressão "capitalismo" para designar uma lógica econômica, que também reconhecemos por "economia de mercado", em que se pratica a operação da propriedade privada para a obtenção de lucro, com mão-de-obra exclusivamente assalariada. Há diferentes alegações quanto ao exato instante em que este último termo surgiu, havendo ocorrências de "capitalismo" entre os séculos XVIII e XIX para se referir apenas à condição dos já referidos capitalistas. É atribuído ao socialista não-marxista Louis Blanc (1811-1882), em 1850, e ao anarquista Pierre Joseph Proudhon (1809-1865), em 1861, o emprego inicial de "capitalismo" em seu sentido moderno[2], como um sistema econômico reconhecível, e especificamente a Karl Marx (1818-1883) e Friedrich Engels (1820-1895) a primeira exposição mais objetiva das ideias de "sistema capitalista" e "modo de produção capitalista"[3].

---

[1] Online Etymology Dictionary. Disponível em: < https://www.etymonline.com/word/cattle>

[2] Braudel, Fernand (1979). The Wheels of Commerce: Civilization and Capitalism 15-18 Century, Harper and Row. p.237

[3] Saunders, Peter (1995). Capitalism. University of Minnesota Press. p. 1

Que tenham sido os próprios parteiros das mais emblemáticas construções teóricas elaboradas para alvejá-lo também os pioneiros na rotulação do fenômeno, isso não muda o fato de sua extraordinária singularidade e de seus excepcionais efeitos. Não pode haver dúvida razoável de que, articulado ao legado da tradição liberal clássica e das instituições por ela englobadas, ressaltando-se o Estado de Direito e a divisão de poderes, quer falemos em "capitalismo", quer falemos em "economia de mercado", tratamos de um dos acontecimentos mais poderosos dos últimos séculos. Todos os ângulos pelos quais se encare a questão, sob bases qualitativas e quantitativas, demonstrarão, para esperneio de saudosistas e extremistas de todas as espécies, que o impacto do capitalismo proporcionou a multiplicação das riquezas, o desenvolvimento tecnológico e o aumento das expectativas e qualidades de vida médias de maneira absolutamente sem precedentes.

Repitamos: não pode haver dúvida razoável. No entanto, há dúvida e até questionamento assertivo. Por quê? Muitas explicações podem ser e efetivamente são aventadas. Friedrich Hayek (1899-1992), o notável economista da Escola Austríaca, algumas vezes mencionado neste livro por sua defesa da "ordem espontânea" e sua crítica à mentalidade construtivista subjacente às principais concepções coletivistas e dirigistas, argumentaria, em seu clássico *O Caminho da Servidão*, que foi difícil para os liberais sustentar que os problemas ainda não resolvidos, ao contrário do que preconizava a retórica emocional dos antiliberais emergentes, não eram responsabilidade do liberalismo, ao qual o capitalismo está intrinsecamente associado. Em contrapartida, foi fácil para os antiliberais explorar as insatisfações, que se acentuaram, por paradoxal que pareça, à medida que o próprio capitalismo melhorava substancialmente as condições de vida e as possibilidades à disposição da sociedade, fazendo com que muitos se esquecessem de que os sucessos obtidos eram mérito exclusivamente desse mesmo capitalismo e do liberalismo político-institucional a que estava acoplado. No Brasil, o professor Og Francisco Leme (1922-2004), um dos fundadores e esteio teórico dos primeiros anos do Instituto Liberal, alegaria que o racionalismo exacerbado, já criticado por Hayek, menosprezando instituições e práticas que surgissem de maneira não deliberada, e a ascensão, no século XX, de uma mentalidade holista-animista, que enfatiza os agregados a que os indivíduos estariam vinculados em vez dos indivíduos em si mesmos, teriam sido fatores cruciais a contribuir para essa lamentável situação, somados às guerras, às crises (como o presente livro tentará demonstrar, mal interpretadas) e à busca planejada pelo desenvolvimento econômico – que nós brasileiros conhecemos tão bem, permeando as sucessões de planos econômicos desastrosos que marcaram significativa parcela de nossos governos.

Este escriba adicionaria, se lhe permitirem a ousadia, o ódio à mobilidade e o desejo de privilégios, que afetam tanto tradicionalistas de vocação teocrática, saudosos de uma idade dourada idílica que, em verdade, jamais existiu, a não ser em suas imaginações delirantes, quanto os socialistas, sonhando com um futuro que, toda vez que se tentou efetivar no presente, resultou em miséria e derramamento de sangue. O notável liberal francês Alexis de Tocqueville (1805-1859) seria um dos primeiros a identificar a semelhança entre esses dois pendores ao enxergar nos primeiros socialistas uma espécie de rearticulação da defesa do Antigo Regime.

À revelia das alegações, o fato é que o capitalismo ainda é visto como uma monstruosidade imoral. Embora o historiador alemão Rainer Zitelmann, neste segundo trabalho que temos a honra de contribuir para ver publicado em português, também dedique algum tempo para apreciar as motivações disso – que ele analisa em maiores detalhes no livro anterior, *O Capitalismo não é o problema, é a solução* –, seu enfoque desta vez é em já partir do princípio de que, não obstante não haja qualquer racionalidade ou fatualidade nessas ideias, uma série de mitos, no pior sentido da palavra, está difundida entre boa parte do gênero humano acerca desse desenvolvimento fabuloso da modernidade. Fascistas, marxistas, reacionários, populistas nomeadamente à esquerda ou à direita, ambientalistas radicais, teóricos da conspiração, todos estão prontos a alardear que o mundo está escravizado pelos diabólicos planos do "grande capital", que o capitalismo está assassinando as crianças da África ou qualquer outra asneira de abjeção similar.

Isso se dá a tal ponto que esse pensamento distorcido já está impregnado na consciência de muitos, quase que por "osmose". A contestação de algo tão enraizado demanda, para além do esforço de persuasão teórica, a exposição didática de fatos que sejam capazes de demolir, de forma inquestionável, com evidências históricas, as difamações disseminadas contra o capitalismo, e provar que, ao contrário, ele merece o posto de grande benfeitor da humanidade. É a essa missão, realizada em momento particularmente adverso e que esperamos fervorosamente não seja inglória, que o historiador Rainer Zitelmann se tem ardorosamente dedicado em sua produção bibliográfica. Este livro é uma preciosa contribuição a tal esforço.

Na primeira parte, o autor elenca dez dessas mentiras grotescas, que, com absoluta certeza, o leitor se lembrará de ter ouvido pelo menos alguma vez na vida. Isso, por si só, já atesta a oportunidade da obra. Em uma segunda parte, Rainer Zitelmann expõe, como sempre baseado em números e acontecimentos históricos, o fracasso de todas as tentativas perpetradas na face da Terra para abandonar o capitalismo e supostamente substituí-lo por algo mais nobre e altruísta, para, ao fim e ao cabo, apenas fornecer ocasião para que se expressassem, nas aplicações mais bárbaras possíveis, as piores dimensões do ser humano. Em seguida, ele divulga, através desta edição, uma pesquisa internacional sobre a percepção popular acerca do capitalismo, inclusive no Brasil, que deverá servir como uma mina fecunda para os pesquisadores de todos os países investigados efetuarem estudos nas mais diversas disciplinas e temáticas correlatas. Após a conclusão, ele ainda nos traz a reprodução de um artigo de seu amigo, o economista chinês Weiying Zhang, que desafia corajosamente o entendimento de muitos de seus compatriotas de que o crescimento da China decorreu da tutela do Estado, em vez de se verificar *apesar dele*, em virtude das reformas capitalistas empreendidas desde a gestão de Deng Xiaoping (1904-1997).

Este dedicado trabalho, cujos resultados Rainer Zitelmann oferece nesta publicação, é mais necessário do que nunca entre nós, brasileiros, na sequência de nossa batalha secular contra o patrimonialismo e o “capitalismo de compadrio”, mais assemelhado a um “neomercantilismo” que ao capitalismo propriamente dito, que, em geral, infelizmente, nos acostumamos a praticar. Como diria o icônico liberal mato-grossense Roberto Campos (1917-2001), não podemos condenar o capitalismo como o autor de nossos problemas sem antes efetivamente praticá-lo em nossas plagas tupiniquins. Para tanto, em vez de acolher automaticamente o discurso manjado da acusação, disponhamo-nos a ouvir, como Rainer a si mesmo apresenta, os advogados – afinal, ele diz sabiamente, nada nem ninguém deve ser condenado sem ter direito sequer a defesa.

LUCAS BERLANZA

SUMÁRIO

INTRODUÇÃO

Na mentalidade popular, o capitalismo está associado a tudo o que deu errado no mundo. Para muitos, e não apenas adeptos da religião política do anticapitalismo, a própria palavra é sinônimo do mal supremo. Para onde quer que você olhe, o capitalismo não parece ter muitos amigos ou aliados — apesar de ter sido o sistema econômico mais bem-sucedido da história da humanidade.

O maior truque dos anticapitalistas é comparar o sistema do mundo real sob o qual vivemos com um ideal do mundo perfeito dos seus sonhos, um ideal que não existe e nunca existiu em nenhum lugar do mundo. Os anticapitalistas contam com o fato de que a maioria das pessoas sabe pouco sobre a história, a extrema pobreza e as circunstâncias desumanas em que nossos ancestrais viveram antes do surgimento do capitalismo, e eles sabem que a maioria das pessoas hoje terá aprendido muito pouco com seus professores na escola ou universidade sobre as condições cruéis e insensíveis sob o socialismo.

Finalmente, eles pintam o futuro com as cores mais sombrias, atribuindo todos os problemas e crises não a falhas do Estado, mas a supostas deficiências do mercado. O fato de que cada sistema anticapitalista, sem exceção, terminou em fracasso é um argumento que os socialistas não estão dispostos a aceitar. Eles sempre têm uma resposta pronta — Isso absolutamente não era socialismo "verdadeiro"! — e insinuam com confiança que, após 100 anos de experimentos socialistas fracassados, eles finalmente encontraram a receita certa para fazer o socialismo funcionar.

Essencialmente, o capitalismo é um sistema econômico baseado na propriedade privada e na competição, em que as próprias empresas são livres para determinar o que e quanto produzem, auxiliadas em suas decisões pelos preços estabelecidos pelo mercado. Os papéis centrais nas economias capitalistas são desempenhados por empreendedores, que servem para desenvolver novos produtos e descobrir novas oportunidades de mercado, e consumidores, cujas decisões individuais de compra definitivamente determinam o sucesso ou o fracasso do empreendedor. No fundo, o capitalismo é um sistema econômico empresarial. De fato, "economia empreendedora" seria o termo mais apropriado para descrevê-lo.

Sob o socialismo, em contraste, a propriedade estatal domina e não há competição real nem preços reais. Acima de tudo, não há empreendedorismo. As autoridades de planejamento estatal centralizado que determinam quais produtos são produzidos e em que quantidade, não os empresários privados.

Porém, nenhum desses sistemas existe, em qualquer lugar, em sua forma mais pura. Na realidade, todos os sistemas econômicos são sistemas mistos. Sob os sistemas socialistas no mundo real, havia e há propriedade privada limitada de bens de capital e meios de produção e traços de economia de livre mercado (caso contrário, eles teriam entrado em colapso muito mais cedo). Nos países capitalistas modernos, existem numerosos componentes do socialismo e da economia planificada (que muitas vezes dificultam o funcionamento da economia de mercado e, consequentemente, distorcem seus resultados).

Em meu livro *O capitalismo não é o problema, é a solução* (Edições 70, 2022), desenvolvi uma "teoria" que agora chamo de "Teoria do Tubo de Ensaio". É mais uma metáfora do que uma teoria, que pode ser usada para entender melhor os desenvolvimentos históricos: imagine um tubo de ensaio contendo os elementos do Estado e mercado, socialismo e capitalismo. Em seguida, adicione mais mercado a este tubo de ensaio, como os chineses vêm fazendo desde a década de 1980. O que observamos? Diminuição da pobreza e aumento da prosperidade. Ou coloque mais Estado no tubo de ensaio, como os socialistas vêm fazendo na Venezuela desde 1999. O que acontece então? Mais pobreza e menos prosperidade.

Em todo o mundo, vemos essa luta de opostos: mercado versus Estado, capitalismo versus socialismo. Esta é uma contradição dialética, e o desenvolvimento de um país — seja ele mais ou menos próspero — depende do desenvolvimento da relação entre mercado e Estado. Enquanto vimos um recrudescimento das forças de mercado em muitos países (Deng Xiaoping na China, Margaret Thatcher e Ronald Reagan na Grã-Bretanha e nos Estados Unidos, reformas na Suécia e no início dos anos 2000 na Alemanha) nas décadas de 1980 e 1990, hoje é o outro lado — o Estado — que parece estar ganhando vantagem em muitos países. No plano das ideias, o anticapitalismo voltou à moda e está moldando cada vez mais o pensamento de uma nova geração de jornalistas e políticos.

Como tenho viajado pelo mundo promovendo *O Poder do Capitalismo*, muitas vezes me fazem perguntas que não abordei naquele livro, como: e quanto a degradação ambiental? Ou: os valores humanos não estão perdidos no capitalismo, todo o resto não fica em segundo plano na busca do lucro? E: não há uma contradição fundamental entre democracia e capitalismo? Afinal, as pessoas perguntam: não está claro que não é a maioria dos eleitores, mas o dinheiro que determina os resultados políticos quando olhamos para os Estados Unidos? E quanto à lacuna entre ricos e pobres, que, como a mídia relata constantemente, está aumentando continuamente? E o que você diz sobre monopolistas globais como Google e Facebook, que estão se tornando cada vez mais poderosos? E o capitalismo não é o culpado pelos conflitos militares em todo o mundo e não produziu ditaduras terríveis — incluindo o regime nacional-socialista de Hitler na Alemanha? Finalmente, as pessoas que duvidam ou desistiram do capitalismo perguntam: não deveríamos tentar alternativas ao capitalismo? Essas, então, são algumas das questões que abordo neste livro.

Ao ler os capítulos que se seguem, o leitor logo perceberá que não discuto em um nível teórico. Os opositores do capitalismo adoram discutir teorias porque sabem que em discussões conceituais nem sempre é tão fácil decidir quem está certo e quem está errado e porque gostam de chegar a altos níveis de abstração. Para a maioria das pessoas, no entanto, teorias e modelos econômicos abstratos são muito intangíveis e difíceis de entender. Esse é o primeiro inconveniente. O segundo, ainda mais grave: algumas teorias são sedutoras porque são consistentes com o que achamos que sabemos, com nossos pré-conceitos sobre o mundo. Se forem coerentes, formuladas de maneira atrativa, bem apresentadas e, acima de tudo, consistentes com o que acreditamos já saber, exercem grande apelo. Acho que primeiro é mais importante verificar se os fatos nos quais uma teoria se baseia são realmente verdadeiros. Esse é o ponto sensível das teorias promovidas pelos anticapitalistas: elas não se encaixam nos fatos históricos, elas simplesmente reforçam nossas ideias pré-concebidas a respeito do mundo.

Alguns defensores do capitalismo também gostam de discutir modelos econômicos. Não tenho nada contra isso, e tais modelos têm sua justificativa. No entanto, acho que faz muito mais sentido discutir fatos históricos do que se engajar em um debate sobre modelos teóricos antes de decidir quem está certo.

Neste livro, adotei a seguinte abordagem: na Parte A, foco em detalhes dos argumentos repetidamente levantados contra o capitalismo. Na Parte B, trato da questão das alternativas ao capitalismo. O socialismo sempre parece bom no papel — exceto quando esse papel está em um livro de história.

A terceira parte deste livro, a Parte C, trata das percepções populares do capitalismo. Talvez você já tenha lido *O Novo Iluminismo*, de Steven Pinker, ou *Factfulness*, de Hans Rosling? Fiquei fascinado por esses livros porque eles provam o quanto a maioria das pessoas está errada quando acredita que tudo era melhor no passado e que o mundo inteiro está piorando. Há uma contradição impressionante entre os dados da pesquisa sobre como a maioria das pessoas percebe o mundo ao seu redor e os fatos. O mesmo se aplica às opiniões das pessoas sobre o capitalismo, onde há uma forte divergência entre os fatos históricos e econômicos, por um lado, e as percepções das pessoas, por outro. Sei disso porque, em um projeto de pesquisa internacional de grande escala, perguntei a pessoas em 14 países o que elas pensavam sobre o capitalismo.

O objetivo principal deste livro não é se envolver com outros estudiosos, mas desafiar as opiniões populares sobre o capitalismo. No entanto, em alguns capítulos abordo diretamente os argumentos apresentados por vários intelectuais anticapitalistas proeminentes — como Thomas Piketty, Naomi Klein e Noam Chomsky — e em livros e artigos escritos por estudiosos críticos do capitalismo. Faço isso principalmente quando acredito que suas teses já encontraram aceitação entre setores mais amplos do público em geral. É claro que a maioria das pessoas que têm opiniões anticapitalistas nunca leu as obras de Karl Marx ou os críticos modernos do capitalismo, mas muitas de suas teses — divulgadas pela mídia, universidades e escolas — chegaram à consciência geral e são até consideradas, pelo menos em parte, como sabedoria popular, apesar de conterem inúmeros erros.

Você também verá que, embora algumas dessas teses possam parecer bastante novas e inovadoras (como, por exemplo, a crítica do consumo), elas na verdade são muito mais antigas. Embora os argumentos apresentados em defesa do anticonsumismo possam ter mudado — às vezes, o movimento se preocupava com a destruição da cultura, depois com os supostos perigos do "consumo alienado", e agora com a mudança climática —, o alvo sempre foi o mesmo: o capitalismo. O raciocínio em constante mudança dos anticonsumistas sugeriria que a lógica não é tão importante quanto o verdadeiro alvo. Alguns anticapitalistas, incluindo Naomi Klein, chegaram a admitir abertamente que só se interessaram por questões como as mudanças climáticas quando descobriram que eram uma arma nova e eficaz na luta contra a única coisa que detestavam acima de tudo: o capitalismo.

Críticos provavelmente me acusarão de "unilateralidade". Isso ocorre porque muitos fatos e argumentos que apresento neste livro desafiarão muitas das "verdades" sobre o mundo em que a maioria das pessoas passou a acreditar. Também irão contradizer a narrativa que é propagada por grandes setores da mídia (falarei sobre isso em breve).

E é por isso que um pré-requisito para a leitura deste livro é a abertura a fatos que podem desafiar sua visão do mundo. Em nossa pesquisa internacional, apresentamos aos entrevistados em 14 países 18 declarações para conhecer suas opiniões sobre o capitalismo. Uma afirmação que suscitou pouca concordância foi que o capitalismo melhorou as condições para as pessoas comuns em muitos países ao redor do mundo — muito mais entrevistados acreditam que o capitalismo é responsável pela fome e pela pobreza. As figuras que apresento no Capítulo 1 deste livro mostram claramente que é exatamente o contrário.

Em relação à fome e à pobreza, no entanto, é muito difícil travar uma discussão baseada em fatos. Quanto mais emocionalmente carregado é um tópico, menos as pessoas estão dispostas a aceitar dados empíricos que contradizem suas próprias opiniões, fato que tem sido repetidamente confirmado por experimentos e estudos científicos.

Em uma série de pesquisas representativas quase idênticas nas últimas três décadas, os pesquisadores apresentaram aos entrevistados uma folha de papel com uma foto e um balão de fala e fizeram a seguinte pergunta: "Gostaria agora de falar sobre um incidente que aconteceu no outro dia em um painel de discussão sobre [depois seguiram vários tópicos como engenharia genética, mudanças climáticas, energia nuclear, poluição do ar, etc., todos os quais são emocionalmente polarizadores]. Especialistas estavam falando sobre os riscos e os últimos desenvolvimentos no campo. De repente, um membro da plateia se levanta e grita algo para os palestrantes e para o público". Os pesquisadores então pediram aos entrevistados que olhassem para a pessoa e o balão de fala no papel que continha as palavras: "O que me importam números e estatísticas neste contexto? Como você pode falar tão friamente quando a sobrevivência da humanidade e do nosso planeta está em jogo?" Abaixo do balão de fala havia uma pergunta: "Você diria que essa pessoa está certa ou errada?" Essa pergunta foi feita repetidamente durante um período de 27 anos em 15 diferentes pesquisas representativas sobre uma variedade de tópicos altamente emotivos e controversos. Invariavelmente, a maioria dos entrevistados concordou com o contestador que não estava interessado nos fatos. Em média, 54,8%

disseram que o contestador resistente aos fatos estava certo, apenas 23,4% discordaram.[4]

Ao escrever este livro, não estou de forma alguma interessado em adotar uma posição "centrista" artificial ou acomodar as opiniões equivocadas de um grande número de pessoas quando os fatos são indiscutíveis. Dito isso, dadas as centenas de livros que foram escritos para denunciar o capitalismo, certamente não haveria nada de errado em escrever um livro em sua defesa. Em qualquer caso judicial, o réu sempre tem permissão a um advogado de defesa. O juiz — que neste caso é você, caro leitor — chega a um julgamento apenas quando todos os fatos foram apresentados. Nesse caso, isso inclui os fatos a favor do capitalismo. Um julgamento em que não há defesa e o promotor e juiz estão em conluio é um processo sumário. Infelizmente, o debate sobre o capitalismo mais frequentemente se assemelha a um processo sumário do que a um julgamento justo.

Fiquei muito impressionado com os termos claros e simples empregados para defender a economia de mercado usados por meu amigo, o professor Weiying Zhang, renomado economista da Universidade de Pequim. Incluí o artigo dele, que você encontrará a partir da página 347. Para os leitores que ainda não estudaram o tema do capitalismo em profundidade, recomendo ler este capítulo primeiro — assim que terminar este prefácio — em vez de guardá-lo para o final.

Por fim, gostaria de agradecer aos acadêmicos e amigos que me ajudaram com seu encorajamento e comentários críticos sobre este livro. Alguns leram capítulos individuais, outros o manuscrito inteiro. Meus agradecimentos ao Prof. Jörg Baberowski, Dr. Daniel Bultmann, Prof. Jürgen W. Falter, Prof. Thomas Hecken, Dr. Christian Hiller von Gaertringen, Dr. Helmut Knepel, Prof. Eckhard Jesse, Prof. Hans Mathias Kepplinger, Prof. Wolfgang König, Dr. Gerd Kommer, Prof. Stefan Kooths, Prof. Wolfgang Michalka, Reinhard Mohr, Dr. Kristian Niemietz, Prof. Werner Plumpe, Prof. Martin Rhonheimer, Prof. Walter Scheidel, Prof. Hermann Simon, Prof. Frank Trentmann, Prof. Bernd-Jürgen Wendt, e Prof. Erich Weede.

Meus agradecimentos especiais vão para o Dr. Thomas Petersen, do Allensbach Institute, que dirigiu o projeto de pesquisa internacional por muitos meses, e para meu amigo Ansgar Graw, que mais uma vez colocou suas habilidades em prática na edição deste livro.

[4] Cf. Kepplinger, Risikofallen, 62–63.

1.

"O CAPITALISMO É RESPONSÁVEL PELA FOME E PELA POBREZA"

O capitalismo é frequentemente culpado pela fome e pela pobreza no mundo. O que você acha? A parcela da população global que vive na pobreza diminuiu, aumentou ou permaneceu a mesma nas últimas décadas?

Em 2016, foi pedida a opinião de 26 mil pessoas em 24 países sobre o crescimento da pobreza absoluta nos últimos 20 anos. Apenas 13% dos entrevistados acreditavam que a taxa de pobreza havia diminuído. Em contraste, 70% acreditavam que a taxa de pobreza havia aumentado. Essa percepção errônea foi particularmente forte nos países industriais: na Alemanha, por exemplo, apenas 8% dos entrevistados acreditavam que a proporção de pessoas que viviam em pobreza absoluta em todo o mundo havia caído. Um estudo realizado pelo Ipsos MORI em 2017 chegou a uma conclusão semelhante. Apenas 11% dos entrevistados na Alemanha estavam convencidos de que a pobreza absoluta havia diminuído globalmente, em comparação a 49% dos entrevistados chineses.[5] A pobreza absoluta é definida com referência ao custo de uma cesta de bens e serviços essenciais. Qualquer pessoa que não possa adquirir esta cesta de bens é considerada pobre em termos "absolutos".[6]

[5] Fink / Kappner, <https://de.irefeurope.org/Diskussionsbeitrage/Artikel/article/Globale-Armut-Positive-Entwicklung-negative-Einschatzung>

[6] O Banco Mundial define a pobreza absoluta como uma renda abaixo da linha de pobreza internacional de US $1,90 (PPP) por dia. Este é o tipo de pobreza mais grave, caracterizado pela privação severa de itens essenciais (inclusive, e principalmente, alimentos). Medir a pobreza em unidades de $ (PPP) leva em consideração variações no poder de compra em diferentes países (PPP = paridade do poder de compra).

Antes de o capitalismo emergir, a maioria das pessoas no mundo vivia em extrema pobreza. Em 1820, cerca de 90% da população mundial vivia em pobreza absoluta. Hoje, o número é inferior a 10%. E o mais notável: nas últimas décadas, desde o fim do comunismo na China e em outros países, o declínio da pobreza acelerou a um ritmo incomparável em qualquer período anterior da história. Em 1981, a taxa absoluta de pobreza era de 42,7%; em 2000, caiu para 27,8% e, em 2021, estava abaixo de 10%.[7]

Essa é a principal tendência, que persiste há décadas, é crucial. É verdade — ao contrário das expectativas originais do Banco Mundial, que compila esses dados — que a pobreza aumentou novamente nos últimos dois anos; mas isso é em grande parte resultado da pandemia global de Covid-19, que exacerbou a situação em países onde a pobreza já era relativamente alta.

Outras tendências de longo prazo também são motivo de incentivo. Por exemplo, o número de crianças em situação de trabalho infantil em todo o mundo caiu significativamente: de 246 milhões, em 2000, para 160 milhões, em 2020.[8] Esse declínio ocorreu apesar do fato de que a população global aumentou de 6,1 para 7,8 bilhões no mesmo período.

Para entender a questão da pobreza, precisamos analisar a história. Muitas pessoas acreditam que o capitalismo é a causa principal da pobreza global e da fome. Elas têm uma imagem completamente irrealista da era pré-capitalista. Johan Norberg, autor de *Progresso*, era um anticapitalista em sua juventude. No entanto, ele admite que nunca tinha realmente pensado como as pessoas viviam antes da Revolução Industrial: "Imaginava que a vida era então uma espécie de excursão moderna ao campo."[9] Em seu livro *Die Selbstgerechten*, Sahra Wagenknecht, a proeminente política de esquerda alemã, escreve que as pessoas "sem dúvida viveram em austeridade" antes do capitalismo, mas ela glorifica condições como contribuir para uma "vida muito mais silenciosa e

---

[7] Cf. <https://de.irefeurope.org/Diskussionsbeitrage/Artikel/article/Globale-Armut-Positive-Entwicklung-negative-Einschatzung>Pinker, 87, Rosling, 52, Fink / Kappner, <https://de.irefeurope.org/Diskussionsbeitrage/Artikel/article/Globale-Armut-Positive-Entwicklung-negative-Einschatzung e https://www.worldbank.org/en/publication/poverty-and-shared-prosperity>

[8] Melcher, "Kinderarbeit: Alarmierende Entwicklung laut UN-Studie" em *FAZ*, 10 de junho de 2021. <https://www.faz.net/aktuell/wirtschaft/kinderarbeit-alarmierende-entwicklung-laut-un-studie-17380670.html>

[9] Norberg, *Progresso*, 2.

amante da natureza, integrada em comunidades coesas" que era "positivamente idílica" em comparação com o capitalismo.[10]

Em seu famoso trabalho sobre a situação da classe trabalhadora na Inglaterra, Friedrich Engels denunciou as condições de trabalho no início do capitalismo nos termos mais drásticos, pintou uma imagem idílica dos trabalhadores domésticos antes do trabalhado mecanizado e o capitalismo veio para destruir esta bela vida:

> "Então os trabalhadores vegetaram ao longo de uma existência razoavelmente confortável, levando uma vida justa e pacífica em toda a piedade e probidade; e sua posição material era muito melhor do que a de seus sucessores. Eles não precisavam trabalhar demais; eles não fizeram mais do que escolheram fazer, e ainda ganharam o que precisavam. Eles dispunham de tempo para o trabalho saudável no jardim ou no campo, trabalho que, por si só, era recreação para eles, e podiam participar também das recreações e jogos dos vizinhos, e todos esses jogos — boliche, críquete, futebol, etc., contribuíram para sua saúde física e vigor. Eles eram, em sua maioria, pessoas muito fortes, cujo físico tinha pouca ou nenhuma diferença do de seus vizinhos camponeses. Seus filhos cresceram no ar fresco do campo e, se pudessem ajudar seus pais no trabalho, era apenas ocasionalmente; embora estivessem fora de questão oito ou doze horas de trabalho para eles",[11]

Engels continua:

> "Eles eram pessoas 'respeitáveis', bons maridos e pais, levavam uma vida moral porque não tinham a tentação de ser imorais, não havendo palácios de gim ou casas de reputação ruim em sua vizinhança, c porque o anfitrião, em cuja estalagem eles de vez em quando saciavam sua sede, era também um homem respeitável, geralmente um grande agricultor que se orgulhava de sua boa ordem, boa cerveja e primeiras horas. Eles tiveram seus filhos o dia todo em casa e os criaram com obediência e temor a Deus..."

Os jovens, escreve Engels, "cresceram em simplicidade idílica e intimidade com seus companheiros de brincadeira até se casarem". A única nota negativa é quando Engels continua:

---

[10] Wagenknecht, 58.

[11] Engels, A Situação da Classe Trabalhadora, 16.

"mas intelectualmente, eles estavam mortos; viviam apenas para seus interesses mesquinhos e privados, para seus teares e jardins, e nada sabiam do poderoso movimento que, além de seu horizonte, estava varrendo a humanidade. Eles se sentiam confortáveis em sua vegetação silenciosa e, não fosse a revolução industrial, eles nunca teriam emergido desta existência, que, por mais aconchegante que fosse, não era digna de seres humanos".[12]

A imagem que muitas pessoas têm da vida nos tempos pré-capitalistas foi transfigurada para além do reconhecível por essas e outras representações romantizadas semelhantes. Então, vamos dar uma olhada mais objetiva na era pré-capitalista nos anos e séculos anteriores a 1820.

A pobreza não foi de forma alguma causada pelo capitalismo; ela existia há muito tempo e moldou a vida das pessoas por milênios. A pobreza não tem causas — a prosperidade tem. Fernand Braudel, o renomado historiador francês, escreveu uma das obras mais respeitadas sobre a história social dos séculos XV a XVIII, *Civilização Material, Economia e Capitalismo*, no qual ele afirma que, mesmo na Europa relativamente abastada, havia constantes depressões e fomes. Os rendimentos de cereais eram tão baixos que duas colheitas ruins consecutivas significavam um desastre.[13] Na França, mesmo então um país privilegiado, houve 11 fomes gerais no século XVII e 16 no século XVIII. Como Braudel observa, esses cálculos provavelmente serão excessivamente otimistas. E todos os países da Europa estavam na mesma situação. Como na Alemanha, por exemplo, onde tanto a cidade quanto o campo foram persistentemente devastados pela fome, uma se seguindo a outra.

Muitas pessoas acreditam que foram a industrialização e a urbanização que levaram à fome e à pobreza. Mas Braudel escreve que as pessoas no campo às vezes experimentavam um sofrimento ainda maior:

> "Os camponeses viviam em um estado de dependência de comerciantes, cidades e nobres, e quase não tinham reservas próprias. Eles não tinham solução em caso de fome, a não ser recorrer à cidade onde se aglomeravam, mendigando nas ruas... As cidades logo tiveram que se proteger contra essas invasões regulares, que não eram puramente de mendigos das áreas vizinhas, mas verdadeiros exércitos de pobres, às vezes de muito longe".[14]

---

[12] Engels, A Situação da Classe Trabalhadora, 16-17.

[13] Braudel, 73 (edição inglês).

[14] Braudel, 74-75.

Se as condições nas cidades tivessem sido geralmente piores do que no campo, milhões de pessoas não teriam se reunido nas cidades. O historiador econômico alemão Werner Plumpe escreve:

> "Não foram os comércios e indústrias emergentes que criaram um proletariado; em vez disso, o proletariado surgiu apenas porque havia subemprego generalizado, e principalmente rural... De fato, a industrialização ajudou grande número de pessoas a escapar do subemprego estrutural e da pobreza e sobreviver como força de trabalho industrial... O capitalismo, se preferir, encontrou uma população pobre que literalmente não tinha nada a perder e muito a ganhar".[15]

Claro, isso só era verdade para pessoas que encontraram emprego nas cidades e foram realmente capazes de trabalhar. Para todos os outros, o destino era cruel. Em Paris, os doentes e inválidos sempre foram colocados em hospitais, enquanto aqueles que estavam aptos o suficiente para trabalhar estavam acorrentados em pares e envolvidos na difícil, repugnante e interminável tarefa de limpar os drenos da cidade.[16]

A fome foi um dos maiores problemas em muitos países. Na Finlândia, houve uma grande fome em 1696/97. Segundo estimativas, entre um quarto a um terço da população morreu. Mas as pessoas muitas vezes viviam em condições desumanas na Europa Ocidental também. Em 1662, os Eleitores de Borgonha informaram ao rei que "a fome este ano pôs fim a mais de dez mil famílias em sua província, e forçou um terço dos habitantes, mesmo nas boas cidades, a comer plantas selvagens", e um cronista acrescenta que: "Algumas pessoas comiam carne humana".[17]

A dieta das pessoas consistia a mingau, lúpulo e pão feito de farinhas inferiores, que só eram assadas uma vez por mês ou a cada dois meses e estavam quase sempre mofados e tão duros que em algumas regiões tinham que ser cortadas com um machado.[18] A maioria das pessoas, mesmo nas cidades, teve que sobreviver com 2.000 calorias por dia, com carboidratos representando bem mais de 60% de sua ingestão de alimentos expressa em calorias.[19] Normalmente,

---

[15] Plumpe, *Das kalte Herz*, 149–150.

[16] Braudel, 75.

[17] Braudel, 78.

[18] Braudel, 78.

[19] Braudel, 130.

comer consistia em uma vida inteira consumindo pão, mais pão e mingau.[20] O consumo de pão foi particularmente alto entre a população rural e as classes mais baixas da classe trabalhadora. De acordo com Le Grand d'Aussy, em 1782 um trabalhador ou um camponês na França comia dois ou três quilos de pão por dia, "mas as pessoas que têm qualquer outra para comer não consomem essa quantidade."[21]

As pessoas naquela época eram magras e tinham ossos pequenos – ao longo da história, o corpo humano se adaptou à ingestão calórica inadequada. Angus Deaton escreve em seu livro *A Grande Saída*:

> "Trabalhadores de pequena estatura do século XVIII, estavam presos em uma armadilha nutricional — recebiam remuneração baixa porque eram fisicamente fracos e não comiam o bastante porque não tinham dinheiro suficiente para comprar mais comida."[22]

Algumas pessoas elogiam as condições harmoniosas pré-capitalistas quando a vida era muito mais lenta, mas essa lentidão era principalmente um resultado da fraqueza física devido à desnutrição permanente.[23] Estima-se que, há 200 anos, cerca de 20% dos habitantes da Inglaterra e da França não conseguiam trabalhar. "No máximo, tinham energia suficiente para caminhar lentamente durante algumas horas por dia, o que condenava a maioria a uma vida de mendicância."[24]

Em 1754, um autor inglês relatou:

> "Os camponeses na França nem sequer têm a subsistência necessária, estando longe de serem prósperos; eles são uma raça de homens que começam a declinar antes dos quarenta anos... Com os trabalhadores franceses, sua aparência por si só prova a deterioração de seus corpos".[25]

---

20 Braudel, 130.

21 Citado em Braudel, 132.

22 Deaton, 92.

23 McCloskey / Carden, 41.

24 Norberg, *Progresso*, 17 (versão kindle)

25 Citado em Braudel, 90–91.

A situação era semelhante em outros países europeus. Braudel afirma:

> "Então estes são os fatos que compõem o *ancien regime* biológico que estamos discutindo: um número de mortes aproximadamente equivalente ao número de nascimentos; mortalidade infantil muito alta; fome; desnutrição crônica; e terríveis epidemias".

Em algumas décadas, morreram mais pessoas do que nasceram bebês.[26] As "posses" das pessoas limitavam-se a alguns itens rudimentares, como se vê nas pinturas contemporâneas: alguns assentos, um banco e um barril servindo de mesa.[27]

As pessoas morreram como viveram. Um relatório de Paris diz que os mortos foram costurados em pano de saco e jogados em um túmulo de indigentes em Clamart, nos arredores da capital, e depois polvilhados com cal. A única procissão fúnebre dos pobres apresentava "Um padre sujo de lama, um sino, uma cruz". E esta despedida foi precedida pelas condições indescritíveis do asilo dos pobres, onde havia apenas 1.200 leitos disponíveis para 5.000 a 6.000 doentes, e, assim, "o recém-chegado está deitado ao lado de um homem à beira da morte e um cadáver".[28]

A razão pela qual descrevi a realidade da vida das pessoas com tantos detalhes é que eu queria mostrar o que significa ter 90% da população mundial vivendo em extrema pobreza. Em outras partes do mundo, as pessoas viviam em condições ainda piores do que as populações da Europa Ocidental. O ilustre economista britânico Angus Maddison se especializou em documentar o crescimento e o desenvolvimento econômico por longos períodos. Com base em uma série de cálculos altamente complexos, ele estimou o produto interno bruto (PIB) *per capita* histórico de algumas das principais economias do mundo. Em 1820, isso totalizou 1.202 dólares internacionais[29] na Europa Ocidental, a região em que focamos neste capítulo até agora. De acordo com Maddison, o PIB *per capita* estava em um nível semelhante em outros países ocidentais, ou seja, América do Norte, Austrália e Nova Zelândia. No resto do mundo, no

---

[26] Braudel, 91–92.

[27] Braudel, 283.

[28] Citado em Braudel, 491.

[29] O dólar internacional é uma unidade hipotética de moeda que tem a mesma paridade de poder de compra que o dólar americano tinha nos Estados Unidos em 1990.

entanto, o PIB *per capita* em 1820 totalizou apenas 580 dólares internacionais, ou cerca de metade do que no mundo ocidental.[30]

O impacto positivo do capitalismo se torna mais claro quando você adota uma perspectiva histórica de longo prazo. No primeiro ano da nossa era, o PIB *per capita* na Europa Ocidental era de 576 dólares internacionais, enquanto a média global era de 467, o que significa que na Europa pouco mais do que dobrou no período anterior ao capitalismo, do ano 1 ao 1820. No curto período de 1820 a 2003, o PIB *per capita* na Europa Ocidental subiu de 1.202 para 19.912 dólares internacionais e nos outros países capitalistas do Ocidente para 23.710 dólares internacionais.[31]

Na Ásia, por outro lado, o PIB *per capita* subiu de apenas 581 para 1.718 dólares internacionais nos 153 anos de 1820 a 1973, e então subiu de 1.718 para 4.434 dólares internacionais nos 30 anos até 2003.[32]

Então, o que desencadeou esse desenvolvimento dinâmico? O crescimento do PIB *per capita* na Ásia se deve principalmente ao fato de que, após a morte de Mao Tsé-Tung em 1976, a China decidiu introduzir gradualmente os princípios do capitalismo. Como a redução da pobreza global é em grande parte resultado desse desenvolvimento na China, eu gostaria de apresentá-lo com um pouco mais de detalhes abaixo.

Ainda em 1981, 88% da população chinesa vivia em extrema pobreza; hoje é menos de um por cento. Nunca na história do mundo tantas centenas de milhões de pessoas saíram da pobreza abjeta para a classe média em um período tão curto. Então, tomando a China como exemplo, podemos aprender muito sobre como a pobreza é superada — não na teoria, mas na realidade histórica.

Mas primeiro, vamos fazer uma retrospectiva. No final da década de 1950, 45 milhões de pessoas morreram na China como resultado do Grande Salto Adiante de Mao. É impressionante que a maioria das pessoas que aprendem sobre os problemas reais (ou supostos problemas) associados ao capitalismo na escola nunca tenham ouvido falar do Grande Salto Adiante, o maior experimento socialista da história.

Eu escrevi sobre esse assunto com mais detalhes no meu livro *O Capitalismo Não é o Problema, é a Solução*, onde citei o jornalista e historiador chinês Yang Jisheng:

---

[30] Maddison, 70.

[31] Maddison, 70.

[32] Maddison, 70.

> "A fome que precedeu a morte foi pior do que a própria morte. O grão se foi, as ervas selvagens foram todas comidas, até a casca das árvores foi arrancada, e excrementos de pássaros, ratos e algodão foram usados para encher os estômagos. Nos campos de argila de caulim, pessoas famintas mastigavam a argila enquanto a cavavam".[33]

Houve casos frequentes de canibalismo. A princípio, aldeões desesperados comiam apenas cadáveres de animais, mas logo começaram a desenterrar vizinhos mortos para cozinhar e comer. A carne humana era vendida no mercado negro junto com outros tipos de carne.[34] Um estudo elaborado — e prontamente suprimido — após a morte de Mao, o condado de Fengyang "registrou 63 casos de canibalismo só na primavera de 1960, inclusive o de um casal que estrangulou e comeu o filho de oito anos".[35]

Em 1958, antes do Grande Salto Adiante de Mao, a expectativa de vida era de pouco menos de 50 anos. Em 1960, no entanto, havia caído para abaixo de 30(!). Cinco anos depois, após a fome e a matança pararem, subiu novamente para quase 55. Quase um terço dos nascidos durante a fase mais sombria do maior experimento socialista da história não sobreviveu para ver seu fim.[36]

Após a catástrofe humana e econômica da era Mao, os chineses começaram a enviar representantes a outros países em missões de apuração de fatos. Eles queriam ver por si mesmos como eram esses países e se havia algo que a China pudesse aprender com eles. A partir de 1978, houve uma série de viagens feitas por importantes políticos e economistas chineses. Eles fizeram 20 viagens a mais de 50 países, buscando identificar as políticas que poderiam levar a China ao sucesso econômico. Eles abriram os olhos e enxergaram a verdade quando viram, por exemplo, como os trabalhadores do Japão estavam se saindo. Eles logo perceberam que a propaganda comunista estava mentindo para eles há anos quando comparava as conquistas "gloriosas" do socialismo na China com a "miséria" nos países capitalistas. Na verdade, era o contrário, como qualquer pessoa nessas viagens de apuração de fatos podia ver. "Quanto mais vemos o mundo exterior, mais percebemos o quão atrasados somos", observou Deng Xiaoping, o pai das reformas capitalistas subsequentes da China.[37]

---

33 Citado em Lee, 80.

34 Dikötter, *A Grande Fome de Mao*, 385-386.

35 Chang / Halliday, 420.

36 Deaton, 39.

37 Lee, 159.

Mas seria errado acreditar que a China foi de alguma forma "convertida" ao capitalismo da noite para o dia ou que começou a abolir imediatamente sua economia planejada em favor de uma economia de mercado. O processo no governo chinês teve um início lento e hesitante, gradualmente dando às empresas estatais uma maior autonomia. A transição de uma economia socialista e estatal para uma economia de mercado não aconteceu abruptamente. Pelo contrário, foi um processo que durou anos e décadas — e ainda está longe de ser concluído —; e pelo menos tão importantes quanto as medidas *top-down* implementadas de cima, ou seja, do partido, foram as iniciativas *bottom-up*, por exemplo, dos agricultores.

Após a amarga experiência do Grande Salto Adiante, um número crescente de camponeses rurais tomou a iniciativa e decidiu reintroduzir a propriedade privada das terras agrícolas, embora isso fosse oficialmente proibido. No entanto, logo ficou claro que os rendimentos das fazendas privadas eram muito mais altos, então os funcionários do partido deixaram o povo seguir em frente. Os primeiros experimentos foram realizados em "aldeias de mendigos" particularmente pobres, onde as autoridades concluíram que "se as coisas derem errado aqui, não é tão ruim, porque você não pode cair quando já está no fundo do poço". Em uma dessas pequenas aldeias, a liderança do partido permitiu que os agricultores cultivassem os campos particularmente de baixo rendimento como agricultores particulares. Assim que foram autorizados a fazê-lo, a terra rendeu três vezes mais do que quando cultivada em coletivo.

Muito antes de a proibição da agricultura privada ser oficialmente suspensa em 1982, houve iniciativas espontâneas de agricultores de toda a China para reintroduzir a propriedade privada, contrariando o credo socialista. O resultado foi extremamente positivo: as pessoas deixaram de ser obrigadas a passar fome e os rendimentos agrícolas aumentaram significativamente.

Tais mudanças não foram vistas apenas nas áreas rurais. Além das grandes empresas estatais, havia inúmeras empresas municipais que pertenciam formalmente às cidades e municípios, mas eram cada vez mais administradas como empresas privadas. Essas empresas muitas vezes se mostraram superiores às complexas empresas estatais porque não estavam sujeitas às diretrizes restritivas de uma economia planejada. Na década de 1980, um número crescente de empresas de gestão privada foi estabelecido. O sistema socialista, sob o qual a propriedade estatal supervisionada por autoridades de planejamento estatal centralizado era a única opção, foi cada vez mais erodido a partir de baixo.

As recém-criadas Áreas Econômicas Especiais, onde a o sistema econômico socialista foi suspenso e os experimentos capitalistas foram permitidos, foram muito importantes. A primeira zona econômica especial foi criada em Shenzhen, adjacente à então capitalista independente política e economicamente Hong Kong, que ainda era uma colônia da coroa britânica na época. Assim como na Alemanha, onde um número crescente de pessoas fugiu do leste para o oeste antes da construção do Muro de Berlim, cada vez mais pessoas tentaram deixar a República Popular Socialista para a capitalista Hong Kong através da então pequena cidade pesqueira de Shenzhen.

Deng Xiaoping foi inteligente o suficiente para perceber que intervenção militar e controles de fronteira mais rígidos não resolveriam a raiz do problema, mas que as causas das pessoas fugirem do país deveriam ser analisadas e eliminadas. Quando a liderança do partido na província de Guangdong, da qual Shenzhen fazia parte, investigou a situação com mais detalhes, eles encontraram refugiados da China Continental vivendo em uma aldeia que haviam estabelecido no território de Hong Kong, na margem oposta do rio Shenzhen, onde eles estavam ganhando 100 vezes mais dinheiro do que seus antigos compatriotas do lado socialista.

A resposta de Deng foi argumentar que a China precisava aumentar os padrões de vida no lado chinês do rio se quisesse conter o fluxo. Shenzhen, que tinha menos de 30.000 habitantes na época, tornou-se o local do primeiro experimento de livre mercado da China, possibilitado por quadros do partido que estiveram em Hong Kong e Cingapura e viram em primeira mão que o capitalismo funciona muito melhor que o socialismo.

Esta antiga vila de pescadores, que antes era um lugar onde muitos arriscaram a vida para fugir do país, tornou-se hoje uma próspera metrópole de 12 milhões de pessoas com uma economia crescente centrada nas indústrias de eletrônicos e telecomunicações e uma renda *per capita* mais alta do que qualquer outra cidade chinesa, exceto Hong Kong e Macau. O modelo da Área Econômica Especial foi rapidamente implantado em outras regiões. Impostos e aluguéis baixos e poucas dificuldades burocráticas tornaram essas Áreas Econômicas Especiais extremamente atraentes para investidores estrangeiros. Suas economias eram menos regulamentadas e mais orientadas para o mercado do que muitos países europeus hoje.

Eu visitei esta região pela primeira vez em agosto de 2018 e novamente em dezembro de 2019. Na minha segunda viagem, conversei com representantes de um *think tank* privado. O chefe do *think tank* é um professor que não pertence ao Partido Comunista ou a nenhum dos outros oito "partidos" na China. "Talvez sejamos os últimos defensores do capitalismo", observou. Enquanto conversávamos, ele expressou sua perplexidade pelo fato de o pensamento socialista estar experimentando tal renascimento na Europa e nos Estados Unidos: "Quase ninguém ainda acredita nas ideias de Karl Marx aqui na China".

A proclamação oficial da economia de mercado no XIV Congresso do Partido Comunista Chinês em outubro de 1992 — um passo que teria sido impensável apenas alguns anos antes — provou ser um marco no caminho da China para o capitalismo. Embora o Partido não tenha dispensado completamente o planejamento econômico centralizado, os preços de matérias-primas, serviços de transporte e bens de capital, todos estabelecidos pelo governo, caíram drasticamente. Em um desenvolvimento paralelo, foram feitas tentativas de reformar as empresas estatais.

Anteriormente sob propriedade exclusivamente pública, cidadãos e investidores estrangeiros agora podiam se tornar acionistas. A privatização continuou em ritmo acelerado durante a década de 1990, e algumas empresas foram lançadas no mercado de ações. Houve inúmeras privatizações espontâneas e IPOs iniciadas por governos locais. Ficou claro que muitas empresas estatais não eram viáveis em condições competitivas.

O desenvolvimento na China prova que o aumento do crescimento econômico — mesmo quando acompanhado pelo aumento da desigualdade — beneficia a maioria da população. Hoje, há mais bilionários na China do que em qualquer outro país do mundo, com exceção dos Estados Unidos; Pequim agora é o lar de mais bilionários do que Nova York. Isso confirma a falácia inerente ao "pensamento de soma zero" anticapitalista, que afirma que os ricos só são ricos porque tiraram algo dos pobres. A razão pela qual centenas de milhões de pessoas na China estão muito melhores hoje não é apesar do fato de haver tantos milionários e bilionários, mas precisamente porque — após a morte de Mao — Deng Xiaoping instruiu: "Deixe algumas pessoas ficarem ricas primeiro".

Deng estava certo em priorizar o crescimento econômico, como pode ser visto nos seguintes fatos: as províncias chinesas onde a pobreza diminuiu mais nas últimas décadas são as mesmas províncias que experimentaram o maior crescimento econômico. Weiying Zhang, que é certamente o analista mais inteligente da economia chinesa, descarta a ideia de que o extraordinário sucesso da China é resultado do papel significativo desempenhado pelo Estado. Essa má interpretação é generalizada no Ocidente, mas também é cada vez mais prevalente na própria China, onde alguns políticos e estudiosos acreditam que a explicação para o sucesso do país está em um "modelo da China" específico.

> "Os defensores do modelo da China estão errados porque confundem "apesar" com "por causa". A China cresceu rapidamente, não *por causa disso*, mas *apesar do* governo ilimitado e do grande setor estatal ineficiente."[38]

Na verdade, a mercantilização e a privatização são os motores por trás do tremendo crescimento econômico da China. Zhang analisou dados de diferentes regiões da China e concluiu que "quanto mais uma reforma orientada para o mercado foi feita em uma província, maior o crescimento econômico alcançado, e os retardatários na reforma da mercantilização também são retardatários no crescimento econômico". As áreas onde as reformas orientadas para o mercado foram implementadas de forma mais consistente, isto é, Guangdong, Zhejiang, Fujian e Jiangsu, também foram as que apresentaram o maior crescimento econômico.

Aqui, e esta é uma visão importante, "a melhor medida dos progressos da reforma são as *mudanças* nas pontuações de mercantilização nos períodos em questão, em vez das pontuações absolutas de um ano específico".[39] A taxa de crescimento é maior onde as empresas privadas desempenham um papel decisivo. Os dados de Zhang comprovam isso:

> "As províncias cujas economias são mais 'privatizadas' provavelmente crescerão mais rápido. São os setores não estatais, e não o setor estatal, que impulsionaram o alto crescimento".[40]

O processo de reforma na China nas últimas décadas nunca foi uniforme, nunca apenas em uma direção. Houve fases em que as forças de mercado rapidamente se tornaram mais fortes, assim como houve fases em que o Estado reafirmou sua primazia. Mesmo que no longo prazo a tendência principal fosse o "estado-fora-e-privado-dentro" (*guo tui min jin*), também houve períodos e regiões em que houve uma tendência de retrocesso, ou seja, "estado-dentro-e — privado-fora" (*guo jin min tui*). Zhang examina as diferentes taxas de

---

[38] Zhang, "The China Model," 18–19. Itálico no original.

[39] Zhang, "The China Model," 10. Itálico no original.

[40] Zhang, "The China Model," 11–12.

crescimento nas regiões de "estado-fora-e-privado-dentro" e nas regiões de "estado-dentro-e-privado-fora". Mais uma vez, os resultados são claros: a produção econômica cresceu significativamente mais rápido nas regiões "estado-fora-e-privado-dentro". Como explica Zhang, isso prova

> "que o rápido crescimento da China nas últimas quatro décadas foi impulsionado pelo poder do mercado e dos setores não estatais, e não pelo poder do governo e do setor estatal, como afirmam os teóricos do modelo da China".[41]

O fator mais crucial no desenvolvimento futuro da economia chinesa é o grau de inovação. Uma análise da intensidade de pesquisa e desenvolvimento na indústria, patentes concedidas *per capita* e percentual de vendas de novos produtos na receita industrial total deixa claro que todas essas figuras-chave para a inovação se correlacionam positivamente com o grau de mercantilização.[42]

Quando encontrei Weiying Zhang em Pequim, ele enfatizou o grande perigo de não entender as razões do crescimento da China, não apenas para a China, mas também para o Ocidente. Se as pessoas no Ocidente erroneamente concluem que o sucesso econômico da China se baseia em alguma "terceira via" única entre capitalismo e socialismo, também conhecida como "capitalismo de Estado", Zhang se preocupa que eles tirem conclusões erradas para seus próprios países. Em *Ideas for China's Future*, publicado em 2020, Zhang usa uma metáfora muito apropriada:

> "Imagine ver uma pessoa sem braço correndo muito rápido. Se você puder concluir que a velocidade dele vem da falta de um braço, então naturalmente chamará outros para serrar um de seus próprios braços. Isso seria um desastre... Os economistas não devem confundir "apesar de" com "por causa de".[43]

Os defensores de um Estado forte na Europa e nos Estados Unidos querem que todos acreditem que o sucesso econômico da China confirma que o crescimento econômico está intrinsecamente ligado a um Estado forte. As análises de Weiying Zhang provam que é exatamente o contrário.

---

41 Zhang, "The China Model," 13.

42 Zhang, "The China Model," 14.

43 Zhang, Ideas for China's Future, 229.

Em muitos aspectos, de acordo com Zhang, o jeito chinês é menos excepcional do que pode parecer à primeira vista:

> "Na verdade, o desenvolvimento econômico da China é fundamentalmente o mesmo que alguns países ocidentais — como a Grã-Bretanha durante a Revolução Industrial, os Estados Unidos no final do século 19 e início do século 20, e alguns países do leste asiático, como Japão e Coreia do Sul após a Segunda Guerra Mundial. Depois que as forças do mercado forem introduzidas e os incentivos certos forem estabelecidos para as pessoas buscarem a riqueza, o milagre do crescimento acontecerá mais cedo ou mais tarde."[44]

Na verdade, existem muitos paralelos entre a China e o desenvolvimento do capitalismo primitivo na Europa e nos Estados Unidos. "Capitalismo primitivo" é uma frase horrível para os anticapitalistas, apesar de ter sido uma época de melhorias dramáticas nas condições de vida da classe trabalhadora. Thomas J. DiLorenzo ilustra isso com os seguintes números para os Estados Unidos:

> "De 1820 a 1860, os salários cresceram a uma taxa anual de cerca de 1,6 e, durante esse período, o poder de compra do salário de um trabalhador médio aumentou entre 60 e 90 por cento, dependendo da região do país em que o trabalhador residia. Entre 1860 e 1890, durante o que os economistas chamam de 'segunda revolução industrial', os salários reais — ou seja, os salários ajustados pela inflação — aumentaram 50% nos Estados Unidos. A semana média de trabalho também foi reduzida, o que significa que os ganhos reais do trabalhador americano médio provavelmente aumentaram mais de 60% durante esse período".[45]

No próximo capítulo, mostrarei que algo semelhante acontece com o capitalismo primitivo na Inglaterra, que é frequentemente citado como um exemplo particularmente ruim de condições desumanas e degradantes.

O capitalismo fez mais para superar a fome e a pobreza do que qualquer outro sistema na história mundial. As maiores fomes provocadas pelo homem nos últimos 100 anos ocorreram sob o socialismo. Após a Revolução Bolchevique, a fome russa de 1921/22 custou a vida de 5 milhões de pessoas, segundo dados oficiais da *Grande Enciclopédia Soviética* de 1927. As estimativas

---

[44] Zhang, *The Logic*, 158.

[45] DiLorenzo, 95–96.

mais altas colocam o número de mortos por fome em 10 a 14 milhões. Apenas uma década depois, a coletivização socialista da agricultura de Joseph Stalin e a "liquidação dos *kulaks*" (mais sobre isso no Capítulo 11) desencadearam a próxima grande fome, que matou entre 6 e 8 milhões de pessoas. O Cazaquistão foi particularmente atingido, onde 1,5 milhão de pessoas morreram — um terço da população. O excesso de mortes na União Soviética chegou a 3,9 milhões na Ucrânia, 3,3 milhões na Rússia e 1,3 no Cazaquistão.[46]

"Quando o termo 'fome' é usado", escreve o especialista alemão Felix Wemheuer sobre a China em seu livro *Der große Hunger*, "a primeira coisa em que a maioria das pessoas pensa é na África. No século XX, no entanto, 80% de todas as vítimas da fome morreram na China e na União Soviética."[47] Ele não está se referindo aos milhões de vítimas de desnutrição geral e falta de assistência médica, mas define a fome como um evento que faz com que as taxas de mortalidade sejam além do que é "normal" em qualquer país.[48] O fim do comunismo na China e na União Soviética foi um fator importante no declínio da fome em 42% entre 1990 e 2017.[49]

É uma percepção errônea típica que quando as pessoas pensam em "fome e pobreza" elas pensam no capitalismo ao invés do socialismo, o sistema que foi realmente responsável pelas maiores fomes do século XX.

Na Coreia do Norte, um dos poucos países socialistas restantes no mundo, várias centenas de milhares de pessoas morreram de fome entre 1994 e 1998. Jang Jin-sung, membro da elite norte-coreana, descreve suas experiências pessoais na Coreia do Norte no final da década de 1990, antes de fugir para o Ocidente. Os famintos foram enviados para parques para implorar antes de morrerem. Havia uma "Divisão de Cadáveres" especial, cujos membros cutucavam corpos com paus para ver se já estavam mortos. Ele os viu carregando cadáveres em riquixás, nos quais pés descalços e esqueléticos se projetavam em direções estranhas. Em um mercado lotado, uma mulher cujo marido já havia morrido de fome ofereceu sua filha à venda por 100 won (menos de 10 centavos).[50]

---

[46] Wemheuer, 17–18, 59.

[47] Wemheuer, 17.

[48] Wemheuer, 235.

[49] https://www.bpb.de/nachschlagen/zahlen-und-fakten/globalisierung/52693/unterernaehrung

[50] Norberg, *Progress*, 25–26.

De volta aos números: O *Índice de Liberdade Econômica*, que é compilado todos os anos pela Heritage Foundation, mostra que os países mais capitalistas têm um PIB *per capita* médio de US$ 71.576. Isso se compara a US$ 47.706 para os países "predominantemente livres" do mundo. No outro extremo da escala, os países "majoritariamente não livres" e os "reprimidos" têm um PIB per capita de apenas US$ 6.834 e US$ 7.163, respectivamente.[51]

O Índice Multidimensional Global de Pobreza (IPM)[52] das Nações Unidas mede várias formas de pobreza (incluindo em termos de saúde, padrão de vida e educação) em 80 países em desenvolvimento. Se você comparar o IPM da ONU com o Índice de Liberdade Econômica, verá que 35,3% das populações dos países em desenvolvimento "majoritariamente não livres" vivem em "pobreza multidimensional", em comparação com apenas 7,9% das pessoas nos países em desenvolvimento "majoritariamente livres".[53] A crença de que tudo seria melhor se apenas "redistribuíssemos" dinheiro de países ricos para países pobres é ingênua. Economia não é um jogo de soma zero no qual você simplesmente tem que pegar algo de uma pessoa, grupo ou país rico e distribuí-lo aos outros para tornar todos mais ricos. O que realmente controla a pobreza, como demonstrado pelos desenvolvimentos na Europa Ocidental desde 1820 e em países asiáticos como China, Coréia do Sul e Vietnã nos últimos 40 anos, é maior liberdade econômica.

Inúmeros estudos comprovam e economistas têm enfatizado que a ajuda ao desenvolvimento fez mais mal do que bem aos países da África.[54] Explorei essa questão em detalhes no Capítulo Dois do meu livro *O Capitalismo Não é o Problema, é a Solução*. Entre 1970 e 1998, os anos de pico para o fluxo de ajuda ao desenvolvimento para a África, a pobreza no continente aumentou de 11 para 66 por cento.[55] A ajuda externa sustentava governos corruptos, que não sentiam nenhum pesar em garantir o bem-estar de seu povo. Os pagamentos de ajuda externa também significavam que esses governantes não dependiam do consentimento de seu povo. Isso permitiu que eles interferissem descaradamente no estado de direito, no estabelecimento de instituições civis

---

51 Miller / Kim / Roberts, *Index of Economic Freedom 2021*, 22.

52 Oxford Poverty & Human Development Initiative, *Global MPI 2021*: http://hdr.undp.org/en/2021-MPI

53 Miller / Kim / Roberts, *Index of Economic Freedom 2021*, 25.

54 Cf. Zitelmann, O Capitalismo Não é o Problema, é a Solução, Capítulo 2.

55 Moyo, 8.

transparentes e na proteção das liberdades civis. Em troca, isso desencorajou os investidores locais e estrangeiros a investir nesses países pobres. Na verdade, a ajuda ao desenvolvimento ocidental fez muito para atrasar o desenvolvimento de muitos países africanos.

A ajuda externa inibiu o desenvolvimento de uma economia capitalista em funcionamento e os altos níveis de corrupção tornaram o investimento nos países pobres pouco atraente.[56] Isso levou à estagnação econômica e atrasou o crescimento econômico. Funcionários corruptos do governo estavam mais interessados em servir a seus próprios interesses do que em servir ao bem comum. Grandes somas de ajuda externa e uma cultura de dependência da ajuda também incentivaram os governos africanos a expandir ainda mais os setores públicos improdutivos, o que era apenas mais uma maneira de recompensar seus comparsas.[57]

É claro que os países ricos devem ajudar os países pobres em uma emergência, como quando ocorre um desastre natural ou pandemia. Nesses casos, deve ser evidente que um país ajuda o outro, por exemplo, fornecendo equipamentos práticos, medicamentos, alimentos etc. O mesmo deve se aplicar às pessoas que, apesar de viverem em um país próspero, vivem em condições de pobreza sem terem qualquer culpa e sim devido a, por exemplo, doença ou algum outro golpe do destino. Aqui, uma ajuda generosa deve ser prestada sem pensar duas vezes, tanto de pessoas físicas como do Estado. Mas tal ajuda não faz nada para superar a pobreza estruturalmente induzida.

Na Europa ou nos Estados Unidos, o debate sobre os métodos mais eficazes para eliminar a pobreza, a fome, o trabalho infantil e outros problemas passou a ser dominado por ideias ingênuas. Algumas pessoas se sentem bem por se recusarem a comprar produtos que foram fabricados com o envolvimento de crianças trabalhadoras, mas muitas vezes as "vitórias" antitrabalho infantil celebradas pelos "ativistas" na verdade tornaram ainda pior a situação das pessoas nos países pobres. Johan Norberg relata o seguinte exemplo: em 1992, foi revelado que o varejista americano Wal-Mart estava comprando roupas que haviam sido fabricadas por crianças trabalhadoras. Então o Congresso dos EUA ameaçou proibir as importações de países com trabalho infantil. Como resultado dessa ameaça, milhares de crianças em Bangladesh foram imediatamente demitidas pela indústria têxtil. Quando organizações internacionais realizaram

[56] Moyo, 55.
[57] Moyo, 67.

uma investigação de acompanhamento para descobrir o que havia acontecido com essas crianças, ficou evidente que muitas delas foram para ocupações mais perigosas e menos remuneradas e, em vários casos, se tornaram prostitutas. Um boicote semelhante à indústria de tapetes nepalesa resultou em mais de 5.000 meninas sendo forçadas à prostituição, de acordo com o UNICEF.[58]

No verão de 2014, uma nova lei sobre trabalho infantil na Bolívia ganhou as manchetes globais e provocou um intenso debate. A lei permite que crianças de até dez anos trabalhem sob certas condições de trabalho. As crianças trabalhadoras estavam até entre os grupos que ajudaram a escrever a lei. Um escândalo? A UNICEF comentou: "Temos que aceitar que o trabalho infantil é uma realidade em muitos países de baixa e média renda. Na Bolívia, muitas meninas e meninos disseram que precisavam de seus salários para sobreviver. Os defensores da lei acreditam que, sem ela, as crianças trabalhariam ilegalmente e correriam um risco muito maior de exploração. Os críticos, por outro lado, temem que a lei enfraqueça a proteção infantil"."[59]

Portanto, a situação não é tão clara como pode parecer à primeira vista. Como mencionado anteriormente, o trabalho infantil diminuiu massivamente em todo o mundo, não principalmente como resultado de proibições ou boicotes, mas porque as condições de vida das pessoas em muitos países (anteriormente) em desenvolvimento melhoraram. Os pais que costumavam depender do trabalho dos filhos estavam agora em condições de ganhar mais e financiar a educação dos filhos. Não menos, mas mais capitalismo tem ajudado na luta contra o trabalho infantil.

Mas e os pobres nos países ricos desenvolvidos? Aqui, antes de qualquer coisa, é importante distinguir entre pobreza "relativa" e "absoluta". Quando as pessoas falam sobre pobreza em países como Alemanha ou Suécia, geralmente se referem à pobreza "relativa", da qual falaremos melhor no próximo capítulo. A pobreza relativa refere-se a pessoas que, por exemplo, ganham menos de 60% da renda média de seu país. Essa pobreza nunca pode ser eliminada, porque, independentemente de qualquer aumento na renda média, sempre haverá pessoas que ganham 60% ou menos dela. Este é um resultado inevitável da construção estatística da renda mediana, que não é a renda média, mas sim

[58] Norberg, *Global Capitalism*, 199.

[59] UNICEF "Kinderarbeit weltweit: Die 7 wichtigsten Fragen und Antworten": <https://www.unicef.de/informieren/aktuelles/blog/kinderarbeit-fragen-und-antworten/166982>

a renda que divide uma população em dois grupos iguais, metade com renda acima desse valor e metade com renda abaixo desse valor.

Os anticapitalistas sempre argumentam como se todas as pessoas (relativamente) pobres que vivem em um país rico tivessem se tornado pobres sem terem qualquer culpa. Eles ficam totalmente indignados quando alguém aponta que também há pobres em países como Alemanha, Grã-Bretanha, Suécia ou Estados Unidos que têm total ou parcialmente culpa por sua própria situação. No entanto, não há como negar o fato de que, além de pessoas necessitadas que não têm qualquer culpa por sua situação, também há pessoas que preferem aproveitar o sistema de previdência estatal a trabalhar. Em certos aspectos, pode-se até entendê-los: se altos impostos e contribuições previdenciárias significam que sobra muito pouco da renda bruta de uma pessoa e, ao mesmo tempo, benefícios comparativamente generosos são distribuídos pelo estado de bem-estar social, como é o caso na Alemanha, por exemplo, sempre haverá pessoas que preferem viver desses benefícios e talvez trabalhar sem ser registradas.

Afinal, elas sabem que vão acabar com tanto ou até mais, sem ter que fazer tanto quanto alguém que trabalha 40 horas por semana. Não devemos direcionar nossa ira principalmente contra essas pessoas, mas contra o sistema que faz com que seu comportamento pareça economicamente racional.

Mas encorajar as pessoas a se verem principalmente como vítimas realmente ajuda alguém? Isso não apenas as faz se sentirem impotentes e remove seu senso de agenciamento? A mensagem é: "Sua situação de vida está do jeito que está por razões estruturais, então você não tem chance de mudá-la até que as estruturas sejam demolidas". Em primeiro lugar, essas mensagens são erradas e, em segundo lugar, desencorajam as pessoas.

Os pró-capitalistas encorajam as pessoas a tomar seu destino em suas próprias mãos, não a esperar que outros os ajudem ou que a sociedade mude. Uma das principais razões pelas quais eles fazem isso é porque eles sabem que o que os anticapitalistas prometem, ou seja, que a pobreza e as dificuldades só podem ser aliviadas através da abolição do capitalismo, não é de forma alguma confirmado pela história. Na verdade, o oposto sempre foi verdadeiro: onde quer que o capitalismo tenha sido abolido, a pobreza aumentou — como veremos no Capítulo 11.

2.

"O CAPITALISMO LEVA À CRESCENTE DESIGUALDADE"

"Os pobres estão ficando mais pobres e os ricos estão ficando mais ricos" — vimos no último capítulo que pelo menos a primeira parte desse ditado repetido com frequência não é verdade. As fortunas de bilhões de dólares dos super-ricos são mantidas em contraste com o que a maioria das pessoas tem. As fortunas dos super-ricos são de fato incrivelmente altas, mas a grande maioria dessa riqueza está vinculada a ativos corporativos produtivos. Algumas pessoas imaginam que Jeff Bezos tem US$ 100 ou US$ 200 bilhões em sua conta bancária, mas, na verdade, a maior parte de sua fortuna — provavelmente mais de 95% — está vinculada a ações de sua empresa Amazon, que emprega cerca de 1,3 milhão de pessoas em todo o mundo. Esta é a fonte de sua gigantesca fortuna.

Entretanto, primeiro, vamos fazer uma pergunta mais fundamental: e a questão da desigualdade? É verdade que, sob o capitalismo, a distância entre ricos e pobres está aumentando? Antes de respondermos a essa pergunta, é válido perguntar: vale a pena lutar pela igualdade? E o que se entende por igualdade? E por que tantas pessoas estão mais preocupadas com a questão da desigualdade do que com a pobreza?

Os autores dos romances utópicos clássicos estavam obcecados com a noção de igualdade. Em quase todos os projetos de um sistema utópico, a propriedade privada dos meios de produção (e às vezes até mesmo toda a propriedade privada) é abolida, assim como qualquer distinção entre ricos e pobres. Já em 1517, o romance *Utopia* do inglês Thomas More, que estabeleceu o nome desse gênero, afirma:

> "Thus I do fully persuade myself that no equal and just distribution of things can be made, nor that perfect wealth shall ever be among men unless this propriety

be exiled and banished. But so long as it shall continue, so long shall remain among the most and best part of men the heavy and inevitable burden of poverty and wretchedness."[60][61]

No romance de 1602 do filósofo Tommaso Campanella, *A cidade do Sol*, quase todos os habitantes da cidade, homens ou mulheres, usam as mesmas roupas. E na descrição utópica de Johann Valentin Andreae da *República de Christianópolis*, existem apenas dois tipos de roupas.

> "Eles têm apenas dois ternos de roupa, um para o seu trabalho, outro para os feriados; e eles são feitos da mesma forma para todas as classes. Gênero e idade são mostrados pela forma do vestido. O pano é feito de linho ou lã, respectivamente para o verão ou inverno, e a cor para todos é branco ou cinza; ninguém tem bens extravagantes e sob medida."

Até mesmo a arquitetura das casas é totalmente uniforme em muitos romances utópicos.[62]

Dificilmente alguém que se queixa de "injustiça social" defenderia um igualitarismo tão radical hoje. Quase todo mundo aceita que não há problema em ter diferenças de renda, mas muitos acrescentam: essas diferenças não devem ser "grandes demais". Mas o que é "grande demais" e o que é aceitável? Muitos críticos da desigualdade social apontam que as diferenças aumentaram nas últimas décadas — por exemplo, os gerentes agora ganham muito mais em relação aos seus funcionários do que no passado. Então a proporção estava certa "no passado"? Dificilmente, porque muitas das pessoas que hoje reclamam de "muita desigualdade" faziam exatamente as mesmas reclamações naquela época.

Tanto nas "teorias filosóficas da equidade" quanto na compreensão cotidiana de muitas pessoas, a recompensa que alguém recebe por seu trabalho deve ser proporcional à quantidade de trabalho que eles realizam. "Se essa relação é desigual, ou seja, se alguém recebe uma recompensa maior com menos esforço,

---

[60] "Portanto eu me convenço que nenhuma distribuição justa e igual pode ser feita, nem que as riqueza entre os homens, a não ser que essa propriedade seja exilada ou banida. Mas enquanto isso continuar, permanecerá entre a maior parte dos homens o pesado e inevitável fardo da pobreza e miséria." (tradução livre)

[61] More, *Utopia*, 79–80.

[62] Andreä, Johann Valentin, 171.

surgem sentimentos de injustiça."[63] Pesquisas mostraram consistentemente que entre 88 e 95% dos europeus ocidentais acreditam que o "desempenho" deve ser um fator importante na determinação da renda.[64] Mas sabemos por pesquisas que especialmente indivíduos com baixo nível socioeconômico em geral entendem o "desempenho" como a "conclusão consciente de uma quantidade definida de tarefas dentro de um período específico de tempo".[65]

A maioria das pessoas entende que "desempenho" significa tanto o tempo gasto quanto a intensidade do esforço ou empenho de uma pessoa. Eu chamo isso de "mentalidade dos funcionários" porque corresponde à experiência pessoal dos funcionários ou trabalhadores de que seu salário é proporcional ao seu esforço: aqueles que trabalham mais tempo ou mais arduamente geralmente ganham mais. Isso é o que a maioria das pessoas vê como "justo".

O que eles não entendem é que essa conexão se aplica — se é que se aplica — apenas a trabalhadores de colarinho azul e branco ou funcionários da agricultura e da pesca, mas certamente não se aplica a empreendedores. O que mais conta para os empreendedores é a qualidade de sua ideia de negócio, sua criatividade, suas inovações.[66] O economista austríaco Joseph Schumpeter escreveu que o lucro empresarial

> "surge na economia capitalista sempre que um novo método de produção, uma nova combinação comercial ou uma nova forma ou organização é introduzida com sucesso. É o prêmio que o capitalismo atribui à inovação. A implementação da inovação na economia nacional é a verdadeira função empreendedora, aquela que de fato constitui a atividade empreendedora e a distingue da mera administração e dos aspectos repetitivos e rotineiros da gestão".[67]

Se você olhar para a lista das pessoas mais ricas do mundo, elas geralmente ficam ricas porque tinham uma ideia empreendedora única e trouxeram um

---

[63] Sachweh, 45.

[64] Sachweh, 235.

[65] Sachweh, 68.

[66] Inovação não deve ser confundida com invenção aqui. Inovações são novidades criativas para as quais há demanda real. As invenções podem ser "criativas" e "ótimas", mas sem sucesso comercial, porque os consumidores não as acham atraentes no momento em que ocorrem ou porque o inventor não as comercializa bem.

[67] Schumpeter, "Unternehmerfunktion und Arbeiterinteresse," 229. Em itálico no original.

produto para o mercado que foi reconhecido como útil por muitos consumidores. Este é o princípio capitalista, mas muitas pessoas não o entendem. Não é a quantidade de trabalho que importa, mas o benefício fornecido à sociedade. Esse benefício tem muito pouco, e muitas vezes até nada, a ver com quanto tempo e "suor" que um empreendedor investiu em sua ideia de negócio.

Outro mal-entendido neste contexto é ridicularizar o valor de tais ideias de negócios como de baixo valor retrospectivo, talvez depois de um ano ou depois de 50 anos, porque a maioria das inovações, uma vez passado o tempo suficiente, parecem banais em retrospecto e se tornaram obsoletas por inovações mais recentes e melhores. Aqueles que não entendem a criatividade empreendedora não conseguem entender que o que distingue as melhores ideias de negócios raramente é seu gênio técnico, mas sim ser o primeiro a comercializar uma ideia que seja realmente relevante para as pessoas.

Hoje, o Grupo Oetker emprega mais de 30.000 pessoas e gera bilhões em vendas. Foi fundado em 1891 e, dez anos depois, August Oetker registrou uma patente para um fermento em pó que o tornaria um dos homens mais ricos da Alemanha. Mais tarde, Oetker citaria repetidamente a frase: "Na maioria dos casos, uma boa ideia é tudo o que é preciso para fazer um homem."[68] Essa "boa ideia" nem precisa ser a própria criação do empreendedor. Oetker não inventou fermento em pó, mas foi o primeiro a ter ideias engenhosas sobre como ele poderia ser melhorado e, acima de tudo, transformado em um produto que satisfaria as necessidades de milhões de pessoas.

Brian Acton e Jan Koum inventaram o WhatsApp e o venderam para o Facebook por US$ 19 bilhões em 2014. Dois bilhões de pessoas em todo o mundo agora usam o WhatsApp para enviar não apenas mensagens e arquivos, mas também para fazer chamadas telefônicas gratuitas. Graças à sua ideia inovadora, os dois fundadores do WhatsApp acumularam uma fortuna combinada de US$ 13 bilhões. Eles ficaram ricos através de uma ideia. A desigualdade aumentou porque agora há mais dois multibilionários? Certamente. Mas isso feriu alguém, exceto talvez provedores de planos telefônicos caros?

As ideias e seu *timing* são cruciais, e não importa se o próprio empreendedor desenvolveu a ideia. Muitos empresários de sucesso, sejam Sam Walton do Walmart, Steve Jobs da Apple ou Bill Gates da Microsoft, não desenvolveram suas ideias-chave de negócios, mas as tiraram de outros. Por outro lado, muitos inventores, seja da Coca-Cola ou do sistema operacional mais tarde chamado

[68] Citado em Jungbluth, *Oetkers*, 62.

MS-DOS, não enriqueceram com suas inovações. Os que enriqueceram foram aqueles que tinham ideias engenhosas sobre como tais invenções poderiam ser transformadas em novos produtos que satisfazem as necessidades de muitas pessoas em um momento muito específico. É óbvio que a questão de quanto tempo ou quão duro esses empreendedores trabalham não tem sentido. Muitas pessoas se esforçam muito — ou talvez até mais — e trabalham muito tempo ou mais, mas não ficam ricas.

E os principais executivos empregados por grandes empresas? Seus altos salários são fortemente criticados pelos opositores do capitalismo, muitas vezes até mais do que os rendimentos (geralmente muito mais altos) dos empresários. Isso ocorre principalmente porque os detalhes dos salários dos executivos geralmente são de domínio público. Qualquer um pode descobrir quanto ganha o CEO de uma empresa listada, enquanto isso geralmente não é o caso dos empreendedores. Além disso, os gerentes de alto nível são menos estimados do que os empreendedores por muitas pessoas (mesmo aqueles que simpatizam com o capitalismo).

Os salários dos gerentes costumam ser tão altos porque são determinados pelos princípios de oferta e demanda em um mercado muito restrito para executivos de alto nível — comparável ao mercado de atletas de alto nível, onde muitas vezes são pagas quantias ainda mais altas. No entanto, uma pesquisa que elaborei em onze países mostrou que a maioria das pessoas acredita que os gerentes de nível sênior não merecem seus altos salários. Fiquei intrigado e queria saber por que tantas pessoas se sentem assim.

Minhas pesquisas revelaram que 63% dos alemães acham inapropriado que os gerentes ganhem mais de 100 vezes mais do que os funcionários assalariados porque, afinal, eles não trabalham por mais horas ou mais arduamente do que seus funcionários. Esta opinião foi a mais apoiada quando os entrevistados foram questionados por que os gerentes não deveriam ganhar tanto quanto eles. Isso reflete a mentalidade predominante dos funcionários, mencionada acima, que preconiza que os salários devem ser determinados principalmente por quanto tempo e quão duro alguém trabalha.[69]

Assim, os funcionários projetam seus próprios *benchmarks* de desempenho e remuneração em gerentes de nível sênior e acreditam que deve haver uma relação próxima entre o quanto e quão árduo alguém trabalha, por um lado, e o salário da pessoa, por outro. E em relação aos salários dos gerentes de nível

---

[69] Zitelmann, The Rich in Public Opinion, 307.

sênior, os entrevistados não veem essa ligação. Assim, eles concluem que os salários dos gerentes são excessivos, porque nenhum gerente pode trabalhar 100 vezes mais ou mais arduamente do que um funcionário comum.

Os entrevistados mal entenderam que os salários dos gerentes de nível sênior são determinados pela oferta e demanda no mercado de executivos de alto nível. Apenas um em cada cinco entrevistados alemães concordou que as empresas só podem contratar e manter os melhores gerentes se pagarem salários muito altos (a pesquisa especificou salários 100 vezes maiores do que os de um funcionário comum), porque, caso contrário, esses gerentes iriam para outra empresa que paga mais ou trabalhariam para si mesmos.[70] Na maioria dos outros países pesquisados, a situação era semelhante: a maioria dos entrevistados (especialmente, mas não apenas, de grupos de renda mais baixa) parece ter expectativas salariais implícitas, segundo as quais o salário é, por assim dizer, um "prêmio de transpiração" que os compensa pelas horas que trabalharam.

Qualquer um que defenda altos salários para os gerentes deve estar preparado para se tornar muito impopular. Mesmo alguns defensores do capitalismo criticam os salários excessivos dos gerentes porque, afinal, eles não suportam os mesmos altos níveis de risco que os empreendedores. O que é frequentemente esquecido é que esta é a razão pela qual os gerentes ganham muito menos do que os empreendedores. Como proprietário de uma PME [em alemão, pequena ou média empresa] na Alemanha, ganhei tanto quanto um membro do conselho de uma das maiores corporações da Alemanha.

No entanto, os pacotes de indenização são negociados antes que um gerente realmente comece a trabalhar para uma empresa. Eles fazem parte do pacote salarial geral de um gerente sênior. Claro, pode acontecer mais tarde que o pacote foi excessivamente generoso porque o gerente não teve um desempenho tão bom quanto todos esperavam. Da mesma forma, o pacote salarial de um gerente pode ser muito baixo se ele tiver um desempenho superior — exceto que você pode ter certeza de que isso nunca será divulgado na mídia. Isso é semelhante aos atletas de elite, que cobram altas taxas de transferência, que podem se tornar excessivas se o atleta não tiver um desempenho tão bom quanto o esperado. Vale a pena repetir esse ponto: sempre que uma empresa contrata um gerente de alto nível ou uma equipe contrata um atleta de alto nível, não há garantia de como serão seus desempenhos no futuro. Seus salários

[70] Zitelmann, The Rich in Public Opinion, 157.

são baseados em previsões e elas são baseadas no desempenho passado. Tais previsões podem estar certas, mas também podem estar erradas.

Se você comparar o que os gerentes de alto nível fazem por suas empresas em termos de desempenho, ou seja, em termos de valor agregado para suas empresas, então, em média, eles não são pagos em excesso, mas são mal pagos, e isso é resultado da incerteza. Isso fica claro em estudos que analisaram o que acontece com o valor de uma empresa quando um CEO morre inesperadamente ou adoece: o valor da empresa cai.[71] A pesquisa, de acordo com Tyler Cowen, mostra que "os CEOs capturam apenas cerca de 68 a 73% do valor que trazem para suas empresas. Para fins de comparação, uma estimativa recente sugere que os trabalhadores em geral não recebem mais do que 85% do produto marginal em média... Em outras palavras, os trabalhadores parecem ser mal pagos por um pouco menos do que os CEOs, pelo menos quando ambos são julgados em tempos percentuais."[72]

A falta de compreensão dessas inter-relações é, portanto, uma base para o ressentimento sobre a "desigualdade social" ou a "injustiça social". Aliás, é bastante revelador que muitas pessoas usam ambos os termos como sinônimos. Claramente, eles compraram a ideia pouco convincente de que apenas a igualdade pode ser justa.

O próprio conceito de "distribuição justa da riqueza social" é enganoso. Não há riqueza produzida "pela sociedade"; em vez disso, a riqueza em uma sociedade é a soma do que os indivíduos produzem e trocam. O economista Thomas Sowell escreve:

> "Caso realmente existisse um campo preexistente de renda e riqueza, no caso uma espécie de maná dos céus, então realmente haveria uma consideração moral em relação ao tamanho da fatia que cada membro da sociedade receberia. Mas o fato é que a riqueza é produzida. Ela não apenas existe de alguma forma".[73]

Se Robinson Crusoé e Friday vivem em uma ilha e Crusoé colhe sete abóboras e Friday colhe três, então é absurdo dizer que Crusoé recebeu ou pegou 70% da riqueza da ilha. "Se tivermos em mente que a riqueza é algo que os indivíduos *produzem*, então não há razão para pensar que a igualdade

---

[71] Cowen, 54–55.

[72] Cowen, 55.

[73] Sowell, *Os Intelectuais e a Sociedade*, 79. Em itálico no original

econômica é um ideal e que a desigualdade econômica é algo que requer uma justificativa especial," escreveu Don Watkins e Yaron Brook em seu livro, *Equal is Unfair*.[74]

A propósito, até Marx criticou outros socialistas que defendiam uma "distribuição equitativa". Foi "em geral um erro transformar a assim chamada distribuição em algo essencial e pôr nela o acento principal".[75] A distribuição em uma sociedade baseada na propriedade privada é, sob essa condição, "a única distribuição 'justa' tendo como base o atual modo de produção"[76] , segundo Marx. "Se as condições materiais de produção fossem propriedade coletiva dos próprios trabalhadores, então o resultado seria uma distribuição dos meios de consumo diferente da atual." Por outro lado, os socialistas vulgares, como Marx se referiu a eles, consideram a distribuição como independente do modo de produção e, portanto, apresentam o socialismo como se fosse principalmente uma questão de distribuição.[77]

Além dessa questão, os igualitários geralmente tomam como certo que o aumento da igualdade automaticamente torna as pessoas mais felizes. Mas é esse o caso? Os sociólogos americanos Jonathan Kelley e Mariah D.R. Evans, do International Survey Center de Reno, Nevada, exploraram essa questão em um estudo em larga escala. Seu conjunto de dados incluiu 169 amostras representativas de 68 nações, nas quais 211.578 pessoas foram pesquisadas.

Por um lado, o estudo se baseou em questões estabelecidas da chamada "pesquisa de felicidade". Os entrevistados foram confrontados, por exemplo, com o item: "Considerando tudo, quão satisfeito você está com sua vida como um todo nos dias de hoje?" e foram solicitados a classificar sua satisfação em uma escala de 1 (insatisfeito) a 10 (satisfeito). Além disso, eles foram questionados: "Considerando todas as coisas, você diria que é: muito feliz, feliz, não muito feliz, nada feliz?"[78]

Os dados dessas pesquisas foram analisados em conjunto com dados sobre desigualdade de renda em cada um dos países pesquisados. A base para medir a desigualdade de renda é o chamado coeficiente de Gini. O coeficiente de Gini, desenvolvido pelo estatístico italiano Corrado Gini, mede a parcela da

---

[74] Watkins / Brook, *Equal is Unfair*, 10. Em itálico no original.

[75] Marx, Critique of the Gotha Programme, 29.

[76] Marx, Critique of the Gotha Programme, 25.

[77] Marx, Critique of the Gotha Programme, 29.

[78] Kelley / Evans, 7.

renda recebida por diferentes grupos na população e quão uniformemente ele é distribuído na sociedade. É zero se a distribuição for igual, e um se uma pessoa receber toda a renda e, portanto, a maior desigualdade possível existir.

Metodologicamente falando, o estudo de Kelley e Evans foi altamente sofisticado, porque os pesquisadores consideraram todos os outros fatores que, de outra forma, teriam influência na felicidade (idade, estado civil, educação, renda, gênero, PIB *per capita* etc.) constantes em seus cálculos. "Por exemplo, comparamos alguém que vive em Israel com uma pessoa similar que ganha a mesma renda, mas vive na Finlândia, as duas nações com o mesmo PIB *per capita*, mas diferindo drasticamente na desigualdade (0,36 versus 0,26)."[79]

Além disso, os pesquisadores também distinguiram entre sociedades avançadas (principalmente os Estados Unidos e países da Europa), por um lado, e sociedades em desenvolvimento (principalmente na África e na Ásia), por outro. Apenas os antigos países comunistas não foram incluídos neste estudo, já que diferentes relações se aplicam aqui (que os pesquisadores analisaram em um estudo separado).

Os resultados do estudo são claros: não é, como os anticapitalistas querem que acreditemos, que mais desigualdade é igual a menos felicidade, mas exatamente o oposto — mais desigualdade significa que as pessoas são mais felizes:

> "Em uma ampla visão geral, reunindo entrevistados de países em desenvolvimento e de nações avançadas, sem levar em conta as diferenças importantes entre eles, mais desigualdade está associada a um *maior* bem-estar".[80]

Mas uma segunda olhada revelou diferenças claras: nas sociedades *em desenvolvimento*, havia uma correlação estatisticamente clara entre felicidade e desigualdade — mais desigualdade significava maior felicidade. Os cientistas explicam isso com o "fator esperança": As pessoas nos países em desenvolvimento geralmente veem a desigualdade como um incentivo para melhorar suas próprias situações, por exemplo, por meio de uma educação melhor. Alguns grupos da sociedade conseguem subir na escala social e ganhar mais dessa maneira, e isso, por sua vez, estimula outros.

Nos países *desenvolvidos*, por outro lado, essa correlação não se aplica. Mas, mesmo aqui, uma maior desigualdade não levou a uma menor felicidade; em

---

[79] Kelley / Evans, 3.

[80] Kelley / Evans, 15. Em itálico no original.

vez disso, ficou claro que o fato de um país ser mais ou menos igual não tem efeito sobre a felicidade. Por exemplo, quase não há diferença nas percepções de felicidade entre as pessoas na Suécia e na Holanda, por um lado, e Cingapura e Taiwan, por outro, embora a igualdade seja muito maior na Suécia e na Holanda (conforme medido pelo coeficiente de Gini) do que em Taiwan e Cingapura.[81]

É certo que é difícil medir objetivamente os níveis de felicidade e bem-estar, especialmente porque há muitas diferenças culturais entre os países que têm relação com a forma como as pessoas respondem às perguntas acima. Porém, por outro lado, a suposição evidente de que mais igualdade leva a mais felicidade é simplesmente um dos muitos preconceitos anticapitalistas infundados. Por que o tema da desigualdade está carregado de tantas emoções?

Os críticos dos defensores da igualdade muitas vezes citam a inveja como causa, mas os igualitários rejeitam isso indignadamente. A inveja é a emoção mais comumente negada, reprimida e "mascarada". Quando a inveja se torna reconhecível como tal, ou é comunicada abertamente, a pessoa invejosa automaticamente desqualifica suas intenções. O antropólogo George M. Foster pergunta por que as pessoas podem admitir sentimentos de culpa, vergonha, orgulho, ganância e até raiva sem perda de autoestima, mas acham quase impossível admitir sentimentos de inveja. Ele oferece esta explicação: qualquer um que admita para si mesmo e para os outros que é invejoso também está admitindo que ele se sente inferior. É exatamente por isso que é tão difícil reconhecer e aceitar a própria inveja.

> "Ao reconhecer a inveja em si mesma, uma pessoa está reconhecendo a inferioridade *em relação a outra*; ela se compara com outra pessoa, e sente que há algo faltando. Eu acho que é essa admissão implícita de inferioridade, em vez da admissão de inveja, que é tão difícil para nós aceitarmos."[82]

Foster cita o psicólogo americano Harry Stack Sullivan e levanta uma questão que é de fundamental importância para explorar as fontes de inveja direcionadas às pessoas ricas. A inveja começa quando uma pessoa reconhece que outra pessoa tem algo que também gostaria de ter. Esse reconhecimento inevitavelmente leva à pergunta "Por que eu não tenho? Por que eles

81 Kelley / Evans, 14.

82 Foster, 184. Em itálico no original.

conseguiram alcançar o que eu não consegui?" Essa visão explica por que a maioria das pessoas não quer admitir que tem inveja:

> "A inveja não é agradável porque qualquer formulação dela — qualquer processo implícito conectado a ela — necessariamente começa com a ideia de que você precisa de algo, alguma coisa material que, infelizmente, outra pessoa tem. Isso leva facilmente à pergunta: por que você não tem? E isso em si é o suficiente em alguns casos para provocar insegurança, pois aparentemente o outro sujeito é melhor em juntar esses adereços materiais de segurança do que você, o que o torna ainda mais inferior."[83]

É claro que os críticos da "desigualdade social" negam veementemente que estão de alguma forma motivados pela inveja. Em seu livro *Reichtum als moralisches Problem (Riqueza como um Problema Moral)*, o filósofo alemão Christian Neuhäuser escreve: "Eu acho que muitos fenômenos que podem parecer inveja podem na verdade ser entendidos como sentimentos feridos de justiça." Ao mesmo tempo, o próprio Neuhäuser é um bom exemplo do fato de que o que ele chama de "sentimentos de justiça" são sentimentos de inveja: Neuhäuser não está explicitamente preocupado sobretudo com o destino dos pobres, e sua primeira preocupação não é melhorar a situação deles, mas aliviar os ricos de sua riqueza.

Assim, ele se opõe a uma atitude que só tem em conta "em qual sociedade os mais pobres têm mais bens" e critica explicitamente a crença de que uma sociedade em que os mais pobres podem ter 15.000 euros por ano, mas todos os outros são milionários, é melhor do que uma sociedade em que os mais pobres têm apenas 12.000 euros, mas todos os outros têm apenas um pouco mais.[84] Ele preferiria uma sociedade na qual os mais pobres têm menos, mas a diferença entre eles e os ricos é relativamente pequena, do que uma sociedade na qual os mais pobres estão em melhor situação e, portanto, menos pobres, mas a distância entre pobres e ricos está aumentando.

Se você levar esse argumento à sua conclusão lógica, qualquer um que aceite a linha de pensamento de Neuhäuser teria que aprovar as condições na China sob Mao, quando milhões de pessoas estavam morrendo de fome e vivendo em extrema pobreza, porque, naquela época, a desigualdade na China era menor

[83] Sullivan, citado em Foster, 184.

[84] Neuhäuser, 32.

do que é hoje, onde há milionários e bilionários — mas, ao mesmo tempo, centenas de milhões saíram da pobreza para a classe média. O coeficiente de Gini, que mede a desigualdade de renda, era de 0,31 quando Mao morreu em 1976 — um valor dos sonhos do ponto de vista de todos os igualitários. Nas cidades da China, foi tão baixo quanto 0,16 (mas mais alto no campo). Com a introdução da propriedade privada e da economia de mercado, o coeficiente de Gini na China mais que dobrou nos 20 anos seguintes, de 0,23 para 0,51.[85]

Neuhäuser acredita que é necessário proibir a riqueza se um setor da sociedade se tornar mais rico em um ritmo mais rápido do que outros setores da mesma sociedade, porque isso marca um aumento na "pobreza relativa".[86] O problema da pobreza relativa também poderia ser resolvido apenas tirando parte da riqueza dos ricos, não melhorando a situação dos pobres. Em sua visão, esse "rebaixamento" poderia ter um impacto muito positivo.[87] Mesmo sem aliviar a pobreza dos pobres, afirma Neuhäuser, muito poderia ser ganho simplesmente tirando algo dos ricos. Ele afirma que beneficiaria a sociedade de uma "maneira substancial se os ricos fossem menos ricos, pois isso aumentaria a extensão em que os pobres são capazes de agir e se verem como membros iguais da sociedade".[88] É muito errado, escreve ele, alguém afirmar "que não faz bem, mas só prejudica, se os ricos forem menos ricos. Faria uma diferença positiva em termos de dignidade dos pobres".[89]

Neuhäuser admite abertamente que não está preocupado principalmente em ajudar os pobres, mas em abolir o que ele vê como o problema moral da riqueza. Mesmo que Neuhäuser naturalmente não queira ser acusado de ser uma pessoa invejosa. No entanto, sua visão se encaixa precisamente na definição clássica de inveja: o invejoso não é motivado primordialmente pelo desejo de melhorar sua própria situação ou a dos menos favorecidos, mas procura piorar a situação dos invejados (neste caso: os ricos).

Por outro lado, considero que um aumento na desigualdade social não é nada digno de críticas se for acompanhado por uma redução da pobreza. O ganhador do Prêmio Nobel de Economia Angus Deaton chega ao ponto de argumentar que o progresso é sempre acompanhado pela desigualdade. Os frutos do

---

85 Scheidel, 227.
86 Neuhäuser, 145.
87 Neuhäuser, 146.
88 Neuhäuser, 147.
89 Neuhäuser, 147.

progresso raramente foram distribuídos igualmente na história.[90] Assim, entre 1550 e 1750, a expectativa de vida das famílias ducais inglesas foi comparável à da população em geral, possivelmente até um pouco menor.[91] Depois de 1750, a expectativa de vida da aristocracia aumentou acentuadamente em comparação com a da população em geral, com uma diferença de quase 20 anos em 1850. Com o início da Revolução Industrial no século XVIII e o início gradual de uma ordem social agora chamada capitalismo, ou economia de mercado, a expectativa de vida também aumentou para a população em geral de 40 anos, em 1850, para 45, em 1900, e quase 70 anos em 1950.[92] "Um mundo melhor contribui para um mundo de diferenças; fugas contribuem para a desigualdade," observa Deaton.[93]

Há muitas descrições anteriores da situação miserável do proletariado industrial criada pelo surgimento da industrialização, que agora sabemos que eram falsas. Notoriamente, por exemplo, Friedrich Engels escreveu o trabalho mencionado no primeiro capítulo deste livro, *A Situação da Classe Trabalhadora na Inglaterra*, em que ele relatou a situação da classe trabalhadora. Enquanto, como já vimos, ele glorificava as condições de vida dos trabalhadores domésticos antes do início da Revolução Industrial, ele pintou um quadro das condições de vida da classe trabalhadora naquela época que não se baseava nem em pesquisas de campo sociológicas, nem em análise estatística e foi mais polêmico do que científico por natureza. Hoje sabemos por análises empíricas precisas que a situação da classe trabalhadora na Inglaterra realmente melhorou consideravelmente entre 1781 e 1851. Em uma análise publicada em 1983, os historiadores econômicos Peter H. Lindert e Jeffrey G. Williamson calcularam que os "ganhos de padrão de vida" para "trabalhadores de colarinho azul" nesses anos totalizaram 86%. No entanto, os pesquisadores observam que, ao mesmo tempo, o aumento da desigualdade social foi evidente ao longo desse período.[94] Ou seja, mesmo durante esse estágio inicial do capitalismo na Inglaterra, o aumento dos padrões de vida das pessoas comuns e o aumento da desigualdade andaram de mãos dadas.

---

[90] Deaton, 78.

[91] Deaton, 82.

[92] Deaton, 83.

[93] Deaton, 89.

[94] Lindert / Williamson, 198.

Portanto, é sempre uma questão de qual aspecto você acha que é mais importante: diminuição da pobreza e aumento do padrão de vida para a maioria das pessoas em uma sociedade, ou aumento da desigualdade?

A esperança de alguns de que, à medida que a igualdade aumenta, a insatisfação com a "injustiça social" diminui, a meu ver, não é bem fundamentada. Por exemplo, a igualdade de gênero na maioria dos países ocidentais aumentou tanto quanto a insatisfação com as desigualdades remanescentes aumentou nas últimas décadas, e hoje, na Alemanha, os gastos com bem-estar totalizam um trilhão de euros por ano. Como porcentagem do Produto Interno Bruto da Alemanha, os gastos do governo em programas sociais aumentaram de 18,3% (1960), para 24,1% (1990) e para mais de 30% hoje.[95] Ainda assim, as queixas da mídia e dos políticos alemães sobre os níveis ultrajantes de injustiça social estão se tornando cada vez mais estridentes.

O quanto o tema da desigualdade e da "lacuna entre ricos e pobres" inflama a mídia — e não apenas ela — foi demonstrado pelo notável sucesso do livro *O Capital no Século XXI*, do economista francês Thomas Piketty, publicado em 2013. O livro recebeu uma resposta inusitadamente entusiasmada da mídia e se tornou um *best-seller* em todo o mundo. Piketty critica o fato de que hoje — ou assim ele acredita — "a distribuição da riqueza" não está mais no centro da economia e das ciências sociais. De acordo com Piketty: "Demoramos muito tempo para recolocar a questão da desigualdade no centro da análise econômica" e a "questão distributiva" voltará à tona.[96]

Enquanto isso, os dados usados por Piketty e graves erros metodológicos em sua abordagem foram amplamente criticados[97] e ele foi forçado a voltar atrás em relação à sua tese principal.[98] Piketty afirmou ter encontrado uma fórmula mágica segundo a qual o capital dos ricos cresce mais rápido que a economia, o que inevitavelmente aumenta a desigualdade. Ele aparentemente acreditou nas alegações exageradas de alguns gestores de fundos de cobertura e fundos de capital privado sobre o desempenho de seus veículos de investimento. E o mais importante: ele ignora completamente o fato de que os ricos de hoje são pessoas muito diferentes daquelas que eram ricas 10, 20 ou 30 anos atrás — veremos a seguir que confundir categorias estatísticas e pessoas reais é um erro que é

---

[95] http://www.sozialpolitik-aktuell.de/files/sozialpolitik-aktuell/_Politikfelder/Finanzierung/Datensammlung/PDF-Dateien/abbII1a.pdf

[96] Piketty, O Capital no Século XXI, 23.

[97] Cf. the contributions in Delsol / Lecaussin / Martin.

[98] Cf. Palmer, xv.

cometido repetidamente no debate sobre a desigualdade. Uma rápida olhada na lista das pessoas mais ricas do mundo há 20 anos revela que elas não estão no topo do escalão dos super-ricos hoje.

Ao contrário do que Piketty aparentemente acredita, a maioria das pessoas super-ricas não são "rentistas" cuja riqueza aumenta fabulosamente e "passivamente" por meio de engenhosos investimentos financeiros, mas empreendedores autônomos cuja riqueza consiste predominantemente na empresa que eles mesmos (ajudaram) a construir. E isso é ainda mais verdadeiro hoje do que no passado, como mostra uma análise da Forbes: em 1984, menos da metade dos que estavam na lista *Forbes 400* dos americanos mais ricos eram empreendedores *self-made*. Em 2020, o número foi de 69,5%. Essa análise é baseada em um sistema de pontuação que atribui uma pontuação de 1 a 10 a cada um dos 400 americanos mais ricos, com base em como eles se tornaram ricos. Uma pontuação de 1 significa que uma pessoa herdou tudo e não fez nada para aumentar sua riqueza. Um 10 é concedido a qualquer um que tenha crescido de origens humildes e superado todos os obstáculos para construir sua riqueza e se tornar um bilionário *self-made*. Indivíduos que pontuam entre 6 e 10 são classificados como *self-made*.[99]

De acordo com o *Relatório de Riqueza X de 2019* [*2019 Wealth X Report*], dos 2.604 bilionários do mundo, 56% eram *self-made*, 31% tinham fortunas parcialmente *self-made* e apenas 13% tinham riqueza puramente herdada. Entre os UHNWIs (*Ultra High Net Worth Individuals*, ou seja, aqueles com patrimônio líquido de pelo menos US$ 30 milhões), a proporção de fortunas que eram *self-made* foi ainda maior, 68%. 24% dos UHNWIs eram parcialmente *self-made* e apenas 8% herdaram toda a sua riqueza.[100]

A importância da herança é superestimada porque, na realidade, a maioria dos herdeiros é incapaz de preservar, muito menos expandir suas posses. A esse respeito, não apenas é errado afirmar que "os pobres estão ficando cada vez mais pobres" — como mostrado no capítulo anterior — mas é igualmente falso afirmar que "os ricos estão ficando cada vez mais ricos". De qualquer forma, para as pessoas que herdaram sua riqueza, esse geralmente não é o caso. Em 1901, o escritor alemão Thomas Mann publicou um de seus romances mais célebres, *Os Buddenbrook: Decadência De Uma Família*, que conta a história

---

[99] Ponciano, <https://www.forbes.com/sites/jonathanponciano/2020/09/08/self-made-score/?sh=6a41b14d41e4>

[100] Edwards / Bourne, 10.

de como uma rica família de comerciantes, os Buddenbrooks, desperdiçou sua fortuna pouco a pouco ao longo de quatro gerações. Como é frequentemente o caso, o fato reflete a ficção, como demonstrado pelos cientistas Robert Arnott, William Bernstein e Lillian Wu em seu artigo de pesquisa "O Mito da Riqueza Dinástica: Os Ricos Ficam Mais Pobres [*The Myth of Dynastic Wealth: The Rich Get Poorer*]". Eles perguntam:

> "Onde estão os atuais descendentes hiper-ricos de dinastias empreendedoras passadas — os Astors, Vanderbilts, Carnegies, Rockefellers, Mellons e Gettys? (...) Os criadores de grande riqueza são gênios raros... Em contraste, os descendentes dos hiper-ricos raramente têm o mesmo gênio raro... Normalmente, descobrimos que os descendentes reduzem pela metade sua riqueza herdada — em relação ao crescimento do PIB *per capita* — a cada 20 anos ou menos... Hoje, as enormes fortunas do século 19 estão em grande parte esgotadas e quase todas as fortunas geradas apenas meio século atrás também acabaram."[101]

De volta a Piketty: ele não afirma que o capitalismo por si só sempre leva ao aumento da desigualdade. Pelo contrário, durante a maior parte do século XX, segundo Piketty, as coisas seguiram o caminho inverso — a desigualdade social caiu. Não foi até os anos de 1990 a 2010 que a desigualdade aumentou, embora ele admita que "não há como garantir que as desigualdades patrimoniais consideradas no seu conjunto de fato aumentem no contexto mundial".[102]

Para começar, a tese do aumento da desigualdade não é verdadeira em escala global — e o mundo não é um nível geográfico de análise mais relevante do que um único país? Em todo o mundo, a desigualdade não aumentou nos últimos anos, e sim caiu significativamente, como mostra o pesquisador canadense-americano Steven Pinker.[103] Os anos que são particularmente ruins do ponto de vista de Piketty foram, na verdade, os melhores para centenas de milhões de pessoas em todo o mundo. Em sua crítica a Piketty, o economista francês Jean-Philippe Delsol aponta que nos 20 anos em que Piketty afirma que a desigualdade aumentou (1990 – 2010), 700 milhões de pessoas foram retiradas da extrema pobreza.[104]

---

101 Arnott / Bernstein / Wu, 2.

102 Piketty, O Capital no Século XXI, 440.

103 Pinker, 104–105.

104 Delsol, 8.

Porém, Piketty e outros críticos da desigualdade aparentemente não se importam muito com o destino de centenas de milhões de pessoas nos países em desenvolvimento. Sua crítica refere-se principalmente ou exclusivamente ao desenvolvimento da desigualdade em países capitalistas desenvolvidos como os Estados Unidos.

Como indicado acima, outros estudiosos analisaram os números de Piketty sobre a evolução da desigualdade nos Estados Unidos e, em muitos casos, os identificaram como incorretos ou imprecisos. De acordo com os dados que Piketty e os economistas Emmanuel Saez e Gabriel Zucman apresentam no Banco de Dados Mundial de Desigualdade [*World Inequality Database*], a parcela da renda dos EUA detida pelo 1% mais rico dos americanos aumentou de 10% para 15,6% entre 1960 e 2015. Os economistas americanos Gerald Auten e David Splinter mostraram que esses dados são assimétricos e, de fato, a parcela da renda dos EUA detida pelo 1% mais rico aumentou mais moderadamente, de 7,9% para 8,5% entre 1960 e 2015. O mesmo vale para a parcela da riqueza dos EUA detida pelo 1% mais rico, que Piketty e colegas afirmam ter aumentado de 22,5% para 38,6% entre 1980 e 2014. No entanto, de acordo com os cálculos de Matthew Smith, Owen Zidar e Eric Zwick, a parcela, na verdade, subiu de 21,2% para 28,7% durante esse período.[105]

Isso nem leva em conta o fato de que os dados de riqueza excluem o presente valor dos planos de pensão de benefício definido e programas de previdência social, o que distorce a comparação com a desvantagem das camadas mais pobres da população.[106] Ao calcular os valores das posses, também é importante lembrar que eles dependem principalmente de quanto os preços das casas subiram em relação aos preços das ações. Em tempos em que os preços das ações crescem muito mais rápido do que os preços das casas (o Dow Jones subiu de 8.772 pontos no início de 2009 para 36.338 no final de 2021), as pessoas ricas se beneficiam mais porque têm uma parcela maior de títulos do que as menos ricas.

O economista Thomas Sowell mostra que muitas "estatísticas" sobre o aumento da desigualdade são enganosas apenas porque não conseguem distinguir entre desenvolvimentos em categorias estatísticas ao longo do tempo e o que vem acontecendo com seres humanos de carne e osso.[107] Se, por exemplo,

---

[105] Todos os dados de Edwards / Bourne, 3.

[106] Edwards / Bourne, 5.

[107] Sowell, Intellectuals and Society, 68.

se diz que a renda ou riqueza do 1% mais rico, ou mesmo das 100 pessoas mais ricas de um país, aumentou x por cento na última década, isso se refere a uma categoria estatística, mas não à renda ou riqueza de indivíduos específicos. Dez anos atrás, o top 1% consistia em uma extensão (por vezes bastante considerável) de pessoas completamente diferentes das de hoje. O mesmo acontece, por exemplo, quando falamos dos 10% inferiores, que teriam perdido x por cento. Mais uma vez, isso se refere a uma categoria estatística, não a indivíduos específicos. Daqueles que pertenciam aos 10% inferiores há dez anos, muitos passaram para uma faixa de renda mais alta — eles não pertencem mais aos 10% inferiores porque, por exemplo, adquiriram mais habilidades e experiência e ganham mais, têm posses acumuladas ou porque têm um emprego diferente. Quase invariavelmente, essas declarações são baseadas em confundir o que vem acontecendo ao longo do tempo em categorias estatísticas com pessoas de carne e osso.[108] Muitos dos estudos sobre riqueza são metodologicamente fracos, pois carecem do "elemento dinâmico": o movimento entre cortes de renda ou riqueza ao longo do tempo, também chamado de mobilidade social (falarei sobre isso mais adiante). Faz uma grande diferença — economicamente, eticamente e moralmente — se os 10% inferiores da população em termos de distribuição de renda no país X na década 1 ainda são as mesmas pessoas na década 2, ou se esse "decil" na década 2 é agora composto por pessoas completamente diferentes. O problema é que muitas pessoas que têm opiniões fortes sobre a desigualdade também têm pouco ou nenhum entendimento de estatística. Isso leva a números extremamente imprecisos repetidas vezes.

Damien Knight e Harry McCreddie mostraram em seu artigo de 2019 "Understanding the 'Facts' About Top Pay [Entendendo os 'fatos' sobre os melhores salários]" que muitas estatísticas publicadas na mídia sobre a inflação salarial dos executivos ou sobre o desenvolvimento da proporção entre o salário dos executivos e dos funcionários comuns são extremamente falhas porque aqueles que fazem esses cálculos frequentemente carecem até mesmo de uma compreensão rudimentar de metodologias matemáticas ou estatísticas. Por exemplo, médias e medianas são muitas vezes confundidas, ou nenhuma distinção é feita entre prêmios pagos concedidos e prêmios pagos realizados, e assim por diante. Tomando o Reino Unido como exemplo, os autores explicam como um aumento real nos salários dos executivos de 6% em um determinado

108 Sowell, Intellectuals and Society, 68.

período rapidamente se torna um aumento de 23% na mídia, ou um aumento de 2% se torna um aumento de 49%.[109]

Sua conclusão: "Nossa opinião é que a pesquisa e análise ruins causaram mais danos à coesão social do que as próprias empresas pagando muito aos seus principais executivos."[110] De acordo com os autores, a participação da remuneração paga aos altos executivos em empresas do Reino Unido FTSE-100 como porcentagem do retorno absoluto dos acionistas foi de apenas 0,19% no quartil inferior 2002-2010, 0,40% no mediano e 0,67% no quartil superior.[111]

Portanto, os dados sobre o aumento da desigualdade nos EUA e em outros países são frequentemente exagerados, mas isso não muda o fato de que a desigualdade está aumentando em muitos países. Walter Scheidel mostra que a desigualdade aumentou na Grã-Bretanha a partir de 1973, nos EUA a partir de 1976, e depois em muitos outros países. Em uma amostra de 26 países, as principais ações de renda cresceram pela metade entre 1980 e 2010, enquanto a desigualdade de renda de mercado aumentou 6,5 pontos Gini, apenas compensada parcialmente pela redistribuição.[112] Em 11 dos 21 países para os quais Scheidel analisou dados sobre as parcelas de renda dos principais grupos, a parcela de toda a renda obtida pelos 1% mais favorecidos aumentou de 50% a 100% entre 1980 e 2010.[113]

Algumas explicações para essa tendência são mais mundanas do que se poderia esperar. Scheidel mostra, por exemplo, que o "acasalamento" (ou seja, a crescente semelhança econômica dos parceiros matrimoniais) ampliou as lacunas entre as famílias e foi creditado por ter causado cerca de 25 a 30% do aumento geral da desigualdade salarial americana entre 1967 e 2005.[114]

O economista germano-britânico Kristian Niemietz cita o progresso tecnológico como um dos "principais impulsionadores do aumento da desigualdade": em economias ou setores econômicos de alta tecnologia, a diferença salarial é maior do que em economias ou setores menos tecnológicos. "Uma maneira concebível, mas provavelmente não muito popular, de neutralizar

[109] Knight / McCreddie, 49, 51.
[110] Knight / McCreddie, 55.
[111] Knight / McCreddie, 46.
[112] Scheidel, 405.
[113] Scheidel, 409.
[114] Scheidel, 414.

a diferença salarial seria, portanto, erguer obstáculos adicionais contra o progresso tecnológico."[115]

Outras causas da desigualdade de riqueza podem ser encontradas onde quase ninguém suspeitaria delas, ou seja, na expansão do estado de bem-estar social. Chris Edwards, do *Cato Institute*, e Ryan Bourne, do *Institute for Economic Affairs*, mostram que aumentos na previdência social levam as pessoas a economizar menos, ou seja, acumulam menos posses para sua própria aposentadoria. E isso por dois motivos: por um lado, os impostos e as contribuições previdenciárias os deixam com menos dinheiro, dificultando a acumulação de poupança pessoal; mas, por outro lado, à medida que o estado de bem-estar se expande, as pessoas dependem cada vez mais do Estado para sustentá-los em momentos de necessidade e quando se aposentam. Os programas governamentais de aposentadoria, saúde e outros benefícios reduziram os incentivos e a capacidade das famílias não ricas de acumular economias, o que, por sua vez, contribuiu para aumentar a desigualdade de riqueza.[116]

Outra razão para o aumento da desigualdade nos países desenvolvidos é a globalização. Por um lado, a globalização e a digitalização estão criando oportunidades de carreira para os bem qualificados, enquanto, por outro lado, os trabalhadores que fazem trabalhos básicos estão enfrentando a concorrência de robôs ou de trabalhadores na China e em outros países emergentes.

Essas pessoas são frequentemente chamadas de "perdedores da globalização" e, no que diz respeito ao desenvolvimento de renda, isso é verdade. Pinker aponta, no entanto, que as coisas parecem bem diferentes se você definir pobreza não em termos de rendimentos das pessoas, mas em termos de consumo. Usando essa abordagem, diz ele, a taxa de pobreza nos EUA diminuiu 90% desde 1960: de 30% da população para apenas 3%. "... a globalização pode produzir vencedores e perdedores com relação a renda, mas, no consumo, faz de quase todos vencedores."[117]

Isso fica claro em relação a quantas horas um americano precisava trabalhar para poder comprar determinados produtos: em 1973 eles trabalhavam mais de 100 horas para poder comprar uma TV em cores, 30 anos depois eram apenas 21 horas; em 1973, eles trabalharam 72 horas para comprar uma máquina de lavar, três décadas depois, trabalhavam 23 horas. Don Watkins e Yaron Brook

[115] Niemietz, "Mythos vom Globalisierungsverlierer," 155.

[116] Edwards / Bourne, 16–17.

[117] Pinker, 117.

listam 11 eletrodomésticos pelos quais um americano teve que trabalhar um total de 575 horas em 1973 — em 2013, eram apenas 170 horas.[118] Isso nem leva em conta que a qualidade dos produtos melhorou consideravelmente no mesmo período: a qualidade de uma TV em cores em 1973 era incomparavelmente menor do que a de uma TV em cores em 2013, e as máquinas de lavar roupa usavam muito mais eletricidade e água do que hoje.

As famílias de baixa renda, em particular, se beneficiam desproporcionalmente como consumidoras da liberalização e da concorrência. Na Europa, por exemplo, as indústrias de telecomunicações e companhias aéreas foram desregulamentadas e privatizadas. Isso levou a mais concorrência e tornou os atos de telefonar e voar muito mais baratos, mesmo para pessoas com orçamento limitado. Quando eu era jovem, as viagens aéreas eram tão caras que muitas pessoas podiam pagar no máximo umas férias no exterior ocasionalmente. Eu voei pela primeira vez quando tinha 30 anos, e só porque uma instituição governamental pagou minha passagem aérea para que eu pudesse dar uma palestra científica nos Estados Unidos. As pessoas mantinham chamadas de longa distância (ou seja, não feitas dentro da própria cidade) limitadas ou seria muito caro. Hoje, as pessoas podem voar para outros países por menos de €100 em alguns casos, e as chamadas telefônicas custam apenas uma pequena fração do que costumavam custar — e isso se deve a mais capitalismo nessas áreas.

Os críticos da globalização, aliás, confirmam esse desenvolvimento — mas, surpreendentemente, colocam um viés negativo sobre ele. Um exemplo é o pesquisador de consumo Carl Tillessen, que cita os seguintes dados para a Alemanha: no início dos anos 1970, as roupas ainda eram tão caras que as pessoas tinham que gastar 10% de sua renda disponível em um conjunto de roupas decente.[119] Porém, graças à realocação da produção para países de baixos salários, agora podemos comprar cinco vezes mais roupas com menos de 5% de nossa renda disponível, ou seja, com menos da metade dos custos.[120]

Eu leio os números da seguinte maneira: no que diz respeito ao consumo, somos quase todos vencedores da globalização, porque hoje conseguimos muito mais pelo nosso dinheiro do que costumávamos antes. Tillessen, que critica o consumismo (veja o Capítulo 8), lê os números de maneira bem diferente. Para ele, são evidências de um desenvolvimento negativo, ou seja, estamos

---

[118] Watkins / Brook, *Equal is Unfair*, 40.

[119] Tillessen, 46.

[120] Tillessen, 47.

comprando cada vez mais coisas de que não precisamos — e supostamente apenas porque um grande grupo de pessoas está sendo mantido na escravidão, os ricos estão ficando mais ricos e os pobres estão ficando mais pobres,[121] e uma "idade das trevas surgiu" para as pessoas nos países mais pobres como resultado da globalização.[122] Os anticapitalistas também criticam os desenvolvimentos materialmente e claramente benéficos, como o fato de que a maioria das pessoas no mundo conta como vencedores da globalização quando medidos em termos de consumo.

Então, por que tantas pessoas estão tão insatisfeitas? Ouvimos repetidamente que a mobilidade social não funciona mais adequadamente, ou seja, a promessa de avanço, em que as gerações futuras terão uma vida melhor do que as pessoas de hoje. No entanto, desigualdade e mobilidade social são duas questões diferentes. O aumento da desigualdade pode muito bem estar associado ao aumento da mobilidade social. Na Alemanha, ficou enraizada a opinião de que o avanço social costumava funcionar, mas agora não funciona mais. Os números contradizem esta tese. O 6º Relatório sobre Pobreza e Riqueza (2021) do governo alemão afirma: "Em termos de status ocupacional, mais pessoas continuam a subir cada vez mais a escada do que seus pais; ter o mesmo status ou até menor do que seu pai é menos comum do que nunca".[123]

No entanto, a situação não deve ser encoberta. O argumento deve ser levado a sério, porque, se as pessoas têm a impressão de que o esforço e o empenho pessoal não valem mais a pena e que o caminho para o avanço social está bloqueado para elas ou para seus filhos, a insatisfação é alimentada. De fato as chances de avanço poderiam ser melhores, e a percepção de que esse não é o caso é uma fonte de críticas justificadas para muitas pessoas nos países ocidentais. No entanto, se o avanço social não é tão fácil hoje em países como os EUA, não é por causa do capitalismo, mas por causa do Estado.

A primeira razão é que os sistemas educacionais em muitos países ocidentais são pobres. Os dez primeiros no ranking do PISA incluem vários países

---

[121] Tillessen, 56.

[122] Tillessen, 30.

[123] Federal Government of the Federal Republic of Germany, *6. Armuts- und Reichtumsbericht der Deutschen Bundesregierung (2021), Kurzfassung*, XVI. <https://www.armuts-und-reichtumsbericht.de/SharedDocs/Downloads/Berichte/entwurf-sechster-armuts-reichttumsbericht-kurzfassung.pdf?__blob=publicationFile&v=2>

asiáticos, como China, Cingapura, Taiwan e Coréia do Sul, enquanto países como Alemanha e EUA não estão mais na classificação.[124] O fracasso do Estado no setor de educação, no entanto, não é a única barreira para o avanço. Por mais importante que seja a educação, ela é apenas um caminho possível para subir na escala social e ganhar mais. Outro caminho é o trabalho independente e o empreendedorismo; mas aqui também as coisas parecem sombrias para países como a Alemanha e os EUA, onde a burocracia e os impostos do governo estão no caminho das *start-ups*. É um absurdo que, no ranking dos países em que é mais fácil abrir uma empresa, os Estados Unidos apareçam apenas em 11º lugar e a Alemanha em 25º. Os cinco primeiros lugares deste ranking são todos ocupados por países asiáticos.[125]

O estado de bem-estar nos países ocidentais está tirando a responsabilidade das pessoas. Enquanto os americanos costumavam se ver como donos de seus próprios destinos, nas últimas décadas, muitos cidadãos — como na Europa — desenvolveram uma atitude de direito em relação ao Estado, que agora veem como responsável por garantir seu bem-estar. Isso paralisa a iniciativa pessoal. Politicamente, isso leva ao recrudescimento de forças que dizem às pessoas que outros países — como a China — são os culpados por sua situação. Isso é chamado de "mentalidade de vítima". O jornalista Charles Sykes lamentou essa situação nos Estados Unidos há cerca de 30 anos.

Em muitos países, o Estado é muito forte onde deveria ser fraco — isto é, na área da economia. E o Estado é muito fraco onde deveria ser forte. Na educação, muitos países poderiam tomar como exemplo a Coreia do Sul, onde não apenas os gastos do Estado com educação são muito altos, mas as pessoas também investem quantias bastante substanciais em sua própria educação. Quando os anticapitalistas culpam o capitalismo em vez do Estado pelo fato de que a mobilidade ascendente muitas vezes não funciona mais como deveria, isso não é apoiado pelos fatos.

Outra pergunta que raramente é feita: qual seria o preço da eliminação da desigualdade? Em 2017, o renomado historiador e estudioso de história antiga de Stanford, Walter Scheidel, apresentou uma impressionante análise histórica desta questão: *The Great Leveler. Violence and the History of Inequality from the Stone Age to the Twenty-First Century* [O Grande Nivelador. Violência e

---

[124] <https://schoolinreviews.com/pisa-results-published-in-dec-2019-which-countries-score-the-highest-and-why/>

[125] <https://observer.com/2019/07/best-countries-start-business-economic-freedom/>

a História da Desigualdade desde a Idade da Pedra até o Século XXI]. Ele conclui que:

> "até onde podemos dizer, ambientes que estavam livres de grandes choques violentos e suas repercussões mais amplas quase nunca testemunharam grandes compressões de desigualdade".[126]

Reduções substanciais na desigualdade só foram alcançadas como resultado de choques violentos, consistindo principalmente de:

- Guerra;
- Revolução;
- Falha do Estado e colapso dos sistemas; e
- Peste.

Segundo Scheidel, os maiores niveladores do século XX não incluíram as reformas sociais pacíficas, eles foram as duas guerras mundiais e as revoluções comunistas. No Capítulo 9 mostrarei como as duas guerras mundiais reduziram a desigualdade, no Capítulo 11 veremos como as revoluções comunistas — por exemplo, na Rússia, China e Camboja — levaram à redução da desigualdade.

O preço da redução da desigualdade geralmente envolveu choques violentos e catástrofes, cujas vítimas foram não apenas os ricos, mas milhões e milhões de pessoas que tiveram que pagar com a perda de suas vidas, liberdade, renda ou propriedade. Nem as reformas agrárias não violentas, nem as crises econômicas, nem a democratização tiveram um efeito de nivelamento tão grande ao longo da história registrada quanto essas escaladas de violência. "Se procurarmos reequilibrar a distribuição atual de renda e riqueza em favor de uma maior igualdade", escreve Scheidel, "não podemos simplesmente fechar os olhos para o que foi necessário para alcançar esse objetivo no passado. Precisamos perguntar se a grande desigualdade foi atenuada com nossa grande violência".[127] A resposta de Scheidel a esta pergunta é um estrondoso 'Não'. Este pode ser um achado deprimente para muitos adeptos de ideias igualitárias.

No entanto, se mudarmos a perspectiva e não perguntarmos "Como reduzimos a desigualdade?" mas sim "Como podemos reduzir a pobreza?"

---

[126] Scheidel, 9.

[127] Scheidel, 22.

— a pergunta feita no capítulo anterior — então podemos dar uma resposta otimista: não as rupturas violentas que levaram à redução da desigualdade, mas mecanismos muito pacíficos, isto é, inovações e crescimento, trazidos pelas forças do capitalismo, levaram aos maiores declínios do nível de pobreza. Ou, em outras palavras: os maiores "niveladores" da história foram eventos violentos, como guerras, revoluções, colapsos de Estados e sistemas, e pandemias, mas os maiores "redutores" da pobreza na história foram processos pacíficos.

3.

"CAPITALISMO É RESPONSÁVEL PELA DESTRUIÇÃO AMBIENTAL E PELA MUDANÇA CLIMÁTICA"

Em 1977, quando eu tinha 20 anos e era marxista, escrevi em um ensaio:

> "A tarefa da política ambiental de esquerda não deve, portanto, ser combater a destruição do meio ambiente inerente ao sistema, porque — como demonstrado — capitalismo e proteção ambiental são fundamentalmente contraditórios. O objetivo, portanto, não é reforçar quaisquer ilusões sobre a viabilidade da proteção ambiental dentro do sistema capitalista, mas destruir sistematicamente essas ilusões e mostrar que a proteção do meio ambiente só é possível sob um sistema econômico inteiramente diferente, um sistema em que os meios de produção são socializados e a produção orientada para a utilidade e para a satisfação das necessidades naturais".[128]

Argumentos semelhantes se tornaram populares hoje, quase meio século depois. A crítica popular do capitalismo e da globalização, Naomi Klein, admite que inicialmente não tinha interesse particular nas mudanças climáticas. Então, em 2014, ela escreveu um livro de 500 páginas chamado *This Changes Everything: Capitalism vs. The Climate* [Isso Muda Tudo: Capitalismo vs. o Clima]. Por que de repente ela ficou tão interessada? Bem, antes de escrever esse livro, o principal interesse de Klein era a luta contra o livre comércio e a globalização. Ela diz abertamente:

---

[128] Zitelmann, "Zur Argumentationsstrategie" (1977), 28.

> "Fui impulsionada a um envolvimento mais profundo com ele, em parte porque percebi que poderia ser um catalisador para formas de justiça social e econômica nas quais eu já acreditava".[129]

Ela esperava "um novo tipo de movimento climático para retomar a luta contra o chamado livre comércio".[130] Ela rejeita estritamente soluções altamente eficientes, como a energia nuclear favorável ao clima, porque ela não está interessada em soluções no âmbito do capitalismo.

Klein escreve que reconheceu que a mudança climática apresenta uma chance de que "nós usemos coletivamente a crise para saltar em algum lugar que pareça, francamente, melhor do que onde estamos agora"[131] e

> "que a mudança climática possa se tornar uma força catalisadora para mudanças positivas — como isso poderia ser o melhor argumento que os progressistas já tiveram(...) para recuperar nossas democracias da influência corporativa corrosiva; bloquear novos acordos prejudiciais de livre comércio(...) para abrir fronteiras aos migrantes".

A crise climática poderia "formar a base de um poderoso movimento de massas"[132] e esse movimento deve estabelecer os seguintes objetivos:

- "expandir radicalmente os bens comuns" [ou seja: propriedade e recursos estatais].[133]
- introduzir uma "economia minuciosamente planejada".[134]
- "mudar praticamente tudo sobre a nossa economia".[135]
- introduzir "novos impostos, novos programas de obras públicas".[136]
- garantir as "reversões de privatizações".[137]
- garantir a "extinção da indústria mais rica e poderosa que o mundo já conheceu — a indústria de petróleo e gás".[138]

---

[129] Klein, 51.
[130] Klein, 75.
[131] Klein, 6.
[132] Klein, 7.
[133] Klein, 9.
[134] Klein, 82.
[135] Klein, 19.
[136] Klein, 34.
[137] Klein, 34.
[138] Klein, 55.

- definir diretrizes governamentais sobre "com que frequência dirigimos, com que frequência voamos, se nossa comida tem que ser transportada por avião para chegar até nós, se os bens que compramos são feitos para durar(...) quão grandes são nossas casas".[139]
- pressionar por "uma reordenação fundamental dos componentes do Produto Interno Bruto".[140]
- buscar "menos investimento privado na produção para consumo excessivo".[141]
- garantir "aumento dos gastos do governo",[142]
- e alcançar "muito mais redistribuição".[143]

Klein adota a sugestão de que os 20% mais abastados da população devem aceitar os maiores cortes para criar uma sociedade mais justa.[144] Ela argumenta que "nosso sistema econômico e nosso sistema planetário estão agora em guerra"[145] e a única resposta adequada é, portanto, "mudança revolucionária na hegemonia política e econômica".[146]

Essas citações — às quais muitas outras declarações no livro de Klein poderiam ser adicionadas — confirmam que o objetivo mais importante de anticapitalistas como Klein não é melhorar o meio ambiente ou encontrar soluções para as mudanças climáticas. Seu verdadeiro objetivo é eliminar o capitalismo e estabelecer uma economia estatal e planejada. É por isso que ela rejeita consistentemente toda uma série de medidas que protegeriam o meio ambiente e reduziriam os riscos das mudanças climáticas — porque elas seriam compatíveis com o sistema econômico predominante: o capitalismo.

Mas qual é a verdadeira relação entre capitalismo, destruição ambiental e mudanças climáticas? Se compararmos o ranking dos países com os mais altos padrões ambientais com o *Índice de Liberdade Econômica* da Heritage Foundation, veremos uma conexão diferente da suposta por Klein.

Por mais de 20 anos, pesquisadores da Universidade de Yale publicam o *Índice de Desempenho Ambiental* (*EPI*), que classifica os países de acordo com

139 Klein, 79.
140 Klein, 81.
141 Klein, 81.
142 Klein, 81.
143 Klein, 81.
144 Klein, 80.
145 Klein, 19.
146 Klein, 49.

sua saúde ambiental e vitalidade do ecossistema. O *EPI* usa um total de 32 indicadores de desempenho em onze categorias:[147]

- Qualidade do ar;
- Saneamento e água potável;
- Metais pesados;
- Gestão de resíduos;
- Biodiversidade e habitat;
- Serviços ecossistêmicos;
- Pesca;
- Mudança climática;
- Emissões de poluentes;
- Recursos hídricos; e
- Agricultura

De acordo com as análises da Universidade de Yale, Dinamarca, Luxemburgo, Suíça, Reino Unido e França são os países mais bem classificados, seguidos pela Áustria, Finlândia, Suécia, Noruega e Alemanha. O relatório de 2020 afirma: "Uma das lições consistentes do *EPI* é que alcançar a sustentabilidade requer prosperidade econômica suficiente para financiar a saúde pública e a infraestrutura ambiental". Os pesquisadores acham que há uma clara correlação positiva entre o desempenho ambiental e o PIB *per capita*.[148]

Uma comparação interessante pode ser feita entre o *EPI* e o *Índice de Liberdade Econômica* da Heritage Foundation, que mede a liberdade econômica em todo o mundo desde 1995. O *Índice*, também chamado de "índice do capitalismo" pelo sociólogo Erich Weede[149], analisa o nível de liberdade econômica em 178 países e aplica doze critérios, todos com o mesmo peso:

- Direitos de propriedade;
- Eficácia judicial;
- Integridade do governo;
- Carga tributária;
- Gastos do governo;

[147] Wendling / Emerson, et al., *EPI*, 2020, 1.

[148] Wendling / Emerson, et al., *EPI*, 2020, 10.

[149] Weede, "Wirtschaftliche Freiheit," 448.

- Saúde fiscal;
- Liberdade de negócios;
- Liberdade de trabalho;
- Liberdade monetária;
- Liberdade comercial;
- Liberdade de investimento; e
- Liberdade financeira.

Os dez países economicamente mais livres do mundo no *Índice* de 2021 são:

- Cingapura;
- Nova Zelândia;
- Austrália;
- Suíça;
- Irlanda;
- Taiwan;
- Reino Unido;
- Estônia;
- Canadá; e
- Dinamarca.

De acordo com o *Índice* de 2021, os países com os níveis mais baixos de liberdade econômica são Coreia do Norte, Venezuela, Cuba, Sudão e Zimbábue. Os 178 países estão todos agrupados em cinco categorias: "Livre", "Majoritariamente Livre", "Moderadamente Livre", "Majoritariamente Não Livre" e "Reprimido". Os pesquisadores da Heritage Foundation compararam os dois índices — *Índice de Desempenho Ambiental* da Universidade de Yale e seu próprio *Índice de Liberdade Econômica* — para o ano de 2020 e descobriram que os países com os mais altos níveis de liberdade econômica também tiveram as pontuações mais altas do *EPI*, com média de 76,1, enquanto os países "Majoritariamente Livres" tiveram uma média de 70,2. Há então uma grande diferença entre eles e os países "Moderadamente Livres", que foram classificados muito mais abaixo (59,6 pontos) por seu desempenho ambiental. Os países "Majoritariamente Não Livres" e "Reprimidos" registraram de longe o pior desempenho ambiental (46,7 e 50,3 pontos no *EPI*, respectivamente).[150]

[150] Miller / Kim / Roberts, *Index of Economic Freedom 2021*, 26.

Para suavizar os desenvolvimentos dinâmicos no *Índice de Liberdade Econômica*, faz sentido considerar a pontuação média de cada país nos 15 anos, de 2006 a 2020. Isso compensa o tipo de efeitos pontuais que podem resultar de medidas políticas de curto prazo. Essas médias podem então ser comparadas com as pontuações do *Índice de Desempenho Ambiental* de 2020. Os dados revelam uma clara correlação positiva (o coeficiente de correlação é 0,67). Uma análise de regressão também confirma que para cada aumento de um ponto no *Índice de Liberdade Econômica* há um aumento de 1,06 ponto no *Índice de Desempenho Ambiental*. Um coeficiente tão alto, combinado com a correlação muito forte entre os índices, sugere uma relação estatística clara. Essa correlação pode ser explicada pela causalidade entre o aumento do capitalismo e o maior progresso tecnológico e prosperidade.

O economista Daniel Fernández Méndez abordou a possível objeção de que países com maior liberdade econômica "estão 'exportando' suas indústrias poluentes para o terceiro mundo menos livre, enquanto mantêm indústrias não poluentes em seu país".[151] No entanto, claramente este não é o caso. Sua análise dos investimentos feitos por países com altos padrões ambientais revela que apenas 0,1% de seus investimentos estrangeiros vão para países com baixos padrões ambientais. As conclusões de Méndez são claras:

> "Com os dados analisados, podemos ver que o capitalismo se adequa ao meio ambiente. Quanto maior a liberdade econômica, melhores são os índices de qualidade ambiental. Os países 'mais limpos' não exportam sua poluição por meio da realocação de empresas".[152]

Os pesquisadores da Universidade de Yale descobriram que não há apenas uma correlação entre o *Índice* da Heritage Foundation e seu próprio *EPI*, mas também entre o *EPI* e o *Índice de Facilidade para Fazer Negócios*, que é publicado anualmente como parte do *Relatório Doing Business* do Banco Mundial e é geralmente considerado como o medidor mais abrangente e confiável do mundo da facilidade de fazer negócios, com classificações mais altas indicando melhores, e geralmente mais simples, regulamentações para empresas e proteções mais fortes dos direitos de propriedade. De acordo com os pesquisadores da Universidade de Yale, a correlação entre o *Índice de Facilidade para*

[151] Méndez.
[152] Méndez.

Fazer Negócios, que eles chamam de medida de "liberalismo econômico" (ou seja, um indicador do quão capitalista é uma economia), e o *EPI* é de 0,72. A correlação é, portanto, significativamente mais evidente do que para "Estabilidade Política e Ausência de Violência", por exemplo, que tem uma correlação de apenas 0,52.[153]

Em 2016, pesquisadores publicaram um estudo na revista *Sustainability* que incluiu uma avaliação da correlação entre o *EPI* e o *Open Market Index (OMI)* compilado pela Câmara de Comércio Internacional (ICC). O *OMI* mede a abertura de um país ao livre comércio e, portanto, é um importante indicador de liberdade econômica. Os pesquisadores encontraram alto grau de sobreposição entre o *OMI* e o *EPI*: 19 dos 27 países com maior pontuação do *OMI* também aparecem no top 27 do *EPI*. A pesquisa abrangeu um total de 75 países, incluindo todos os membros do G20 e da UE. Juntos, esses países respondem por mais de 90% do comércio e investimento internacional. Os pesquisadores concluem:

> "É evidente que há uma forte conexão entre as pontuações do OMI e do EPI, apoiando nossa hipótese de que os países com economia aberta pontuam mais alto no desempenho ambiental. No geral, nossas evidências mostram que o nível de abertura de uma economia está associado à proteção ambiental de um país."[154]

Outro estudo, "O Livre Comércio é Bom para o Meio Ambiente?", por Antweiler, Copeland e Taylor, usa modelagem matemática sofisticada para explorar a correlação entre livre comércio — uma característica fundamental do capitalismo — e poluição ambiental. O estudo conclui:

> "Nossas estimativas das elasticidades de escala e técnica indicam que, se a abertura aos mercados internacionais aumentar tanto a produção, quanto a renda em 1%, as concentrações de poluentes cairão aproximadamente 1%. Juntar esse cálculo com nossas evidências anteriores sobre os efeitos da composição gera uma conclusão um tanto surpreendente: o comércio mais livre é bom para o meio ambiente".[155]

---

153 Wendling / Emerson et al., *EPI*, 2020, 44.

154 Mavragani / Nikolaou / Tsagarakis, 8.

155 Antweiler / Copeland / Taylor, 41.

Claro, pode-se argumentar que o capitalismo leva a um crescimento econômico mais forte, que por sua vez leva a um aumento no consumo de recursos. Seguindo essa lógica, os sistemas economicamente mais ineficientes deveriam ser os melhores para o meio ambiente, já que resultam em um crescimento mais lento. No entanto, as análises acima mostram:

> "que, numa fase inicial do crescimento econômico de um país, observa-se um alto nível de degradação ambiental, enquanto, após um ponto crítico de crescimento econômico, é relatado um declínio gradual da degradação ambiental".[156]

Além disso, há duas observações do mundo real que também refutam o argumento de que um crescimento econômico mais forte automaticamente leva a uma maior poluição ambiental:

- Nos países não capitalistas, a degradação ambiental tem sido um problema muito mais sério do que nos países capitalistas.
- A correlação entre o crescimento econômico e o aumento do consumo de recursos está se tornando cada vez mais fraca na era da desmaterialização.

Comecemos pelo primeiro ponto. A degradação ambiental em nenhum lugar foi tão ruim quanto nos antigos estados socialistas. Esse é um argumento relevante? Sim, porque se uma ordem econômica baseada na propriedade privada, na concorrência e nos preços livremente estabelecidos fosse a causa da poluição ambiental, então, logicamente, teria que haver uma poluição significativamente menor em países que não possuem essas características — o que não é o caso. Além disso, como vimos, ativistas climáticos anticapitalistas como Naomi Klein querem estabelecer uma ordem econômica na qual o Estado tenha um poder desproporcionalmente maior do que sob o capitalismo. Sua receita contra as mudanças climáticas e a poluição é mais planejamento estatal. No entanto, nos países onde o Estado tem maior poder sobre a economia, os níveis de degradação ambiental não foram menores. Pelo contrário, eles foram muito mais altos do que em quaisquer outros países. Claro, não está além da imaginação humana sonhar com vários sistemas ideais nos quais o Estado comanda a economia e resolve todos os problemas de poluição e mudança climática. No entanto, você já sabe que me recuso a abordar essas construções

[156] Mavragani / Nikolaou / Tsagarakis, 1.

de pensamento puro ou modelos utópicos porque acredito que é mais instrutivo lidar com a história e aprender com ela. Portanto, passarei agora a mostrar em detalhes que os Estados não capitalistas e as economias planejadas pelo Estado não apenas falharam em resolver os problemas ambientais, como os tornaram muito piores do que nos países capitalistas.

Em 1990, Zhores A. Medvedev fez um balanço para a União Soviética:

> "A União Soviética perdeu mais pastagens e terras agrícolas devido à contaminação radioativa do que a área total de terras cultivadas na Suíça. Mais terras foram inundadas por barragens hidrelétricas do que a área total da Holanda. Mais terras foram perdidas entre 1960 e 1989 por meio de salinização, mudanças no lençol freático e tempestades de poeira e sal do que o total de áreas cultivadas na Irlanda e na Bélgica juntas. Em meio à aguda escassez de alimentos, a área total de terras cultivadas diminuiu um milhão de hectares por ano desde 1975. A União Soviética está perdendo suas florestas no mesmo ritmo em que as florestas tropicais estão desaparecendo no Brasil. No Uzbequistão e na Moldávia, o envenenamento químico por pesticidas levou a taxas tão altas de retardo mental que os currículos educacionais nas escolas secundárias e universidades tiveram que ser modificados e simplificados".[157]

Em seu livro de 1992 *Ecocide in the USSR*, Murray Feshbach e Alfred Friendly Jr. concluíram que "nenhuma outra civilização industrial envenenou sua terra, ar e povo por tanto tempo e tão sistematicamente".[158]

Um exemplo bem conhecido do estado alarmante e perigoso da proteção ambiental na URSS é o desastre nuclear de Chernobyl, que ocorreu em 26 de abril de 1986, no reator quatro da Usina Nuclear de Chernobyl. O que a maioria das pessoas provavelmente não sabe é que esta usina nuclear orgulhosamente tinha o nome oficial de Usina Nuclear Vladimir Lenin (Чернобыльская АЭС им. В. И. Ленина) em homenagem ao representante comunista e fundador do Estado porque, após o acidente, Chernobyl se tornou sinônimo dos perigos gerais da energia nuclear, ao invés dos perigos ambientais que poderiam ocorrer livremente sob o socialismo.

Em seu trabalho definitivo de 560 páginas, *Midnight in Chernobyl*, o jornalista e autor britânico Adam Higginbotham demonstra que o maior desastre

---

[157] Medvedev, *The Ecologist*, 20, 1, Jan/Feb, 1990, 21.

[158] Feshbach / Friendly, Jr., 1.

nuclear do mundo foi um resultado direto de problemas endêmicos em quase todos os níveis do sistema econômico soviético. Esse fato ficou claro a partir do momento em que a construção da usina começou:

> "As principais peças mecânicas e materiais de construção muitas vezes chegavam tarde, ou não chegavam, e as que chegavam eram muitas vezes defeituosas. O aço e o zircônio — essenciais para os quilômetros de tubos e centenas de conjuntos de combustível que seriam canalizados através do centro dos reatores gigantes — estavam em falta; tubulações e concreto armado destinados ao uso nuclear muitas vezes acabaram sendo tão mal feitos que tiveram que ser jogados fora".[159]

O telhado da sala de turbinas da usina estava coberto com betume altamente inflamável, embora isso fosse contrário aos regulamentos. O motivo: o material mais resistente a chamas que deveria ser usado não estava sendo fabricado na URSS.[160] O concreto estava com defeito e os trabalhadores não tinham ferramentas elétricas — uma equipe de agentes da KGB e informantes da fábrica relataram uma série contínua de falhas de construção.[161] À medida que o reator n°4 da usina estava perto de ser concluído, um demorado teste de segurança nas turbinas da unidade não havia sido concluído até o prazo de conclusão de Moscou no último dia de dezembro de 1983.[162]

Investigações na União Soviética após o acidente confirmaram que o tipo de reator, o RBMK, não estava de acordo com os padrões de segurança modernos e mesmo antes do acidente nunca teria sido permitido operar além das fronteiras da URSS.[163] "O acidente foi inevitável (...) Se não tivesse acontecido aqui e agora, teria acontecido em outro lugar", admitiu o primeiro-ministro da URSS Nikolai Ryzhkov.[164]

As autoridades soviéticas inicialmente tentaram encobrir toda a escala do acidente, assim como haviam encoberto uma longa cadeia de acidentes anteriores em usinas nucleares. Como um dos doze membros fundadores da Agência Internacional de Energia Atômica (AIEA), desde 1957 a União Soviética era obrigada a relatar qualquer acidente nuclear que ocorresse dentro

---

[159] Higginbotham, 12.
[160] Higginbotham, 20.
[161] Higginbotham, 20.
[162] Higginbotham, 20.
[163] Higginbotham, 271.
[164] Higginbotham, 272.

de suas fronteiras. No entanto, nenhuma das dezenas de acidentes perigosos que ocorreram dentro das instalações nucleares soviéticas nas décadas que se seguiram foi mencionado na AIEA. "Por quase trinta anos, tanto o público soviético quanto o mundo em geral foram encorajados a acreditar que a URSS operava a indústria nuclear mais segura do mundo."[165] Em contraste, o acidente comparativamente inofensivo na usina nuclear de *Three Mile Island*, perto de Harrisburg, Pensilvânia, em 28 de março de 1979, foi explorado por autoridades soviéticas como um exemplo de como as usinas nucleares inseguras estão sob o sistema capitalista.[166] Muitos meios de comunicação na Europa Ocidental adotaram acriticamente essa distorção dos fatos.

Após o acidente na Usina Nuclear Vladimir Lenin em Chernobyl, as autoridades soviéticas aderiram ao encobrimento e alegaram que a causa do desastre não era nada mais do que erro humano. Em um importante julgamento, vários funcionários da usina foram condenados. Mas Valery Legasov, vice-diretor do Instituto Soviético de Energia Atômica, finalmente chegou à conclusão de que foi o "profundo fracasso do experimento social soviético, e não apenas um punhado de operadores imprudentes de reatores, que (...) foi o culpado pela catástrofe".[167] Em uma entrevista à revista literária *Novy Mir*, ele alertou que outra catástrofe como Chernobyl poderia ocorrer em qualquer uma das outras usinas nucleares RMBK da URSS a qualquer momento.[168]

O especialista, devastado pela doença e pelo desespero com o que havia acontecido, tendo estudado o acidente e suas causas mais intensamente do que provavelmente qualquer outra pessoa, gravou suas memórias, que foram publicadas no *Pravda* logo após sua morte (isso era possível na época porque era o auge das liberdades oferecidas aos editores da mídia controlada pelo partido sob a política de *glasnost* de Gorbachev no início de 1986). No artigo de setembro de 1988, Legasov declarou:

> "Depois de visitar a NPP de Chernobyl, cheguei à conclusão de que o acidente foi a inevitável apoteose do sistema econômico que havia sido desenvolvido na URSS ao longo de muitas décadas (...) É meu dever dizer isso".[169]

---

165 Higginbotham, 44.
166 Higginbotham, 74.
167 Higginbotham, 325.
168 Higginbotham, 324.
169 Higginbotham, 327–328.

As causas estavam tão profundamente enraizadas na estrutura do sistema econômico planificado, que os esforços de políticos e cientistas soviéticos para mudar as coisas após o desastre não tiveram sucesso. Um relatório interno ao Comitê Central do PCUS, preparado um ano após o acidente em Chernobyl, observou que, nos doze meses desde o desastre, 320 falhas de equipamentos ocorreram nas usinas nucleares soviéticas, e que 160 delas levaram ao desligamento de reatores de emergência.[170] Todos eles — como os numerosos acidentes antes deles — foram ocultados. Na RDA, o órgão central da organização juvenil comunista FDJ, *Junge Welt*, publicou a seguinte manchete em 2 de maio de 1986: "O alarmismo ocidental procura distrair as iniciativas de paz".[171]

Não só o histórico ambiental da União Soviética foi desastroso, mas também o do segundo maior país socialista, a República Popular da China. O livro de Steven Pinker, *Enlightenment Now*, inclui um gráfico que rastreia a intensidade do carbono, ou emissões de CO^2 por dólar do PIB, de 1820 a 2014.[172] À medida que países como os Estados Unidos e o Reino Unido começaram a se industrializar, eles emitiram cada vez mais CO^2 por dólar do PIB. A partir da década de 1950, no entanto, o gráfico confirma claramente que as emissões por dólar do PIB estão caindo e caindo.

Uma análise mais detalhada do gráfico confirma que a China teve um valor muito discrepante no final da década de 1950, com a intensidade de carbono aumentando mais drasticamente do que em qualquer outro país e em qualquer outro momento desde 1820. Isso se deveu inteiramente ao maior experimento socialista da história da humanidade, o Grande Salto Adiante de Mao. Esse experimento não só causou a maior fome da história e matou 45 milhões de pessoas,[173] como também foi um desastre ecológico. Para o mundo exterior, a propaganda de Mao constantemente alardeou novos números recordes em todos os campos, enquanto a China procurava provar o progresso e a superioridade do socialismo. Em particular, a produção de aço foi mantida como uma medida para demonstrar o progresso do país sob o socialismo. Mao era obcecado por aço e poderia recitar os números de produção para todas as principais economias do mundo. Em 1957, a produção de aço da China era de

---

170 Higginbotham, 478, note to page 321.

171 Beleites, 152.

172 Pinker, 143.

173 Zitelmann, *The Power of Capitalism*, Chapter 1.

5,35 toneladas; em janeiro de 1958, Mao estipulou uma meta de 6,2 milhões de toneladas, e em setembro, a meta foi dobrada para 12 milhões.[174] Esses objetivos colossais deveriam ser alcançados principalmente com pequenos altos-fornos operados por moradores nos quintais das comunas populares. Muitos desses fornos não funcionaram corretamente, e é por isso que eles produziram principalmente material de baixa qualidade. Os lingotes de ferro produzidos por comunas rurais estavam empilhados em todos os lugares, e eram tão pequenos e quebradiços que eram inadequados para laminadores modernos.[175] No final de dezembro de 1958, até Mao foi forçado a admitir a um alto funcionário que 40% do aço era inutilizável. O aço que poderia ser usado tinha sido produzido em siderúrgicas convencionais, e os 40% inutilizáveis vieram dos pequenos fornos.[176] Ao mesmo tempo, por causa dos fornos do quintal, as emissões aumentaram extremamente e a produção econômica diminuiu, o que explica a posição da China como um ponto fora da curva absoluto no gráfico de Pinker sobre a intensidade de carbono.

Não foi a "busca desenfreada do lucro" pelos capitalistas, mas a economia planificada e o socialismo que causaram a maior destruição ambiental — não apenas na União Soviética e na China, mas em todos os países socialistas.

A China está seguindo os países ocidentais na via de descarbonização, embora tenha demorado um pouco mais para começar. Aliás, o mesmo acontece na Índia. Na China, as emissões de CO^2 por dólar do PIB atingiram o pico no final da década de 1970, enquanto as da Índia foram mais altas em meados da década de 1990, após o que o subcontinente anteriormente dirigista mudou para uma economia de mercado. O resultado: a intensidade da emissão de carbono mundial vem diminuindo há meio século.[177]

Após o colapso do socialismo, finalmente foi possível fazer um balanço. Os países socialistas há muito se gabavam de seu papel pioneiro na proteção ambiental. Já em 1968, a Alemanha Oriental adicionou a proteção do meio ambiente à sua constituição como um objetivo estatal. Então, em 1972 — ultrapassando a Alemanha Ocidental por 15 anos —, estabeleceu seu próprio Ministério do Meio Ambiente.[178] A propaganda da Alemanha Oriental

---

174 Dikötter, Mao's Great Famine, 57.

175 Dikötter, Mao's Great Famine, 61.

176 Chang / Halliday, 566.

177 Pinker, 143.

178 Fink/Kurz, "Umweltdesaster DDR": <https://www.insm-oekonomenblog.de/22661-

constantemente afirmava que o capitalismo era o culpado pela destruição ambiental e que somente o socialismo, com sua economia estatal e planejada, poderia garantir um ambiente limpo. Mas como a realidade se compara a tais alegações?

Em 1990, a Fundação Federal criada para chegar a um acordo com a RDA publicou um relatório, afirmando:

> "Os problemas ecológicos (...) são devastadores. A população da RDA se depara com poluição ambiental em quase todos os lugares. A poluição do ar é particularmente grave, causada pelo dióxido de enxofre e dióxido de carbono criados pela queima de linhito. O linhito é a maior fonte de energia da RDA, mas as usinas estão desatualizadas; há falta de equipamentos de dessulfuração. A poluição é tão grave que muitas pessoas nas regiões mais afetadas, por exemplo, ao redor dos centros industriais de Leipzig, Halle, Karl-Marx-Stadt e Dresden, sofrem de doenças respiratórias e eczema acima da média. O 'nevoeiro industrial' aciona regularmente alarmes de poluição atmosférica em cidades e vilarejos, deixando camadas de poeira em carros, janelas e roupas penduradas para secar ao ar livre. Os corpos d'água também são altamente poluídos. A indústria química descarrega águas residuais não tratadas que poluem rios e lagos. A piada 'Tudo é cinza na RDA, exceto os rios', que era frequentemente espalhada na RDA, reflete isso. 'Silver Lake', perto de Bitterfeld/Wolfen, é representativa da poluição particularmente drástica da água. A antiga pedreira a céu aberto serviu como um poço de águas residuais para a fábrica de filmes Wolfen, onde o lodo e os resíduos eram despejados. Em 1990, a camada de lodo contaminado com metais pesados tinha até 12 metros de espessura em alguns lugares. No entanto, não são apenas os efluentes industriais que contribuem para a poluição da água, mas também o uso generoso de fertilizantes na produção agrícola. No geral, muitos rios e lagos da RDA foram dizimados ecologicamente em 1990."[179]

De acordo com o relatório, o solo em muitas áreas da antiga RDA também foi contaminado com uma ampla variedade de poluentes, seja por meio de

---

bitteres-aus-bitterfeld-das-umweltdesaster-der-ddr-und-seine-lehren/>

179 Relatório da Fundação Federal para Chegar a um Acordo com o Passado da RDA: <https://deutsche-einheit-1990.de/ministerien/muner/verschmutzung/#:~:text=Insgesamt%20sind%20viele%20Fl%C3%BCsse%20und,Siedlungsabf%C3%A4lle%20auf%20%E2%80%9Ewilden%E2%80%9C%20M%C3%BClldeponien.>

agricultura intensiva, ou agricultura industrial, ou pelo despejo descontrolado de resíduos industriais e urbanos tóxicos em aterros "selvagens".[180]

Em outros lugares da RDA, os mineiros de urânio em Wismut estavam trabalhando em condições extremamente perigosas para sua saúde. Em compensação, eles recebiam até sete litros de *schnapps* por mês. Ninguém foi autorizado a mencionar a palavra "urânio" e até mesmo os folhetos usados para anunciar a área dentro e ao redor de Wismut evitaram estritamente a palavra.[181] Essa tática de silêncio foi projetada para evitar o medo do público sobre os riscos à saúde associados ao urânio.

Os dados sobre o desempenho ambiental tornaram-se "informações classificadas" na RDA em 19 de março de 1974, o mais tardar, quando uma decisão ministerial deu a Günter Mittag, Secretário do Comitê Central de Economia do Partido Socialista Unificado, autoridade sobre a distribuição das avaliações ambientais anuais da RDA. A partir de 1982, apenas ele, o presidente do Conselho de Estado, Willi Stoph, e Erich Mielke, chefe da Stasi (serviço de segurança do Estado da Alemanha Oriental), foram autorizados a receber o relatório ambiental anual. Muitos cidadãos só aprenderam toda a verdade sobre o estado catastrófico do meio ambiente na RDA após a reunificação.

Aqui estão alguns fatos para fins de comparação:

- Ameaça climática: O historiador Hubertus Knabe, um dos principais especialistas em história da RDA, afirma: "Um dos maiores assassinos climáticos do mundo foi, de fato, um país que havia abolido o capitalismo — a RDA".[182] Em 1989, a RDA emitiu mais de três vezes mais CO^2 por unidade de PIB do que a República Federal.[183]
- Poluição do ar, dióxido de enxofre: Em 1988, a RDA emitiu 10 vezes mais dióxido de enxofre por km^2 do que a República Federal (48,1 toneladas/ / km^2 X 4,6 toneladas/ km^2).[184]

---

180 Relatório da Fundação Federal para Chegar a um Acordo com o Passado da RDA: <https://deutsche-einheit-1990.de/ministerien/muner/verschmutzung/#:~:text=Insgesamt%20sind%20viele%20Fl%C3%BCsse%20und,Siedlungsabf%C3%A4lle%20auf%20%E2%80%9Ewilden%E2%80%9C%20M%C3%BClldeponien.>

181 Beleites, 163.

182 Knabe, Klimakiller DDR.

183 Fink / Kurz, "Umweltdesaster DDR": https://www.insm-oekonomenblog.de/22661-bitteres-aus-bitterfeld-das-umweltdesaster-der-ddr-und-seine-lehren/.

184 Fink / Kurz, "Umweltdesaster DDR": https://www.insm oekonomenblog.de/22661-bitteres-aus-bitterfeld-das-umweltdesaster-der-ddr-und-seine-lehren/.

- Poluição do ar, partículas no ar: a carga média de 20,3 toneladas por quilômetro quadrado na RDA foi mais de dez vezes maior do que a da República Federal (1.8 toneladas/km^2).[185]
- Fogões a carvão: Em residências particulares, quase dois terços dos apartamentos da RDA foram aquecidos com combustíveis sólidos, como briquetes de linhito, no momento da reunificação.[186]
- Poluição dos rios: Quase metade dos principais rios da RDA estavam biologicamente mortos em 1989 e 70% não podiam mais ser usados para água potável.[187]
- Quase metade dos moradores da RDA não receberam água potável temporária ou permanentemente quando ligaram a torneira. Isso se deveu à alta entrada de nitrogênio, fósforo, metais pesados e outros poluentes nas águas.[188]

O historiador Knabe afirma:

> "Como muitos ativistas climáticos hoje, a liderança da RDA manteve a visão de que somente abolindo o capitalismo os problemas ambientais poderiam ser resolvidos. Eles acreditavam que foi a ganância das corporações que levou à destruição implacável da natureza. Por essa lógica, o motivo do lucro precisava ser substituído pela razão e pelo planejamento para a sociedade como um todo. E, como eles viam as coisas, isso só é possível sob o socialismo".[189]

Muitas pessoas admitirão que o socialismo é ainda pior para o meio ambiente do que o capitalismo, mas ainda ficam com dúvidas razoáveis: o crescimento econômico em geral não é ruim para o meio ambiente? Há um argumento em particular que parece lógico, pelo menos à primeira vista: Como as matérias-primas da Terra são finitas, o crescimento infinito é impossível. Isso leva muitos a concluir que, de alguma forma, o crescimento deve ser reduzido.

---

185 Fink / Kurz, "Umweltdesaster DDR": https://www.insm-oekonomenblog.de/22661-bitteres-aus-bitterfeld-das-umweltdesaster-der-ddr-und-seine-lehren/.

186 Fink / Kurz, "Umweltdesaster DDR": https://www.insm-oekonomenblog.de/22661-bitteres-aus-bitterfeld-das-umweltdesaster-der-ddr-und-seine-lehren/.

187 Knabe, Klimakiller DDR.

188 Knabe, Klimakiller DDR.

189 Knabe, Klimakiller DDR.

Avisos sobre os limites do crescimento não são novos; eles existem há séculos. Aqui estão apenas alguns exemplos dos últimos 80 anos: em 1939, o Departamento do Interior dos EUA declarou que as reservas de petróleo dos EUA durariam apenas mais 13 anos. Em 1949, o Secretário do Interior dos EUA anunciou que os suprimentos de petróleo dos Estados Unidos acabariam em breve. Não tendo aprendido nada com suas falsas alegações anteriores, em 1974, o Serviço Geológico dos EUA disse que os EUA ainda tinham apenas 10 anos de gás natural.

Em 1970, o cientista Harrison Brown publicou um gráfico na *Scientific American* no qual estimou que a humanidade ficaria sem cobre logo após o ano 2000. Esperava-se que chumbo, zinco, estanho, ouro e prata desaparecessem antes de 1990.[190] Também em 1970, o ecologista Kenneth Watt previu que o mundo ficaria sem petróleo: "você vai dirigir até a bomba e dizer: 'Encha o tanque, amigo', e ele vai dizer: 'Sinto muito, não há mais nada'".[191]

Publicado no mesmo ano, o estudo "Limites para o Crescimento" do Clube de Roma atraiu muita atenção. Até o momento, mais de 30 milhões de cópias do estudo foram vendidas em 30 idiomas. O livro alertava as pessoas a mudarem seus hábitos e deixou uma forte mensagem: as matérias-primas do planeta logo se esgotariam, especialmente o petróleo. Os cientistas previram que a última gota de petróleo se esgotaria em 20 anos. E não foi apenas em relação ao petróleo, mas a quase todas as matérias-primas relevantes, que o relatório do Clube de Roma julgou completamente mal a data em que se esgotariam. Gás natural, cobre, chumbo, alumínio, tungstênio: de acordo com as previsões divulgadas na época, nenhum desses recursos naturais ainda seria encontrado na Terra hoje — com base nas previsões de crescimento econômico contínuo entre a década de 1970 e os dias atuais. Tudo já deveria ter sido usado; em alguns casos, décadas atrás. A prata deveria estar esgotada em 1985. De fato, em janeiro de 2020, o Serviço Geológico dos Estados Unidos (USGS) estimou as reservas de prata em todo o mundo em 560.000 toneladas. Antes que alguém comece a balançar a cabeça diante de todas essas falsas previsões, vale ressaltar que, desde o início da industrialização até aproximadamente a década de 1970, houve de fato uma estreita correlação entre o crescimento econômico, por um lado, e o consumo de energia e matéria-prima, por outro.[192]

---

190 Williams, "Environmentalists are Dead Wrong."

191 Follett, "7 Enviro Predictions."

192 McAfee, 59.

Porém, com base em inúmeras séries de dados, o cientista americano Andrew McAfee prova em seu livro *More from Less* [Mais de Menos], publicado em 2020, que o crescimento econômico se dissociou do consumo de matérias-primas. Dados para os EUA mostram que, de 72 *commodities*, apenas seis ainda não atingiram seu máximo de consumo. Embora a economia dos EUA tenha crescido fortemente nos últimos anos, o consumo de muitas *commodities* está diminuindo.[193]

Já em 2015, o cientista ambiental americano Jesse H. Ausubel confirmou em seu artigo "*The Return of Nature: How Technology Liberates the Environment* [O Retorno da Natureza: Como a Tecnologia Liberta o Meio Ambiente]" que os americanos estão consumindo cada vez menos matérias-primas *per capita*. O consumo total de aço, cobre, fertilizantes, madeira e papel, que antes sempre crescia junto com o crescimento econômico, atingiu o pico e vem caindo desde então.

Esses desenvolvimentos são todos devidos às leis do tão criticado capitalismo: as empresas estão constantemente procurando novas maneiras de produzir com mais eficiência, ou seja, sobreviver com menos matérias-primas. Elas fazem isso, é claro, não principalmente para proteger o meio ambiente, mas para cortar custos.

Além disso, a inovação promoveu uma tendência que chamamos de miniaturização ou desmaterialização. Um exemplo dessa tendência é o *smartphone*. Basta considerar quantos dispositivos estão contidos no seu *smartphone* e quantas matérias-primas eles costumavam consumir:

- Calculadora;
- Telefone;
- Câmera de vídeo;
- Despertador;
- Gravador de voz;
- Sistema de navegação;
- Câmera;
- MP3 player (substituindo o cassete/CD player);
- Bússola;
- Secretária eletrônica;
- Scanner;

193 McAfee, 80.

- Fita métrica;
- Rádio;
- Lanterna;
- Calendário;
- Enciclopédia;
- Dicionário;
- Dicionário de língua estrangeira;
- Livro de endereços.

Muitas pessoas hoje não têm mais fax ou mapas em papel porque têm tudo na ponta dos dedos em seu *smartphone*, e alguns até dispensam um relógio de pulso. No passado, você tinha quatro microfones separados em seu telefone, gravador de cassetes de áudio, ditafone e câmera de vídeo. Hoje, o único microfone do seu *smartphone* substituiu todos esses dispositivos.

Eu costumava me orgulhar da minha grande coleção de discos, que se estendia por várias prateleiras. À medida que a tecnologia avançava, comprei CDs que se encaixavam em uma única prateleira — e consumiam muito menos matérias-primas. Hoje, minha namorada me provoca porque eu ainda compro CDs — todas as músicas dela estão em arquivos digitais, que não ocupam nenhum espaço. Admito que sou um pouco antiquado e possuo vários milhares de livros. Eu não tenho espaço de prateleira suficiente para todos eles, então a maioria dos meus livros está armazenada. Meu pai, apesar de ter 92 anos, é mais moderno do que eu e lê muitos livros como *e-books* em seu Kindle.

Estes são apenas alguns dos muitos exemplos de uma tendência à desmaterialização.[194] A realidade é mais complexa do que pode parecer à primeira vista quando as pessoas dizem: "Nosso planeta tem recursos limitados, então não podemos crescer indefinidamente".

Então, tudo isso significa que o mundo pode dispensar as regulamentações governamentais para proteger o meio ambiente? Claro que não. Mesmo defensores convictos do capitalismo, como os dois ganhadores do Prêmio Nobel de Economia Friedrich August von Hayek e Milton Friedman, sempre afirmaram que o Estado deve estabelecer as regras — as condições da estrutura legal — do jogo econômico. Hayek enfatizou que o pensamento de livre mercado não deve ser confundido com uma política de "*laissez-faire*".[195]

---

[194] Cf. Kreutzer / Land.

[195] Hayek, O Caminho da Servidão, 62.

E foram alguns dos defensores mais entusiasmados do capitalismo que resolveram um dos maiores problemas ambientais do mundo, o "buraco na camada de ozônio". Aqui está a história: em meados da década de 1970, os cientistas americanos Mario Molina e Frank Sherwood Rowland alertaram que produtos químicos de longa duração, como clorofluorcarbonetos (CFCs), tinham o potencial de destruir a camada protetora de ozônio da Terra, e o esgotamento da camada de ozônio, eles alertaram, levaria a um aumento acentuado dos cânceres de pele e afetaria os ecossistemas terrestres e aquáticos. Na época, os CFCs eram encontrados em muitos utensílios domésticos, incluindo geladeiras, desodorantes e sprays de cabelo.

Em meados da década de 1980, a pesquisadora americana Susan Solomon descobriu que os CFCs eram responsáveis por um buraco na camada de ozônio sobre a Antártida. O então presidente Ronald Reagan (um fã de Milton Friedman) e a primeira-ministra britânica Margaret Thatcher (uma admiradora de Friedrich August von Hayek) tomaram a iniciativa e pediram que a comunidade global trabalhasse em conjunto. Em 16 de setembro de 1987, mais de 30 países concordaram em eliminar os CFCs. O resultante "Protocolo de Montreal" continua sendo um excelente exemplo de proteção ambiental global e ajudou a garantir que o buraco na camada de ozônio se tornasse significativamente menor. O ex-secretário-geral da ONU Kofi Annan descreveu mais tarde o "Protocolo de Montreal" como "talvez o acordo ambiental internacional mais bem-sucedido até hoje". De uma só vez, os dois arquicapitalistas Reagan e Thatcher fizeram mais para proteger o meio ambiente do que o Greenpeace e todos os outros "ativistas ambientais" de esquerda já fizeram.

As regulamentações governamentais, portanto, não são ruins em si, mas muitas vezes as diretrizes governamentais sobre proteção ambiental não atingem seus objetivos bem-intencionados e, em vez disso, acabam fazendo exatamente o oposto. A política ambiental e energética alemã é um exemplo disso: entre 1957 e 2004, cerca de 110 usinas nucleares foram colocadas em operação. Nas décadas de 1970 e 1980, o foco principal dos ambientalistas na Alemanha era exigir a eliminação progressiva da energia nuclear. Nenhuma questão foi tão importante para os ativistas ambientais do país quanto a desativação de cada usina nuclear.

Um governo de coalizão de social-democratas e verdes foi formado em 1998 e, dois anos depois, em 2000, regulamentou pela primeira vez o fim da energia nuclear em um contrato entre a República Federal e as empresas operadoras da usina nuclear. Em 2002, a Lei de Energia Atômica Alemã foi alterada com base nesse contrato. Foi tomada a decisão de estender a vida útil das usinas nucleares em 2010, mas essa decisão foi revertida em 2011 após o desastre natural em Fukushima. A última usina nuclear alemã está programada para ser desativada em 2022.

Foi o desastre de Fukushima em 2011 que levou o governo de Angela Merkel a decidir fechar as usinas nucleares da Alemanha muito antes do que foi originalmente decidido. E, no entanto, não foi o acidente em si (que não fez nem com que o Japão virasse as costas para a energia nuclear), mas o fato de haver eleições no estado alemão de Baden-Württemberg cerca de duas semanas depois que levou à rápida mudança política de Angela Merkel. Na acalorada atmosfera pré-eleitoral, Merkel queria roubar dos Verdes uma de suas principais questões eleitorais, mas até isso não funcionou e os Verdes atraíram um número recorde de votos e, pela primeira vez na política alemã, um estado alemão elegeu um político Verde como ministro-presidente.

Uma das principais razões pelas quais a Alemanha não fez maiores progressos na luta contra as mudanças climáticas, apesar de seus amplos esforços, é a decisão de eliminar gradualmente a energia nuclear. Isso fez com que o país não conseguisse reduzir suas emissões de CO^2 tanto quanto poderia. Em termos de proteção ambiental, a França, por exemplo, em muitos aspectos não é melhor do que a Alemanha, mas enquanto a Alemanha fechou sucessivamente suas usinas nucleares, a participação da França na energia nuclear em seu mix nacional de energia é maior do que qualquer outro país: cerca de 70% (2019). A Alemanha ocupa o 10° lugar no *Índice geral de Proteção Ambiental 2021*, enquanto a França ocupa o 5° lugar, e isso se deve principalmente à energia nuclear, porque no *Índice de Proteção Climática 2021* do EPI, a Alemanha ocupa apenas o 14° lugar, com a França em 4° lugar.

Em seu relatório *EPI* de 2021, os pesquisadores de Yale explicam cautelosamente e diplomaticamente que "alguns analistas" podem ter a opinião de que a desativação nuclear da Alemanha poderia prejudicar o progresso do país no desempenho ambiental. Menos diplomático, mas mais preciso, o *Wall Street Journal* afirmou que a Alemanha está seguindo a política energética mais idiota do mundo.[196]

A principal justificativa para o desligamento nuclear da Alemanha são os riscos associados ao uso da energia nuclear, mas esses riscos são exagerados além

---

196 *Wall Street Journal*, "World's Dumbest Energy Policy": <https://www.wsj.com/articles/worlds-dumbest-energy-policy-11548807424.>

da conta. Uma comparação das mortes por unidade de energia gerada (TWh) mostra que a energia nuclear mata 0,07 pessoas, a gerada por petróleo mata 18,4, e por carvão, 24,6.[197] Mesmo a energia hidrelétrica é significativamente mais perigosa do que a energia nuclear, e a "taxa de mortalidade" é realmente maior para a energia eólica, energia fotovoltaica e combustíveis renováveis do que para a energia nuclear.[198]

Bill Gates defende fortemente a energia nuclear em seu livro sobre mudanças climáticas, insistindo que "é difícil prever um futuro em que descarbonizemos nossa rede elétrica a preços acessíveis sem usar mais energia nuclear".[199] Isso porque: "a nuclear é a única fonte de energia livre de carbono que podemos usar em praticamente qualquer lugar, 24 horas por dia, 7 dias por semana."[200]

Os opositores da energia nuclear sugeriram repetidamente, diretamente ou empregando formulações vagas, que 20.000 pessoas morreram como resultado do acidente do reator em Fukushima em 2011. O número 20.000 está aproximadamente correto, mas essas pessoas morreram como resultado de um terremoto e subsequente tsunami, mas de forma alguma devido à radioatividade.[201]

Você quase nunca ouvirá falar sobre o fato de que a última geração de usinas nucleares é mais segura do que suas antecessoras — a maioria das pessoas nem está ciente dos avanços que foram feitos. Além disso, os problemas com a eliminação final de resíduos radioativos são extremamente exagerados,[202] e pouca publicidade é dada aos novos reatores, que praticamente dispensaram esse problema.[203]

Como o cientista climático Kerry Emanuel, do Instituto de Tecnologia de Massachusetts (MIT), em Cambridge, observa sucintamente:

"Eles não podem ter as duas coisas. Se eles dizem que essa [mudança climática] é apocalíptica ou é um risco inaceitável, e então eles se viram e descartam

---

[197] Gates, 87. Mortes por Terawatt-hora (TWh). Os números fornecidos aqui cobrem todo o processo de geração de energia, desde a extração de combustíveis até transformá-los em eletricidade, bem como os problemas ambientais que eles causam, como a poluição do ar.

[198] Graw, 184–185.

[199] Gates, 85.

[200] Gates, 190.

[201] Ruprecht / Lüdecke, 58. 15.895 mortes foram confirmadas e 2.539 pessoas ainda estão desaparecidas, Cf. Graw, *Grüne*, 180.

[202] Shellenberger, 152 et seq.

[203] Rupprecht / Lüdecke, 46 et seq., 126.

uma das maneiras mais óbvias de evitá-la [energia nuclear], eles não são apenas inconsistentes, eles são dissimulados".[204]

Nos Estados Unidos (como em outros lugares), houve um longo período durante o qual nenhuma nova usina nuclear foi construída — mas isso não teve nada a ver com o capitalismo. Pelo contrário, o movimento anticapitalista em torno do advogado dos EUA Ralph Nader liderou uma enorme campanha que deliberadamente alimentou os medos das pessoas e levou a uma parada quase completa na construção de novas usinas de energia.[205] Nos últimos anos, as discussões sobre energia nuclear se tornaram mais objetivas em alguns países. Como resultado, um número crescente de ativistas ambientais até se posicionaram a favor da construção de novas usinas nucleares. Na Califórnia, cerca de 50 *startups* estão atualmente trabalhando no desenvolvimento de novas tecnologias nucleares. Especialistas já estão falando sobre um "*Nuclear Valley* [Vale Nuclear]" como uma ramificação do "*Silicon Valley* [Vale do Silício]".[206] Bill Gates fundou a empresa TerraPower em 2006 e, se for bem-sucedida, os reatores poderão ser operados com resíduos nucleares de outras instalações.[207]

O exemplo da energia nuclear mostra que a intervenção do governo na economia, mesmo quando a proteção ambiental é dada como motivo, muitas vezes não é impulsionada por considerações ambientais racionais, mas pelo populismo e ideologia. A energia nuclear não é o único exemplo. O autor Alexander Neubauer cita dezenas de exemplos de regulamentos ambientais do governo que alcançaram o oposto do que se pretendia. A revista alemã *Deutsches Ärzteblatt* publicou inúmeros artigos relatando que o uso de isolamento térmico para selar hermeticamente casas causou um aumento significativo nas infestações de mofo em apartamentos, causando asma, pneumonia e outras condições com risco de vida. Alguns estados dos EUA já proibiram esse tipo de isolamento por causa dos riscos à saúde associados a ela — na Alemanha, é obrigatório.[208] Isso não significa, no entanto, que devemos nos livrar de todos os regulamentos governamentais para proteção ambiental, mas prova que a liberdade econômica como um todo é muito melhor em proteger nosso meio ambiente do que o dirigismo do governo.

---

204 Kerry Emanuel, citado em Shellenberger, 155.

205 Shellenberger, 164 et seq.

206 Weimer, "Sogar Bill Gates..."

207 Gates, 87.

208 Neubauer, Ökofimmel.

Para muitos dos chamados "ativistas climáticos", o ambientalismo é pouco mais que um pretexto para sua luta contra o capitalismo. Alguns defendem soluções extremamente radicais que de fato levariam a uma eco-ditadura. Eles argumentam que quando a sobrevivência da humanidade está em jogo, não deve haver tabus. Por essa lógica, devemos atentar até às soluções mais radicais e prescindir de valores como liberdade e democracia. Quando se trata de sobrevivência, diz o argumento, não podemos nos dar ao luxo de ser melindrosos. No entanto, como mostrei acima, as economias planejadas sempre fracassaram, especialmente na questão da proteção ambiental.

Quando se trata de utopias e soluções radicais, geralmente adoto uma atitude de ceticismo. No entanto, se você estiver disposto a se envolver em um experimento de pensamento radical por um momento, talvez queira considerar os argumentos apresentados pelos defensores radicais do capitalismo. Entre eles está o economista alemão Thorsten Polleit, que defende que a degradação ambiental advém do uso excessivo, do desperdício e do desvio de recursos escassos pelo Estado, que: "não tem interesse ou incentivo em trabalhar pela gestão eficiente de recursos escassos; além disso, geralmente também carece do conhecimento necessário (competência)."[209] Isso, ele escreve, é evidente nas economias socialistas planejadas, mas também se aplica aos Estados do mundo ocidental, que igualmente nacionalizaram uma série de recursos naturais — terra, parques, estradas, águas e espaço aéreo. Ao monopolizar a legislação e a jurisdição, diz Polleit, os Estados têm sido os originadores de muitos problemas ambientais:

> "Por exemplo, ao permitir que empresas e consumidores despejem poluentes nas estradas e nos rios, oceanos e ar sem nenhum custo. Muitas vezes, essa prática se justifica com base no'bem comum', que coloca os direitos dos poluidores acima dos direitos dos prejudicados (proprietários). Por exemplo, os proprietários de propriedades localizadas perto de um aeroporto devem suportar o aumento do ruído das aeronaves sem serem compensados pelo operador do aeroporto".[210]

Polleit propõe uma solução capitalista radical. Ele argumenta que dado o péssimo histórico do Estado como proprietário e gestor dos recursos naturais, aliado ao potencial positivo do livre mercado ser apontado para proteger

---

209 Polleit, *Antikapitalist*, 48.
210 Polleit, *Antikapitalist*, 48.

recursos escassos, a seguinte questão é levantada: "Por que não privatizar tudo? Por que não converter cada pedaço de propriedade estatal em propriedade privada?"[211] Sob o utópico "capitalismo puro" imaginado por Polleit, tudo estaria em mãos privadas — terras, estradas, rios e oceanos. Os proprietários de hidrovias e parcelas oceânicas, ou qualquer outro recurso, explica Polleit, seriam escrupulosos em garantir que seus recursos não sejam danificados por outros. Afinal, seus recursos têm valor de mercado — eles podem ser comercializados como água potável, por exemplo, ou para uso recreativo e esportivo. A premissa de Polleit é que qualquer pessoa responsável por danificar o recurso/propriedade de outros seria perseguida e responsabilizada pelos proprietários. Ele descreve princípios semelhantes para outros problemas ambientais, como poluição do ar e poluição sonora.[212]

Como já mencionei, sou, por princípio, cético em relação às utopias. No entanto, a utopia de Polleit teria mais probabilidade de resolver os problemas ambientais do mundo do que os modelos propagados pelos estatistas, que equivale a uma economia ecoplanejada, em que você pode ter cem por cento de certeza de que exacerbariam os problemas ambientais em vez de resolvê-los. No mínimo, talvez valha a pena considerar como podemos incorporar algumas das ideias propostas por pensadores capitalistas como Polleit enquanto nos esforçamos para identificar soluções baseadas no mercado para os problemas ambientais mais urgentes do mundo.

---

211 Polleit, *Antikapitalist*, 49. Em itálico no original.

212 Polleit, *Antikapitalist*, 49 et seq.

4.

"O CAPITALISMO LEVA REPETIDAMENTE A NOVAS CRISES ECONÔMICAS E FINANCEIRAS"

Desde que existem anticapitalistas, eles antecipam a grande crise que traria o colapso final e irreversível do capitalismo. Karl Marx acreditava ter descoberto várias "leis" econômicas que necessariamente levariam à queda do capitalismo, como a "tendência de queda da taxa de lucro" ou o empobrecimento do proletariado. Em sua obra principal, *O Capital*, Marx formulou isso da seguinte forma:

> "Com a diminuição constante do número de magnatas do capital, que usurpam e monopolizam todas as vantagens desse processo de transformação, aumenta a massa da miséria, da opressão, da servidão, da degeneração, da exploração, mas também a revolta da classe trabalhadora, que, cada vez mais numerosa, é instruída, unida e organizada pelo próprio mecanismo do processo de produção capitalista. O monopólio do capital se converte num entrave para o modo de produção que floresceu com ele e sob ele. A centralização dos meios de produção e a socialização do trabalho atingem um grau em que se tornam incompatíveis com seu invólucro capitalista. O entrave é arrebentado. Soa a hora derradeira da propriedade privada capitalista (...) Todavia, a produção capitalista produz, com a mesma necessidade de um processo natural, sua própria negação".[213]

Marx chamou sua "lei" da tendência de queda da taxa de lucro:

> "em todos os sentidos, a lei mais importante da economia política moderna e a mais essencial para compreender as relações mais complicadas. Do ponto de vista histórico, é a lei mais importante."[214]

---

213 Marx, *O Capital*, Volume I, 540-541.

214 Marx, *Grundrisse*, 1033.

Ele escreveu estas frases em seu *Grundrisse: Esboços da crítica da economia política*, e orgulhosamente acrescentou:

> "É uma lei que, a despeito de sua simplicidade, até agora nunca foi compreendida e muito menos conscientemente expressa".[215]

Desta lei, explica Marx, segue-se o inevitável colapso do capitalismo "em contradições agudas, crises, convulsões".[216] Em *Gênese e estrutura de O capital de Karl Marx*, uma obra que é altamente considerada pelos marxistas, o economista Roman Rosdolsky referiu-se a isso como "prognóstico de 'derrocada'" de Marx.[217]

Marx formulou seu prognóstico em meados do século XIX. Mas a derrocada, a última e grande crise do capitalismo, que ele e outros previram repetidamente, ainda não aconteceu. Suas outras previsões, como a já mencionada "tendência de queda da taxa de lucro" como prenúncio do colapso do capitalismo, ou o crescente empobrecimento dos trabalhadores, também se mostraram equivocadas — o que, no entanto, não impede os marxistas de até hoje considerar sua teoria, da qual essas previsões necessariamente se seguiram, correta.

Para os anticapitalistas, as crises econômicas sempre foram, acima de tudo, uma fonte de esperança — de que o capitalismo finalmente entraria em colapso sobre si mesmo. Infelizmente para eles, suas esperanças foram frustradas repetidamente. De muitas maneiras, os anticapitalistas são um pouco como um culto apocalíptico, anunciando destemidamente novas datas para o fim do mundo depois que suas profecias anteriores não foram cumpridas e a vida continuou normalmente.

Na crise financeira de 2008 — da qual trataremos mais adiante —, os anticapitalistas acreditavam que o tão esperado fim do capitalismo havia finalmente chegado. Quando o capitalismo sobreviveu a essa crise, eles foram forçados a esperar e buscar esperança na crise do coronavírus de 2020. Mesmo nos primeiros dias da pandemia de Covid-19, intelectuais de esquerda frequentemente expressavam suas expectativas saudosas de que a pandemia finalmente alcançaria o que eles esperavam durante a crise financeira de 2008, ou seja, uma

---

215 Marx, *Grundrisse*, 1033.

216 Marx, *Grundrisse*, 1034.

217 Rosdolsky, 319.

reorganização fundamental da sociedade e a derrota final do capitalismo.[218] William Davies, um sociólogo britânico, publicou um artigo no jornal diário britânico de esquerda *The Guardian* sob a manchete: "A última crise global não mudou o mundo. Mas esta poderia [*The Last Global Crisis Didn't Change the World. But This One Could*]":

> "Já podemos identificar algumas maneiras pelas quais 2020 e suas consequências serão diferentes da crise da década de 1970. Primeiro, embora sua transmissão tenha seguido a rota do capitalismo global — viagens de negócios, turismo, comércio —, sua causa raiz é externa à economia. O nível de devastação que irá se espalhar se deve a características muito básicas do capitalismo global que quase nenhum economista questiona — altos níveis de conectividade internacional e a dependência da maioria das pessoas do mercado de trabalho. Essas não são características de um paradigma particular de política econômica, da mesma forma que as taxas de câmbio fixas e a negociação coletiva foram fundamentais para o keynesianismo. Elas são características do capitalismo como tal. (...) Levará anos ou décadas para que o significado de 2020 seja totalmente compreendido. Mas podemos ter certeza de que, como uma crise autenticamente global, também é um ponto de virada global. Há uma grande quantidade de dor emocional, física e financeira no futuro imediato. Mas uma crise dessa escala nunca será realmente resolvida até que muitos dos fundamentos de nossa vida social e econômica sejam refeitos".[219]

No sentido econômico, é perfeitamente óbvio que a crise desencadeada pela pandemia do coronavírus foi resultado de um choque exógeno que não tinha nada a ver com a estrutura do sistema econômico capitalista. Desde a Idade da Pedra, a humanidade luta com as epidemias mais severas e graves — e, embora a globalização tenha realmente permitido que o vírus Covid-19 se espalhasse (mais) rapidamente, foi o capitalismo que levou ao rápido desenvolvimento e implantação de equipamentos, tratamentos e vacinas logo após o início da crise — desde máscaras protetoras e testes de Covid até as vacinas desenvolvidas pelas detestadas empresas capitalistas '*Big Pharma*'.

---

218 Zitelmann, "Left-Wing Intellectuals," <https://www.forbes.com/sites/rainerzitelmann/2020/03/30/left-wing-intellectuals-are-thrilled-corona-and-dreams-of-the-end-of-capitalism/?sh=130c65d57420>.

219 Davies, "The Last Global Crisis."

Em sua obra de 1912 *Teoria do Desenvolvimento Econômico*, o economista austríaco Joseph Schumpeter dedicou um capítulo à "Natureza das Crises Econômicas." O termo "crise", de acordo com Schumpeter, inclui fenômenos bem diferentes que não têm mais "em comum umas com as outras (...) que todas são eventos que fazem parar o desenvolvimento econômico precedente."[220] Ele se opôs à "convicção popular e científica de que as crises são um único fenômeno."[221] Schumpeter diferenciou entre duas categorias de crises: "crises que são fenômenos puramente econômicos (...) resultantes do (...) sistema econômico" e "crises que não são fenômenos puramente econômicos."[222] A primeira delas, de acordo com Schumpeter, envolve elementos ou incidentes regulares, se não necessários, "de um movimento em forma de onda que alterna períodos de prosperidade e depressão."[223] Schumpeter teria contado a crise desencadeada pela pandemia do coronavírus como um daqueles fenômenos da segunda categoria, cujas causas são um "corpo estranho na esfera econômica".[224]

O capitalismo difere dos processos econômicos "estacionários" anteriores, Schumpeter escreveu em seu trabalho de 1942 intitulado *Capitalismo, Socialismo e Democracia*, que por seu dinamismo: "O capitalismo é, por natureza, uma forma ou método de transformação econômica, e não reveste caráter estacionário, pois jamais poderia tê-lo".[225] Ele afirmou que o capitalismo "revoluciona incessantemente a estrutura econômica a partir *de dentro*, destruindo incessantemente o antigo e criando elementos novos. Este processo de destruição criadora é básico para se entender o capitalismo".[226] Ele acusou os economistas de olharem apenas para o problema de como o capitalismo administra as estruturas existentes, "ao passo que o problema crucial é saber como ele as cria e destrói".[227]

Nesse sentido, as crises são algo positivo — muito parecido com uma tempestade de limpeza. Em uma crise, as empresas que não administram bem vão falir e outras empresas mais inovadoras, com melhores produtos, melhores

---

[220] Schumpeter, *Teoria*, 206.
[221] Schumpeter, *Teoria*, 207.
[222] Schumpeter, *Teoria*, 208.
[223] Schumpeter, *Teoria*, 210.
[224] Schumpeter, *Teoria*, 208.
[225] Schumpeter, *Capitalismo*, 110.
[226] Schumpeter, *Capitalismo*, 110. Em itálico no original.
[227] Schumpeter, *Capitalismo*, 111.

processos de produção, melhores estruturas de distribuição e custos mais baixos tomarão seu lugar.

Schumpeter enfatizou que muitos empreendedores incompetentes poderiam ter lucro a curto prazo e que erros e má conduta eram comuns em uma fase de expansão. Ele escreveu que um elemento de uma crise é "que tudo o que é instável por qualquer motivo aparece quando os preços rompem e o crédito deixa de se expandir em resposta à diminuição da demanda por ele".[228] Em seu trabalho de 1927 *Der moderne Kapitalismus* [O capitalismo moderno], o sociólogo e economista alemão Werner Sombart observou que os períodos de declínio são talvez essenciais para o desenvolvimento da economia capitalista: Um "processo de seleção" filtra empreendedores e empresas — as empresas fracas desaparecem e as fortes sobrevivem.[229] "Assim, bênção sobre bênção flui para o capitalismo a partir da existência e do progresso da economia em expansão".[230]

Sobre a questão de como as crises econômicas surgem no capitalismo, existem agora tantas teorias quanto teóricos — e não há espaço aqui para apresentar todas. No entanto, gostaria de distinguir duas classes de crises: crises que são resultado de ciclos econômicos normais e aquelas que estão enraizadas em fragilidades estruturais — especialmente na relação entre o Estado e a economia.

O maior problema hoje é essa segunda classe de crises:

Em princípio, as sociedades de livre mercado tendem a restringir o mercado e a expandir o papel do Estado na vida econômica ao longo do tempo. Uma razão — além das atividades de interesses estabelecidos e as esperanças dos políticos de maximizar votos fazendo grandes promessas sociais — são as inevitáveis ondas cíclicas e crises do capitalismo, às quais os governos geralmente respondem com programas de estímulo, novas regulamentações e a expansão geral da ação governamental.

As crises fazem parte da vida econômica tanto quanto as fraquezas físicas e as doenças fazem parte da própria vida — humana, animal e vegetal. No caso da maioria das doenças pelas quais as pessoas passam ao longo de suas vidas, os sistemas de defesa de seus corpos e os poderes de autocura garantem que elas fiquem bem novamente. Mesmo que não façamos nada contra um

---

[228] Schumpeter, citado em Hagemann, 444.

[229] Sombart, *Der moderne*, III.2., 585.

[230] Sombart, *Der moderne*, III.2., 586.

resfriado, exceto descansar por alguns dias, ficamos bem novamente. As crises capitalistas fortalecem a economia no médio e longo prazo porque as empresas improdutivas são varridas do mercado. As crises têm uma função positiva e de limpeza, mesmo que os efeitos imediatos sejam desagradáveis para as empresas e funcionários mais atingidos.

Porém, assim como muitas pessoas considerariam um médico incompetente se fossem mandadas para casa sem receita médica e apenas aconselhadas a descansar alguns dias para curar o resfriado comum, os eleitores duvidariam da competência de um político que lhes dissesse: "Vamos esperar a crise acabar. No longo prazo, as coisas serão muito melhores, mesmo se algumas grandes empresas falirem durante a crise". A oposição denunciaria tal político como insensível ou incompetente, e a maioria das pessoas provavelmente concordaria.

Essa analogia pode ser levada adiante: algumas pessoas descreveriam como um bom médico aquele que prescreve antibióticos para um resfriado, remédios para baixar a febre ou remédios para suprimir a vontade de tossir, porque os tratamentos os ajudam. Elas não estão cientes de que a "ajuda" de curto prazo do médico está frequentemente associada a efeitos colaterais indesejáveis, a um processo de recuperação mais lento ou a complicações de longo prazo ainda mais graves. Febre e tosse são as respostas naturais do corpo ao combater a infecção. Embora existam, é claro, situações em que a medicação é necessária, muitas vezes é melhor não fazer nada. Isso ocorre porque aqueles que suprimem as respostas naturais de seu corpo para se sentirem melhor estão atrasando o processo de autocura. Se você toma antibióticos toda vez que tosse ou tem coriza, em vez de confiar nos poderes de autocura do seu corpo, você corre o risco de ter não apenas vários efeitos colaterais indesejáveis, mas também de ajudar a acelerar a resistência aos antibióticos.

A maioria das pessoas internalizou a crença de que agir é quase sempre melhor do que "não fazer nada", não apenas no campo da saúde, mas também na política e nos negócios. Muitos pacientes não entendem que a inação consciente é muitas vezes melhor do que a resistência ativista, e a maioria dos cidadãos dificilmente entenderá que, em crises econômicas normais, esperar e confiar nos poderes de autocura do sistema muitas vezes seria melhor, pelo menos melhor do que programas de estímulo econômico, intervenção do governo e impressão de dinheiro, o que pode ajudar no curto prazo, mas que em primeiro lugar terá efeitos colaterais indesejáveis; em segundo lugar, atrasará a recuperação econômica por um tempo desnecessariamente longo; e terceiro, enfraquecerá o crescimento econômico a longo prazo. Schumpeter estava convencido de que qualquer estímulo artificial da economia para mitigar uma crise, mesmo com a melhor das intenções morais, só pioraria as coisas, porque impediria que a crise corrigisse desajustes, criando novos desajustes. Schumpeter enfatizou "que a recuperação só é sólida se vier por si mesma".[231]

O economista americano Thomas J. DiLorenzo compara a abordagem adotada pelo governo americano sob o presidente Martin Van Buren para lidar com a depressão de 1837 com a resposta do presidente Franklin D. Roosevelt à Grande Depressão de 1929. Van Buren seguiu uma política inequivocamente *laissez-faire* e resistiu a todas as propostas de ação direta do governo e intervencionismo, o que levou a um fim muito rápido da crise.[232] Em contraste, Franklin D. Roosevelt lançou seu "*New Deal* [Novo Acordo]", que se baseava em uma série abrangente de programas governamentais e seguia uma política anticapitalista e intervencionista. Ao contrário do mito espalhado pelos anticapitalistas de que o "*New Deal*" acabou com a crise, as políticas de Roosevelt na verdade a prolongaram. O desemprego, que havia sido tão baixo quanto 3,2% em 1929, subiu para 14,6% em 1940. A taxa média de desemprego de 1933 a 1940 chegou a 17,7%.[233] O PIB *per capita* nos Estados Unidos havia sido de US$ 857 em 1929 e, com US$ 916, estava pouco acima desse nível onze anos depois, em 1940. As despesas de consumo pessoal, que totalizaram US$ 78,9 bilhões em 1929, caíram para US$ 71,9 bilhões em 1940.[234]

O Japão, ao tentar sobreviver a uma crise quando suas bolhas de estoque e imóveis estouraram em 1990, deu outro triste exemplo de como a intervenção do governo pode ser prejudicial. Em vez de confiar nos poderes de autocura do mercado e iniciar reformas de livre mercado, o Japão tentou aliviar a "dor" causada pela crise, aumentando sua dívida nacional repetidamente. Em 2020, a dívida nacional do Japão ascendia a incríveis 266% do PIB, o que é ainda maior do que as dívidas nacionais da Grécia (200%), Itália (155%) e dos Estados Unidos (131%). Significativamente, de 1980 a 2003, os gastos com previdência social ajustados à inflação no Japão cresceram a uma taxa anual de 4,37%, mais rápido do que em qualquer país comparável (EUA 2,84%, Alemanha 1,94%).[235]

---

[231] Schumpeter, citado em Hagemann, 444. Hagemann, no entanto, escreve que Schumpeter relativizou parcialmente esta tese em resposta à Grande Depressão.

[232] DiLorenzo, 156 et seq.

[233] DiLorenzo, 181.

[234] DiLorenzo, 183.

[235] Voegeli, 47.

Embora os políticos sejam aconselhados a não fazer nada no caso de recessões econômicas ou quando bolhas especulativas estouram, esta é a receita errada no caso de crises graves que têm causas estruturais profundas. Diante de tais crises estruturais, os políticos devem realmente agir, assim como você mal pode esperar que doenças graves ou lesões se curem sozinhos. No meu livro *O Capitalismo não é o problema, é a solução*, mostrei como Margaret Thatcher e Ronald Reagan tiraram seus países de crises profundas na década de 1980. Eles fizeram isso não confiando em programas sociais e aumentos de impostos, mas criando mais espaço para as forças do mercado por meio de privatizações decisivas, cortes de impostos e desregulamentação.

Em menor escala, esses tipos de reformas foram implementados na Suécia na década de 1990 para reverter a tributação e a regulamentação excessivas introduzidas por governos anteriores. Essa abordagem colocou a Suécia de volta no caminho do crescimento. Isso vale também para muitos outros países onde as reformas capitalistas resultaram em mais crescimento e prosperidade. Também na Alemanha, as reformas de livre mercado iniciadas por Gerhard Schröder no início do milênio ajudaram a economia a se recuperar e reduziram o desemprego cada vez mais.

Infelizmente, as reformas capitalistas ocorrem muito raramente. É mais fácil ganhar eleições com promessas de bem-estar e programas de redistribuição do que com o anúncio de reformas de livre mercado, que muitas vezes andam de mãos dadas com cortes nos gastos sociais.

Do ponto de vista da maioria dos políticos, não há limite para a extensão em que o estado de bem-estar pode ser expandido, porque qualquer que seja o nível que alcancem, logo será considerado insuficiente. Os políticos estão sempre descobrindo novas "injustiças" (desigualdades) que, segundo eles, só podem ser corrigidas por redistribuição ou maior empréstimo. Eles calculam que, quando as próximas eleições acontecerem, os beneficiários de tais "medidas generosas" se lembrarão de quais políticos fizeram campanha por eles. O benefício para os beneficiários de esquemas de bem-estar do governo é mais do que questionável.

O capitalismo leva até a culpa por crises que claramente não têm nada a ver com o capitalismo. Isso se aplica à crise do coronavírus tanto quanto à crise financeira global de 2008, que atingiu o pico com a falência do Lehman Brothers. Em meu livro *O Capitalismo não é o problema, é a solução*, dediquei um capítulo inteiro a essa crise — aqui apresentarei uma análise resumida.

O Banco Central dos EUA, o *Federal Reserve*, ou Fed para abreviar, cortou radicalmente as taxas de juros após a Bolha da Internet (também conhecida como bolha ponto com) em 2000. Essa resposta pode ter aliviado a dor de uma crise, mas também levou a uma nova bolha, desta vez no setor imobiliário. A nova bolha imobiliária não se desenvolveu uniformemente nos Estados Unidos — tornou-se um problema principalmente em estados que restringiam a oferta de imóveis por meio de forte regulamentação governamental do código de construção. Anos antes do estouro da bolha americana dos preços dos imóveis, vários economistas preocupados com o futuro haviam alertado sobre a ligação entre taxas de juros baixas e aumento dos preços dos imóveis. William R. White, um proponente da escola austríaca de economia, orientada para o mercado, alertou em agosto de 2003 que:

> "o comportamento incomumente dinâmico dos preços da habitação na atual desaceleração pode muito bem estar relacionado a uma substancial flexibilização monetária realizada pelos bancos centrais. (...) [Isso] encorajou um novo aumento do endividamento no setor doméstico em vários países, aumentando o risco de contribuir para a superextensão do balanço patrimonial, especialmente se os preços da habitação caíssem".[236]

É notável como um importante economista americano que é mais favorável às intervenções de mercado ativas do que White viu o assunto. Paul Krugman até *recomendou* ao Fed a mesma estratégia contra a qual White havia alertado:

> "Para combater a recessão, o Fed precisa de mais do que uma rápida normalização; precisa de gastos crescentes das famílias para compensar o moribundo investimento empresarial. E para fazer isso, como disse Paul McCulley, da Pimco, Alan Greenspan precisa criar uma bolha imobiliária para substituir a bolha da Nasdaq".[237]

Uma das causas da bolha dos preços imobiliários foi que os bancos estavam cada vez mais concedendo um número crescente de hipotecas para mutuários não qualificados que claramente nunca seriam capazes de pagar seus empréstimos. Na verdade, empréstimos para tomadores de empréstimos minoritários de setores de baixa renda da sociedade eram exatamente o que os políticos, incluindo o presidente Bill Clinton, queriam. Foram aplicados pela legislatura e

---

[236] White, citado em Tempelman, 5.

[237] Krugman, citado em Ravier / Lewin, 57.

apoiado pelas empresas hipotecárias semipúblicas Freddie Mac e Fannie Mae. Bancos em toda a América corriam o risco de serem processados por discriminação, a menos que atingissem certas cotas para empréstimos a minorias.

Em sua autobiografia, Alan Greenspan, presidente do Federal Reseve na época da crise, admitiu que tais políticas de empréstimos aumentaram o nível de risco financeiro. "Mas eu acreditava então, como agora, que os benefícios da ampliação da casa própria valem o risco".[238] Não foram os "mercados irrestritos" que causaram a crise das hipotecas *subprime*; foram as cotas governamentais com motivações sociopolíticas e as baixas taxas de juros do Fed.

Os empréstimos *subprime* foram securitizados como obrigações de dívida colateralizada (CDOs) e vendidos a investidores, incluindo bancos estatais na Alemanha (os americanos até falaram em "dinheiro alemão estúpido"). Assim que os preços dos imóveis começaram a cair, o valor desses CDOs desmoronou, pois muitos mutuários não conseguiam mais pagar seus empréstimos. Isso causou sérios problemas para bancos, seguradoras e fundos de investimento, e levou a uma reação em cadeia que culminou no colapso do Lehman Brothers, em setembro de 2008.

Como mencionado acima, as empresas Fannie Mae e Freddie Mac desempenharam um papel importante nesses desenvolvimentos. A Associação Federal Hipotecária Nacional (FNMA) foi fundada em 1938 e formalmente "privatizada" em 1968. Na época, a empresa foi renomeada Fannie Mae, a partir da sigla FNMA. Graças a privilégios regulatórios e benefícios fiscais, a empresa manteve seu *status* de empresa patrocinada pelo governo mesmo depois de ser formalmente privatizada. Sua contraparte, Freddie Mac (Federal Home Loan Mortgage Corporation), compra empréstimos hipotecários de bancos e os vende para o mercado financeiro como títulos garantidos por hipotecas.

As duas empresas tinham uma linha de crédito extremamente alta e barata atrelada ao Tesouro dos EUA. Por serem garantidas pelo Estado, seus títulos de refinanciamento eram tratados como "títulos do governo", com baixas taxas de juros semelhantes aos títulos do governo. As duas companhias hipotecárias quase estatais recorreram a esta garantia estatal em 2008–2009.

---

[238] Greenspan, 233. A tese de Greenspan é absurda. A taxa de propriedade não é um indicador de prosperidade, como Greenspan e muitos formuladores de políticas até hoje acreditam ou afirmam. A taxa de propriedade é quase consistentemente muito maior nos países pobres do que nos países ricos. A próspera Suíça tem uma das menores taxas de propriedade do mundo, com 41%, o que se compara com 88% no Nepal e 96% na Romênia, por exemplo.

A Fannie Mae e a Freddie Mac eram as maiores empresas de hipotecas do mundo e garantiam a maior parte dos empréstimos hipotecários dos EUA. Sem eles, a rápida disseminação de empréstimos *subprime* — ou seja, hipotecas arriscadas para compradores de casas de baixa renda — nunca teria sido possível. Eles tinham um relacionamento próximo com a Countryside, uma prestadora de serviços financeiros notória por suas atividades *subprime*, que, em seu auge, tinha 60.000 funcionários e 90 agências e era a maior vendedora de hipotecas para a Fannie Mae. Na época, especialistas do setor imobiliário brincaram que a Countryside era, na verdade, uma subsidiária da Fannie Mae.[239]

As duas companhias hipotecárias quase estatais desempenharam um papel importante na implementação das exigências governamentais para empréstimos politicamente corretos. Já em setembro de 1999, o *The New York Times* noticiou que a Fannie Mae havia flexibilizado os requisitos para os empréstimos que comprou, tornando assim possível "estender hipotecas residenciais a indivíduos cujo crédito geralmente não é bom o suficiente para se qualificar para empréstimos convencionais". A Fannie Mae estaria "sob crescente pressão do governo Clinton para expandir empréstimos hipotecários entre pessoas de renda baixa e moderada". Um dos objetivos da política do governo Clinton era "aumentar o número de proprietários minoritários e de baixa renda que [tendiam] a ter classificações de crédito piores do que os brancos não hispânicos". Mesmo assim, o *The New York Times* apontou os riscos consideráveis que isso acarretaria, especialmente durante uma recessão econômica.[240]

Em 1996, o Departamento de Habitação e Desenvolvimento Urbano exigiu que 12% de todas as hipotecas compradas por Fannie e Freddie fossem empréstimos "especialmente acessíveis", normalmente concedidos a compradores de casas de renda muito baixa. Esse número aumentou para 20% em 2000 e novamente para 22% em 2005. A meta para 2008 teria sido de 28%. As duas empresas patrocinadas pelo governo implementaram esses requisitos. A Fannie Mae comprou US$ 1,2 bilhão em empréstimos *subprime* em 2000, US$ 9,2 bilhões em 2001 e US$ 15 bilhões em 2002. Em 2004, Fannie Mae e Freddie Mac juntos já haviam gasto US$ 175 bilhões em empréstimos *subprime*.[241] Em 2008, Paul Krugman defendeu as duas empresas contra seus críticos e

---

239 Norberg, *Financial Fiasco*, 30.

240 Woods, *Meltdown*, 15.

241 Norberg, *Financial Fiasco*, 33.

enfatizou que elas nunca haviam concedido um único empréstimo *subprime*.[242] De qualquer forma, o crédito hipotecário não era um serviço prestado pelas duas empresas. No entanto, sem eles a crise imobiliária nunca teria ocorrido, pois eles eram de longe os maiores e mais imprudentes compradores de empréstimos *subprime*. Mais de 40% dos empréstimos hipotecários que as duas empresas compraram entre 2005 e 2007 eram empréstimos *subprime* ou os chamados empréstimos Alt-A, que geralmente eram apenas um rótulo melhor para empréstimos *subprime*.[243]

Assim que os preços dos imóveis começaram a cair, todos os cálculos estatísticos nos quais o valor dos CDOs e dos títulos garantidos por hipotecas se basearam não valiam mais o papel em que foram impressos. E foi exatamente isso que aconteceu nos anos seguintes: o *Case-Shiller Home Price Index* para 20 regiões nos EUA caiu 35% entre julho de 2006 e fevereiro de 2012. Em São Francisco, os preços das casas caíram 46%, em Tampa 48%, em Detroit 49% e em Miami 51%. Quando ajustadas pela inflação, as quedas foram ainda mais drásticas.

Muitos compradores de casas que compraram no auge da bolha dos preços perderam suas casas e todo o patrimônio que investiram em suas propriedades. O valor de mercado de muitas propriedades muitas vezes caiu abaixo do valor pendente das hipotecas garantidas contra elas, o que significava que os proprietários que não conseguiam levantar capital adicional tinham que assistir enquanto seus bancos hipotecavam suas casas.

Foi isso que desencadeou a Crise Financeira Global de 2008. Os empréstimos imobiliários securitizados, que haviam recebido avaliações tão boas pelas agências de classificação, desabaram porque os preços das casas caíram e muitos mutuários não conseguiram mais pagar seus empréstimos. Isso causou sérias dificuldades para bancos, seguradoras e fundos de investimento, e levou a uma reação em cadeia que culminou no colapso do Lehman Brothers em setembro de 2008.

Os anticapitalistas afirmam que a crise financeira foi resultado de uma desregulamentação excessiva. Eles retratam o setor financeiro como uma economia de "livre mercado" com pouca regulamentação. Se fosse esse o caso, como Yaron Brook e Don Watkins listam oito autoridades reguladoras diferentes?

- Comissão de Valores Mobiliários dos Estados Unidos (SEC);
- Autoridade Regulatória da Indústria Financeira (FINRA);

[242] Norberg, *Financial Fiasco*, 41.
[243] Norberg, *Financial Fiasco*, 42.

- Comissão de Negociação de Contratos Futuros de Commodities (CFTC);
- Sistema de Reserva Federal dos Estados Unidos (Fed);
- Corporação Federal de Seguros de Depósito (FDIC);
- Escritório da Controladoria da Moeda (OCC);
- Administração Nacional de Cooperativas de Crédito (NCUA); e
- Escritório de Supervisão de Poupança (OTS).

Brook e Watkins comentaram:

> "Se você quiser dar uma volta pelo inferno, passe algum tempo examinando o mar espesso de regulamentos emitidos por essas agências. Se este é um mercado livre, não podemos imaginar como seria um mercado regulamentado".[244]

Em seu livro, eles incluem uma tabela de 28 medidas diferentes para regular ou desregulamentar o setor financeiro de 1980 a 2009, anos em que deveria ter acontecido uma desregulamentação irrestrita do setor financeiro dos EUA: das 28 medidas, apenas cinco reduziram a burocracia; as 23 restantes adicionaram regulamentos.[245]

De fato, não havia nada como o capitalismo *laissez-faire* nos mercados financeiros. Imediatamente antes da crise financeira, 12.190 pessoas trabalhavam em tempo integral na regulação do mercado financeiro apenas em Washington, D.C. — cinco vezes mais do que em 1960. Além disso, os gastos anuais dos EUA com agências federais encarregadas de regular o mercado financeiro aumentaram de US$ 725 milhões para US$ 2,3 bilhões ajustados pela inflação desde a década de 1980, que é quando se diz que a fase do *laissez-faire* começou.[246]

Mesmo os economistas britânicos Paul Collier e John Kay, que erroneamente argumentaram que o "fundamentalismo de mercado" passou a dominar a política econômica nas sociedades ocidentais nas últimas décadas,[247] são forçados a admitir:

> "Aqueles que culpam a desregulamentação pela crise financeira não reconhecem que há hoje, e havia em 2008, muito mais regulamentação financeira do que antes: o Estado estava cada vez mais ativo, mas cada vez menos eficaz".[248]

---

[244] Brook / Watkins, 53.

[245] Brook / Watkins, 54–55.

[246] Norberg, *Financial Fiasco*, 132.

[247] Collier / Kay, 14.

[248] Collier / Kay, 69.

Em nenhum lugar há menos princípios econômicos de livre mercado do que no mundo financeiro, e nenhum setor é tão fortemente regulado e supervisionado pelo Estado, com a possível exceção do setor de saúde. O fato de que precisamente as duas áreas da economia que são mais estritamente reguladas pelo Estado são as mais instáveis deve dar aos críticos do capitalismo um bom motivo para reflexão. É claro que regulamentos são necessários em ambas as áreas, mas o slogan "mais regulamentação ajuda mais" está claramente errado. O oposto é verdadeiro. Em uma análise detalhada, o economista americano Richard Bookstaber conclui que o aumento da regulamentação exacerbou os problemas no mercado financeiro:

> "Tentativas (...) de adicionar recursos de segurança, de mergulhar em regulamentos e garantias, só aumentarão a complexidade do sistema e tornarão os acidentes mais frequentes".[249]

Muitas vezes, os regulamentos criam exatamente o efeito oposto ao que se pretendia, o que é um problema muitas vezes negligenciado com a intervenção do governo em geral. É por isso que não devemos superestimar os efeitos positivos da intervenção regulatória e subestimar o problema dos efeitos colaterais indesejáveis.

Escrevi no O Capitalismo não é o problema, é a solução:

> "O diagnóstico incorreto das causas da crise financeira significa que as terapias propostas também estão erradas. A crise financeira foi causada por taxas de juros excessivamente baixas, intervenções pesadas no mercado e endividamento excessivo. Devemos acreditar seriamente que a terapia certa envolve taxas de juros ainda mais baixas, intervenções de mercado mais fortes e mais dívidas? Essas medidas podem ter um impacto de curto prazo, mas os mercados estão se tornando cada vez mais dependentes de taxas de juros baixas. Essas taxas de juros baixas não fazem nada para resolver os problemas subjacentes — elas apenas suprimem os sintomas e os empurram para o futuro ".[250]

O maior problema hoje não é que o capitalismo cause crises, mas a maneira como o Estado e os bancos centrais lidam com elas. "Cada crise, recessão ou depressão", escreve o economista e pensador libertário alemão Roland Baader:

---

[249] Bookstaber, 257.

[250] Zitelmann, O Capitalismo não é o problema, é a solução, 296.

> "só se prolonga e se exacerba quando os bancos centrais, agindo de acordo com os princípios de uma economia planificada, tentam combatê-la com os mesmos meios com que provocaram o desastre, ou seja, com taxas de juro ainda mais baixas e uma oferta ainda maior de dinheiro e crédito. Isso evita a correção de desequilíbrios na estrutura de produção e adiciona desequilíbrios ainda maiores".[251]

Algumas crises são desencadeadas por políticos e bancos centrais que intervêm em primeiro lugar; outras crises são agravadas por suas ações. No final das contas, é um problema do estado de bem-estar social, que constantemente promete a seus cidadãos que irá protegê-los contra todos os riscos. No momento em que o governo se proclama responsável por todos os aspectos do bem-estar de seus cidadãos, incluindo seu bem-estar financeiro, ele se coloca sob pressão para agir em todas as crises para suprimir todo e qualquer sintoma ao máximo. As pseudossoluções de curto prazo podem ser racionais do ponto de vista de um político que deseja ser reeleito, mas geralmente pioram os problemas no longo prazo. E este é um plano que não funcionará indefinidamente. Quando parar de funcionar, você pode ter certeza de que políticos e grandes setores da mídia procurarão culpar o capitalismo e os grupos que sempre foram bodes expiatórios populares, ou seja, "os ricos", "banqueiros gananciosos" e "gerentes com remunerações faraônicas". Uma crise que é essencialmente causada pela intervenção do governo e do banco central é assim reinterpretada pela consciência pública como uma crise do capitalismo.

No geral, só pode haver uma conclusão: sim, as crises na forma de crescimento econômico temporariamente negativo — acompanhadas por um aumento temporário do desemprego — são parte integrante do capitalismo. Essas crises podem ser desencadeadas por fatores puramente relacionados ao mercado ou por "choques exógenos" como desastres naturais, epidemias, guerras ou intervenções políticas[252] que pouco ou nada têm a ver com a estrutura ou sistema da economia de livre mercado.

---

[251] Baader, *Geldsozialismus*, 94.

[252] Considere, por exemplo, as duas crises do petróleo da década de 1970, ambas desencadeadas pela então poderosa Organização dos Países Exportadores de Petróleo (OPEP). O preço do petróleo, ajustado pela inflação, subiu cerca de 1.000% em menos de dez anos como resultado dessas políticas, precipitando severas recessões em muitos países, incluindo países em desenvolvimento, e causando um aumento acentuado do desemprego e da inflação.

A grande maioria das crises são simplesmente características do fluxo e refluxo regulares das ondas econômicas normais, ou seja, intensificações cíclicas e desacelerações do crescimento econômico, que desaparecem após alguns meses ou até mesmo após um ano; e, sem dúvida, muitas das crises que ocorreram nos últimos 120 anos foram desencadeadas, ou pelo menos consideravelmente agravadas e prolongadas, pelo intervencionismo populista de líderes políticos.

5.

"O CAPITALISMO É DOMINADO PELOS RICOS, ELES DEFINEM A AGENDA POLÍTICA"

"Os verdadeiros governantes do mundo" são os super-ricos, escreve o sociólogo suíço Jean Ziegler em seu livro de 2018 *Was ist so schlimm am Kapitalismus?* (O Que Há De Tão Ruim No Capitalismo?).

> "O pequeno grupo de homens e mulheres de diferentes nacionalidades, religiões, origens, mas todos semelhantes entre si em sua energia, ganância, desprezo pelos fracos, indiferença ao bem comum, cegueira para o destino do planeta e o destino das pessoas que vivem nele".[253]

Eles são, segundo Ziegler, "monstros frios",[254] esses "oligarcas do capital financeiro globalizado" que se tornaram "o governo do mundo real".[255] Porém, muito poucas pessoas percebem essa verdade chocante porque "um punhado de bilionários controla a maior parte da mídia. (...) Eles garantem que nenhuma informação excessivamente chocante sobre as vítimas de sua ordem mundial canibal entre na consciência coletiva".[256]

Todos os dias, a mídia publica artigos e relatórios sobre poderosos grupos de *lobby* que influenciam a política ou até mesmo ditam aos governos qual legislação eles devem aprovar. A batalha entre dissidentes (os mocinhos), que descobrem conspirações sinistras iniciadas por corporações poderosas (os bandidos), que são frequentemente os capitalistas mestres de fantoches de políticos corruptos,

[253] Ziegler, 45.
[254] Ziegler, 56.
[255] Ziegler, 119.
[256] Ziegler, 97–98.

é um tropo comum de Hollywood. Nas campanhas eleitorais americanas, é amplamente aceito que, se você quiser se tornar presidente, só terá sucesso se puder arrecadar centenas de milhões de dólares em doações — de Wall Street, de poderosas empresas farmacêuticas e de defesa, do *lobby* de armas, de sindicatos muito grandes e outros grupos de interesse especiais. Na mente dos teóricos da conspiração de direita, a política é controlada por bilionários (de esquerda), como George Soros, enquanto, do ponto de vista dos teóricos da conspiração de esquerda, as cordas estão sendo puxadas por bilionários libertários, como os irmãos Koch. Até a mídia está no bolso de um punhado de bilionários. Veja o *The Washington Post*, por exemplo, que pertence a um dos homens mais ricos do mundo, o fundador da Amazon Jeff Bezos, desde 2013. Diante dessa apresentação esmagadora de provas, aparentemente não há mais dúvidas: o dinheiro governa!

E isso não é tudo: os críticos da "desigualdade social" afirmam que o problema está piorando; que, com o aumento da desigualdade, a influência exercida pelos ricos na política está crescendo. Há dez anos, o economista Paul Krugman escreveu no *The New York Times* que vivemos em uma "sociedade em que o dinheiro está cada vez mais concentrado nas mãos de poucas pessoas, e na qual essa concentração de renda e riqueza ameaça nos tornar uma democracia apenas no nome".[257] E seu colega Joseph Stiglitz, ganhador do Prêmio Nobel de Economia, disse em sua coleção de ensaios de 2015, *The Great Divide* [A grande divisão], que a política "representa cada vez mais os interesses do 1%".[258] Noam Chomsky, talvez o crítico mais popular do capitalismo nos EUA, escreve que "a verdadeira concentração de poder está em uma fração de 1%" da população: "Eles conseguem exatamente o que querem, porque estão basicamente administrando o lugar".[259]

Gostaria de contrariar essa percepção predominante com três teses, que ilustrarei com alguns exemplos:

- Os ricos exercem influência política sim, mas não são nem de longe tão poderosos quanto a mídia, os filmes de Hollywood e alguns acadêmicos com viés anticapitalista nos querem fazer acreditar.

---

[257] Krugman, "Oligarchy."
[258] Stiglitz, xix.
[259] Chomsky, *Requiem*, 140.

- Os ricos ajudarem a moldar a agenda política, através do *lobby*, por exemplo, não é apenas legítimo em uma democracia pluralista, mas importante, e não é incomum que leis que são do interesse dos ricos também beneficiem os membros mais fracos da sociedade (por exemplo, cortes de impostos e desregulamentação).
- Qualquer um que acredite que lobistas ricos, em busca de seus próprios interesses especiais específicos, exercem muita influência sobre a política deve certamente defender *menos* e não *mais* governo, ou seja, mais capitalismo. Afinal, quanto mais o Estado intervém na economia (através de subsídios e excesso de regulamentação), maior a influência que os lobistas podem exercer.

Se os ricos fossem tão onipotentes e estivessem cada vez mais fortalecendo seu domínio do poder, você esperaria que eles ficassem muito satisfeitos com os recentes desenvolvimentos políticos. No entanto, na Alemanha, pelo menos, isso não é de forma alguma o caso (vou me concentrar nos Estados Unidos mais tarde). Em 2013/2014, pesquisadores realizaram um total de 160 entrevistas detalhadas (60 a 90 minutos) com os principais membros da comunidade empresarial alemã.[260] Os pesquisadores encontraram uma atitude decididamente negativa entre a elite empresarial em relação à política:

> "O teor é pessimista. Hoje, [a Alemanha] ainda está em uma posição saudável — também graças às empresas como motores da sociedade — mas se as contramedidas não forem iniciadas em breve, esse status corre o risco de ser perdido como resultado de prevaricação e desorientação por parte dos políticos. (...) Mentiras, incompetência, egoísmo — tais acusações e comentários depreciativos contra líderes políticos são frequentemente ouvidos dentro da elite empresarial alemã".[261]

Vários empresários e gerentes até descreveram os líderes políticos do país como "uma coleção de tagarelas, ignorantes sem noção e egoístas que estão arruinando o país".[262] Os pesquisadores de esquerda ficaram tão chocados com as atitudes com que se depararam que sugeriram que alguns membros da elite empresarial se beneficiariam de uma "educação política completa".[263]

---

260 Walter, Marg, 19.

261 Walter / Marg, 129.

262 Walter / Marg, 130.

263 Walter / Marg, 130.

No início de abril de 2021, um dos gerentes mais influentes da Alemanha deu uma entrevista que causou bastante agitação. Wolfgang Reitzle, presidente da Linde, uma das empresas mais valiosas da Alemanha, disse:

> "Após quase 16 anos de Merkel, a Alemanha é, em muitos aspectos, um caso perdido. Existem falhas em quase todos os lugares que você olha: nossa burocracia está presa na era do fax, há um atraso na digitalização, um buraco negro na Internet de alta velocidade, deficiências gigantescas em infraestrutura e escolas em dificuldades. E estes são apenas alguns exemplos de falhas que são vergonhosas para uma nação líder industrial".[264]

Com seus comentários, Reitzle estava abordando questões que são importantes não apenas para a economia, mas para a sociedade em geral, e que há muito são negligenciadas pela elite política alemã. Em países do mundo ocidental, os gastos sociais aumentaram extremamente nas últimas décadas, enquanto muito pouco foi gasto em infraestrutura e educação. Se as "grandes empresas" estabelecessem a agenda política, as prioridades políticas certamente seriam muito diferentes. A exasperação com a política e os políticos expressa pela elite empresarial é bastante compreensível.

Eu me beneficiei da perspectiva de um *insider* por 15 anos porque eu era o proprietário da principal consultoria de relações públicas para o setor imobiliário alemão. Nossos clientes incluíam duas das principais associações do setor imobiliário alemão ("lobistas"), *Immobilienverband Deutschland* (que assessoramos por 14 anos) e a Federação Alemã de Imóveis – ZIA (que assessoramos por 8 anos). Durante esses 15 anos, nunca tive a menor impressão de que empresas poderosas estavam determinando a agenda política do governo.

Muito pelo contrário. As empresas e associações imobiliárias travavam uma constante luta defensiva contra os políticos que lhes dificultavam cada vez mais a vida. O trabalho dos "lobistas" da indústria não era promover uma agenda centrada nos negócios, mas sim lutar para evitar que o pior acontecesse. As associações não exerciam grande influência ou tinham uma visão direta do funcionamento da política. Longe disso. Infelizmente, eles geralmente não conseguiram que o governo promulgasse suas propostas. Por exemplo, as associações estavam constantemente sugerindo medidas que simplificariam

[264] Boldt, "Top-Manager Reitzle."

o código de construção, mas o oposto aconteceu — existem agora 25.000 (!) regulamentos diferentes na lei de construção alemã.

Claro, as associações orgulhosamente alardearam cada uma de suas pequenas vitórias. Havia uma peculiar congruência de interesses aqui: os críticos do capitalismo estão ansiosos para pintar os lobistas empresariais como sendo todo-poderosos, e os próprios grupos de *lobby* têm interesse em se apresentar como mais poderosos do que realmente são. Afinal, eles estão sob pressão das expectativas elevadas de seus membros, que muitas vezes ficam desapontados quando seus lobistas não conseguem mais, e muitas vezes não entendem os detalhes dos processos de tomada de decisão política.

É uma característica essencial das sociedades pluralistas que vários grupos de interesse — empresas, sindicatos, organizações ambientalistas, etc. — defendam seus interesses e pontos de vista. O fato de que os ricos também ajudam a moldar a agenda política nem sempre é digno de crítica, mesmo que geralmente seja visto dessa forma. No passado, a Prússia e outros Estados tinham um sistema eleitoral de três classes em que os votos dos cidadãos que pagavam mais impostos contavam mais do que os daqueles que pagavam pouco ou nenhum imposto. Esses dias acabaram; mas o fato de os ricos — principalmente empresários — tentarem garantir que sua voz como minoria dentro da sociedade seja ouvida é tão legítimo quanto para outros grupos. Ao contrário do equívoco generalizado, a democracia não equivale ao domínio irrestrito da maioria sobre a minoria, nem mesmo sobre os ricos. Esta seria uma "ditadura do proletariado", como propagada por Marx e Lenin, não uma democracia pluralista.

Aqueles que querem limitar a influência dos ricos devem, antes de tudo, limitar o poder do governo e da classe política. Afinal, é somente quando o governo reforça seu controle sobre a distribuição de recursos econômicos que os ricos têm maior probabilidade de tentar ganhar influência ou até subornar políticos.

Os Estados Unidos são geralmente considerados como o país em que os ricos exercem uma influência particularmente forte sobre os desenvolvimentos políticos. Durante anos, anticapitalistas como os dois políticos Bernie Sanders, um senador formalmente apartidário, e Alexandria Ocasio-Cortez, uma democrata de esquerda, vêm apoiando a influência cada vez maior dos ricos na política americana.

Porém, se apenas o dinheiro comprasse o poder político, Donald Trump nunca teria se tornado o candidato republicano à presidência dos EUA em 2016. Essa honra provavelmente teria ido para Jeb Bush, que conseguiu arrecadar muito mais doações políticas. Até mesmo Benjamin I. Page e Martin Gilens, cientistas políticos e dois dos mais proeminentes proponentes da tese de que a política dos EUA é determinada pelos ricos, admitem que "a maioria dos grandes contribuintes — e a maioria dos pensadores e detentores de cargos republicanos — apoiou outros candidatos".[265] E: "As posições de Trump foram diretamente contrárias às opiniões de doadores ricos e americanos ricos em geral".[266]

Além disso, se o dinheiro determinasse os resultados políticos, Trump não teria vencido as eleições de 2016. A candidata democrata Hillary Clinton teria, como Page e Gilens reconhecem: "A candidata mais bem financiada às vezes perde, como a própria Hillary Clinton".[267] Clinton e seus aliados, incluindo seus comitês conjuntos com o Partido Democrata e os super PACs que a apoiaram, arrecadaram mais de US$ 1,2 bilhão para sua campanha, segundo a Comissão Eleitoral Federal. Trump e seus aliados arrecadaram cerca de US$ 600 milhões.

Além disso,

> "nenhum CEO da Fortune 100 doou para a campanha eleitoral de Trump até setembro de 2016. Sua vitória não resultou da influência dos ricos, mas mais da oposição popular às elites costeiras ricas".[268]

Se apenas o dinheiro pudesse comprar poder político, Joe Biden também não teria se tornado presidente. Talvez a Casa Branca tivesse ido para o rico empresário Michael Bloomberg, que, na época de sua postulação à candidatura democrata, era o oitavo homem mais rico do mundo, com US$ 61,9 bilhões segundo a *Forbes*. Muito provavelmente, Bloomberg gastou mais de seu próprio dinheiro (e gastou mais rápido) em sua campanha eleitoral do que qualquer outro candidato na história, ou seja, US$ 1 bilhão em pouco mais de três meses. Isso foi revelado no relatório da Comissão Eleitoral Federal (FEC) sobre o financiamento de campanhas.[269] Bloomberg financiou sua própria campanha e não aceitou nenhuma doação.

---

265 Page / Gilens, *Democracy*, 100.

266 Page / Gilens, *Democracy*, 101.

267 Page / Gilens, *Democracy*, 104.

268 Edwards / Bourne, 22.

269 <https://www.n-tv.de/politik/Wahlkampf-kostet-Bloomberg-eine-Milliarde-article21727861.html>.

Bloomberg não é de forma alguma o único candidato cuja riqueza não o ajudou a realizar suas ambições políticas. O republicano Steve Forbes gastou US$ 69,2 milhões em suas candidaturas para as indicações de 1996 e 2000, mas ganhou apenas um punhado de delegados. Em 2020, o gerente de fundos de *hedge* bilionário Tom Steyer investiu US$ 200 milhões de sua própria fortuna e acabou sem um único delegado.[270] Nas primárias do Partido Republicano de 2008, Mitt Romney gastou mais que o dobro do que John McCain — grande parte era do seu próprio dinheiro —, mas ele desistiu da disputa em fevereiro e McCain garantiu a indicação republicana.[271] Os irmãos Koch sempre foram retratados pelos críticos do capitalismo como alguns dos pró-capitalistas mais perigosos do planeta, mas David Koch aprendeu o quão difícil é transformar dinheiro em poder político em 1980, quando ele era um dos principais apoiadores do Partido Libertário e se lançou como candidato a vice-presidente: ele ganhou apenas 1% dos votos.[272]

Na história das eleições americanas, alguns candidatos democratas levantaram dinheiro principalmente de grandes doadores, e outros, como Bernie Sanders, dependiam muito mais de doações menores. Nas primárias de 2016, 60% das doações para a campanha de Sanders vieram de pessoas que doaram menos de US$ 200.[273]

É claro que o mesmo também é verdade para os candidatos republicanos. Barry Goldwater e Patrick Buchanan, por exemplo, mobilizaram um grande número de pequenos doadores, enquanto candidatos como Jeb Bush foram apoiados principalmente por grandes doadores.

Em um artigo de opinião no *The New York Times* em 2016, Bradley A. Smith, ex-presidente da Comissão Eleitoral Federal, concluiu que "o poder do dinheiro político é superestimado":

> "Mas, embora o dinheiro seja fundamental para informar o público e ouvir todos os pontos de vista, esta eleição prova mais uma vez que o dinheiro não pode fazer os eleitores gostarem das opiniões que ouvem. Jeb Bush não é o único

---

270 Kamarck, "If money can't buy you votes," <https://www.brookings.edu/blog/fixgov/2020/03/05/if-money-cant-buy-you-votes-what-can-it-buy-lessons-from-michael--bloombergs-2020-run/>.

271 Edwards / Bourne, 25.

272 Page /Gilens, *Democracy*, 98.

273 Page /Gilens, *Democracy*, 96.

candidato ricamente financiado a desistir da disputa. (...) O mal do 'dinheiro na política' é amplamente exagerado".[274]

Em seu livro *Unequal Democracy*, Larry M. Bartels critica a desigualdade e a influência dos ricos nos Estados Unidos. Ele examinou o "efeito estimado de gastos desiguais de campanha" em 16 eleições presidenciais dos EUA de 1952 a 2012, concluindo que "os candidatos republicanos gastaram mais que seus oponentes democratas em 13 dessas eleições". Porém, em apenas duas eleições, a de Richard Nixon em 1968 e a de George W. Bush em 2000, Bartels conclui que "os candidatos republicanos venceram eleições acirradas que muito provavelmente teriam perdido se não tivessem conseguido gastar mais do que seus oponentes democratas".[275] E, com relação a Hillary Clinton — como mostrado acima — levantando consideravelmente mais doações do que Donald Trump nas eleições de 2016, houve apenas duas das 17 eleições nos últimos 64 anos em que gastos desiguais de campanha foram o fator decisivo em uma eleição.

No entanto, a tese de que "o dinheiro faz o mundo girar" continua popular, especialmente nos Estados Unidos. Um dos estudos acadêmicos mais citados com o objetivo de provar o poder do dinheiro nos EUA é o artigo de 2013 "*Democracy and the Policy Preferences of Wealthy Americans* [Democracia e as Preferências Políticas dos Americanos Ricos]" de Benjamin I. Page, Larry M. Bartels e Jason Seawright.[276] Na verdade, é realmente surpreendente que este artigo seja repetidamente citado como evidência da extensão em que os ricos determinam a política. Afinal, com apenas 83 entrevistados, a base de pesquisa para um estudo quantitativo era muito pequena. Além disso, todos os entrevistados do estudo vieram da área metropolitana de Chicago, e muitos deles não eram realmente ricos, pois apenas 36 dos 83 possuíam mais de US$ 10 milhões.[277]

---

[274] Smith, B.A."The Power of Money."

[275] Bartels, 98, table on page 100.

[276] Page / Bartels / Seawright, "Democracy and the Policy Preferences of Wealthy Americans": <https://faculty.wcas.northwestern.edu/~jnd260/cab/CAB2012%20-%20Page1.pdf>.

[277] Page / Bartels / Seawright, "Democracy and the Policy Preferences of Wealthy Americans (Democracia e as Preferências Políticas dos Americanos Ricos)," 53. É certo que é difícil realizar estudos que envolvam os muito ricos. Eu realizei um estudo com 45 alemães ricos, todos com ativos líquidos no valor de mais de 10 milhões de euros — a maioria valia entre 30 milhões e 1 bilhão de euros. Mas meu estudo foi qualitativo e não quantitativo. Cf. Zitelmann, *The Wealth Elite* (*A Elite Da Riqueza*)

O estudo acima foi publicado em 2011. Certamente seria interessante descobrir, dez anos depois, se os entrevistados ricos conseguiram o que desejavam dos políticos americanos. Como o título do estudo indica, acima de tudo, os pesquisadores queriam identificar as "preferências políticas dos americanos ricos". Dos onze itens mencionados pelos entrevistados ricos, os "déficits orçamentários" foram a maior preocupação. Assim, da perspectiva de 87% dos ricos, essa era a maior questão que os formuladores de políticas dos EUA deveriam abordar. Em último lugar, com apenas 16%, ficou a mudança climática. Os autores concluem que "a ênfase contemporânea em Washington na redução do déficit orçamentário federal aborda o que é, de longe, o problema mais importante nas mentes dos americanos ricos — embora não do público americano como um todo."[278]

Dez anos depois, a dívida nacional, cuja redução, segundo a pesquisa, era a principal meta dos ricos nos Estados Unidos, subiu de US$ 15,6 trilhões para US$ 28,4 trilhões, quase dobrando. Na época da pesquisa, a dívida nacional era de pouco menos de 100% do PIB dos EUA; hoje é mais de 133%. Se, acima de tudo, os ricos queriam ver uma redução significativa da dívida nacional, eles não conseguiram isso do Barack Obama ou Donald Trump — e certamente não conseguirão do Joe Biden.

Aliás, a agenda política de Joe Biden é dominada pelo mesmo problema que os americanos ricos mencionaram com menos frequência na pesquisa há dez anos, ou seja, a luta contra as mudanças climáticas por meio do *Green New Deal* (que anda de mãos dadas com um aumento significativo da dívida nacional).

Então, os ricos exercem alguma influência na política? Claro que sim, mas menos nas questões de alto valor que são objeto de intenso debate público e que determinam a direção geral da política. Os autores do estudo citado acima afirmam: "Uma descoberta importante é que, para contatos que podem ser codificados, pouco menos da metade (44%) reconheceu um foco em interesses econômicos bastante estreitos". Assim, os ricos não estavam realmente preocupados com os "grandes problemas", preferindo se concentrar em seus interesses econômicos imediatos. Os autores citam, por exemplo: tentar "fazer com que o Tesouro honre seu compromisso de estender o financiamento do TARP a um determinado banco em Chicago", "entender melhor os novos regulamentos do *Dodd-Frank Act* e como isso afetará meus negócios [banco/finanças]", "Peixes

---

[278] Page / Bartels / Seawright, 68.

e vida selvagem, (...) permissões em áreas de desenvolvimento" ou "buscando aprovações regulatórias" para seus clientes.[279]

O analista político americano John York, que colocou a questão "O aumento da desigualdade de renda ameaça a democracia?" em um trabalho de 2017, concluiu que as atividades dos lobistas são mais propensas a impulsionar esses interesses específicos do que a redefinir as amplas pinceladas da política governamental, e isso, ele argumentou, poderia ser melhor evitado limitando a influência do governo na economia:

> "Restringir o governo também teria a vantagem de reduzir a quantidade de dinheiro na política. (...) Livrar-se de regulamentações que distorcem o livre mercado e manipulam o jogo para os politicamente conectados, cortando contratos governamentais desnecessários e propinas para comparsas e denunciando os políticos que se envolvem nessas práticas, estancaria o rio de dinheiro que flui para D.C. em sua origem".[280]

York cita vários exemplos de como as empresas que se recusaram a fazer grandes doações ou fazer *lobby* sofreram desvantagens políticas e foram finalmente forçadas pelos políticos a mudar de posição. Tais práticas provavelmente poderiam ser evitadas limitando o poder do governo. "Se o governo federal fosse mantido dentro de seus limites constitucionais, o *status* de *insider* de Washington não contaria tanto quanto agora."

Em 2017, o autor também não viu nenhum sinal de que a influência política exercida pelos cidadãos mais ricos da América tenha aumentado:

> "Não há evidências de que a influência dos ricos nos principais resultados políticos tenha aumentado à medida que a desigualdade de renda cresceu. Ao contrário do que se esperaria da leitura dos estudos sobre desigualdade e democracia, os gastos com programas de bem-estar que beneficiam os pobres aumentaram drasticamente e a carga tributária sobre os ricos aumentou nas últimas décadas".[281]

Nos Estados Unidos, que são sempre considerados um exemplo particularmente claro de desigualdade gritante e crescente, os gastos sociais como

---

[279] Page / Bartels / Seawright, 54.

[280] York, "Does Rising," não numerado.

[281] York, "Does Rising," não numerado.

parte do PIB aumentaram de 9,6 para 14,3% entre 1980 e 2018, um aumento de 50%.[282]

Em seu livro *Affluence and Influence* [Afluência e influência], de 2012, Martin Gilens argumenta que os eleitores mais ricos têm maior influência sobre a política nos Estados Unidos do que os eleitores de grupos de baixa renda. Ele examinou 1.923 perguntas de pesquisas de opinião pública realizadas nos EUA entre 1981 e 2002, complementadas por conjuntos de dados de 1964 a 1968 e 2005/2006.[283] Ele então analisou as opiniões políticas de membros de grupos de baixa, média e alta renda e, em seguida, comparou suas respostas em pesquisas de opinião com as políticas do governo nos anos seguintes a cada eleição. Ele destacou o que chamou de "desigualdade representacional", que afirmou ser evidente no fato de que as opiniões dos grupos de baixa e, em alguns casos, média renda tinham menos chance de serem implementadas pelo governo do que as dos grupos de alta renda. No entanto, vale notar que, embora essa "desigualdade representacional" se aplique a questões religiosas, política externa e política econômica, ela não se aplica ao bem-estar social, como reconhece Gilens:

> "O domínio do bem-estar social é o único domínio de política examinado em que a divergência de preferências entre os grupos de renda não leva a um declínio substancial na capacidade de resposta às preferências dos americanos menos abastados".

Segundo Gilens, isso ocorreu porque "os americanos pobres e de renda média têm aliados poderosos que tendem a compartilhar suas preferências nessas questões", como a *American Association of Retired Persons* (AARP), um dos grupos de *lobby* mais influentes dos Estados Unidos.[284]

No domínio da política econômica, por outro lado, Gilens relata que as opiniões dos grupos de baixa renda são menos ouvidas. Então, quais políticas Gilens acha que levariam à "maior igualdade representacional na esfera econômica"? Bem, Gilens sugere que, para lidar com a desigualdade representativa, as políticas teriam que "resultar em um salário mínimo mais alto, benefícios de

---

[282] Edwards / Bourne, 24.

[283] Gilens, *Affluence*, 57, 53.

[284] Gilens, *Affluence*, 121.

desemprego mais generosos, regulamentação corporativa mais rígida (...) e um regime tributário pessoal mais progressivo em geral".[285]

Entretanto, se um salário mínimo mais alto, impostos mais altos sobre os ricos e regulamentações mais rígidas são realmente do interesse das classes trabalhadoras, é discutível. Os dois presidentes americanos que foram castigados com mais veemência nas últimas décadas por representar unilateralmente os interesses dos ricos e por cortar muita burocracia foram Ronald Reagan e Donald Trump. Ambos, de fato, promoveram cortes substanciais de impostos para os ricos e desregulamentação em algumas áreas, mas isso ajudou os de baixa renda mais do que muitas políticas na arena social.

O sonho americano de mobilidade de renda, que para muitos hoje se transformou em um pesadelo de descontentamento, estava vivo e bem na década de 1980: 86% das famílias que estavam no quintil de renda mais pobre em 1981 subiram a escada econômica para um quintil mais alto em 1990. A porcentagem de famílias pobres que subiram até o quintil de renda mais rico entre 1981 e 1990 foi até um pouco maior do que a porcentagem daqueles que permaneceram no quintil mais pobre. O número de americanos que ganham menos de US$ 10.000 por ano caiu 5% durante a década de 1980, enquanto o número daqueles que ganham mais de US$ 50.000 aumentou 60% e o número daqueles cuja renda anual excedeu US$ 75.000 aumentou impressionantes 83%.[286]

Existem muitas fábulas sobre os anos Reagan, como a afirmação persistente e perniciosa de que os brancos ricos eram os únicos beneficiários das políticas de Reagan às custas dos afro-americanos mais pobres.[287] Durante a presidência de Donald Trump — antes da pandemia de coronavírus —, o desemprego nos Estados Unidos caiu para o menor nível histórico, e a situação econômica melhorou para as pessoas com baixa renda, afro-americanos e latinos, fatores que permitiram a Trump, em sua segunda eleição presidencial em 2020, obter ganhos significativos entre esses grupos de eleitores que tradicionalmente evitam o Partido Republicano. Portanto, as alegações feitas pelos críticos do capitalismo de que as políticas que beneficiam os ricos devem ser ruins para os pobres obviamente não são verdadeiras.

Mas e o argumento de que a maioria dos membros do Congresso dos Estados Unidos é muito rica? "Praticamente todos os senadores dos EUA, e a maioria

[285] Gilens, *Affluence*, 117.

[286] Niskanen / Moore, não numerado.

[287] Niskanen / Moore, não numerado.

dos representantes na Câmara, são membros do 1% mais rico quando tomam posse. (...) Em geral, os principais formuladores de políticas de ramo executivo sobre comércio e política econômica também vêm dos 1% mais favorecidos", critica o economista de esquerda Joseph Stiglitz.[288] Então, até que ponto sua riqueza pessoal influencia as políticas desses tomadores de decisão?

Tem acontecido muitas pesquisas sobre a relação entre a riqueza dos congressistas americanos e seu comportamento eleitoral. Martin Gilens, que geralmente critica a influência dos ricos na política dos Estados Unidos, admite sobre essa questão que não há evidência de uma conexão entre sua riqueza e as decisões políticas tomadas por membros do Congresso ou da Câmara dos Deputados:

> "Tomadas em conjunto, as análises descritas acima sugerem que os interesses e preferências pessoais dos legisladores podem moldar seu voto no Congresso, mas essa preocupação com a crescente riqueza dos seus membros provavelmente é equivocada. Pelo menos em termos de política econômica amplamente concebida; progressistas e conservadores têm a mesma probabilidade de serem encontrados entre os membros mais ricos do Congresso e entre aqueles com menos recursos. É impossível dizer com certeza se os representantes dos EUA se comportariam de maneira diferente se seus salários os colocassem no meio da distribuição de renda dos EUA e não no topo. Mas parece que as diferenças substanciais existentes no *status* econômico entre os membros do Congresso não estão relacionadas a amplos padrões de votação sobre política econômica".[289]

Aliás, representantes do Congresso Nacional do Povo na China, que inclui vários bilionários, provavelmente apenas sorririam com pena da sorte de seus colegas americanos. Ao mesmo tempo, em outros países ocidentais, incluindo a Alemanha, os membros da legislatura não são tão ricos quanto nos Estados Unidos. Mas é sempre uma desvantagem ter políticos ricos?

Um político rico é muitas vezes muito mais independente e imparcial em sua tomada de decisão do que um que é inteiramente dependente de seu partido. Um exemplo da Alemanha seria o representante de longa data da CSU, Peter Gauweiler, que é um advogado brilhante e frequentemente registrou a renda mais alta de todos os membros do parlamento alemão, o *Bundestag*. A sua

---

[288] Stiglitz, 92.

[289] Gilens, *Affluence*, 238.

independência financeira permitiu-lhe seguir as suas próprias convicções e ter opiniões que fizeram qualquer coisa menos cumprir a linha do partido. Um deputado que passou a vida inteira na política — e não pode fazer mais nada — não tem essa independência intrínseca.

Antigamente a riqueza era na verdade um requisito explícito para ocupar cargos políticos. Desde os primeiros dias de Roma até a República Romana e o período imperial até o final da antiguidade, foi a riqueza acima de tudo que determinou a posição e a influência de um cidadão. A elite econômica sempre serviu como a elite política. Por exemplo, o imperador Augusto disse que somente aqueles que possuíssem um milhão de sestércios poderiam se tornar senadores; 400.000 sestércios eram o pré-requisito para entrar na nobreza.

O problema de muitos parlamentos hoje não é que muitos empresários estão ativos lá; muito pelo contrário. Após as eleições federais de 2017 na Alemanha, a FAZ publicou um artigo sob o título "Duas vezes mais empresários no *Bundestag*".[290] O seu número subiu de apenas 35 na legislatura anterior para 76 nas eleições de 2017 (de 706 representantes). Mais conhecimento econômico e mais pensamento empreendedor certamente tornariam a política melhor em vez de pior. No *Bundestag* eleito em 2021, a proporção de empresários entre os representantes recém-eleitos caiu de 2% para 1,4%.[291]

Se os ricos dos países ocidentais podem ser criticados, não é por estarem excessivamente envolvidos na política, mas por não estarem suficientemente envolvidos. De qualquer forma, isso é verdade para aqueles ricos que também são defensores do capitalismo. Enquanto as vozes de críticos do capitalismo como George Soros ou Tom Steyer, que defendem veementemente impostos mais altos para os ricos, podem ser ouvidas em voz alta, os defensores do capitalismo raramente falam em público. Page e Gilens falam do "silêncio público da maioria dos bilionários". David Koch, que fornece apoio financeiro para opiniões libertárias, fez apenas um comentário público sobre política tributária em um período de 10 anos; seu irmão Charles Koch não fez nenhum comentário público sobre essas questões.[292]

---

[290] *Frankfurter Allgemeine Zeitung*, "Doppelt so viele Unternehmer," <https://www.faz.net/aktuell/wirtschaft/deutlich-mehr-unternehmer-im-bundestag-15225816.html>.

[291] <https://www.welt.de/wirtschaft/article234058756/Bundestagswahl-Das-sind-die-Berufe-der-neuen-Abgeordneten.html>.

[292] Page / Gilens, 106.

> "O silêncio público da maioria dos bilionários", relatam Page e Gilens, "contrasta consideravelmente com a vontade de um pequeno e incomum grupo de bilionários — incluindo Michael Bloomberg, Warren Buffett e Bill Gates — de falar sobre políticas públicas específicas. (...) Todos os três favoreceram uma rede de segurança social substancial, impostos progressivos e regulação moderada da economia. Um americano comum que tentasse julgar o que os bilionários americanos pensam e fazem sobre política ouvindo Bloomberg, Buffett ou Gates estaria muito enganado".[293]

Essa observação está correta e aponta para um ponto crucial do problema: a pressão pública para criticar o capitalismo é tão grande que até silencia os bilionários, enquanto os ricos que defendem impostos mais altos sobre os ricos e mais regulamentação governamental são livres para falar o que pensam sem preocupação. Claramente as pessoas ricas que pensam que o capitalismo é o sistema superior e que são céticas em relação ao papel desproporcional do governo devem ser mais ousadas e participar mais ativamente do discurso público.

A relação entre dinheiro e política é particularmente problemática em países onde a riqueza não depende principalmente de ideias empreendedoras, mas de influência política, acesso ao poder e corrupção. Isso é verdade, por exemplo, na Rússia, onde, após o colapso do comunismo, um punhado de oligarcas assumiu o controle das fontes de matérias-primas — especialmente petróleo e gás — e onde as indústrias "*rent-seeking*" desempenham o papel decisivo. Muitas vezes são também os mesmos países em que a corrupção é generalizada. A Rússia, por exemplo, ocupa o 129º lugar entre 176 no *Índice de Percepção de Corrupção* da Transparência Internacional e até ficou em primeiro lugar no índice de capitalismo de compadrio de 2016 da *The Economist*.[294] No *Índice de Liberdade Econômica*, o índice de capitalismo da Heritage Foundation, a Rússia ocupa o 92º lugar. Muitos outros países são tão ruins quanto, se não piores, que a Rússia. A partir desses exemplos, fica claro que o mundo precisa de mais capitalismo, não menos, para afrouxar os laços entre política e negócios

---

[293] Page / Gilens, 106.

[294] Transparency International, Índice de Percepção de Corrupção 2020, <https://www.transparency.org/en/cpi/2020/index/nzl>, <https://www.transparency.org/en/cpi/2020/index/rus>, <https://infographics.economist.com/2016/Cronyism_index/>.

Muitas pessoas associam "capitalismo" com "corrupção". Ainda assim, de acordo com o economista americano Allan H. Meltzer: "Delitos como suborno podem ser públicos ou privados e são comuns em muitas nações, mas são mais comuns onde funcionários do governo têm mais autoridade".[295] A visão de que a corrupção é particularmente generalizada em países capitalistas é simplesmente errada, como confirmado por uma comparação do *Índice de Percepção de Corrupção* (*CPI*) da Transparência Internacional e com o *Índice de Liberdade Econômica*. Os países com os níveis mais baixos de corrupção são os mesmos países que têm altos níveis de liberdade econômica. Cada um dos 10 países com a menor corrupção está nas categorias "Livre" ou "Majoritariamente Livre" no *Índice de Liberdade Econômica*. Dinamarca, Nova Zelândia, Finlândia e Cingapura são os países com os níveis mais baixos de percepção de corrupção no mundo. Três desses países (Dinamarca, Nova Zelândia e Cingapura) também estão entre os dez países economicamente mais livres do mundo, enquanto a Finlândia ocupa um respeitável 17° lugar no *Índice de Liberdade Econômica* (à frente de países como Estados Unidos e Alemanha, por exemplo).[296]

Por outro lado, os países que se classificam entre os dez piores do *IPC* são os mesmos países classificados como "Reprimidos" no *Índice de Liberdade Econômica*, como a Coreia do Norte (170° no *IPC* e 178° no *Índice de Liberdade Econômica*) e a Venezuela (176° no *IPC* e 177° no *Índice de Liberdade Econômica*). Quanto mais o governo intervém na vida econômica, mais oportunidades existem para subornar funcionários do governo. Qualquer um que queira limitar a influência antiética ou até criminosa de cidadãos ricos na política deve, portanto, defender menos, não mais governo.

---

[295] Meltzer, 13.

[296] Transparency International, *Corruption Perceptions Index (CPI) 2020*: <https://www.transparency.org/en/cpi/2020/index/nzl> and Miller / Kim / Roberts, *2021 Index of Economic Freedom*.

6.

"O CAPITALISMO LEVA A MONOPÓLIOS"

A irracionalidade do debate sobre „monopólios" foi notada pelo economista Ludwig von Mises já em 1922 em sua obra histórica *Socialism* (*Socialismo*): "A mera menção à palavra monopólio", escreveu Mises, "geralmente desperta emoções que impossibilitam o julgamento claro e provoca, em vez de argumentos econômicos, a usual indignação moral evidenciada na literatura estatista e em outras literaturas anticapitalistas".[297] Mises observa que o alcance do monopolista em uma economia capitalista livre de interferência do governo é muito menor do que os "escritores populares sobre cartéis e trustes" geralmente tendem a supor.[298]

Na verdade, a suposta tendência ao monopólio é um dos argumentos mais antigos contra o capitalismo. Esta tese afirma que a livre concorrência inevitavelmente se autodestruirá e, no final do processo de concentração e centralização do capital, um pequeno número de monopólios remanescentes dominará a economia. Lenin descreveu esse processo em sua obra de 1917 *O Imperialismo: Etapa Superior do Capitalismo*, no qual ele escreve: "Esta transformação da concorrência em monopólio constitui um dos fenômenos mais importantes — para não dizer o mais importante — da economia do capitalismo dos últimos tempos".[299] Lenin continua, afirmando que o monopólio é uma "lei fundamental" do estágio atual do capitalismo.[300]

297 Mises, *Socialism*, 344.
298 Mises, *Socialism*, 351.
299 Lenin, *Imperialismo*, 120.
300 Lenin, *Imperialismo*, 121.

Quando Lenin e outros teóricos falam de monopólios, eles não se referem apenas a empresas que controlam 100% de um determinado mercado, o que é muito raro para empresas não estatais. Adam Smith, também, em sua obra *A Riqueza das Nações*, empregou o termo "monopólio" para se referir não apenas a empresas comerciais que são os únicos fornecedores em seus campos, mas a empresas que nunca fornecem totalmente "a demanda efetiva" para vender suas mercadorias "muito acima do preço natural." Smith entendia o "preço natural" como sendo o preço que poderia ser obtido em condições de livre concorrência.[301] Alguns economistas modernos também definem monopólios nesse sentido mais amplo, como "empresas que têm algum controle sobre o preço por meio do controle sobre a oferta do mercado, mesmo que não sejam as únicas vendedoras em seu mercado".[302]

Lenin escreveu que nos Estados Unidos, em 1904, quase metade da produção de todas as empresas do país estava nas mãos de um centésimo do número total de empresas:

> "Daqui se infere claramente que, ao chegar a um determinado grau do seu desenvolvimento, a concentração por si mesma, por assim dizer, conduz diretamente ao monopólio, visto que, para umas tantas dezenas de empresas gigantescas, é muito fácil chegarem a um acordo entre si e, por outro lado, as dificuldades da concorrência e a tendência para o monopólio nascem precisamente das grandes proporções das empresas".[303]

Lenin não via essa tendência de forma negativa. A consequência da formação dos monopólios foi um "gigantesco progresso na socialização da produção".[304] Em seu estágio mais desenvolvido, o capitalismo:

> "conduz à socialização integral da produção nos seus mais variados aspectos; arrasta, por assim dizer, os capitalistas, independentemente de sua vontade e sem que disso tenham consciência, para um novo regime social, de transição entre a absoluta liberdade de concorrência e a socialização completa".[305]

---

[301] Smith, *Riqueza*, 115.
[302] McKenzie / Lee, 5.
[303] Lenin, *Imperialismo*, 120.
[304] Lenin, *Imperialismo*, 130.
[305] Lenin, *Imperialismo*, 131.

Ele se opôs fortemente aos "críticos pequeno-burgueses" do capitalismo, que sonhavam em voltar à livre concorrência.[306]

O historiador econômico alemão Werner Plumpe aponta que análises como as de Lenin eram imprecisas porque generalizavam tendências em vários setores particularmente intensivos em capital, como a indústria pesada, e as extrapolavam para o futuro.[307] Como aponta Plumpe, quase nada resta das grandes empresas que dominaram no início e meados do século XX e forneceram a base para as previsões de Lenin. Algumas dessas empresas ainda existem hoje com os mesmos nomes históricos, embora, como observa Plumpe, não tenham mais muito em comum com seus antepassados.[308]

Como Joseph Schumpeter escreveu em seu livro de 1942 *Capitalismo, Socialismo e Democracia*, casos puros de monopólio de longo prazo devem ser muito raros e "mesmo uma aproximação tolerável dos requisitos do conceito deve ser ainda mais rara do que os casos de concorrência perfeita".[309]

Um monopólio:

> "dificilmente poderá perdurar, nas condições de capitalismo perfeito, por período suficientemente longo para afetar a análise da produção total, a menos que essa capacidade se fundamente no poder público, como no caso dos monopólios fiscais, por exemplo".[310]

Por que, pergunta Schumpeter, há tanta conversa sobre monopólio? A resposta, ele postula, deve estar no reino da "psicologia das discussões políticas".[311] Nos Estados Unidos, diz ele, economistas, funcionários do governo, jornalistas e políticos têm um gosto óbvio pela palavra porque se tornou um "termo de afronta" e as pessoas atribuem praticamente tudo o que não gostam sobre negócios a esse poder sinistro.[312] A curto prazo, no entanto, ele admite que, "autênticas posições monopolistas, ou aquelas que a elas se assemelham" são muito mais frequentes, embora isso não signifique que elas tenham um impacto

---

306 Lenin, *Imperialismo*, 181.
307 Plumpe, *Das kalte Herz*, 233.
308 Plumpe, *Das kalte Herz*, 626.
309 Schumpeter, *Capitalismo*, 128.
310 Schumpeter, *Capitalismo*, 128.
311 Schumpeter, *Capitalismo*, 128.
312 Schumpeter, *Capitalismo*, 128.

totalmente negativo e, como ele também observa, os monopólios não precisam de forma alguma ter uma "influência enfadonho".[313]

Schumpeter foi um dos poucos economistas que não considerou a função econômica dos monopólios de uma forma totalmente negativa, mas também descreveu sua contribuição positiva para o processo de "destruição criativa". Os economistas americanos Richard B. McKenzie e Dwight R. Lee, portanto, referem-se a Schumpeter em seu trabalho *In Defense of Monopoly* [*Em Defesa do Monopólio*], no qual escrevem: "Escondido na análise de Schumpeter está uma teoria do *monopólio ideal* necessário para o crescimento econômico máximo".[314] Ambos os economistas adotam uma visão não acrítica dos monopólios e admitem que tais posições de mercado podem ser prejudiciais ao crescimento econômico. Eles acrescentam, no entanto:

> "que nem todos os monopólios e nem todos os níveis de monopolização são destruidores do bem-estar, uma perspectiva que sugere que os economistas deveriam prestar mais atenção às condições institucionais para o que pode ser chamado de *monopólio ideal*".[315]

Particularmente, eles distinguem entre monopólios para bens que são *dados* — isto é, não criados de fato pelo monopólio — e que julgam negativamente "porque o monopólio não teve nenhum papel na criação do bem e do valor líquido"; e monopólios para bens que são *desenvolvidos* pelos indivíduos e empresas em questão e que podem ter uma função útil.[316] Do ponto de vista deles, uma situação de — no jargão dos economistas — "competição perfeita" é, em primeiro lugar, inatingível no mundo real e, em segundo lugar, indesejável.[317]

A perspectiva de lucros monopolistas é um dos principais impulsionadores da inovação. A concorrência é um fator essencial no progresso econômico; não em termos de concorrência perfeita ou de um mercado perfeito — que só pode existir em modelos econômicos abstratos, não na realidade —, mas na forma de concorrência que está sempre sujeita a tendências temporárias de monopólio. Schumpeter enfatizou que um sistema perfeito: "que em determinado momento

---

313 Schumpeter, *Capitalismo*, 131.

314 McKenzie / Lee, 23. Em itálico no original.

315 McKenzie / Lee, xxi. Em itálico no original.

316 McKenzie / Lee, xx.

317 McKenzie / Lee, xix.

utiliza ao máximo as suas possibilidades" pode, a longo prazo, ser inferior a um sistema imperfeito "que *não* alcança em nenhum momento esses resultados, pois a incapacidade deste pode consistir em um nível ou ímpeto de um rendimento a longo prazo".[318]

Os monopólios abrem a possibilidade de lucros extras; e eles são impulsionadores de eficiência e inovação, como Marx reconheceu apropriadamente no Volume III de *O Capital*:

> "Além disso, o lucro extra, que um capital individual costuma realizar numa esfera particular da produção — pois as divergências das taxas de lucro entre as esferas particulares de produção se nivelam continuamente para formar a taxa média de lucro —, provém, abstraindo das divergências meramente acidentais, de uma redução do preço de custo, isto é, dos custos de produção, a qual pode derivar da circunstância de que se emprega capital em quantidades superiores àquelas que são empregadas em média e, com isso, reduzem-se os *faux frais* [despesas imprevistas] da produção, enquanto as causas gerais do aumento da força produtiva do trabalho (cooperação, divisão etc.) podem operar com um grau maior de intensidade, porque o fazem em um campo de trabalho maior; ou, então, da circunstância de que, abstraindo do volume do capital atuante, sejam empregados melhores métodos de trabalho, novas invenções, máquinas aperfeiçoadas, segredos químicos de fabricação etc., em suma, meios e métodos de produção novos, aperfeiçoados e situados acima do nível médio".[319]

O desenvolvimento de produtos e mercados completamente novos envolve riscos e requisitos muito diferentes dos que operam em mercados estabelecidos. Os empresários são mais propensos a aceitar esse risco aumentado quando há a perspectiva — pelo menos temporária — de lucros de monopólio significativamente acima das margens de lucro normais.

> "Portanto, em uma economia mais dinâmica do mundo real, na qual o *desenvolvimento* ou o *progresso* devem ser antecipados de alguma forma sistemática, alguns lucros supranormais devem ocorrer, e esse nível de lucratividade deve estar acima do nível alcançável em um ambiente perfeitamente competitivo."[320]

---

[318] Schumpeter, *Capitalismo*, 111. Em itálico no original.

[319] Marx, Capital Livro III, 751.

[320] McKenzie / Lee, 222. Em itálico no original.

Quando pedem para as pessoas compararem as vantagens e desvantagens dos monopólios, elas geralmente mencionam as seguintes desvantagens:[321]

- Preços mais altos e menos opções para os consumidores;
- Menos incentivo para cortar custos;
- Menos incentivo para inovar e investir; e
- Poder político para proteger seus interesses adquiridos.

No entanto, existem inúmeras vantagens que muitas vezes são negligenciadas:

- Economias de escala — custos médios mais baixos em relação ao aumento da escala;
- Alto lucro pode ser usado para pesquisa e desenvolvimento; e
- Incentivo de investimento para obter patentes (um poder de monopólio).

Essas vantagens e desvantagens não devem, no entanto, ser entendidas como aplicáveis a todas as empresas consideradas um monopólio. Por exemplo, empresas que agora são consideradas monopólios podem ser excepcionalmente inovadoras. Amazon, Facebook e Google, por exemplo, estão entre as empresas que viram inúmeros concorrentes — incluindo empresas que antes eram consideradas monopólios — perderem rapidamente sua posição ou desaparecerem completamente do mercado devido a inovações tecnológicas e ao surgimento de novos concorrentes (vou voltar a isso com alguns exemplos). Mesmo quando não há forte concorrência, essas empresas estão cientes da possibilidade de que novos participantes com tecnologias inovadoras possam aparecer e roubar suas posições dominantes.[322] Esta, por sua vez, é uma das razões pelas quais essas empresas estão tão determinadas a continuar inovando, mesmo que já dominem seus mercados. Se elas não inovarem, se subestimarem esse perigo, perderão sua posição no mercado.

Qualquer empresa que pareça onipotente hoje está realmente longe de ser tão onipotente — e elas estão cientes disso. O economista franco-belga Nicolas Petit cita as principais ameaças, como inovações tecnológicas que rapidamente tornam as soluções existentes obsoletas, a entrada de empresas novas e inovadoras no mercado e as regulamentações governamentais que questionam os

---

[321] Pettinger, "Advantages and Disadvantages of Monopolies."

[322] McKenzie / Lee, 51–52.

modelos de negócios existentes.[323] Monopólios reais ou percebidos geralmente são muito menos estáveis do que podem parecer à primeira vista, especialmente quando estão no auge de seu poder.

As funções positivas dos monopólios raramente são reconhecidas, mas de forma alguma se aplicam apenas às corporações gigantescas geralmente associadas ao termo, mas também a empresas menores que detêm uma posição de monopólio de fato em um nicho de mercado. Eu mesmo estabeleci uma empresa em um nicho de mercado na Alemanha (Dr. ZitelmannPB.GmbH, hoje PB3C), que deteve uma posição de monopólio de fato por mais de 15 anos — como prestadora de serviços de relações públicas no setor imobiliário alemão. Por mais de dez anos quase não tivemos concorrentes, o que significava que podíamos cobrar altas taxas e fazer cumprir os termos contratuais que nos permitiam planejar nossas receitas com alto grau de certeza. É claro que se espalhou a notícia de que nossa empresa estava obtendo lucros muito altos (o retorno sobre as vendas foi em média de 48% nos 15 anos anteriores à venda da empresa), e novos fornecedores com preços mais baixos e termos de contrato menos restritivos entraram no mercado para competir conosco.

Porém, sem minha empresa como modelo, esses concorrentes provavelmente nunca teriam surgido. Nesse sentido, o "monopólio" da minha empresa ajudou a criar um mercado para serviços profissionais de relações públicas no setor imobiliário alemão. E algumas inovações, como oferecer uma gama ampliada de serviços e aumentar o nível de especialização profissional em diferentes departamentos, que eram quase inéditas entre as empresas de relações públicas até então, só poderiam ser implementadas protegendo esse quase monopólio. Ele surgiu — como costuma acontecer — da posição de mercado superior da minha empresa.

Isso mostra que, mesmo em mercados altamente especializados e de nicho, os monopólios podem desempenhar uma função positiva. A empresa que vendi em 2016 ainda está fazendo negócios e é líder de mercado, mas é claro que, devido à concorrência, as altas margens de lucro que usufruímos nos primeiros dias da empresa não são mais alcançáveis. Este exemplo mostra que "monopólio" abrange muito mais do que apenas as gigantescas corporações internacionais em que normalmente pensamos quando ouvimos a palavra.

Entretanto, vamos voltar nosso foco para os principais gigantes da tecnologia mundial. Em todo o mundo, empresas como Google, Amazon, Facebook,

---

[323] Petit, 121 et seq.

Microsoft e Apple são consideradas uma ameaça. Quase todo mundo as usa, mas quase ninguém gosta delas. Algumas preocupações são válidas, especialmente sobre o viés político de empresas como o Facebook — voltarei a isso mais tarde —; mas muitas das críticas normalmente feitas aos monopólios não se aplicam a essas empresas. O economista dos EUA Tyler Cowen usa o exemplo do Google, Facebook e Apple para mostrar que essas empresas não são de forma alguma hostis à inovação — muito pelo contrário.

> "No entanto, na prática, as principais empresas de tecnologia provaram ser fortes inovadoras. Além disso, a perspectiva de ser comprada pelo Google ou por um dos outros gigantes da tecnologia aumentou o incentivo para que outros inovassem e deu às empresas em dificuldades acesso a capital e conhecimento quando, de outra forma, elas poderiam ter desistido ou nunca ter começado."[324]

Grandes empresas de tecnologia hoje gastam grandes somas em pesquisa e desenvolvimento — somente em 2018, estima-se que os seis gigantes (Amazon, Google, Microsoft, Netflix, Facebook e Apple) tenham gasto pelo menos US$ 22,6 bilhões em pesquisa e desenvolvimento.[325]

Não é apenas esse número que contradiz muitas das características normalmente atribuídas aos monopólios. Em um grande estudo de 2020 ("*Big Tech e Economia Digital*"), Nicolas Petit apresenta uma série de argumentos que relativizam o conceito comum de "monopólio" e cunharam o termo "moligopólio". Gigantes da tecnologia como Amazon, Google, Microsoft, Netflix, Facebook e Apple estão ativos em um número crescente de domínios e competem entre si e com outros sérios concorrentes em toda uma série de segmentos de mercado:

> "O Google desenvolveu um serviço de e-mail, um navegador, um sistema operacional móvel e uma rede social. A Amazon cresceu de uma livraria on-line especializada para uma varejista on-line generalista, bem como uma provedora de serviços de computação em nuvem, e agora possui uma cadeia de supermercados física. E o Facebook é uma empresa estruturada em dois segmentos de mercado, ou seja, redes globais e mensagens".[326]

---

[324] Cowen, 102–103.

[325] Petit, 130–131.

[326] Petit, 116.

Os gigantes da tecnologia continuam abrindo novos segmentos onde compram brigas uns com os outros e com outras empresas — Microsoft no segmento de jogos, Google em carros autônomos, Facebook em sistemas de pagamento e Amazon em produção e streaming de vídeo. É interessante quando você olha para essas empresas não de uma perspectiva antitruste, mas de uma perspectiva de analista de ações. Em qualquer análise, há referências a alguns concorrentes existentes ou potenciais, como Petit demonstra com uma série de exemplos diferentes.[327]

Recentemente, li a biografia de Brad Stone de Jeff Bezos[328] — e o livro relata as constantes batalhas que Bezos teve que lutar contra os concorrentes desde o primeiro dia. Estes incluíram oponentes com nichos especializados, como um fornecedor on-line de fraldas, para grandes empresas como Ebay, Apple, Barnes & Noble, Walmart e outras. A alegação de que uma empresa como a Amazon é capaz de eliminar seus concorrentes é absolutamente absurda.

Petit conclui:

> "A imagem das grandes empresas de tecnologia como monopolistas é intuitivamente atraente, mas analiticamente errada. As descobertas de monopólio baseadas em observações de rivalidade limitada no mercado de origem dos gigantes da tecnologia constituem uma visão estreita da concorrência. Apesar das posições dominantes, as grandes empresas de tecnologia não vivem a vida tranquila. Seu intenso grau de esforço é inconsistente com a teoria do monopólio padrão. Uma imagem melhor é uma das grandes empresas de tecnologia como moligopolistas, ou seja, empresas que coexistem como monopolistas e oligopolistas".[329]

O que a maioria dos críticos que pedem que os governos intensifiquem sua regulamentação de certos mercados ou quebrem monopólios ignora é o fato de que os monopólios tendem a ser muito menos duráveis do que as pessoas acreditam. Os economistas belgas Dirk Auer e Nicolas Petit analisaram a cobertura da mídia sobre monopólios ao longo de um período de 150 anos. Eles avaliaram um total de 1.399 artigos de 1850 a 2000.[330] Entre suas conclusões, a análise confirma que a cobertura da mídia sobre monopólios é esmagadoramente

---

[327] Petit, 53 et seq.

[328] Stone, Amazon Unbound.

[329] Petit, 257.

[330] Auer / Petit, 112.

negativa: 61% dos artigos que os dois pesquisadores avaliaram tinham uma inclinação negativa, 30% eram neutros e apenas 9% mencionaram quaisquer aspectos positivos dos monopólios.[331] Isso não é surpreendente por si só, já que a mídia geralmente tem mais histórias negativas que positivas. No entanto, é necessário fazer uma pausa para pensar que o surgimento de monopólios é relatado de forma muito mais extensa e frequente do que o fim dos monopólios.[332] "Se os artigos de imprensa cobriam uma amostra aleatória de monopólios, então deveríamos ver um número aproximado de artigos sobre monopólios desaparecidos quanto os emergentes. Isso ocorre porque muito poucos monopólios sobreviveram a todo o período do conjunto de dados."[333] Sua análise da cobertura da imprensa confirma o que Milton Friedman escreveu sobre monopólios já em 1962, ou seja, que sua importância é muito exagerada, em parte porque o "monopólio recebe maior publicidade e desperta mais atenção do que a competição".[334]

Você nem precisa ir tão longe na história para provar o ponto de vista de Friedman. Em 2019, Tyler Cowen escreveu em seu livro *Big Business* que as seguintes empresas, entre outras, foram criticadas como monopólios nos Estados Unidos nas últimas décadas: Kodak, IBM, Microsoft, Palm, BlackBerry, Yahoo, AOL, Digital Equipment Corporation (DEC), General Motors e Ford. "Nessa lista, apenas a Microsoft continua sendo uma entidade dominante."[335]

O economista americano Ryan Bourne fornece inúmeros exemplos de empresas que foram identificadas como monopólios e passaram a sacrificar sua posição dominante no mercado em seu artigo "*Is This Time Different? Schumpeter, the Tech Giants, and Monopoly Fatalism* (Desta Vez É Diferente? Schumpeter, os Gigantes da Tecnologia e o Fatalismo Monopolista)."[336] A rede social Myspace, por exemplo, foi fundada em 2003 e rapidamente ganhou milhões de usuários. Em junho de 2006, o Myspace era o site mais visitado nos EUA, até mais do que o Google. Em 2007, o principal jornal de esquerda do Reino Unido, *The Guardian*, perguntou: "O Myspace perderá seu monopólio?" No início de 2008, o Myspace tinha uma participação de 74,4% no mercado de

---

331 Auer / Petit, 117.

332 Auer / Petit, 119.

333 Auer / Petit, 119.

334 Friedman, *Capitalismo*, 127.

335 Cowen, 84.

336 Bourne, "Is This Time Different?" <https://www.cato.org/sites/cato.org/files/2019-09/Is%20This%20Time%20Different%3F.pdf>.

redes sociais e, em dezembro de 2008, tinha 75,9 milhões de visitantes apenas nos Estados Unidos. Porém, apenas seis meses depois, o Facebook ultrapassou o Myspace nos EUA, e a participação de mercado da empresa caiu para apenas 30% até o final de 2009. Hoje, o Myspace se tornou quase totalmente irrelevante. Bourne conclui:

> "É importante ressaltar que a história do Myspace mostra que os próprios efeitos de rede que levam a um enorme crescimento também podem levar a uma rápida queda quando surge um produto superior".[337]

Em novembro de 2008, a revista *Forbes* publicou uma grande história sobre a fabricante de telefones celulares Nokia. A manchete da reportagem de capa dizia "*One Billion Customers — Can Anyone Catch the Cell Phone King?* (Um bilhão de clientes — Alguém pode alcançar o rei do telefone celular?)" Depois de ser consistentemente a maior fabricante de telefones celulares do mundo de 1998 a 2011, a Nokia foi ultrapassada pela Samsung no primeiro trimestre de 2012, com a empresa sul-coreana assumindo uma participação estimada de 25,4% no mercado. A Nokia ainda representava respeitáveis 22,5% do mercado e a Apple tinha 9,5%. No entanto, a participação da Nokia caiu mais de um terço desde 2008. Surpreendentemente, a Nokia desenvolveu o primeiro *smartphone* do mundo na década de 1990, "mas não previa a importância dos aplicativos para o apelo do telefone até que fosse tarde demais".[338] Em 2013, a Microsoft comprou a divisão de telefones celulares da Nokia, que na época tinha uma participação de mercado global de apenas 3%.[339]

Outro exemplo é a Xerox, que inventou a primeira fotocopiadora em 1960 e dominou o mercado em 1970 com uma participação de mercado de quase 100%. Assim como as pessoas hoje dizem "Eu pesquisei no Google" quando pesquisam na internet, as pessoas naquela época (e até certo ponto ainda hoje nos EUA) se referiam a "*Xeroxing* ["xerocar"]" sempre que fotocopiavam algo. Em 1973, a Xerox foi acusada de violar as leis antitruste e uma longa batalha legal se seguiu; no entanto, mais do que hoje, o problema foi resolvido pelo mercado, já que empresas como IBM, Eastman-Kodak, Canon, Minolta, Ricoh e outras lançaram fotocopiadoras menores e mais baratas.[340] As máquinas dos

[337] Bourne, "Is This Time Different?," 7.
[338] Bourne, "Is This Time Different?," 8.
[339] Bourne, "Is This Time Different?," 9.
[340] Bourne, "Is This Time Different?," 15.

concorrentes usavam toner líquido de baixa manutenção e foram construídas com peças baratas e padronizadas. Eles foram vendidos através de lojas de material de escritório comuns, em vez de através de uma rede proprietária cara. De repente, os japoneses estavam vendendo copiadoras de baixo custo a preços abaixo do custo de fabricação das máquinas da Xerox, enquanto a Xerox queria continuar ganhando dinheiro com o volume de cópias como uma marca confiável, como sempre fez. A participação de mercado da Xerox diminuiu de 95%, em 1972, para 49%, em 1979, antes de cair abaixo da marca de 30% pela primeira vez entre 1998 e 1999.[341] Hoje, a Xerox está presa em menos de 2% do mercado global de fotocopiadoras.[342]

Outro exemplo é a Kodak, que em 1976 detinha mais de 90% do mercado de filmes e 85% do mercado de câmeras dos EUA.[343] A Kodak subestimou totalmente a mudança para câmeras digitais, antes que o mercado evoluísse novamente para ser dominado por câmeras de telefones celulares de alta performance. Em 2012, a empresa declarou falência e depois tentou a sorte com outros modelos de negócios. A Kodak é um exemplo de como algumas empresas podem manter uma posição de monopólio por um longo período; mas isso não é verdade para a grande maioria dos monopolistas, como confirmam as histórias do Myspace e da Nokia.

Em alguns casos, pode-se argumentar que um monopólio não é mais do que um fenômeno temporário, que existe apenas para ser substituído por outro, como exemplificado pelo Myspace e pelo Facebook. Esses tipos de fenômenos são chamados de "monopólios em série". Existem inúmeros exemplos de indústrias em que os consumidores migram para um provedor "de ponta" em um determinado momento.

> "Nesses mercados, as empresas competirão para serem monopolistas. É nessa competição que os produtos que criam mais valor para os consumidores prevalecem contra aqueles que criam menos valor. Observe o que isso significa. Os próprios atos de concorrência que provocam os testes de mercado desses produtos (...) parecerão atos de monopolização. Isso é porque eles são. Eles determinam qual

---

[341] Heuer, "Die Einfalt der Vervielfältiger."

[342] <https://de.statista.com/statistik/daten/studie/181577/umfrage/marktanteile-der-hersteller-von-druckern-weltweit-seit-2009/>.

[343] Bourne, "Is This Time Different?," 9.

monopólio prevalece até que melhores produtos levem novas iniciativas a capturar um mercado de retorno crescente."[344]

Uma empresa que é frequentemente criticada hoje como monopolista é a Amazon. Desde suas origens como livraria *on-line*, a Amazon expandiu seus serviços para incluir uma lista cada vez maior de categorias de produtos. É claro que os livreiros mais tradicionais reclamam que não podem competir lucrativamente com a Amazon, mas isso é simplesmente porque a Amazon oferece uma variedade muito maior de produtos — incluindo livros usados — do que qualquer livraria comum. Isso não significa que a Amazon seja imbatível a longo prazo. Novos modelos de sucesso que funcionam sem a Amazon estão crescendo em grande parte abaixo do radar do público em geral, e:

> "que, a longo prazo, podem até roer a raiz da empresa mais valiosa do mundo. O princípio parece simples, mas muitas coisas precisam funcionar em conjunto: os fabricantes de bens de consumo fazem contato direto com os clientes por meio de redes sociais e organizam todas as etapas dos processos até a entrega das mercadorias na porta dos clientes. Isso permite que as empresas mantenham o controle de cada elo da cadeia de valor. Especialistas se referem a isso como 'direto ao consumidor' ou D2C para abreviar. O resultado: os fabricantes ignoram as principais plataformas de comércio eletrônico e cortam todos os intermediários. A tendência D2C, acreditam especialistas de mercado, pode se tornar a semente de um movimento capaz de minar o atual domínio da Amazon no comércio eletrônico a longo prazo".[345]

Algumas grandes empresas já assumiram um papel pioneiro no D2C, incluindo as empresas de artigos esportivos Nike e Adidas. Claro, isso é apenas uma visão da situação, e pode ter ficado claro ao ler este livro que a Amazon também eliminou esses novos modelos de negócios.

Competição e monopólio não são opostos absolutos, mas são uma contradição dialética: a competição cria monopólio porque o melhor produto prevalece. Altos lucros de monopólio atraem novos concorrentes, que gradualmente destroem o monopólio, mas em um certo momento podem se tornar temporariamente um, apenas para serem destruídos novamente por seus concorrentes. Apenas no caso de monopólios públicos que isso não pode acontecer, pois o

---

[344] Liebowitz / Margolis, 267.

[345] Gassmann, "Ewige Allmacht."

poder do governo o impede de estar sujeito à concorrência. Milton Friedman enfatizou que a desvantagem fundamental tanto da regulação pública quanto do monopólio público é a extraordinária dificuldade de reverter tais desenvolvimentos: "Acabei por concluir relutantemente que, se tolerável, o monopólio privado pode ser o menor dos males", observou Friedman.[346]

Monopólios que não são monopólios públicos normalmente desaparecerão mais cedo ou mais tarde, porque essas empresas se tornam excessivamente burocráticas à medida que crescem, dado que estão sujeitos a pressões competitivas mínimas e sua mentalidade se torna cada vez mais semelhante às estatais.

> "Eles se tornam mais burocráticos, não conseguem antever produtos novos e importantes, as condições do mercado se voltam contra eles, concorrentes estrangeiros entram no mercado, tecnologias disruptivas podem 'mudar tudo' ou seus custos aumentam à medida que perdem seu dinamismo."[347]

Dentro dessas empresas, no entanto, existem mentes criativas que podem eventualmente sair para iniciar novas empresas.

Um exemplo revelador desse mesmo fenômeno é o surgimento da SAP, a principal empresa de desenvolvimento de software da Alemanha. Tudo começou quando a IBM cometeu o erro de frustrar alguns de seus melhores funcionários, que eram melhores em reconhecer oportunidades de mercado do que a própria administração da empresa. Um desses funcionários insatisfeitos era Claus Wellenreuther, que começou a trabalhar para a IBM como consultor de sistemas em 1966, depois de se formar na Universidade de Mannheim. Wellenreuther, que, como graduado em administração de empresas, era mais um *outsider* entre todos os físicos, matemáticos e engenheiros da IBM, tornou-se especialista no desenvolvimento de sistemas de contabilidade financeira. "Na IBM, contabilidade e Wellenreuther", explica o cofundador da SAP, Dietmar Hopp, "andavam juntos como pão e manteiga."[348]

Na época, a IBM estava focada quase exclusivamente na venda de *hardware* e levaria anos até que a empresa reconhecesse a importância do *software.* Em meados de 1971, a IBM decidiu centralizar o desenvolvimento de um pacote

---

346 Friedman, *Capitalismo*, 35.

347 Cowen, 84.

348 Citado em Meissner, 23.

de *software* de contabilidade financeira, roubando Wellenreuther de seu tópico preferido. "Eu tinha imaginado", explica Wellenreuther, "que eu seria considerado para gerenciar o projeto. Afinal, eu estava trabalhando em quase nada além de sistemas de contabilidade financeira o tempo todo".[349] Ele foi informado, no entanto, que ele não seria considerado para o novo cargo, que iria para um dos gerentes estabelecidos da IBM. Wellenreuther percebeu que sua carreira estava em um beco sem saída e que ele não podia mais subir na hierarquia da IBM. Ele decidiu tirar suas férias acumuladas de dois meses para considerar suas opções. Tendo feito isso, ele se demitiu e abriu seu próprio negócio no início de outubro de 1971. A placa ao lado de sua campainha agora dizia "Desenvolvimento de Programa de Análise de Sistema" (SAP).

Outro funcionário da IBM, Dietmar Hopp, também começava a pensar em um futuro longe da empresa. Na IBM, Hopp era considerado um especialista na área de programação de diálogo — um método clássico de programação que permite que os computadores executem comandos de programa imediatamente após o *input*, eliminando assim os atrasos no processamento que eram uma característica comum dos PCs anteriores.

Até então, a IBM havia deixado em grande parte o desenvolvimento de programas de aplicativos para seus clientes e consultores, fornecendo-lhes suporte individual em cada caso. Nessas ocasiões, os engenheiros de *software* estavam reinventando a roda, a um custo considerável para os clientes da IBM. "O que fazemos na IBM", percebeu Hopp, "é sempre o mesmo para todos os clientes. Isso é algo que podemos padronizar".[350] Hopp se encarregou de desenvolver um *software* padronizado que pudesse ser usado no maior número possível de empresas. E foi com essa ideia que ele, Wellenreuther, Hasso Plattner e dois outros ex-funcionários da IBM começaram seu próprio negócio.

Ficou claro para os fundadores da SAP que eles precisavam ser muito rápidos. Afinal, eles sabiam que, se fossem bem-sucedidos, outras empresas — talvez até a IBM — copiariam sua ideia. Não bastava ter uma ideia brilhante para um *software* padronizado e ser capaz de programar com eficiência; eles também precisavam de uma abordagem profissional de vendas. Os empresários logo perceberam que não fazia sentido apresentar suas ideias a especialistas em computação de grandes empresas, que à primeira vista pareciam ser as pessoas certas para conversar, pois esses profissionais temiam que o novo *software* da

[349] Citado em Meissner, 24.

[350] Citado em Meissner, 31.

SAP tornasse as suas equipes amplamente redundantes. Eles também estavam com medo de que os programas da SAP destacassem os erros e defeitos nos processos existentes, que ninguém em suas empresas havia notado porque a equipe de TI era a única que realmente entendia alguma coisa sobre computadores. Então, em vez de oferecer seu novo *software* aos gerentes de TI, a SAP começou no topo, com os membros do conselho e CFOs das empresas. Essa foi a primeira boa ideia de vendas deles; mas ainda mais importante foi o fato de que, desde o início, a empresa contou com parcerias com grandes empresas de auditoria e fabricantes de *hardware*. Afinal, era muito mais fácil vender *software* para uma empresa se você não tivesse que comercializá-lo sozinho, porque a empresa era recomendada por consultores independentes que já eram conhecidos dos executivos de negócios.

A SAP pôde, assim, concentrar-se principalmente no desenvolvimento e otimização contínuos de seu *software*. "Para nós, a capacidade de inovar", diz Hopp, "é sinônimo de lucratividade". Ao mesmo tempo, diz ele, a dúvida constante, "se os outros podem não ser os melhores e ainda assim nos ultrapassar", está incorporada na cultura da SAP. "Essa incerteza é o que sempre nos motivou."[351] Como exemplo de advertência, ele cita a Nixdorf, que se concentrou inteiramente em vendas enquanto negligenciava abertamente a otimização de seus produtos — e falhou como resultado.

A SAP era mais consistente e rápida que seus concorrentes porque se concentrava exclusivamente no desenvolvimento de um *software* padronizado. "Durante anos, nossos concorrentes continuaram vacilando entre produzir pacotes de *software* padronizados, por um lado, e desenvolver *software* sob medida em áreas especializadas, por outro."[352] A SAP rapidamente conseguiu garantir os negócios de quase todas as principais corporações da Alemanha e, em poucos anos, estabeleceu um monopólio virtual no mercado alemão. Hoje, a SAP é a maior desenvolvedora de *software* europeia. Apenas os EUA ainda têm três empresas maiores neste segmento. E tudo começou porque a IBM monopolista não apreciou novos desenvolvimentos com rapidez suficiente e, ao mesmo tempo, não deu aos funcionários capazes, que eram mais habilitados do que os gerentes entrincheirados, a chance ou a liberdade de crescer dentro da empresa.

---

[351] Citado em Meissner, 91.

[352] Meissner, 49.

Aliás, de acordo com Thomas J. DiLorenzo, a IBM é um bom exemplo de como o mercado faz um trabalho muito melhor na prevenção de monopólios do que a legislação antitruste do governo: "...a partir de 1969, o governo federal passou 13 anos processando a IBM por supostamente monopolizar o mercado de computadores. O governo finalmente abandonou o caso depois de fazer com que a IBM gastasse muitos milhões de dólares e horas incalculáveis respondendo aos seus pedidos. Enquanto isso, a posição competitiva da IBM foi ofuscada por empresas como Microsoft e Wang Computers."[353] Wang Computers? Sim, você provavelmente nunca ouviu falar dessa marca que já foi poderosa porque desapareceu completamente em 1999, depois de quase meio século.

Não foi apenas a gigante de computadores IBM que cometeu erros que levaram a empresa a perder sua posição de monopólio. Outra empresa, a Xerox, que já mencionei acima, fez o mesmo. A Xerox operava um laboratório de desenvolvimento ultrassecreto, o *Palo Alto Research Center*, que era referido com deferência na indústria como "Xerox PARC". O fundador da Apple, Steve Jobs, estava muito curioso para ver o que estava sendo pesquisado ali e, com seus habituais poderes de persuasão, ele finalmente conseguiu dar uma espiada dentro do santuário, junto com alguns dos melhores especialistas em computadores da Apple.

Jobs ficou fascinado pelo que viu. Ele andou de um lado para o outro da sala, pulando para cima e para baixo, experimentando uma emoção diferente de qualquer outra que já sentira antes. Lá, em exibição pela primeira vez, estava tudo o que agora esperamos de um computador, incluindo janelas individuais na tela do computador para cada documento e um dispositivo que conhecemos como *mouse*. É impossível hoje imaginar um PC de outra forma, mas, naquela época, o que Jobs viu foi absolutamente revolucionário e sensacional. O funcionário da Xerox que demonstrou a invenção para Jobs e a equipe da Apple ficou encantado ao ser recebido com tanto entusiasmo e com perguntas tão inteligentes que foram feitas a ele. Pode-se apenas imaginar o que estava passando pela mente do funcionário da Xerox quando ele percebeu que o que ele e sua equipe haviam inventado era tão significativo, ao mesmo tempo em que não recebiam a atenção e o reconhecimento adequados dentro de sua própria empresa. No final da demonstração, o homem da Xerox decidiu deixar sua empresa e ingressar na Apple.

---

[353] DiLorenzo, 153.

Essas histórias da IBM e SAP, Xerox e Apple têm uma coisa em comum: as grandes empresas tinham funcionários muito inteligentes com ideias incríveis, mas não foram capazes de reconhecer seu potencial e transformá-los rapidamente em produtos comercializáveis.

Empresas como Google, Facebook, Amazon e Apple parecem onipotentes hoje — como era o caso dos monopólios anteriores; mas a história nos ensina que, mais frequentemente do que poderíamos pensar, os monopólios são muito menos duradouros do que podem parecer no auge de seu poder. E, a cada vez, os críticos nos dizem: desta vez, tudo será muito diferente; desta vez, o monopólio durará, a menos que o governo intervenha para cortar suas asas.

Há amplas provas de que as medidas promulgadas pelo governo para eliminar monopólios reais ou percebidos são quase sempre supérfluas ou contraproducentes. "Uma agência governamental", escreve Martin Rhonheimer, "não pode julgar se um monopólio — o mesmo se aplica aos cartéis — é prejudicial ou útil. (...) Portanto, parece mais eficiente deixar a avaliação de sua eficiência para o mercado livre".[354]

Enquanto o economista Israel M. Kirzner salienta que os monopólios que surgem da concorrência, onde uma empresa cria oportunidades atraentes de compra e venda no mercado e satisfaz às necessidades dos consumidores melhor do que outras, não são prejudiciais. São, na verdade, um fator importante para alcançar o crescimento econômico.[355] Alguns pensadores da tradição ordoliberal, como o economista alemão Walter Eucken, veem um grande perigo em qualquer monopólio ou cartel. Alguns desses ordoliberais — ao lado de Eucken, o economista Alexander Rüstow em particular merece uma menção aqui — vislumbram um estado ideal de livre concorrência entre grande número de pequenas empresas. Esse modelo utópico irreal, combinado com a suposição de que cartéis e monopólios são sempre prejudiciais, leva os ordoliberais a defenderem poderosas autoridades antitruste para desfazer trustes e cartéis. Embora sejam céticos quanto ao fato de o governo desempenhar um papel muito grande nos assuntos econômicos, neste caso eles pedem agências governamentais onipotentes para evitar concentrações de poder na economia.

A autora russo-americana Ayn Rand assumiu uma posição contrária e — criticando a legislação antitruste dos EUA — escreveu cinicamente:

---

[354] Rhonheimer, "Ludwig Erhards Konzept," 101.

[355] Kirzner, Competition and Entrepreneurship, 22–23.

"O conceito de *livre* concorrência, *imposto* por lei, é uma contradição grotesca em termos. Significa: forçar as pessoas a serem livres sob a mira de uma arma. Significa: proteger a liberdade das pessoas pelo governo arbitrário de decretos burocráticos irrespondíveis".[356]

É impossível legislar a concorrência, argumentou Rand, porque não há padrões para definir quem deve competir com quem, quantos concorrentes deve haver em um determinado campo, qual deve ser sua força relativa ou o chamado «mercado relevante», quais preços eles devem cobrar e quais métodos de concorrência são «justos» ou «injustos». "Nenhum deles pode ser respondido, porque *essas* são precisamente as perguntas que só podem ser respondidas pelo mecanismo de um mercado livre."[357] O único significado e propósito das leis antitruste, escreve Rand, é "a penalização da habilidade de ser habilidade, a penalização do sucesso por ser sucesso e o sacrifício do gênio produtivo às demandas da mediocridade invejosa".[358]

O economista chinês Zhang Weiying descarta a ficção da "competição perfeita". "A chamada competição perfeita é a falta de concorrência."[359] A legislação antitruste, ele continua, é quase inteiramente também anticoncorrencial:

> "De acordo com as teorias atualmente fornecidas pela economia, não há como as empresas serem competitivas. Se você definir preços mais altos do que outros, é um preço monopolista. Se você definir preços mais baixos do que outros, isso é *dumping*. Se você definir preços equivalentes aos outros, isso é conspiração. Qualquer tipo de comportamento de preços pode ser chamado de comportamento monopolista".[360]

As grandes empresas que ocupam (ou supostamente ocupam) uma posição de monopólio têm dificuldade porque estão cercadas por muitos oponentes: concorrentes menos bem-sucedidos, ou seja, aqueles que não foram tão exitosos na produção de produtos de boa qualidade a preços razoáveis, são seus inimigos, assim como a mídia, que muitas vezes é dirigida pelo ressentimento anticapitalista. Empresas menos bem-sucedidas e a mídia formam uma aliança

---

356 Rand, *America's Persecuted Minority*, 52–53. Em itálico no original.

357 Rand, *America's Persecuted Minority*, 55. Em itálico no original.

358 Rand, America's Persecuted Minority, 57.

359 Zhang, Ideas for China's Future, 54.

360 Zhang, Ideas for China's future, 55.

profana com agências governamentais e reguladores que compartilham a tarefa de quebrar o "poder dos monopólios". Eles fazem isso ostensivamente em nome dos consumidores, embora, na realidade, seus esforços sejam em grande parte motivados por interesses ou ideologia. Os monopólios têm dificuldade em enfrentar esses ataques porque têm oponentes firmes, mesmo entre os que normalmente são apoiadores fervorosos da economia de mercado. Ludwig Erhard, cuja maior conquista como Ministro da Economia foi garantir uma economia de livre mercado na Alemanha Ocidental após a Segunda Guerra Mundial, é uma dessas pessoas. Erhard se opôs fortemente a todos os monopólios e cartéis, que ele considerava prejudiciais por si sós.[361] Monopólios — e grandes empresas em geral — têm, portanto, muitos oponentes e muito poucos defensores.

Muitos críticos que atacam ferozmente os monopólios privados simultaneamente aceitam, ou mesmo justificam, a existência de monopólios públicos. Ataques a monopólios reais ou percebidos por anticapitalistas e governos também servem a uma função diversionista, porque o monopólio mais perigoso é o monopólio público. Como escreve Thomas J. DiLorenzo:

> "Ou seja, o governo gera uma enorme publicidade para si mesmo ao processar empresas de alto perfil principalmente por se envolverem em comportamento *competitivo*. Enquanto isso, o próprio governo é a principal causa do monopólio real — com suas tarifas protecionistas, com sua regulamentação de certas indústrias (da televisão a cabo aos serviços de táxi) que cria concessões monopolísticas; com seu regulamento de licenciamento ocupacional, que dificulta ou impossibilita o ingresso de centenas de ocupações; e com a própria regulamentação antitruste, que muitas vezes é usada como arma política contra os negócios mais bem-sucedidos".[362]

Em termos de monopólios, o governo é muito mais um culpado do que um solucionador de problemas. Não só porque o governo muitas vezes se torna um monopolista, mas também porque sua regulamentação excessiva favorece o surgimento de monopólios ou oligopólios em certos setores. Afinal, quanto mais obstáculos regulatórios um governo introduz, mais desafiador é para os recém-chegados entrarem no mercado. É lógico que apenas empresas muito

[361] Erhard, 174 et seq. Outras instâncias citadas por Rhonheimer, "Ludwig Erhards Konzept," 91 et seq.

[362] DiLorenzo, 154. Em itálico no original.

grandes podem se dar ao luxo de pagar pelas vastas categorias de funcionários que são forçados a garantir que sua empresa cumpra os requisitos regulatórios, em vez de se envolverem em atividades produtivas. "Há algumas evidências", explica Tyler Cowen, "de que os aumentos observados nas taxas de concentração estão correlacionados com a crescente regulamentação governamental dos negócios".[363] Em alguns casos, as regulamentações governamentais restringem diretamente a concorrência e levam a preços mais altos, como Cowen demonstra com o exemplo da indústria aérea dos EUA, onde o governo proíbe transportadoras estrangeiras de operar voos domésticos.[364]

Mesmo algumas das práticas mais depreciadas de empresas, como o Facebook, são causadas pela regulamentação do governo, e não pelas próprias empresas. Pegue a censura do conteúdo político, um aborrecimento que justamente atrai infâmia universal. O fato é que o Facebook e outras empresas não são os criadores dessa ideia. Do ponto de vista deles, é caro e requer muito esforço. Eles foram forçados a contratar milhares de funcionários adicionais e desenvolver constantemente novos algoritmos que detectam ou excluem conteúdo indesejável. Eles censuram o conteúdo nessa escala apenas porque os legisladores de vários países os forçam a fazê-lo, e, se eles não fizerem isso, correm o risco de serem processados.[365] Portanto, o lugar certo para abordar essas críticas justificadas ao Facebook e a outros é, muitas vezes, o governo — e não, acima de tudo, as próprias empresas.

No entanto, o maior paradoxo nas críticas aos monopólios levantadas pelos anticapitalistas é que eles são precisamente as mesmas pessoas que tão frequentemente defendem a nacionalização, embora os monopólios públicos sejam os monopólios mais duráveis e menos vulneráveis de todos. Não é absurdo que os anticapitalistas critiquem as grandes empresas por restringirem a concorrência e, ao mesmo tempo, defendam mais empresas estatais que eliminam a concorrência não apenas temporária e parcialmente, mas permanente e completamente? O inimigo do monopólio permanente não é o socialismo, é o capitalismo.

---

363 Cowen, 89.

364 Cowen, 95.

365 Cowen, 115.

7.

"O CAPITALISMO PROMOVE O EGOÍSMO E A GANÂNCIA"

O próprio pensamento da palavra „lucro" faz com que muitas pessoas se sintam desconfortáveis. Elas associam isso à ganância e outros motivos básicos. Em 2019, Hermann Simon, um dos principais empreendedores e pensadores de gestão alemães e autor do livro seminal *As campeãs ocultas*, ficou na zona de pedestres de uma cidade alemã e se aproximou de 100 pessoas. Esse método de realização de uma pesquisa é conhecido como "amostragem de conveniência" e não se deve esperar que forneça resultados representativos. Mas Simon não estava realmente preocupado com os números; ele estava mais interessado em observar as reações das pessoas. Ele perguntou aos transeuntes: "Quanto resta como lucro após custos e impostos quando uma empresa coleta €100 em receita?" Muitas das pessoas com quem ele falou acharam a pergunta difícil, e algumas se recusaram a responder, argumentando que rejeitavam a ideia de lucro por princípio.

> "Eu percebi que todos os estudantes de negócios ou economia deveriam ser obrigados a perguntar às pessoas comuns sobre o tema do lucro. Eu mesmo nunca fiz isso no meu tempo na academia, nem como estudante nem como professor."[366]

Em média, os pedestres pesquisados por Simon adivinharam um retorno líquido sobre as vendas (ROS)[367] de 22,8%; a estimativa mediana foi de 19%. Apesar do pequeno tamanho da amostra, esses valores foram muito próximos

---

[366] Simon, 22–23.

[367] O retorno líquido das vendas é o lucro operacional (antes de impostos) dividido por receitas (excluindo imposto sobre vendas).

dos resultados de outros inquéritos representativos. As respostas que os entrevistados de Simon deram foram significativamente superestimadas: o verdadeiro valor médio do retorno líquido das vendas de empresas alemãs ao longo de um período de 14 anos foi, na verdade, de 3,24%.[368]

O que parece mais curioso é que, embora o lucro seja muito importante para os negócios, quase não há livros sobre ele. Hermann Simon escreveu um. Ele começa declarando que a afirmação "Eu apoio a maximização do lucro!" causaria indignação em amplos círculos da sociedade. No entanto, de acordo com Simon, a maximização do lucro é, em essência, exatamente o oposto do desperdício, ou, colocando em outras palavras, a minimização do desperdício.[369] As empresas que não conseguem maximizar seus lucros estão, de fato, agindo antissocialmente — especialmente em relação aos seus próprios funcionários, cujos empregos estão em perigo. É um fato bem conhecido que a maioria das *startups* não sobrevive por muito tempo e tende a ir à falência alguns anos após a fundação. O que é menos conhecido é que, em geral, muitas empresas dificilmente estão lucrando. Isso é extremamente perigoso porque é apenas um pequeno passo de um lucro muito baixo para uma perda — e isso é algo que todos que se opõem à "maximização do lucro" devem ter em mente.

Muitos empreendedores subestimam a importância do lucro. Em seu livro, Simon relata empresas que servem de exemplo para muitas outras: uma empresa altamente respeitada, em que o chefe tem 66 anos e trabalha 60 horas por semana. Quando perguntado sobre lucro, ele responde: "Na verdade, não ganhamos dinheiro, mas sempre nos mantivemos à tona, sempre investimos o suficiente e estamos em boas condições". O fato é que, nos últimos oito anos, a empresa registrou um pequeno lucro em quatro anos e registrou perdas, embora não dramáticas, nos outros quatro anos. Os números estavam próximos de zero a cada vez, então as perdas não foram dramáticas, mas os lucros também foram mínimos. O proprietário estava procurando vender sua empresa e não entendeu por que ninguém estava disposto a comprá-la a seu preço irrealista.[370]

Outra empresa alemã que Simon perfila é uma empresa líder mundial em engenharia de plantas que tem sido administrada nos últimos 36 anos por um engenheiro entusiasmado que agora tem 70 anos. Nenhum funcionário foi demitido, a força de trabalho é altamente qualificada e o maquinário é de

[368] Simon, 41.

[369] Simon, 1.

[370] Simon, 88–89.

última geração. A empresa parece estar em boas condições e registra receitas entre 50 e 100 milhões de euros. No entanto, a empresa registrou uma perda em quatro dos nove anos anteriores e, em outros quatro, mal se equilibrava. No ano restante, alcançou uma margem de lucro líquido de 5%. O proprietário está satisfeito com o "capital de conhecimento" de sua empresa, sua marca e suas participações imobiliárias e fica surpreso por não conseguir encontrar um comprador. "Ele simplesmente não queria aceitar que o histórico de lucros miserável havia reduzido o valor da empresa a tal ponto que poderia impossibilitar uma venda."[371]

O proprietário da empresa explica:

> "No meu mundo, o principal motivo por trás dos negócios não são os grandes resultados financeiros. Para mim, essa não é a parte mais importante da minha atividade. Quando um resultado financeiro normal cobre necessidades básicas, isso é suficiente para mim. Além disso, há outros motivos, como a busca pela perfeição, a emoção da descoberta, a paixão por trabalhar com os outros e a alegria compartilhada em nossos sucessos".[372]

Aqui está um empreendedor que ganharia muita aprovação daqueles que criticam o lucro, porque ele não está interessado em lucro sujo, mas em autorrealização. No entanto, sua abordagem para administrar um negócio é altamente arriscada. E irresponsável com seus funcionários. Quem anuncia lucros tão pequenos está, de fato, a não mais de um metro do abismo.

"O lucro", escreve Simon, "é e continuará sendo o único critério para o sucesso sustentável e a viabilidade de uma empresa".[373] Ele não acusa os empreendedores de lutar por muito lucro, mas muito pouco. Ele argumenta que empresas estão muito interessadas em receitas de vendas e quotas de mercado, e muito pouco em lucro. E isso apesar do fato de que o lucro ser um indicador tão importante de desempenho e um pré-requisito para a independência empreendedora e, posteriormente, para a sobrevivência da empresa — e, é claro, para a prosperidade do empreendedor. Por outro lado, lucros ou mesmo perdas insignificantes, de acordo com Simon, produzem os efeitos opostos: frustração, insegurança, desmotivação e, em caso de insolvência, destruição de ativos.

---

[371] Simon, 88.

[372] Simon, 88.

[373] Simon, v.

Muitas pessoas igualam lucros e ganhos com egoísmo e ganância. Se você está falando com defensores do capitalismo ou anticapitalistas, muitas vezes ouvirá que o egoísmo e a ganância são os principais impulsionadores do sistema. Alguns defensores do capitalismo dizem: "Bem, as pessoas são inerentemente egoístas. É por isso que o socialismo não funciona. O capitalismo está mais em sintonia com a natureza humana". Os anticapitalistas, por sua vez, alegarão que o capitalismo promove as piores qualidades das pessoas, especialmente a ganância.

Algumas pessoas pedem que o capitalismo seja abolido, outras sentem que ele precisa ser "melhorado". O economista britânico Paul Collier reuniu uma série de propostas sobre como o capitalismo deve ser "reformado". Ele critica o "déficit moral" enfrentado pelo "capitalismo moderno" e afirma que "ganância é boa" — o *slogan* icônico de Gordon Gekko no filme *Wall Street* de 1987 — é a máxima do capitalismo moderno e que, portanto, o capitalismo precisa urgentemente de uma correção ética.

Em 2020, Collier co-escreveu o livro *Greed is Dead* (*A Ganância está Morta*) com seu colega britânico John Kay, no qual eles pintam um quadro tendencioso de um capitalismo dominado pelo "fundamentalismo de mercado" e pelo "individualismo":

> "Os mercados não são vistos como mecanismos de troca mutuamente benéfica, mas lugares onde as pessoas tentam enganar umas às outras para obter lucro individual."[374]

Collier e Kay também distorcem o pensamento dos economistas, incluindo Milton Friedman, alegando que seus "argumentos forneceram uma base pragmática e filosófica para uma ideologia que concordou, ou mesmo abraçou, a ganância como uma motivação humana dominante".[375]

Com o capitalismo do século XXI tão fora de controle, Collier acredita que a solução é restaurar o conceito de "interesse público" ao centro da vida econômica e exigir que as empresas se alinhem com o "interesse público", em vez de apenas com a busca do lucro.

Collier descreve como isso deve ser alcançado em seu livro anterior *O Futuro do Capitalismo: Enfrentando as Novas Inquietações*:

---

[374] Collier / Kay, 7.

[375] Collier / Kay, 14.

> "A melhor maneira de vencer essas limitações não é reforçar a regulação, e sim colocar o interesse público no meio da sala onde se tomam as decisões: o interesse público precisa ter representação direta no conselho diretor".[376]

A proposta de Collier pode fazer você pensar no tipo de "comissários políticos" que existem nos sistemas totalitários e monitorar o cumprimento das diretrizes políticas; mas Collier tem uma ideia diferente. Ele pede que as leis sejam alteradas de forma a forçar os líderes corporativos a tomar decisões não apenas no melhor interesse de suas empresas, mas de acordo com o "interesse público". Isso, afirma ele, reduziria o egoísmo e a ganância.

E, de acordo com Collier, qualquer empresa que não atue de acordo com o interesse público deve ser punida:

> "Qual é a melhor maneira de incorporar o interesse público ao conselho diretor? Seria possível alterar a lei para que a devida consideração do interesse público fosse obrigatória para *todos* os membros do conselho. Como juridicamente responsáveis, os membros do conselho, se resolvessem ignorar um aspecto importante do interesse público, poderiam enfrentar contestações civis ou penais nos tribunais".[377]

Isso abriria as comportas para a arbitrariedade. Afinal, "interesse público" é um termo tão vago e elástico que pode ser usado de qualquer maneira por qualquer pessoa. Collier não está sugerindo que as empresas e os membros do conselho devem aderir às regulamentações governamentais (o que eles já são legalmente obrigados a fazer), mas que, em seu modelo de "capitalismo social", toda decisão empreendedora deve ser avaliada para determinar se serve ao "interesse público", o que hoje provavelmente significa uma empresa que promove a "sustentabilidade", não contribui para as mudanças climáticas e, é claro, está em conformidade com todos os aspectos de "gênero". Collier defende uma série de políticas às quais ele se refere como "maternalismo social". Mas isso não é tudo. Ele tem ideias ainda mais radicais. Ele quer que os cidadãos desempenhem o papel de "policiais" que cuidam das empresas para garantir que estejam agindo de acordo com o interesse público. Ele não está propondo uma força policial estadual, mas ativistas auto empoderados, legitimados por ninguém, para espionar e monitorar empresas.

---

376 Collier, O Futuro do Capitalismo, 112.

377 Collier, O Futuro do Capitalismo, 112. Em itálico no original.

> "Toda regulação pode ser contornada com um formalismo esperto; todo imposto pode ser reduzido com uma contabilidade esperta; todo mandado pode ser contornado com um raciocínio motivado. A única defesa contra tais ações é uma fiscalização constante. (...) Esse papel de fiscalização afável não exige que todos participem dele: existe uma massa crítica de participantes acima da qual os riscos decorrentes da má conduta corporativa se tornam grandes demais para que a empresa se disponha a corrê-los."[378]

Collier está apostando no fato de que haveria ativistas autonomeados suficientes em todas as empresas para assumir com prazer esse trabalho de monitoramento e depuração:

> "Todas as firmas contam com um grupo grande de pessoas decentes que se disporiam a assumir uma nova identidade ao lado de sua identidade atual; teriam orgulho em se tornar guardiãs do interesse público. (...) Não faltam indivíduos motivados trabalhando nas grandes empresas com vistas a um propósito."[379]

Embora Collier professe repetidamente o pragmatismo em seu livro e se enfureça com ideólogos e populistas, suas ideias são assustadoramente semelhantes aos sistemas totalitários. Se indivíduos particulares sem qualquer legitimação devem assumir o papel de «força policial onividente» para garantir que os conselhos de corporações estejam agindo de acordo com o «interesse público», isso não tem mais nenhuma relação com uma economia de mercado ou capitalismo. No final, nada resta do capitalismo, exceto a própria palavra — onze letras que foram roubadas de seu significado real.

Eu lidei com isso longamente porque Collier não é um marxista radical, mas um dos muitos autores que acha que precisa apresentar sugestões sobre como "melhorar" o capitalismo e colocar limites à suposta "ganância" que permeia nosso sistema econômico moderno.

A questão é: a ganância e o egoísmo desenfreado são realmente — e hoje mais do que nunca — as forças motrizes do capitalismo? O interesse próprio de todo ser humano é um, embora certamente não o único, impulsionador de toda ação humana; mas isso não tem nada a ver com um sistema econômico específico. Em vez disso, é uma constante antropológica primordial. «No uso

[378] Collier, O Futuro do Capitalismo, 113.

[379] Collier, O Futuro do Capitalismo, 113-114.

popular», escreve Ayn Rand, «a palavra ‹egoísmo› é sinônimo de maligno; a imagem que evoca é de um bruto assassino que pisa pilhas de cadáveres para alcançar seus próprios fins, que não se importa com nenhum ser vivo e não busca nada além da gratificação dos caprichos irracionais de qualquer momento imediato. No entanto, o significado exato e a definição do dicionário da palavra «egoísmo» é: *preocupação com os próprios interesses*".[380]

A palavra "egoísta" em inglês combina o pronome *self-*, que significa para ou para si mesmo, com o sufixo *—ish*, de "ter o caráter de". Em seu livro sobre egoísmo, Julien Backhaus escreve:

> "O 'ego' é o ponto de partida de todas as suas experiências neste planeta. Não é nem bom nem ruim. Simplesmente é. Forma o centro da sua vida. É o que separa você do seu ambiente".[381]

As ideologias totalitárias buscam diminuir o "eu". Elas não querem nada mais do que subordiná-lo ao "nós", como demonstrado por duas das máximas do nacional-socialismo: "*Du bist nichts, dein Volk ist alles*" ["Você não é nada, seu povo é tudo"] e "*Gemeinwohl vor Eigenwohl*" ["Interesse público antes do interesse próprio"]. Em um discurso em novembro de 1930, Adolf Hitler disse:

> "Em toda a esfera da vida econômica, e na própria vida como um todo, será necessário acabar com a ideia de que o benefício do indivíduo é a coisa essencial e que o benefício do todo é construído sobre o benefício do indivíduo, ou seja, que o benefício do indivíduo é o que dá origem ao benefício do todo em primeiro lugar. O inverso é verdadeiro: o benefício da totalidade determina o benefício do indivíduo. (...) Se esse princípio não for reconhecido, então um egoísmo deve inevitavelmente separar e destruir a comunidade".[382]

Esta convicção une todos os pensadores totalitários, revolucionários e ditadores, de Robespierre, na Revolução Francesa, a Lenin, Stalin, Hitler e Mao. Hannah Arendt, uma das maiores pensadoras do século XX, escreveu em sua obra *Sobre a Revolução*:

---

[380] Rand, *The Virtue of Selfishness*, 5. Em itálico no original.

[381] Backhaus, 11.

[382] Hitler, discurso de 13 de novembro de 1930, citado em Zitelmann, *Hitler's National Socialism*, 301

> "Não foi apenas na Revolução Francesa, e sim em todas as revoluções inspiradas em seu exemplo, que o interesse comum apareceu sob os traços do inimigo comum, e a teoria do terror, de Robespierre a Lênin e Stálin, pressupõe que o interesse do todo deve ser automaticamente — na verdade, permanentemente — hostil ao interesse particular do cidadão."[383]

Sim, absurdamente, Arendt afirma que o altruísmo é a maior virtude e que o valor de um homem pode ser julgado pela medida em que ele age contra seu próprio interesse e sua própria vontade.[384]

Adam Smith enfatizou os benefícios do egoísmo, não principalmente em termos de puro interesse próprio, mas precisamente porque as pessoas precisam da ajuda dos outros o tempo todo. No entanto, ele também destacou o fato de que ninguém pode confiar apenas na boa vontade dos outros:

> "Ele poderá prevalecer, mais provavelmente, se puder interessar o amor-próprio deles em seu favor, e mostrar-lhes que é para sua própria vantagem fazer para ele aquilo que está lhes exigindo. (...) Não é da benevolência do açougueiro, cervejeiro ou padeiro que esperamos nosso jantar, mas da preocupação por seu interesse. Dirigimo-nos não à sua humanidade, mas ao seu amor-próprio, e nunca lhes falamos de nossas necessidades, mas das vantagens deles".[385]

Ludwig von Mises enfatizou que era um erro contrastar ações egoístas e altruístas. Felizmente, "o poder de escolher se minhas ações e conduta servirão a mim ou a meus semelhantes não me é dado. (...) Se fosse, a sociedade humana não seria possível".[386]

Além de equiparar a busca do lucro com a ganância, muitas pessoas se sentem desconfortáveis com a busca do lucro porque acreditam que a vida econômica funciona como um jogo de soma zero. Pesquisas científicas provaram que as pessoas que têm sentimentos de inveja em relação aos ricos aderem a crenças de soma zero. Mas o que significa soma zero? É a crença de que o ganho de uma pessoa deve ser sempre a perda da outra — como em uma partida de tênis, onde sempre há um vencedor e um perdedor. Os crentes de soma zero imaginam que uma pessoa rica só pode se tornar rica às custas dos outros — especialmente dos

---

383 Arendt, 116.
384 Arendt, 116.
385 Smith, A., 40.
386 Mises, *Socialism*, 357.

trabalhadores, a quem ela explora. Eles imaginam a economia como uma torta que sempre permanece do mesmo tamanho: se uma pessoa pegar uma fatia maior, tudo o que resta é um pedaço correspondentemente menor.

Mas não é assim que o capitalismo funciona. Ganhos de comércio e produtividade aumentam o tamanho da torta. Quando a economia cresce, muitas pessoas se beneficiam — não apenas os capitalistas, mas também os funcionários. E, se houver uma crise econômica, então, na pior das hipóteses, o empresário deve temer pela existência de sua empresa, e os funcionários, pelos seus empregos. A contradição de classe entre capitalistas, por um lado, e trabalhadores e funcionários, por outro, não existe como tal. Mais frequentemente, os interesses de ambos os lados são congruentes, porque em uma empresa próspera, tanto o proprietário quanto os trabalhadores geralmente estão em melhor situação do que em uma empresa que obtém pouco lucro e talvez até esteja ameaçada de falência.

Voltando ao tópico: o egoísmo sempre foi um traço humano. Entretanto, no capitalismo, isso é contido pelo fato de que apenas o empreendedor que se concentra principalmente nas necessidades dos clientes pode ser bem-sucedido. Empatia, não ganância, é a base do capitalismo. Empatia é a capacidade de reconhecer e entender os sentimentos e necessidades de outra pessoa. E esta é a qualidade mais importante dos empreendedores de sucesso.

Vamos tomar Steve Jobs como exemplo. Ele inventou produtos como o iPhone porque entendeu melhor do que outros as necessidades e desejos das pessoas na sociedade moderna. Isso também vale para Mark Zuckerberg, hoje uma das pessoas mais ricas do mundo. Ele inventou o Facebook porque reconheceu o desejo de seus contemporâneos de se conectar com outras pessoas através da internet melhor do que outros empreendedores. Steve Jobs e Mark Zuckerberg se tornaram bem-sucedidos — como todos os empreendedores de sucesso — através de seus clientes.

Os irmãos Karl e Theo Albrecht foram por muitos anos as pessoas mais ricas da Alemanha. Eles ficaram ricos como fundadores da mercearia com desconto Aldi, que fornece produtos de qualidade a preços baixos. Eles empregaram a mesma estratégia que Sam Walton, o fundador do Walmart, que também passou muitos anos como um dos americanos mais ricos. Através de suas decisões de compra, os consumidores confirmaram que Jobs, Zuckerberg, os irmãos Albrecht e Sam Walton estavam certos sobre os desejos, necessidades e sentimentos de outras pessoas; de fato, todos esses empreendedores sabiam o que os consumidores queriam antes que eles mesmos soubessem.

Claro, também há empresas que agem de maneira excessivamente egoísta, perdendo de vista os interesses de seus semelhantes. Um exemplo é o Deutsche Bank, que contestou milhares de reivindicações legais de seus clientes privados; mas essas empresas são punidas sob o capitalismo — pelo mercado. O Deutsche Bank perdeu sua posição como um dos principais bancos do mundo porque colocou os interesses de investimento de seus próprios banqueiros acima dos interesses de seus clientes e acionistas.

De novo e de novo, casos individuais de empresas ou membros do conselho agindo desonestamente são usados como acusações contra o próprio capitalismo. Os exemplos são vários, como o escândalo de fraude da empresa americana de energia Enron em 2001, o escândalo "dieselgate" de 2015 envolvendo a Volkswagen e outras fabricantes de automóveis alemães, ou a fraude de bilhões de dólares cometida pelo processador de pagamentos Wirecard, que foi exposto na Alemanha em 2020. Às vezes, como no caso da Wirecard, essa fraude em larga escala só era possível porque os reguladores do governo não conseguiram cumprir completamente o seu trabalho. Havia relatórios detalhados na imprensa da área, mas o regulador financeiro da Alemanha, o BaFin, não os acompanhou. Isso, como em muitos outros casos, é mais um exemplo de falha de Estado do que de falha de mercado.

Vigaristas e criminosos existem desde os primórdios da civilização — sob todos os sistemas. É um truque típico empregado pelos críticos do capitalismo para retratar fatos antropológicos básicos — por exemplo, a existência de fraudadores — como uma característica do sistema. No entanto, não há a menor evidência de que haja mais fraude sob sistemas capitalistas do que sob sistemas não capitalistas. Na verdade, há muito a sugerir o contrário. Empresas que abusam da confiança de seus clientes sofrem danos à sua reputação e são punidas por seus clientes ou pelo mercado financeiro. Os clientes perdem a confiança e migram para a concorrência, enquanto os investidores vendem as ações da empresa ou até a punem por meio das chamadas "vendas a descoberto". Vimos no Capítulo 6 que mesmo os monopólios podem perder seu poder e eventualmente deixar de ser monopólios ou até mesmo desaparecer completamente do mercado. É assim que o mercado é poderoso sob um sistema capitalista.

Trabalhei no setor imobiliário por cerca de 20 anos e, infelizmente, também entrei em contato com alguns empresários que agiram de forma antiética ou até mesmo infringiram a lei; mas, em primeiro lugar, essa era uma pequena minoria e, em segundo lugar, a grande maioria dos empreendedores antiéticos, mais cedo ou mais tarde, sofreu pelo menos problemas de imagem significativos e muitas vezes desapareceu completamente do mercado, enquanto outros foram punidos pelo sistema legal. E, muitas vezes, os mercados financeiros e os clientes são mais rápidos em punir uma empresa do que o judiciário.

Nos sistemas socialistas, por outro lado, os consumidores estão impotentes à mercê das empresas estatais porque são monopólios que não podem ir à falência ou enfrentar as consequências econômicas ou legais de suas ações. Sob o socialismo, se uma empresa estatal age contra os interesses de seus clientes, eles não têm alternativa porque não há concorrência. Sob o capitalismo, os consumidores podem facilmente punir empresas que perdem de vista suas necessidades. Todos os dias, os clientes votam em uma empresa — comprando seus produtos ou não.

E é claro que não é verdade que ações moralmente repreensíveis sejam exclusividade das empresas capitalistas. Tais problemas também existem na igreja, nos sindicatos e nas ONGs supostamente comprometidas com a luta pelos pobres, pelo meio ambiente e contra o capitalismo. Um desses exemplos recentes envolveu a organização Oxfam, que ano após ano publica "estudos" que denunciam os ricos e o capitalismo com amplo alarde da mídia. Em fevereiro de 2018, foi revelado que os funcionários da Oxfam forçavam as mulheres que se voluntariavam nas filiais a realizar atos sexuais em troca de assistência em situações de crise. Isso foi relatado por Helen Evans, ex-gerente sênior da Oxfam e ex-chefe da equipe de segurança da Oxfam UK. Ela alegou que a Oxfam falhou em investigar adequadamente esses incidentes. De acordo com Evans, uma pesquisa interna em vários países revelou que um em cada dez funcionários havia sido pessoalmente vítima de má conduta sexual ou pelo menos havia observado tal assédio e agressão. Este é apenas um dos muitos casos em que organizações sem fins lucrativos falharam em cumprir seus deveres morais. Assim como seria injusto generalizar tais relatórios e colocar as ONGs no banco dos réus, é injusto culpar o capitalismo pelas falhas morais de empresas individuais.

É claro que alguns empresários são gananciosos, mas seria absurdo considerar a busca de lucros em geral como uma expressão de ganância. "A ganância", escreve o economista Thomas Sowell, «pode muito bem explicar o *desejo* de um indivíduo por mais dinheiro, mas a renda é determinada pelo que as *outras pessoas* pagam, quer essas outras pessoas sejam empregadores ou consumidores. Exceto para criminosos, a maioria das pessoas em uma economia de mercado recebe renda como resultado de transações voluntárias. Quanta renda alguém recebe voluntariamente depende da vontade de outras pessoas de se separar de seu dinheiro em troca do que o destinatário oferece, seja trabalho, uma mercadoria ou um serviço".[387]

No nível econômico, as empresas precisam lucrar, caso contrário, não sobreviverão. Isso é verdade não apenas sob o capitalismo, mas em qualquer sistema econômico: se, por exemplo, em um sistema socialista, a maioria das empresas sofresse perdas, o sistema entraria em colapso rapidamente. Em última análise, é por isso que a União Soviética "faliu" no final da década de 1980, cerca de 70 anos após sua fundação. O sistema — ou seja, todas as empresas soviéticas juntas — acumulou tantas perdas que a economia não era mais viável.

Hermann Simon enfatiza que o lucro e a liberdade andam de mãos dadas.

> "Os empresários que geram lucro reduzem sua dependência de bancos, clientes e fornecedores. Eles podem decidir por conta própria o que fazem com seus lucros. Eles podem distribuí-los, reinvesti-los no negócio existente, construir novos negócios ou doá-los para uma causa ou instituição de caridade de sua escolha. O lucro garante liberdade."[388]

O inverso também é verdade: se um empreendedor não obtém lucro, ele tem menos liberdade. Os bancos restringem seu espaço para manobrar, eles dependem de cada pedido, seus funcionários se preocupam em perder seus empregos e podem até passar a trabalhar para um concorrente

A liberdade, aliás, também é um motivo fundamental para que os empreendedores se tornem empreendedores em primeiro lugar. Escrevi minha tese de doutorado sobre a psicologia dos super-ricos e queria descobrir o que o dinheiro significava para os que são muito ricos. Quando a maioria das pessoas pensa nos ricos, elas imediatamente pensam em carros luxuosos, iates caros e moradias magníficas. Os programas de televisão estão cheios dessas imagens. E, é claro, há pessoas ricas para quem as posses materiais são importantes.

Conduzi entrevistas detalhadas de uma a duas horas com 45 pessoas ricas para minha dissertação. Ao final, as transcrições dessas conversas somaram 1.700 páginas — além de um teste psicológico com 50 questões que cada entrevistado preenchia. O resultado:[389] meus entrevistados associaram ter

---

[387] Sowell, *Intellectuals and Society*, 67–68. Em itálico no original.

[388] Simon, Intellectuals and Society, 69.

[389] Para mais detalhes, cf. Zitelmann, *The Wealth Elite*, Capítulo 12, 232–242.

dinheiro, ou seja, uma grande fortuna, com vantagens muito diferentes em suas vidas. Para entender melhor seus motivos individuais, todos os entrevistados receberam seis declarações que podem estar associadas ao dinheiro. Eles foram solicitados a classificar cada uma dessas afirmações de 0 (completamente sem importância) a 10 (muito importante).

A variedade de respostas dos entrevistados revela a variedade de suas motivações individuais. Por exemplo, o motivo de "ser capaz de pagar as coisas boas da vida" (ou seja, carros caros, casas ou férias) tinha um papel muito importante para 13 entrevistados, enquanto dez afirmaram que isso não era da menor importância para eles. Para os demais entrevistados, esse ponto não foi extremamente importante nem completamente sem importância. O motivo da "segurança" foi citado como sendo particularmente importante por cerca de metade dos entrevistados, mas também nove não atribuíram nenhuma importância a isso.

Apenas um motivo foi compartilhado por quase todos os entrevistados: eles associaram a riqueza à "liberdade e independência". A autoimagem de ser financeiramente livre uniu quase todos os entrevistados e nenhum outro motivo foi avaliado da mesma forma. Apenas cinco entrevistados avaliaram essa afirmação com uma pontuação que não estava na faixa mais alta entre 7 e 10 pontos, enquanto 23 lhe atribuíram o valor máximo de 10.

O segundo ponto mais importante foi: "a oportunidade de usar o dinheiro para coisas novas, para investir", que foi classificada como muito importante por 23 entrevistados e menos importante por apenas um.

Agora, algumas pessoas certamente se oporão: "A liberdade é muito boa, talvez até lucrativa. Mas onde está a humanidade em tudo isso?" Os sistemas socialistas prometem felicidade às pessoas e uma solução para todos os seus problemas, uma espécie de paraíso na Terra. Sabemos pelas experiências socialistas do século XX que essa promessa do paraíso muitas vezes terminava no inferno. Os cientistas contaram mais de 100 milhões de mortes como resultado dessas experiências socialistas — apresento três exemplos da desumanidade dos sistemas socialistas no Capítulo 11.[390]

O capitalismo não promete às pessoas o paraíso na Terra, mas uma ordem que garante um fornecimento confiável de bens. Mostrei em capítulos anteriores que o capitalismo não é apenas o melhor remédio contra a fome e a pobreza, mas também, por exemplo, para o meio ambiente; no entanto, uma coisa que o

[390] Cf. also Courtois et al., *The Black Book of Communism*.

capitalismo não pode oferecer às pessoas é o significado individual na vida e a promessa de felicidade. O homem deve ser livre para lutar pela felicidade, mas ela ser alcançada não é responsabilidade do sistema econômico. A filosofia do livre mercado é baseada na autorresponsabilidade de cada pessoa.

"Sistemas econômicos não capitalistas", escreve o historiador econômico alemão Werner Plumpe,

> "ainda não conseguiram em lugar algum fornecer o alívio de fundo material sem o qual é difícil imaginar uma 'vida boa' de qualquer tipo. O alívio material de fundo não significa felicidade na vida, especialmente porque nem sempre é dado em todos os lugares — mesmo sob condições capitalistas. Em suma, a ordem capitalista é muito superior a todos os outros arranjos concebíveis. E, se é assim, a frieza da economia é pelo menos uma condição necessária para uma vida satisfatória, senão sua realização. Mas a economia também não é responsável por isso; isso depende das próprias pessoas".[391]

Os socialistas sempre falam do "nós". Os defensores do livre mercado acreditam que as pessoas devem ser mestres e formadoras de seus próprios destinos, que elas mesmas são responsáveis por viver "uma vida satisfatória" e não o governo. Enquanto pesquisava para um livro anterior, dediquei muita atenção a pessoas bem-sucedidas com deficiência e descobri que há muito a aprender com elas. Em primeiro lugar: assumir a responsabilidade. Não para culpar a sociedade, não para culpar outras pessoas ou circunstâncias externas, mas para assumir a responsabilidade por si mesmo.

Um exemplo que realmente me impressionou foi a vida de um americano em particular: ele nasceu em 1930, em uma das famílias mais pobres de sua cidade. Ele nunca conheceu seu pai. Sua mãe morreu aos 31 anos. Ele era negro, o que era um problema ainda maior nos EUA naquela época do que é hoje. Além disso, ele contraiu uma doença ocular incurável e ficou cego aos sete anos de idade.

Você provavelmente já ouviu muitas de suas músicas. Seu nome é Ray Charles. Ele é reverenciado como o "Sumo Sacerdote do Soul". Na lista dos "Melhores Cantores de Todos os Tempos" da revista *Rolling Stone*, ele ocupa o primeiro lugar entre os homens, à frente de superestrelas como Elvis Presley, John Lennon, Bob Dylan e Paul McCartney. Apenas uma cantora, Aretha

---

391 Plumpe, *Das kalte Herz*, 640.

Franklin, está à frente dele, relegando-o ao segundo lugar geral no "100 Melhores". Ele não era apenas cantor, mas também compositor e produtor, e recebeu o cobiçado Grammy Award 17 vezes em 37 indicações. Com um patrimônio líquido de US$ 100 milhões, ele também foi um dos cantores mais ricos de sua época.

Mas também havia um lado sombrio em sua vida. Ray Charles passou 16 anos viciado em heroína. Ele não culpou seu uso de drogas em circunstâncias externas, sua deficiência ou a discriminação que havia sofrido. Em sua autobiografia, ele escreve: "ninguém fez isso comigo. Eu fiz isso comigo mesmo. Não foi a sociedade que fez isso comigo, não foi um traficante, não foi por ser cego ou negro ou pobre. Foi tudo culpa minha."[392]

É isso aí: ser o autor da própria vida, para o bem ou para o mal. O filósofo e cientista cultural alemão Peter Sloterdijk chama isso de filosofia existencialista. É característico de pessoas de sucesso — "a figura da autoescolha, pela qual o sujeito faz algo com o que foi feito dele». Compare isso com a filosofia dos socialistas, que declara: «Você é vítima das circunstâncias e não tem chance de uma vida melhor dentro dessas estruturas capitalistas — então junte-se a nós e ajude a derrubar essas estruturas». Declarar as pessoas vítimas dessa maneira as torna indefesas e impotentes. Em contraste, exemplos de pessoas que tomaram seu destino em suas próprias mãos, apesar — e às vezes até por causa de — circunstâncias externas adversas, pode ser uma valiosa fonte de encorajamento e inspiração.

É certo que o capitalismo é o sistema mais desafiador, porque nem todo mundo ama a liberdade e a responsabilidade pessoal. Muitos acham mais fácil quando é o sistema que lhes dá seu senso de propósito. Os estados islâmicos oferecem aos seus cidadãos um significado religioso, os estados socialistas prometem uma sociedade sem classes em um futuro comunista, e o estado nacional-socialista deu a muitos alemães um senso de vida e valor dentro da *Volksgemeinschaft* (comunidade nacional). Todos esses sistemas coletivistas fornecem instruções incrivelmente precisas sobre qual papel cada indivíduo deve desempenhar na comunidade — e qual papel eles não devem desempenhar. Porém, para pessoas de outras convicções, para pessoas de outras religiões (ou, sob o nacional-socialismo, para grupos que foram excluídos da *Volksgemeinschaft*), esses sistemas eram um inferno, e muitos encontraram seu fim nos campos de concentração de Hitler ou no *gulag* de Stalin.

---

[392] Charles / Ritz, 108 109.

O liberalismo clássico se baseia no princípio de que nem o Estado nem a economia transmitem um sentido de vida que é vinculativo para todos os cidadãos. Você pode definir o sentido da sua vida? Por exemplo, posso entender Arnold Schwarzenegger, que disse: "o sentido da vida não é simplesmente existir, sobreviver, mas seguir em frente, subir, alcançar, conquistar".[393] Mesmo em sua juventude, disse ele, estabeleceu grandes metas para si mesmo. "Com meus sonhos e ambição", explicou Schwarzenegger, "eu definitivamente não era normal. Pessoas normais podem ser felizes com uma vida normal. Eu era diferente. Eu senti que estar vivo me oferecia mais do que apenas me dar uma existência média".[394] Sou fascinado por pessoas que pensam assim; mas eu nunca sonharia em defender uma sociedade na qual todos sejam obrigados a pensar e sentir desta forma.

As pessoas têm sonhos e ideias muito diferentes sobre o que uma vida plena significa para elas. Uma sociedade livre dá a pessoas como Schwarzenegger — que veio de uma pequena vila da Estíria na Áustria, então se tornou o fisiculturista mais famoso do mundo e uma das estrelas de ação mais bem pagas de Hollywood (e foi eleito duas vezes governador da Califórnia) —, mais oportunidades do que outras sociedades de realizar seus sonhos muito individuais. Isso não obriga ninguém a sonhar algo em particular ou a exigir nada de especial da vida. Isso também faz parte da escolha de cada pessoa.

[393] Schwarzenegger, citado em Andrews, 66.

[394] Schwarzenegger, citado em Lommel, 25.

8.

"O CAPITALISMO SEDUZ AS PESSOAS PARA COMPRAR PRODUTOS DE QUE NÃO PRECISAM"

Em sua encíclica de 2015 "*Laudato si*", o Papa Francisco proclamou uma acusação ardente do capitalismo:

> "Dado que o mercado tende a criar um mecanismo consumista compulsivo para vender os seus produtos, as pessoas acabam por ser arrastadas pelo turbilhão das compras e gastos supérfluos. O consumismo obsessivo é o reflexo subjetivo do paradigma tecno-económico"

Como outros anticapitalistas, ele continua afirmando que isso é feito apenas no interesse dos ricos:

> "O referido paradigma faz crer que todos são livres, pois conservam uma suposta liberdade de consumir, quando na realidade apenas possui a liberdade a minoria que detém o poder económico e financeiro".[395]

E, assim como todos os anticapitalistas, o Papa Francisco prova ser um crente da soma zero quando propõe que a solução para o problema é "aceitar um certo decréscimo do consumo nalgumas partes do mundo, fornecendo recursos para que se possa crescer de forma saudável noutras partes".[396]

Em 2018, o sociólogo suíço Jean Ziegler escreveu:

> "A sociedade de consumo é baseada em alguns princípios simples: seus membros são clientes que são seduzidos a comprar, consumir e jogar fora bens em números

---

395 Papa Francisco, encíclica Laudato si', parágrafo 203.

396 Papa Francisco, encíclica Laudato si', parágrafo 193.

cada vez maiores e adquirir bens sempre novos, mesmo quando realmente não precisam deles".[397]

Desejos sempre novos "são instilados no cérebro do consumidor, implantados"[398] e, como resultado, uma "compulsão ao consumo" prevalece sob o capitalismo.[399]

Tal crítica ao consumismo não é novidade. Quando a tese de que o capitalismo leva ao empobrecimento cada vez maior das grandes massas da classe trabalhadora foi refutada pelos desenvolvimentos nos Estados Unidos e na Europa Ocidental após a Segunda Guerra Mundial, a "Nova Esquerda" praticamente mudou o argumento: Eles alegaram que muito consumo, e não muito pouco, era o verdadeiro mal do capitalismo. Falava-se até de "o terror do consumo". Isso envolveu as empresas capitalistas primeiro criando artificialmente "necessidades" entre os consumidores por meio da publicidade, depois satisfazendo-as parcialmente com bens baratos e inferiores, no epítome da "sociedade descartável". O filósofo britânico Roger Scruton caracterizou a crítica de "superabundância" e "sociedade de consumo" quando escreveu:

> "Esta história transforma a prova de nossa liberdade — ou seja, que podemos obter o que queremos — na prova de nossa escravidão, já que nossos desejos não são realmente nossos".[400]

Herbert Marcuse, pensador de grande influência, mentor da Escola de Frankfurt, argumentou em seu livro *O Homem Unidimensional* que as pessoas não podiam mais distinguir suas necessidades "verdadeiras" das "falsas" porque a capacidade de recusar o que existia havia sido anulada pelo enorme progresso da produção de mercadorias. Os bens e serviços do mundo capitalista:

> "doutrinam e manipulam; promovem uma falsa consciência que é imune à sua falsidade. (...) Surge assim um padrão de *pensamento e comportamento unidimensionais*".[401]

---

397 Ziegler, 60–61.

398 Ziegler, 62.

399 Ziegler, 64.

400 Scruton, 47.

401 Marcuse, 32. Em itálico no original.

Para Marcuse, essas eram condições desumanas:

> "Aqueles cuja vida é o inferno da 'Sociedade Afluente' são mantidos na ordem por uma brutalidade que revive as práticas medievais e dos primórdios da era moderna".[402]

Assim, o consumo reforça a "alienação", um termo que permanece tão vago que permite que todos desenvolvam suas próprias ideias sobre o que isso pode realmente significar e, em qualquer caso, "reconheçam" seus próprios problemas como problemas da sociedade.

O termo «terror do consumo» tornou-se uma das frases favoritas da geração 1968. No extremo, essa crítica radical ao consumo levou aos primeiros atos espetaculares de terrorismo na Alemanha por Andreas Baader e Gudrun Ensslin, que formariam o núcleo da Facção do Exército Vermelho (RAF) com Ulrike Meinhof e mais tarde matariam 33 pessoas. Em 3 de abril de 1968, dois dispositivos incendiários explodiram nas lojas de departamento Kaufhof e Schneider em Frankfurt. Os terroristas justificaram seus bombardeios: "Nós incendiamos lojas de departamento para que você pare de comprar. A compulsão de consumir aterroriza você, nós aterrorizamos os bens".[403] De acordo com sua lógica, o terror do consumo deve ser combatido com outra forma de terror, legitimando assim a violência e os ataques na luta contra a escravidão de consumo.

Para alguns esquerdistas, o consumismo era e ainda é pior que o fascismo — o que significava que havia uma certa lógica para combatê-lo com todos os meios. O diretor de cinema italiano de esquerda Pier Paolo Pasolini atacou o "consumismo" e afirmou: "Nenhum centralismo fascista conseguiu fazer o que o centralismo da civilização do consumo conseguiu com sucesso". Essa nova ideologia, disse ele, era "o pior tipo de repressão da história humana", uma nova forma de totalitarismo que era "abrangente e alienante até o limite máximo da degradação antropológica ou genocídio".[404] Ele afirmou que "bens supérfluos tornam a vida supérflua" e pediu uma nova cultura de pobreza.[405]

---

402 Marcuse, 42.

403 Citado em Hecken, 127.

404 Pasolini, "Don't Be Afraid To Have a Heart" em *Corriere della Sera*, 10 de março de 1975.

405 Pasolini, "Open Letter to Italo Calvino: From Pasolini—What I Feel Nostalgic About" em *Paese Sera*, 8 de julho de 1974.

Em muitas partes do mundo, incluindo a Europa, a crítica ao consumismo ficou entrelaçada com o antiamericanismo: o imperialismo cultural americano, segundo o argumento, estava destruindo a verdadeira cultura e fazendo com que o mundo capitalista se tornasse cada vez mais superficial e uniformemente chato.

Embora essa crítica tenha assumido grande importância na década de 1960 nos EUA e na Europa, na verdade é tão antiga quanto o próprio capitalismo — na verdade, é ainda mais antiga, remontando a filósofos como Platão na antiguidade. Werner Plumpe argumenta que as primeiras críticas ao capitalismo nascente no século XVIII não se concentraram em questões sociais. De acordo com Plumpe, o capitalismo era um problema aos olhos dos primeiros críticos:

> "porque fornecia bens de consumo baratos para um mercado de massa, bens que eram inferiores aos olhos das classes até então dominantes e ricas. Foi, pode-se dizer, a crítica ao consumo com a qual o mundo educado confrontou o capitalismo emergente e por meio da qual o primeiro desconforto sobre ele foi expresso."[406]

Essa crítica manifestou muitos ressentimentos: o ressentimento dos "educados" em relação à "economia profana", juntamente com um desconforto da tradição cristã em relação a um mundo em que "a abundância, o dinheiro e o individualismo não apenas mudaram a ordem social-moral, mas ameaçaram dissolvê-la".[407]

No século XIX, essa crítica se intensificou e os Estados Unidos se tornaram objeto de uma crítica poderosa ao capitalismo. O capitalismo dos EUA, no entanto, não entrou em foco tanto por razões sociais,:

> "o que também teria sido bastante absurdo em vista da fuga em massa da miséria europeia e das notícias vindas dos EUA da vida lá; em vez disso, encontrou uma repulsa generalizada do mundo europeu 'arrogante', que rejeitava o consumo de massa tanto quanto a suposta imoralidade de uma busca de vantagem individual irrestrita por qualquer tradição".[408]

---

406 Plumpe, *Das kalte Herz*, 78.

407 Plumpe, *Das kalte Herz*, 79.

408 Plumpe, *Das kalte Herz*, 213–214.

Do ponto de vista das classes médias educadas, o capitalismo era, no fundo, um projeto das classes mais baixas, e os desenvolvimentos na América do Norte pareciam confirmar isso de forma impressionante.[409]

A crítica à suposta superficialidade e consumismo sempre foi formulada principalmente por intelectuais e com base em seu medo de que os critérios de estima e reconhecimento dentro da sociedade estivessem evoluindo. Enquanto a reputação individual aos olhos da burguesia educada dependia de quão instruído alguém era, quão apropriadamente ele dominava o cânone educacional clássico, agora, sob o capitalismo, qualquer pessoa com os meios financeiros poderia comprar "símbolos de *status*".

Em seu livro *The Intellectuals and the Masses* (*Os Intelectuais e as Massas*), o historiador literário britânico John Carey cita o escritor britânico George Gissing como um exemplo dessa crítica. Gissing, de acordo com Carey, foi o primeiro escritor inglês a "formular o caso dos intelectuais contra a cultura de massa".[410] Em seus romances, Gissing emprega dois procedimentos padrão para introduzir um novo personagem. Um deles, explica Carey, é olhar para a estante do personagem:

> "Prateleiras que contêm poesia, literatura, história e nenhuma ciência natural pertencem a personagens sensíveis, imaginativos e inteligentes. Prateleiras que contêm política, ciências sociais, tecnologia e pensamento moderno de praticamente qualquer descrição marcam seu dono de forma indelével como, na melhor das hipóteses, semieducado e, na pior das hipóteses, cruel, grosseiro e desonesto".[411]

O comércio, escreve Carey, "está no coração do descontentamento de Gissing com o moderno. Os intelectuais, ele sugere, devem, por direito, estar imunes às pressões sórdidas do mercado".[412] Gissing abominava a publicidade de qualquer forma, associando-a à vulgaridade e à malcriação.[413]

A crítica cultural anticapitalista apontou para a loja de departamentos já no final do século XIX. Em seu romance *O paraíso das damas*, publicado em 1883, Émile Zola acusa a torpeza moral da loja de departamentos e retrata o

---

409 Plumpe, *Das kalte Herz*, 214.

410 Carey, 93.

411 Carey, 94.

412 Carey, 105.

413 Carey, 106.

declínio de pequenos varejistas em um bairro de Paris. Ao pesquisar para seu romance, Zola realizou extensos estudos e entrevistas sociológicas e de negócios, e seu trabalho foi baseado em uma loja de departamentos real. Em outro romance, *Warenhaus Berlin* [Loja de departamento Berlim], de Erich Köhrer, o bem-sucedido proprietário da loja de departamentos Friedrich Nielandt acaba queimando sua própria loja. Mesmo assim, as lojas de departamento foram acusadas de minar a moral das pessoas e colocá-las em um frenesi de compras.[414]

O historiador alemão Wolfgang König distingue três vertentes na crítica à "sociedade de consumo": uma posição "crítica da cultura" que ataca a superficialidade do consumo; a posição "crítica à dominação", na qual o consumidor aparece como sujeito irracional da manipulação total e marionete nas cordas do capital; e a crítica, "essencial ao meio ambiente", do consumo como o culpado da destruição ambiental:

> "Com o tempo, o foco da crítica do consumidor mudou de posições críticas da cultura, para aquelas críticas de dominação, e para aquelas críticas ao meio ambiente. As manifestações individuais da crítica do consumidor abrangeram um amplo espectro político, da extrema esquerda à extrema direita, embora a ênfase da posição crítica cultural fosse mais no espectro conservador, a das posições críticas de dominação e meio ambiente mais à esquerda".[415]

Um dos intelectuais conservadores mais influentes na Alemanha do pós-guerra foi Karl Korn, editor de um dos principais jornais da Alemanha, o *FAZ*, até 1973, e chefe de sua seção cultural *Talk of the Town* perguntou certa vez:

> "Alguém acredita seriamente que qualquer um pode assimilar o modo de vida moderno, centrado no automóvel, e permanecer um sujeito cultural inalterado? Quem dirige um carro e ouve rádio com a mesma regularidade que se aplicava aos hábitos de ir à igreja dos europeus, que frequenta o cinema local, ingere sulfonamidas ou drogas hormonais e controla sua reprodução, é alterado em sua consciência e ser social".[416]

---

414 Briesen, 12 et seq.

415 König, Konsumgesellschaft, 272.

416 Korn, citado em Hecken, 37.

Enquanto a maioria dos alemães ocidentais se regozijava com uma maior seleção de bens após os horrores da ditadura, a Guerra Mundial e o período de privações do pós-guerra, Korn sentiu a "barbárie" do consumo:

> "Em um mundo cuja lei suprema é a satisfação das necessidades do consumidor, que afasta a morte e a dor da consciência humana, a insegurança, no entanto, aumenta, como todos sabemos e experimentamos, porque o medo e o vazio aumentam. Assim, a hiper civilização e a barbárie eventualmente coincidem".[417]

Korn desconfiava de todos, exceto acadêmicos, religiosos, artistas e aldeões,[418] que não estavam envolvidos no processo do que ele chamava de "massificação".

Para os intelectuais — seja da esquerda ou da direita do espectro político —, a crítica ao consumismo foi e é um meio de se distinguir tanto da elite econômica quanto das grandes massas. Os intelectuais, portadores da crítica do consumismo capitalista, desprezam fundamentalmente todos que não são como eles: as massas, que se entregam ao consumo superficial, e os capitalistas, que também carecem de educação e cultura adequadas. Tanto as massas quanto os capitalistas, postulam esses críticos, estão unidos pelo materialismo desdenhoso, que está em completo contraste com o idealismo de valores verdadeiros e cultura elevada que caracterizam a burguesia educada.

Essa crítica ao capitalismo e seus representantes tornou-se especialmente popular na década de 1960. Ferdinand Lundberg, professor de ciências sociais e economia na Universidade de Nova York, publicou um livro amplamente aclamado intitulado *The Rich and The Super-Rich* [*Os Ricos e os Super Ricos*] em 1968, no qual afirmou:

> "Quanto ao tipo humano geral de criador de riqueza americano, novo e velho, pode-se dizer que costuma ser extrovertido, dado a pouca reflexão até que talvez se aproxime da senilidade. Ele é mais frequentemente não escolarizado do que escolarizado, e não é instruído, e tem, em sua maior parte, uma visão ingênua do mundo e de seu papel nele. (...) Ele é alienado por sua posição".[419]

---

[417] Korn, citado em Hecken, 50.

[418] Korn, citado em Hecken, 49.

[419] Lundberg, 70–71.

A maioria dos "capitalistas" que compõem a lista da *Fortune* dos indivíduos mais ricos da América, continuou ele, poderia ser facilmente descrita como "errantes da alta cultura".[420] O economista canadense-americano de esquerda John Kenneth Galbraith começou seu aclamado *best-seller* mundial, *The Affluent Society* [*A Sociedade Afluente*], publicado em 1958, com a afirmação: "Mas, sem dúvida, a riqueza é o inimigo implacável da compreensão".[421]

A crítica ao capitalismo de consumo continua sendo formulada por intelectuais até os dias atuais, e está se tornando cada vez mais estridente e implacável. Em 2009, o autor britânico Neal Lawson publicou um artigo no jornal de esquerda britânico *The Guardian* sob a manchete "Queremos fazer compras ou ser livres? É melhor escolhermos rápido". Sua crítica:

> "Consumimos para comprar identidade, ganhar respeito e reconhecimento e garantir status. Fazer compras é a forma predominante de conhecermos a nós mesmos e ao outro, e está a um ponto de descartar outras formas de ser, conhecer e viver. Isso se deve ao complexo industrial de designers de consumo, anunciantes, psicólogos e consultores de varejo que criam um fluxo interminável de novos desejos e os transformam em necessidades. O mercado compete como um tubarão; não tem moral, mas alimenta-se incessantemente de nós para nos fazer comprar mais porque as vendas e os lucros devem aumentar cada vez mais".[422]

A crítica de Lawson culmina em equiparar o Arquipélago Gulag, a rede de trabalhos forçados e campos de concentração na União Soviética de Stalin, onde milhões se depararam com a morte, com a marca de luxo italiana Gucci, que ele considera a encarnação do capitalismo de consumo:

> "Totalitarismo, uma sociedade onde alternativas são descartadas, era para chegar nas botas da esquerda comunista ou nas botas da direita fascista. Agora chega com um sorriso no rosto enquanto nos seduz para mais uma compra. As botas de cano alto estão na cor e estilo desta estação. Somos vigiados, registrados e ordenados não por nossas crenças políticas, mas por nossos desejos de compras. O *gulag* é substituído pela Gucci".[423]

---

[420] Lundberg, 68.

[421] Galbraith, 1.

[422] Lawson.

[423] Lawson

A crítica intelectual da sociedade capitalista de consumo considera os valores e gostos da burguesia educada como absolutos e denuncia todos os desejos e necessidades de quem não concorda com essas preferências como "falsas necessidades" criadas por publicidade astuta para aumentar os lucros dos capitalistas.

O cientista cultural alemão Thomas Hecken critica apropriadamente a visão de que as "verdadeiras necessidades" dos compradores são desconsideradas e que "falsas necessidades" são criadas artificialmente e de forma impositiva pelo mercado capitalista como um "ato de retórica altamente manipuladora":

> "A sugestão de que você é o único (em contraste com todos os outros, que estão todos sendo enganados), que sabe quais são as necessidades verdadeiras e autênticas das pessoas, permanece vazia e presunçosa dada a maleabilidade cultural do homem como um ser deficiente. As próprias intenções políticas e preferências estéticas são, assim, subsumidas por trás da noção falsa e infundada de um destino humano natural".[424]

Essa distinção entre necessidades legítimas e "naturais", por um lado, e necessidades "artificiais" e sem sentido, por outro, é sobretudo um método utilizado pelos intelectuais para se assegurarem de sua própria identidade e estabelecerem seus valores, gostos e hábitos de consumo como a única referência válida.

O sociólogo francês Pierre Bourdieu aplicou o termo "*habitus*", que ele descreve de maneira um tanto complicada como "um sistema socialmente constituído de disposições estruturadas e estruturantes, adquiridas na prática e constantemente voltadas para funções práticas".[425] Isso inclui o estilo de vestir de um indivíduo, os *hobbies* e atividades de lazer que prefere, seu modo de falar, os círculos sociais em que se move, os esportes que pratica, o conhecimento geral que possui e, em última análise, a autoconfiança que exibe. As diferenças de *habitus*, segundo Bourdieu, demarcam as várias classes dentro de uma sociedade.

Os indivíduos, segundo Bourdieu, nascem em grupos de classes específicos dentro da sociedade e, desde a infância, aprendem, de seus pais e ambientes sociais, comportamentos particulares e assimilam modos de se comportar e

---

424 Hecken, 215.

425 Bourdieu e Wacquant, citado em Hartmann, *The Sociology of Elites*, 115.

articular, e desenvolvem preferências gustativas específicas. Esses comportamentos e preferências se combinam para criar um estilo de vida de acordo com seu grupo de classe específico e os membros individuais do grupo, para diferenciar seu grupo de classe de outros estratos sociais.

Para sua pesquisa empírica, Bourdieu desenvolveu um questionário no qual, por exemplo, perguntava aos entrevistados sobre os móveis que possuíam; os *hobbies* que praticavam; seus músicos, cantores, escritores, artistas e filmes favoritos; seu gosto em roupas; e a comida que serviam aos convidados.[426] Segundo Bourdieu, a totalidade dessas preferências define os estilos de vida que distinguem as classes e grupos dentro de uma sociedade.

Como vimos nas citações de Gissing e Lundberg, o típico intelectual tem ideias claras sobre o que constituem necessidades "verdadeiras" e "falsas". Assim, quem leu poucos livros desacreditou-se apenas por esse fato, assim como quem leu os livros errados, que ao fazê-lo demonstrou que lhe falta cultura e educação verdadeiras. Esse fracasso em ser "instruído" e apreciar a "verdadeira cultura" é, do ponto de vista dos intelectuais, o vínculo comum entre os capitalistas desprezados e as massas, que foram manipuladas pela publicidade.

Porém, para o intelectual, ser instruído é apenas um (embora talvez o mais importante) critério de distinção. O gosto musical é outra característica. Qualquer um que ouça música popular em vez de música clássica, ou mesmo atonal, é considerado como apresentando um grau assustador de superficialidade. Theodor Adorno, idealizador da Escola de Frankfurt, por exemplo, adorava a música dodecafônica do compositor vienense Arnold Schönberg e considerava a música popular, como a produzida pelos Beatles, como uma crueldade estética. Os gostos próprios, muito pessoais, tornam-se assim pontos comuns formadores de identidade na crítica da sociedade predominante.

É claro que o capitalismo cria uma série de produtos que você ou eu chamaríamos de inúteis e supérfluos, simplesmente porque são inúteis e supérfluos para você e para mim; mas o capitalismo é um sistema livre e democrático, pois permite que as pessoas decidam por si mesmas o que precisam ou não precisam (com exceção de produtos proibidos por boas razões, como pornografia infantil). A alternativa seria uma economia comandada pelo governo, na qual políticos e funcionários públicos decidissem de quais produtos as pessoas precisam ou não. Ludwig Erhard, que introduziu a economia de mercado na Alemanha Ocidental após a Segunda Guerra Mundial, certa vez observou ironicamente

[426] Bourdieu, 513 et seq.

sobre os críticos da sociedade capitalista de consumo: "Se as mulheres querem cucos em seus chapéus, que tenham cucos. Eu certamente não estou prestes a proibir a produção de chapéus adornados".[427]

De fato, quem iria querer determinar o que são necessidades "verdadeiras" e quais são "falsas"? Em 2020, o pesquisador de consumo Carl Tillessen publicou um livro amplamente aclamado na Alemanha. O livro certamente cria a impressão de que tudo costumava ser melhor do que é hoje. A globalização e a digitalização, aos olhos de Tillessen, tiveram um impacto principalmente negativo no mundo. No passado, ele afirma, "quando tudo ainda era fabricado internamente", as estruturas de preços eram "razoavelmente coerentes". Ele continua:

> "Mas a globalização da produção de tantos bens de consumo cotidiano virou nosso mundo de mercadorias de cabeça para baixo. (...) Hoje, uma camisa de manga curta pode custar vinte vezes mais que uma camisa de manga comprida porque a camisa de manga vem da Suíça e a camisa de manga comprida vem da China. (...) Isso não apenas parece errado, é errado".[428]

É errado, diz ele, porque "para pessoas que não estão tão próximas de nós geograficamente e culturalmente, a globalização deu início a uma era muito sombria".[429] No que diz respeito a essa linha de pensamento, já vimos no Capítulo 1 que isso simplesmente não é verdade.

Então, como eram os bons velhos tempos? O consumo era supostamente governado por princípios racionais da época, em comparação com a irracionalidade desenfreada de hoje. Como prova disso, Tillessen escreve:

> "Quando nosso consumo ainda era racional, a classe baixa podia fazer compras no segmento de preços mais baixos, a classe média no segmento de mercado médio e a classe alta no segmento superior. O *Homo economicus* dos séculos anteriores era racional e sempre ajustava automaticamente seu consumo à sua riqueza".[430]

Mas você poderia colocar de outra forma: em séculos anteriores, a maioria das pessoas em todo o mundo eram desprovidas de bens e, como resultado, não

---

[427] Ludwig Erhard, citado em Hecken, 113.
[428] Tillessen, 43.
[429] Tillessen, 30.
[430] Tillessen, 56.

podiam pagar nada além do absolutamente necessário para viver. Aqueles eram os bons velhos tempos? Hoje, de acordo com Tillessen, tudo piorou:

> "E se você não pode comprar uma bolsa Louis Vuitton hoje, você não compra uma bolsa mais barata, você economiza até poder comprar a bolsa Louis Vuitton com a estampa de monograma".[431]

O que há de tão errado com as pessoas comuns serem capazes de comprar mais hoje do que costumavam? E quem deve decidir se eles "precisam" ou não? Tillessen descarta as "compras de prazer" como inteiramente irracionais — implicando também que as compras racionais são feitas apenas para satisfazer a necessidades físicas imediatas:

> "Sem remorso financeiro, agora fazemos regularmente compras por puro prazer. Quando compramos uma coisa, não precisamos mais ficar sem outra. Como resultado, nosso consumo se torna cada dia menos racional. Nunca na história as compras tiveram tão pouco a ver com a satisfação de uma necessidade tangível".[432]

Ele cita o perfume como exemplo de produtos "supérfluos".[433]

Na verdade, devemos nos sentir culpados por quase todas as nossas compras, ou pelo menos mais de 90% delas, porque, como explica Tillessen, "mais de 90% dos produtos que compramos são produzidos em condições injustas".[434] E se você comprar uma camiseta barata, por exemplo, você pode ter o recibo "emoldurado e pendurado na parede, porque isso faz de você um defensor certificado da escravidão moderna".[435] Portanto, comprar produtos baratos é o maior pecado que você pode cometer. Por outro lado, se comprar uma *t-shirt* Gucci por 299€ com a etiqueta "*Made in Italy* [Feito na Itália]", é mais provável que tenha sido feita em "condições justas", mas, mesmo assim, não é possível ter 100% de certeza.[436] Ao comprar itens de marca de luxo, explica Tillessen, "certamente não impedimos a escravidão moderna, mas pelo menos não a apoiamos ou incentivamos conscientemente".[437]

---

[431] Tillessen, 57.
[432] Tillessen, 40.
[433] Tillessen, 40.
[434] Tillessen, 25.
[435] Tillessen, 34.
[436] Tillessen, 34.
[437] Tillessen, 36.

Por que, alguém se pergunta, as pessoas compram tantas coisas todos os dias, todas as quais, de acordo com os críticos do consumismo, elas não precisam? A explicação simples, de acordo com Tillessen, é que elas estão doentes — tão doentes que realmente precisam de terapia. Tillessen fala do vício em compras. Tal doença existe, sem dúvida, mas para ele somos todos viciados em compras. Ele cita exemplos extremos, como alguém que era viciado em CDs de música clássica e acabou gastando US$ 8.000 por dia com eles.[438] Somos viciados porque:

> "cada vez mais compramos coisas de que não precisamos nem um pouco, embora a futilidade econômica e a nocividade ecológica de nossos comportamentos estejam se tornando cada vez mais claras para nós. Se fôssemos honestos com nós mesmos, teríamos que admitir nossa crescente dependência mental e física das compras regulares por prazer. Sem perceber, todos nós somos viciados em consumo há anos".[439]

As pessoas nunca desempacotam algumas de suas compras ou dedicam tempo para ler suas instruções de uso, escreve Tillessen, então as coisas continuam sem uso após a compra. Como podemos ver nesses exemplos, os críticos do consumismo pegam comportamentos extremos e os transformam em fenômenos de massa que supostamente afetam a todos nós.

Mesmo se você comprar o que é considerado como "certas" pelos críticos do consumidor, você deve se sentir culpado se não as estiver comprando pelas razões "certas". Porque:

> "Se alguém prefere comprar frutas e vegetais orgânicos principalmente porque acredita que são mais saudáveis para eles, então isso não é um consumo ético. E se alguém compra pão orgânico e ovos orgânicos por causa do sabor, isso não tem nada a ver com moralidade".[440]

Tillessen conclui que 99,9% das decisões de compra são tomadas em grande parte independentemente de considerações morais.

E quem está por trás de tudo isso? Conspiradores globais como a Amazon, que sonham em dominar o mundo:

---

438 Tillessen, 61.

439 Tillessen, 61.

440 Tillessen, 70.

> "Hoje são os *E-tailers* [varejistas + *eCommerce* = *E-tailers*] que, como os vilões de James Bond, sonham em varrer completamente o varejo físico da face da terra e alcançar a dominação total do mundo".[441]

É claro que esses críticos do consumismo estão bem cientes de que quase ninguém poderia ou gostaria de viver de uma maneira que se alinhasse consistentemente com a lógica de seus argumentos. Tillessen admite abertamente:

> "Mas se fôssemos seguir todos esses preceitos, nossas vidas não seriam nada além de tubérculos, chucrute e maçãs murchas, e roupas de segunda mão não lavadas, amassadas. A multiplicidade e o rigor dos requisitos fazem com que uma vida radicalmente sustentável pareça algo que não podemos nem queremos alcançar. Viver exclusivamente em harmonia com os princípios da sustentabilidade e comprar apenas bens de comércio justo nos faria retroceder décadas no progresso da humanidade, assim como alegar não usar os produtos do Google, direta ou indiretamente. E, no final, a magnitude percebida dos sacrifícios pessoais que cada um de nós teria que fazer seria absurdamente desproporcional à pequena contribuição que poderíamos fazer para melhorar o mundo. Então, a maioria das pessoas simplesmente abandona a tentativa de viver de forma mais sustentável e continua como sempre fez. Infelizmente".[442]

Então Tillessen sabe que não há chance de as pessoas mudarem consistentemente em suas vidas o que ele reclama com tanta veemência. Mas elas podem pelo menos mudar pequenas coisas, diz ele, como andar de bicicleta para o trabalho de abril a setembro ou usar apenas o trem em vez de aviões para viagens domésticas. Além disso, ele sugere que todos devemos medir constantemente nossa percentagem de CO^2, "mesmo que este seja apenas um dos muitos aspectos para alcançar emissões líquidas zero de carbono e ignore completamente a questão da compatibilidade social de nosso consumo".[443]

Suas propostas, quando você as resume, equivalem a simbolicamente fazer "algo" — com o peso permanente de uma consciência culpada, porque tudo o que você faz é muito pouco, pois nós ainda estamos destruindo o meio ambiente, promovendo mudanças climáticas, consumindo produtos sem sentido e, acima

---

441 Tillessen, 86.
442 Tillessen, 186.
443 Tillessen, 183.

de tudo, ainda somos responsáveis pela exploração e escravidão de pessoas na Ásia, África e Europa Oriental. Como você deve se lembrar: se comprarmos as coisas certas pelos motivos errados, isso não conta. Como resultado, o que quer que façamos, sempre ficamos com um sentimento de culpa. Assim, o consumo ruim é o consumo que nos deixa com uma sensação boa e o consumo menos condenável é aquele que nos deixa com um sentimento de culpa.

O que levanta a questão: as pessoas com consciências permanentemente culpadas são mais felizes? São cidadãos autoconfiantes? Ou estão mais abertas à manipulação por parte de políticos que constroem suas estratégias políticas com base em consciências culpadas e promessas de alívio psicológico se os cidadãos se juntarem ao movimento anticapitalista ou pelo menos colocarem suas cruzes ao lado do nome do partido "certo" nas urnas?

Tudo isso leva à próxima pergunta: como resolver essa contradição de condenar ideologicamente o consumo por um lado e a própria existência como consumidor por outro? A "solução" para esta contradição é "referir-se apenas a compras muito específicas feitas por pessoas físicas como "consumo" — ou seja, atos de compra e aquisição de outras pessoas. Os objetos que se compram parecem ser muito menos comerciais e pouco exigentes do que os da pequena burguesia e dos trabalhadores; a percepção dos objetos com os quais os membros da classe média (alta ou aspirante) se cercam, bem como o modo como lidam com eles, parecem-lhes muito menos distraídos e apáticos. Em suma, apenas o que parece sem valor e sem criatividade é rotulado e rejeitado como consumo."[444]

Segundo o professor alemão de estudos culturais, Thomas Hecken, a rejeição do consumismo pelos intelectuais de esquerda só se aplica a domínios povoados por outros objetos e gostos. É fácil descartar tal "domínio" se você não o aprecia de qualquer maneira, enquanto ao mesmo tempo acusa aqueles que nele entram "de fracasso cultural e às vezes também moral" e declara que "preferiria proibir sua propagação".[445]

O que os "críticos do consumo" não mencionam em sua diferenciação entre necessidades "verdadeiras" e "falsas" é que quase todas as necessidades que vão além da alimentação e da sexualidade estão sujeitas a mudanças culturais. Este tem sido sempre o caso. Em seu livro *Empire of Things* [*Império das coisas*], o historiador alemão Frank Trentmann escreve, por exemplo, sobre o desejo pelo

---

[444] Hecken, 148.

[445] Hecken, 221.

algodão indiano na Europa do século XVIII, pelo vestuário europeu na África do século XIX e o surgimento de novos gostos europeus por bens exóticos como café, chá e chocolate: "As preferências por esses bens não eram nem preexistentes nem estáveis, mas tiveram que ser criadas".[446]

Em algum momento da história, todas as necessidades que iam além de atender às necessidades básicas de sobrevivência foram consideradas supérfluas ou luxos — e apenas muito poucos podiam pagar. No passado, janelas e banheiros internos eram considerados um luxo sem sentido; hoje, são tão naturais quanto indispensáveis para a maioria das pessoas no mundo. No final da Idade Média e início da era moderna, os gastos com vestidos de moda, casamentos luxuosos e belos móveis foram amplamente condenados e até proibidos:

> "Foi denunciado por desencadear uma espiral de gastos emulativos — o que muitas vezes é chamado de '*keeping up with the Joneses*'[447] — e por minar valores e hierarquias sociais. (...) Talvez o mais preocupante, a avareza e a luxúria pelas coisas distraiam os cristãos da verdadeira vida do espírito".[448]

Segundo o sociólogo Helmut Schoeck, a guerra contra o luxo é tão antiga quanto as colinas. A legislação contra o luxo pode ser encontrada nas mais diversas sociedades, entre os povos primitivos, na antiguidade, nas civilizações avançadas do Extremo Oriente, na Idade Média europeia e até nos tempos modernos.

> "Às vezes, um homem que podia arcar com a desigualdade podia pagar um resgate pelo privilégio, podia comprar a inveja da comunidade, por assim dizer, pagando, digamos, um imposto especial se sua casa tivesse mais do que um certo número de janelas ou fogões, ou seu colete mais do que o número mínimo de botões; hoje em alguns países seu carro é tributado de acordo com sua potência."

Em algumas ocasiões, continua Schoeck, um plebeu da África Ocidental que colocava muitas folhas no telhado de sua cabana, ou que consumia mel que havia encontrado na selva, foi até obrigado a pagar por esse 'luxo' com a perda de um membro, se não sua vida.[449]

---

[446] Trentmann, 4.

[447] Expressão idiomática que significa esforçar-se por se assemelhar a pessoas de posições econômicas mais abastadas.

[448] Trentmann, 8.

[449] Schoeck, *Envy*, 260.

Trentmann, que analisa a história do consumismo, escreve que geralmente eram comentaristas abastados, como o filósofo romano Sêneca, que repreendiam outros por cederem às tentações materiais: "Raramente são pessoas comuns", observa Trentmann.[450] E, curiosamente, mesmo os críticos mais severos do "consumo" capitalista fazem uso excessivo dos produtos produzidos sob o capitalismo. Um estudo na Alemanha descobriu que parlamentares do Partido Verde, que muitas vezes pedem sacrifício pessoal, limites de consumo e, por questões ambientais, que as pessoas parem de voar, usam voos domésticos com mais frequência do que políticos de qualquer outro partido. E seria difícil encontrar um anticapitalista disposto a viver sem computadores, internet e *smartphones* que os ajudem a espalhar suas críticas ao capitalismo.

Aliás, não foi apenas o capitalismo que prometeu às pessoas consumo e bens de consumo irrestritos, mas também os regimes do socialismo e do nacional-socialismo. Trentmann escreve:

> "É claro, "o histórico de entrega das mercadorias era diferente. O que é notável, porém, do ponto de vista histórico-mundial, é como a visão de níveis elevados e crescentes de consumo conseguiu se instalar como o ideal cultural indiscutível. Ideais de autoconfiança frugal não foram páreo, ou foram limitadas a experiências de curta duração e autodestrutivas como a do Khmer Vermelho no Camboja, entre 1975 e 1979".[451]

O "Império das Coisas", como Trentmann o chama, expandiu-se em parte porque as posses tornaram-se cada vez mais importantes portadoras de identidade, memória e emoções. Roupas, carros, relógios, smartphones etc. são valorizados "pelos sentimentos que geram em seus donos, bem como pelo seu uso prático".[452]

Os críticos anticapitalistas do consumo também rejeitam toda e qualquer forma de publicidade. Deixemos que o conhecido crítico do capitalismo, Jean Ziegler, diga novamente:

> "Os instrumentos com os quais os capitalistas criam essas necessidades são chamados de *marketing* e publicidade, duas das atividades mais infelizes e estúpidas já inventadas pela humanidade".[453]

---

450 Trentmann, 678.

451 Trentmann, 680.

452 Trentmann, 686.

453 Ziegler, 62. Itálico como no original.

Os "publicitários", segundo Ziegler, são "astutos" e "caçam o consumidor onde quer que ele vá, cercam-no, assediam-no com ligações, bombardeando-o com suas então chamadas mensagens".[454] Esses mercenários do marketing "controlam o comportamento do consumidor."[455]

É claro que algumas propagandas parecem ridículas e supérfluas — para você, para mim e para muitas outras pessoas —, mas, para os anticapitalistas, *qualquer* forma de propaganda é condenável. Noam Chomsky critica a indústria da publicidade, que pretende ter todos "encurralados para que se tornem consumidores", para "controlar *todos*".[456] Ele critica o fato de que as pessoas não decidem racionalmente e apresenta o modelo econômico do *homo economicus* de tal forma que as pessoas tomam suas decisões sem qualquer emoção. Em sua opinião, o fato de este não ser o caso confirma que o modelo está errado e também prova a natureza pérfida das técnicas de manipulação dos anunciantes:

> "Se os anunciantes vivessem de acordo com princípios de mercado [ou seja, os consumidores informados tomassem decisões racionais, R.Z.], então algumas empresas, digamos a General Motors, fariam um breve anúncio de seus produtos e suas propriedades, juntamente com comentários da revista *Consumer Reports*, para que você pudesse fazer um julgamento sobre isso. (...) Se você já ligou seu aparelho de televisão, sabe que centenas de milhões de dólares são gastos para tentar criar consumidores desinformados que farão escolhas irracionais — é isso que é publicidade".[457]

De acordo com essa linha de raciocínio, você também pode dizer que qualquer mulher que não receba uma proposta de casamento de seu amado na forma de um e-mail sóbrio e factual com um breve resumo dos argumentos a favor do casamento é irremediavelmente desinformada e manipulada.

Os críticos da publicidade retratam as empresas como onipotentes e tentam criar a impressão de que os consumidores são vítimas indefesas em suas mãos. Para provar a onipotência da indústria da publicidade, os críticos vêm repetindo alguns mitos há mais de meio século. Um deles é baseado no livro

---

[454] Ziegler, 63. Em itálico como no original.

[455] Ziegler, 64.

[456] Chomsky, *Requiem*, 125–126. Em itálico como no original.

[457] Chomsky, *Reqiuem*, 127.

de 1957 de Vance Packard, *The Hidden Persuaders* [Persuadores ocultos], que gerou uma grande cobertura da mídia quando foi publicado pela primeira vez. O livro relatou uma técnica de publicidade particularmente manipuladora, que envolveu um cinema piscando imagens publicitárias de fração de segundo na tela durante as exibições de filmes. Essas imagens apareceram e desapareceram tão rapidamente que o público nem as notou conscientemente. A imprensa se referiu à publicidade subliminar como a "persuasão mais oculta", e aqueles que usaram técnicas como "monstros invisíveis", que eram culpados de "lavagem cerebral."[458]

O livro atraiu tanta atenção porque, no mesmo ano, James M. Vicary, proprietário de uma agência de publicidade, supostamente conduziu um experimento no qual inseriu subliminarmente os *slogans* "Beba Coca-Cola" e "Coma Pipoca" durante uma exibição de um filme. Vicary afirmou que isso aumentou as vendas de Coca-Cola em 18,1% e pipoca em até 57,7%. No entanto, mais tarde descobriu-se que o experimento foi falsificado ou nunca havia ocorrido. "O suposto estudo serviu apenas como um truque de *marketing* para impulsionar as vendas para a empresa de marketing de Vicary."[459] Perdi a conta do número de vezes na minha vida que as pessoas me contaram sobre esse suposto experimento, retratando-o como um exemplo particularmente repreensível de terror e manipulação do consumidor por meio da publicidade.

Devo admitir, no entanto, que também acreditei por muito tempo que o experimento realmente havia ocorrido, embora nunca pudesse entender a indignação de outras pessoas. Afinal, o que supostamente estava acontecendo? As pessoas estavam assistindo a um filme que poderia ser sobre assassinato e homicídio culposo, mas não foram dominadas por impulsos violentos; em vez disso, elas pediram uma garrafa de Coca-Cola durante o intervalo porque a viram por uma fração de segundo. Porém, como eu disse, tudo isso nunca aconteceu, e Vicary, o suposto rei da publicidade subliminar, sofreu a ignomínia da falência apenas um ano após o suposto experimento.

É claro que a publicidade pode funcionar — pode e deve "manipular" —, mas não é, de forma alguma, tão onipotente e tortuosa quanto seus críticos dizem. Com muito mais frequência ela é na verdade ineficaz. O empresário americano Henry Ford é creditado por afirmar uma vez que "Metade do dinheiro que gasto em publicidade é desperdiçado; o problema é que não sei

---

[458] Heller, 18.

[459] Kürschner, 5.

qual metade". Em meados da década de 1980, a psicóloga social alemã e especialista em publicidade Eva Heller escreveu que a frase atribuída a Henry Ford não era mais verdadeira: "Hoje, pode-se supor que pelo menos três quartos dos orçamentos de publicidade são gastos sem entregar os resultados esperados".[460]

David Ogilvy, o grande guru da publicidade, ridicularizou repetidamente as campanhas publicitárias criadas por outras agências de publicidade em seu livro *Confessions of an Advertising Man* [Confissões de um Publicitário], acusando-as de serem ineficientes, geralmente não fazendo nada para aumentar as vendas e servindo para entreter em vez de vender. Ele acusou outros anunciantes de estarem mais preocupados em ganhar prêmios por suas campanhas do que em vender os produtos de seus clientes.

Desde 2003, o especialista alemão em marketing Bernd M. Samland perguntou regularmente a mais de 3.000 pessoas sobre vários *slogans* publicitários — e a maioria dos *slogans* em inglês não foi totalmente compreendida ou mesmo completamente incompreendida pelos (potenciais) clientes.[461] Os redatores de publicidade aparentemente esqueceram sua tarefa fundamental, ou seja, aumentar as vendas.

Grandes sucessos de vendas, como Harry Potter, não foram alcançados principalmente por meio de publicidade. Howard Schultz, fundador e ex-presidente da Starbucks, disse uma vez:

"Agora é difícil lançar um produto através da publicidade do cliente porque os clientes realmente não prestam atenção como prestavam no passado, e nem acreditam na mensagem. (...) Eu olho para o dinheiro gasto em publicidade, e me surpreende que as pessoas ainda acreditem que estão obtendo retornos de seus investimentos".[462]

Em janeiro de 2021, os especialistas em publicidade americanos Bradley Shapiro, Günter Hitsch e Anna E. Tuchman publicaram um estudo baseado em uma análise científica meticulosa da publicidade televisiva para 288 bens de consumo. Sua descoberta chocante: não só a publicidade não valeu a pena para 80% das marcas, mas também teve um ROI negativo (Retorno sobre o Investimento).[463]

Claro, você poderia argumentar que a publicidade *on-line* direcionada através das mídias sociais é muito mais eficaz hoje, mas também há dúvidas

---

[460] Heller, 12.

[461] Samland, 13–18.

[462] Schultz, citado em Ries / Ries, 129.

[463] Shapiro / Hitsch / Tuchman, 3.

sobre isso. Há alguns anos, a Procter & Gamble e a Unilever reduziram seus gastos com publicidade *on-line* em 41 e 59%, respectivamente — sem impacto negativo no resultado final. A Uber também reduziu seu orçamento *on-line* em dois terços após uma enorme fraude de anúncios — sem alteração no número de instalações de aplicativos.[464]

A publicidade não é tão onipotente quanto as agências de publicidade e os anticapitalistas nos fariam acreditar — por uma variedade de razões — e a imagem do consumidor irracional sendo seduzido por publicitários engenhosos a passar o dia todo comprando itens desnecessários é um enorme exagero. Se alguém está sendo enganado, na maioria das vezes são as empresas que gastam tanto dinheiro em publicidade ineficaz e que só se juntam ao jogo de publicidade porque seus concorrentes também estão fazendo isso. As agências de publicidade são mais bem-sucedidas em convencer seus clientes a gastar dinheiro, não os clientes de seus clientes.

Em um nível pessoal, muitas vezes me vejo irritado com a publicidade primitiva, mas também não suporto muitas produções modernas de ópera e ainda não diria de que as casas de ópera deveriam ser fechadas por esse motivo (a diferença é, é claro, que, como contribuinte, não tenho escolha a não ser ajudar a financiar a alta cultura na Alemanha, querendo ou não, enquanto, como consumidor, só financio publicidade quando compro os produtos que estão sendo anunciados).

Quando imagino um mundo sem publicidade de produtos e serviços, penso na desolação do socialismo, onde cartazes chatos dominam a paisagem urbana, proclamando mensagens de propaganda do partido e *slogans* pedindo o cumprimento do plano. Eu prefiro muito a publicidade sob o capitalismo, que, na melhor das hipóteses, alcançou o status de arte, como foi o caso de Andy Warhol, que também era um artista comercial por profissão. O sociólogo Schoeck escreveu que, assim que alguém mencionou "o terror do consumo" em sua presença, ele pediu que descrevessem a qual processo em sua vida cotidiana eles estavam se referindo:

> "Nem em seminários universitários nem em outros eventos eu encontrei alguém que confessasse ser vítima. Parece que são sempre as necessidades erradas dos outros que estão sendo satisfeitas".[465]

---

[464] Koch, "Wirkt Werbung überhaupt nicht?"

[465] Schoeck, *Ungleichheit*, 176.

Outro grande portador de erros da crítica anticapitalista do consumidor é o que é conhecido como "obsolescência". O termo em si é ambíguo, porque abrange questões muito diferentes que basicamente têm pouco a ver umas com as outras. A Wikipedia define o termo da seguinte forma:

> "Obsolescência é o estado de ser que ocorre quando um objeto, serviço ou prática não é mais mantido, necessário ou degradado, mesmo que ainda possa estar em boas condições de funcionamento".[466]

Em uma segunda entrada, desta vez para "obsolescência planejada", a Wikipedia afirma:

> "Em economia e *design* industrial, a obsolescência planejada (também chamada de obsolescência embutida ou obsolescência prematura) é uma política de planejamento ou *design* de um produto com uma vida útil artificialmente limitada ou um *design* propositadamente frágil, de modo que se torna obsoleto após um certo período de tempo pré-determinado em que ele funciona decrementalmente ou de repente deixa de funcionar, ou pode ser visto como fora de moda".[467]

A obsolescência técnica e a obsolescência psicológica são frequentemente e deliberadamente confundidas para fazer com que o problema pareça o maior possível. O fato de os produtos serem descartados, embora ainda funcionem perfeitamente bem, não é, por si só, digno de críticas. Em algum momento, descartei meu toca-discos e meu gravador de cassetes porque o CD havia sido inventado. Ambos os dispositivos certamente teriam durado muito mais anos. Eu me tornei vítima de manipulação por publicitários capitalistas? Não, muitas vezes fiquei irritado com discos arranhados (para leitores mais jovens, arranhões fizeram com que o registro "pulasse") e a fita ficasse atolada ou emaranhada no meu gravador de cassetes (mais uma vez, para os leitores mais jovens, isso fez com que os cassetes quebrassem) e fiquei feliz porque agora havia um dispositivo que me poupava do aborrecimento desses dois problemas.

Eu também amei meu antigo telefone Nokia, que tinha uma bateria que durou dias. Eu até estoquei vários, caso meu modelo favorito pudesse eventualmente ser descontinuado. Depois, mudei para o iPhone. Eu fiz isso porque

---

466 <https://en.wikipedia.org/wiki/Obsolescence>.

467 <https://en.wikipedia.org/wiki/Planned_obsolescence>.

os maus estrategistas de publicidade da Apple me manipularam? Não, foi simplesmente porque o novo dispositivo me ofereceu muitos recursos úteis que estavam faltando nos meus antigos telefones Nokia. Eu costumava ser o orgulhoso proprietário de um videocassete, mas, novamente, sempre fiquei irritado com a fita ficando emaranhada, torcida ou até mesmo rasgada. Então, fiquei feliz quando o DVD foi inventado, porque isso cuidou desse problema. Joguei fora o gravador de vídeo, embora ainda estivesse tecnicamente funcional.

O tema da obsolescência não é novo, como confirma o historiador alemão de tecnologia Wolfgang König. Os anticapitalistas e os chamados ativistas do consumidor falam de uma grande conspiração operada pelas empresas e pela indústria, que, alegam, sistemática e em massa, segue uma estratégia de "obsolescência planejada", ou seja, fabricando produtos especificamente para que eles quebrem mais rápido.

Porém, já em 1976, um estudo do economista alemão Burckhardt Röper concluiu que as supostas evidências de que os fabricantes estavam deliberadamente encurtando a vida útil de seus produtos não se sustentavam. Muitos outros estudos nas últimas décadas chegaram a conclusões semelhantes. Até mesmo o *Öko-Institut* alemão admitiu em 2015 que muitas dessas críticas foram exageradas. Ao mesmo tempo, no entanto, a análise do *Öko-Institut* confirmou que a vida útil inicial da maioria dos grupos de produtos estudados havia de fato diminuído nos últimos anos. Verificou-se, por exemplo, que muitos dispositivos eletrônicos foram substituídos por dispositivos mais novos, embora os antigos ainda funcionassem bem o suficiente.[468]

Em contraste com essas análises diferenciadas, somos frequentemente confrontados com reportagens marcantes da mídia que criam a impressão de que a "obsolescência planejada" é um fenômeno comum e generalizado e que os dispositivos são deliberadamente produzidos de tal forma que quebram mais rapidamente — um tópico que também foi abordado por alguns políticos. Wolfgang König escreve que é impressionante que, na "literatura da teoria da conspiração, os mesmos exemplos sejam usados várias vezes, alguns deles remontam a um século".[469] A história fabricada da lâmpada cuja vida útil foi encurtada intencionalmente em detrimento dos consumidores foi repetida centenas de vezes, diz König.[470]

---

[468] Cf. Prakash et al.: <https://www.umweltbundesamt.de/publikationen/einfluss-der-nutzungsdauer-von-produkten-auf-ihre-1>.

[469] König, Wegwerfgesellschaft, 119.

[470] König, Wegwerfgesellschaft, 118–119.

Repetidamente, o exemplo do fabricante de automóveis General Motors, que ofereceu uma série de modelos atualizados constantemente na década de 1920, tem sido citado como amostra para a tese de "obsolescência planejada". A cada novo modelo, a General Motors Ford adquiriu uma participação de mercado única e teimosamente se apegou ao seu modelo de tamanho "*one-size-fits-all*". Para entender completamente isso, você provavelmente precisa saber que Henry Ford reagiu com emoção passional sempre que alguém lhe dizia que ele tinha que seguir com os tempos e mudar qualquer coisa sobre seu famoso Modelo T. Em uma ocasião, quando um funcionário desenvolveu um modelo de sucesso na ausência de Ford e o deixou do lado de fora da sua porta, Ford enlouqueceu, como um espectador descreveu:

> "Ele tira as mãos, segura a porta e *bang*! Ele arrancou a porta! Deus! Como o homem fez isso, eu não sabia! Ele pulou lá, e *bang*, lá se vai outra porta. *Bang*, lá se vai o para-brisa. Ele pula sobre o banco de trás e começa a bater no topo. Ele rasga o topo com o salto do sapato".[471]

Durante anos, a Ford conseguiu impedir seus funcionários de desenvolver novos modelos, mas não conseguiu impedir a concorrência. A General Motors respondeu à evolução das expectativas dos clientes e lançou novo modelo após novo modelo. Desde então, o exemplo tem sido citado repetidamente como evidência das estratégias sinistras do capital e da repreensibilidade da sociedade capitalista de consumo. König comenta: "O que isso deveria ter a ver com a obsolescência planejada em um sentido teórico da conspiração permanece incompreensível".[472] Outros exemplos citados com frequência — incluindo tudo, desde carros modernos supostamente enferrujando mais rápido até impressoras a jato de tinta fazendo com que os consumidores comprem tinta com mais frequência do que o necessário — não resistem a um exame mais minucioso. Uma investigação da organização de consumidores alemã Stiftung Warentest concluiu que a tese da obsolescência incorporada é ilógica:

> "O caso ideal seria que todas as peças falhem ao mesmo tempo após atingirem o fim de sua vida útil planejada. Perante este cenário, a estratégia de pontos fracos intencionalmente embutidos faz pouco sentido e seria um desperdício, porque

[471] Snow, Ford, 299.

[472] König, Wegwerfgesellschaft, 119.

muitas outras partes do dispositivo seriam superdimensionadas e excessivamente caras para produzir".[473]

Além disso, que sentido faz produzir dispositivos para durar para sempre quando está claro que eles estarão tecnicamente obsoletos em alguns anos, de qualquer maneira? Eu suspeito que mesmo os críticos obstinados do capitalismo hoje não têm nem um gravador nem um projetor de filme antigo em casa, nem eles têm um telefone celular Nokia antigo ou uma televisão em preto e branco — e os toca-discos antigos são, na melhor das hipóteses, algo para puristas de áudio doméstico.

O exemplo de limitação de desempenho em iPhones mais antigos também é frequentemente citado. A Apple admitiu que seu software modera o desempenho máximo de dispositivos com baterias de íons de lítio mais antigas e não substituíveis para garantir que elas permaneçam funcionais e evitar desligamentos inesperados devido a uma queda repentina na fonte de alimentação. Uma ação judicial foi movida contra a Apple nos EUA, que terminou em um acordo em março de 2020; a Apple concordou em pagar um total de até US$ 500 milhões às partes prejudicadas. Isso é evidência de que os queixosos estavam certos? Foi uma admissão de culpa pela Apple? Não necessariamente. É de conhecimento geral que, nos EUA, até mesmo as ações judiciais de consumo mais absurdas podem terminar com a concessão de quantias grandes em compensação. A Red Bull, por exemplo, pagou US$ 13 milhões para resolver duas ações coletivas de consumo — os consumidores reclamaram do slogan "Red Bull te dá asas" porque sentiram que reivindicava falsamente benefícios que melhoram o desempenho.

Mesmo que haja exemplos isolados de empresas deliberadamente construindo fraquezas em seus produtos, eles ainda não provam que esta é uma estratégia generalizada empregada por capitalistas famintos por lucros. Toda empresa sabe que ser exposta a tais práticas levaria a que elas fossem ridicularizadas na internet e na mídia, prejudicando gravemente o valor da marca e o preço das ações. Sob o capitalismo, é o consumidor que tem a palavra final — e, do ponto de vista de uma empresa agindo racionalmente, o risco de que os consumidores punam a empresa por tais práticas é maior do que qualquer lucro potencial de curto prazo que possa ser obtido. O que, como todos sabemos, não significa que não haja, de tempos em tempos, empresas que percam de vista seus próprios interesses.

---

[473] Citado em König, Wegwerfgesellschaft, 121.

A crítica ao consumismo é acompanhada por uma crítica ao *status* do dinheiro nos sistemas capitalistas. O capitalismo parece aos críticos do consumo um sistema no qual o dinheiro é a questão essencial, mas o dinheiro, assim diz a tese, não faz as pessoas felizes. E esse ceticismo aparentemente foi confirmado por estudos científicos. Já em 1974, o economista Richard Easterlin afirmou que não há correlação positiva entre rendimentos mais altos e maiores níveis de felicidade, pelo menos acima de uma certa renda anual.[474] Os dois ganhadores do Prêmio Nobel de economia, Daniel Kahneman e Angus Deaton, qualificaram um pouco a descoberta de Easterlin e a relacionaram apenas a certas expressões do sentimento de felicidade; mas eles também concluíram que a correlação entre rendas mais altas e maior felicidade só se aplica até um certo limite, ou seja, uma renda anual de US$ 75.000. Qualquer coisa acima desse nível, explicaram os dois economistas, não tem mais um impacto significativo na felicidade de uma pessoa, pois ela já havia se acostumado a viver em segurança financeira e só faria ajustes mínimos em seu estilo de vida a cada aumento salarial subsequente.[475]

Novas pesquisas refutaram essa tese. A análise mais recente vem do psicólogo Matthew A. Killingsworth, que descobriu que tanto o "bem-estar vivenciado" quanto o "bem-estar avaliativo" aumentaram com a renda. O "bem-estar vivenciado" foi medido analisando 1,73 milhão de relatórios de amostragem de experiência de 33.391 americanos. Eles foram contatados em horários aleatórios em seus *smartphones* e foram questionados: "Como você se sente agora?" Seu bem-estar avaliativo foi medido pela pergunta: "No geral, quão satisfeito você está com sua vida?" O resultado: o limite de US$ 75.000 avançado no estudo de Kahneman e Deaton não existia. Para rendimentos de até US$ 80.000 ou mais, o estudo de Killingsworth confirma uma clara correlação entre ter uma renda mais alta e ser mais feliz. Metodologicamente, o estudo teve algumas vantagens em relação aos estudos mais antigos. Por exemplo, em estudos mais antigos, os entrevistados só podiam responder «sim» ou «não» a perguntas sobre sua felicidade, enquanto o presente estudo usou uma escala contínua. Outra grande vantagem foi que entrar em contato com os entrevistados por meio de seus telefones celulares permitiu que o pesquisador medisse o estado emocional atual dos entrevistados. Em estudos anteriores, as pessoas eram apenas solicitadas a se lembrar de como se sentiam em um determinado momento no passado.

---

[474] Easterlin, "Does Economic Growth"; Em relação a uma apresentação da pesquisa e a controvérsia em torno Easterlin., Cf. Weimann / Knabe / Schön, 17 et seq.

[475] Cf. Kahneman / Deaton, "High Income Improves"

No entanto, essas memórias são muitas vezes distorcidas e fortemente coloridas pelos estados emocionais atuais dos entrevistados quando a pergunta é feita.

A busca por valores materiais é, no entanto, considerada superficial e «materialista» do ponto de vista anticapitalista e anticonsumista. O renomado crítico literário germano-polonês Marcel Reich-Ranicki viu isso de maneira bem diferente: "Pessoas respeitáveis trabalham em busca de glória e dinheiro. Pessoas indecentes querem mudar o mundo e salvar os outros". Claro, esta é uma declaração pontiaguda e exagerada, e pensamos imediatamente em contraexemplos de idealistas como Henry Dunant ou Albert Schweitzer, que trouxeram o bem, e ditadores corruptos e famintos por poder que trouxeram muito infortúnio à humanidade.

No entanto, Reich-Ranicki atingiu um ponto saliente: a legião de idealistas que queriam melhorar o mundo e redimir as pessoas — e no processo trouxeram sofrimento sem fim sobre elas — é longa. Inclui assassinos em massa, como Adolf Hitler e Mao Tsé-Tung, bem como líderes de culto fanáticos e seguidores do Estado Islâmico. Por outro lado, existem inúmeros exemplos de empreendedores cuja busca «materialista» pelo lucro melhorou a vida de milhões de pessoas.

Um dos maiores erros é julgar pessoas ou empresas por suas intenções e não pelos resultados de suas ações. Alguém que *só* se esforça pelo lucro pode criar imensos benefícios para a sociedade — trazendo novos produtos para o mercado para facilitar a vida das pessoas ou conseguindo oferecer produtos da mesma qualidade a um preço significativamente mais baixo, para que mais pessoas possam pagá-los.

9.

"O CAPITALISMO LEVA A GUERRAS"

A tese de que as guerras são travadas principalmente porque são do interesse econômico dos capitalistas foi inicialmente propagada pelos marxistas, mas agora parece ter se tornado um elemento aceito do pensamento comum. Das guerras coloniais à Primeira Guerra Mundial e à guerra no Iraque — de acordo com os anticapitalistas, todos esses conflitos foram travados no interesse do grande negócio, na esperança de garantir novas fontes de matérias-primas e abrir novos mercados.

Em primeiro lugar, é importante notar que as guerras eram muito mais comuns na era pré-capitalista — aproximadamente falando, antes do início do século XIX — do que na era capitalista. "Durante a maior parte da história humana, a guerra era o passatempo natural dos governos, a paz um mero descanso entre guerras", escreve Steven Pinker.[476] Em seu livro *O novo Iluminismo*, ele inclui um gráfico que ilustra a porcentagem de anos em que as grandes potências estiveram em guerra. No século XVI e início do XVII, essa porcentagem variou de cerca de 75% a quase 100%; no início do século XIX, a porcentagem ainda estava bem acima de 50, apenas para cair para 25 e muito menor nos séculos XX e XXI.[477] Em contraste, o número de mortes em batalha por milhão de pessoas atingiu o máximo de todos os tempos no século XX durante a Primeira e Segunda Guerras Mundiais. Desde então, tanto o número de guerras quanto o número de vítimas diminuíram drasticamente.[478]

---

[476] Pinker, 157.

[477] Pinker, 157.

[478] Rosling, 114.

Em primeiro lugar, pode-se afirmar que, mesmo com base em estatísticas puras, a tese do capitalismo de guerra não resiste ao escrutínio. Com a ascensão do capitalismo há 200 anos, a frequência de guerras não aumentou, mas diminuiu significativamente.

Gostaria de dedicar este capítulo a uma análise de três guerras a título de exemplo: a Primeira e a Segunda Guerras Mundiais e a Guerra do Iraque, de 2003. Vou abordar a questão de até que ponto essas guerras foram "guerras capitalistas", ou seja, foram desencadeadas exclusiva ou predominantemente por interesses capitalistas.

No entanto, antes de olharmos esses exemplos, gostaria de apresentar algumas das descobertas da pesquisa de guerra e conflitos. Por muitos anos, a maioria dos pesquisadores sustentou que os países democráticos não travam guerra uns contra os outros, ou pelo menos o fazem com pouca frequência.[479] Alguns pesquisadores qualificaram um pouco esse achado e o aplicaram apenas a democracias que também são nações desenvolvidas e industrializadas, mas, no geral, houve um amplo consenso sobre esse achado e a tese foi testada estatisticamente formando as chamadas díades, ou seja, pares de Estados. Essas díades representam as unidades de investigação para examinar com que frequência e por qual motivo esses Estados se envolveram em conflitos militares uns com os outros.

Não houve e não há acordo entre os pesquisadores sobre por que as democracias raramente — ou talvez nunca, dada uma definição restrita de democracia — travam guerra umas contra as outras.[480] O sociólogo alemão Erich Weede, que realizou uma extensa pesquisa sobre essas questões, afirmou em 2005 que "o perigo de conflito é particularmente baixo em díades, onde ambos os Estados são governados democraticamente e negociam significativamente uns com os outros ou são economicamente interdependentes."[481]

Como ao longo da história a maioria dos Estados democráticos foi, ao mesmo tempo, capitalista e a maioria dos Estados capitalistas foi, ao mesmo tempo, de democracias, nunca foi fácil decidir qual é mais importante para a paz: se um país tinha uma ordem democrática ou se tinha um sistema capitalista. Como eu disse, ambos normalmente existiram simultaneamente, embora sempre tenha havido exceções. O Chile sob Pinochet, por exemplo, era capitalista, mas uma

---

[479] Gartzke, "Capitalist Peace," 168. Nota de rodapé número 10, com diversas referências

[480] Weede, "Frieden durch Kapitalismus," 67.

[481] Weede, "Frieden durch Kapitalismus," 68.

ditadura. Hoje, a China também está adotando cada vez mais características do capitalismo, mas ainda é uma ditadura.

Em 2007, o cientista político americano Erik Gartzke publicou uma extensa análise empírica na qual explorou precisamente esta questão: qual regime desempenha o maior papel em garantir que haja menos guerras — democracia ou capitalismo? Gartzke analisou díades de 1950 a 1992 e examinou um total de 222 guerras.[482] Ele empregou métricas para todos os países para mostrar até que ponto eles eram democráticos (politicamente) ou capitalistas (economicamente). Usando essas proporções, Gartzke aplicou uma análise de regressão sobre se o país estava ou não envolvido em um conflito militar. Ele conclui: "Este estudo oferece evidências que sugerem que o capitalismo, e não a democracia, leva à paz".[483]

Em um estudo adicional em 2010, Gartzke e Joseph Hewitt também analisaram conflitos militares de 1950 a 1992, desta vez examinando apenas os conflitos "que provocam decisões dos líderes de política externa de mais alto escalão de um Estado". Conflitos que podem ter resultado "de confrontos entre forças da linha de frente não diretamente autorizadas por altos funcionários" não foram considerados.[484] Esta análise mais uma vez se concentrou na questão de saber se a ordem política democrática de um país ou sua ordem econômica capitalista eram mais propensas a evitar conflitos militares. Mais uma vez, o resultado foi que o capitalismo, não a democracia, foi o fator mais importante na ausência ou redução da frequência de conflitos militares. Gartzke e Weede concordam "que são o desenvolvimento econômico e as liberdades de mercado, e não a liberdade política, que precipitam a paz interestadual."[485]

Os defensores da teoria da "paz capitalista", no entanto, têm respostas diferentes sobre porque o capitalismo resulta em conflitos menos frequentes. Sobre este ponto, Weede enfatiza mais fortemente o fator de interdependência dos países por meio das relações comerciais, enquanto Gartzke acredita que a integração dos mercados financeiros é mais importante para a paz do que o comércio.

O tema do comércio e da guerra não é novo. O fabricante e ativista político britânico Richard Cobden (1804-1865), um dos principais campeões do

---

482 Gartzke, "Capitalist Peace," 180.

483 Gartzke, "Capitalist Peace," 180.

484 Gartzke / Hewitt, 129.

485 Gartzke / Hewitt, 138.

movimento de livre comércio, era ao mesmo tempo um pacifista comprometido e enfatizou a importância do comércio e da dependência econômica mútua na prevenção da guerra. Cobden escreve:

> "Acredito que o desejo e o motivo para impérios grandes e poderosos, para exércitos e marinhas gigantes, para os materiais que são usados para a destruição da vida e a desolação das recompensas do trabalho, desaparecerão".[486]

Gartzke, por outro lado, argumenta que o comércio desempenha um papel mais ambivalente na prevenção da guerra:

> "O desenvolvimento econômico, os mercados financeiros e a coordenação de políticas monetárias, sem dúvida, desempenham um papel mais crítico na promoção da paz".[487]

Em 2018, Weede questionou a validade metodológica de estudos que concluem que o comércio não desempenha um papel decisivo para saber se os conflitos militares se tornam menos prováveis e, "se todas essas deficiências forem evitadas, quase todos os estudos apoiam a proposição *'paz pelo livre comércio'*".[488] Assim, os Estados que estão intimamente ligados pelo comércio são significativamente menos propensos a se envolver em conflitos militares uns com os outros.

Embora os pesquisadores ainda estejam debatendo quais características do capitalismo desempenham o maior papel para garantir que haja menos conflitos militares entre os Estados capitalistas,[489] pelo menos pesquisadores como Weede e Gartzke apresentaram argumentos convincentes para apoiar a visão de que o capitalismo e não a democracia são o fator decisivo. "Como a democracia depende do capitalismo ou da liberdade econômica, bem como da prosperidade gerada por ele, a paz democrática se torna um mero componente da paz capitalista."[490]

---

486 Cobden, 71.

487 Gartzke, "Capitalist Peace," 170.

488 Weede, "The Expansion," 821. Em itálico no original.

489 Cf. Schneider / Gleditsch / Petter, 3 et seq., que distingue entre quatro argumentos principais.

490 Weede, "The Expansion," 824.

Em relação ao contra-argumento frequentemente citado da Primeira Guerra Mundial, na qual os países capitalistas (incluindo a Alemanha de um lado e a França e a Grã-Bretanha do outro) lutaram entre si, Weede argumenta que as dependências comerciais eram mais fracas entre a França e a Alemanha (que lutaram entre si) do que foi o caso entre a Grã-Bretanha e França (que não entraram em guerra uma com a outra).[491]

> "No que diz respeito às ligações comerciais, elas eram mais fortes onde era menos necessário — entre a Grã-Bretanha e a França, entre a Grã-Bretanha e os Estados Unidos, entre a Alemanha e a Áustria-Hungria. Esses pares acabaram do mesmo lado da guerra."[492]

Para mim, há outro argumento mais fundamental que tem mais peso: é claro que os países capitalistas também podem travar guerras uns contra os outros, e a Primeira Guerra Mundial é apenas um exemplo disso. Pesquisadores que trabalham na teoria da "paz capitalista" geralmente analisaram longas listas de conflitos militares e, em seguida, examinaram se os países envolvidos eram capitalistas ou não. No entanto, na minha opinião, esse método por si só não leva a uma conclusão satisfatória. Em primeiro lugar, é possível que os países capitalistas façam guerra contra países não capitalistas e, acima de tudo, é concebível que os países cujo sistema econômico é capitalista façam guerra uns contra os outros — mas por razões que não têm nada a ver com seus sistemas econômicos. Pois de forma alguma o capitalismo é sempre responsável quando países com sistemas econômicos capitalistas fazem guerra uns contra os outros: afinal, as decisões relacionadas à guerra e à paz não são tomadas por empresários capitalistas, mas por políticos, ou seja, Estados. Na teoria marxista, é claro, o Estado sob o capitalismo é sempre apenas um agente e executor dos interesses da classe dominante, ou seja, os capitalistas — um argumento que refutei no Capítulo 5.

Do meu ponto de vista, no entanto, é necessário analisar e determinar, para cada conflito específico, se e até que ponto os representantes da classe empresarial exerceram uma influência decisiva na preparação para a eclosão da guerra ou se os políticos permitiram que suas ações e políticas fossem direcionadas por interesses comerciais. Tomando a Primeira Guerra Mundial como

---

491 Weede, "The Expansion," 823.

492 Weede, "The Capitalist Peace and the Rise of China," 159.

exemplo, mostrarei que esse não foi o caso e que os principais representantes das comunidades empresariais na Alemanha e na Grã-Bretanha se opuseram à ação militar e à guerra.

Obviamente, há uma série de razões pelas quais os países travam guerras. Ao lado de considerações econômicas, razões geopolíticas também podem desempenhar um papel; às vezes as guerras são o resultado da escalada de ameaças diplomáticas e ultimatos que levam a um conflito militar por acaso e não por planejamento. As nações da Europa "entraram em guerra" como resultado de erros e acidentes, explicou o primeiro-ministro britânico da Primeira Guerra Mundial, David Lloyd George. Em alguns casos, os governantes usam as guerras para desviar a atenção dos conflitos internos e, em séculos passados, um motivo comum para travar a guerra era a necessidade ou sede de prestígio de um governante. E, é claro — em séculos anteriores ainda mais do que hoje —, a religião desempenhou um papel. As guerras têm múltiplas causas e um manual de teorias da guerra contém 10 artigos sobre teorias antropológicas, biológicas, psicológicas, sociopsicológicas, políticas, geopolíticas, sociais, econômicas, ecológicas e teológicas da guerra.[493]

Quando Estados com sistemas econômicos capitalistas travam guerras, não é necessariamente verdade que as razões para a ação militar sejam econômicas ou correspondam aos interesses dos empresários capitalistas do país. A Primeira Guerra Mundial foi e sempre será citada pela historiografia marxista como um exemplo particularmente claro da natureza capitalista de uma guerra. Os críticos da teoria da "paz capitalista" também citam frequentemente a Primeira Guerra Mundial como um contra-argumento. É por essa razão que eu gostaria de lidar com a Primeira Guerra Mundial com mais detalhes.

Sete anos antes da eclosão da guerra, a resolução contra o militarismo e o imperialismo aprovada pela Segunda Internacional afirmou:

> "As guerras entre Estados capitalistas são, geralmente, o resultado de sua rivalidade pelos mercados mundiais, já que todo Estado não está preocupado em consolidar seu próprio mercado, mas também em conquistar novos mercados. (...) As guerras são, portanto, inerentes à natureza do capitalismo, elas só cessarão quando a economia capitalista for abolida".[494]

[493] Jäger / Beckmann, 9–146.

[494] Citado em Ferguson, *The Pity of War*, 31.

No prefácio de 1920 às edições francesa e alemã de seu livro *Imperialismo, Etapa Superior do Capitalismo*, Lenin escreveu que seu texto:

> "provou (...) que a guerra de 1914-1918 era imperialista (ou seja, uma guerra anexionista, predatória) por parte de ambos os lados; foi uma guerra pela divisão do mundo, pela divisão e repartição de colônias, 'esferas de influência' do capital financeiro, etc." Enquanto a propriedade privada dos meios de produção existia, tais guerras eram "absolutamente inevitáveis".[495]

Em uma análise das causas da Primeira Guerra Mundial, no entanto, o historiador alemão Werner Plumpe conclui que não há evidências do período anterior a agosto de 1914 de que as empresas alemãs estivessem buscando guerra ou de alguma forma apoiando o início da ação militar.[496] Como uma guerra poderia ter beneficiado a economia alemã? Nas décadas que antecederam a guerra, as grandes empresas orientadas para a exportação do país experimentaram um aumento sem precedentes nos negócios. Mesmo os principais grupos da indústria pesada, como Krupp e Thyssen, tinham cotas de exportação substanciais, e uma guerra não se alinhava de forma alguma com seu interesse.[497] "De fato, a guerra também era o *pior cenário* para a indústria altamente bem-sucedida da Alemanha, que ganhou uma posição tão forte na expansão dos mercados mundiais que a guerra só poderia ser prejudicial, especialmente porque era mais provável que fosse travada contra sua própria clientela."[498]

Plumpe cita os principais industriais, a maioria dos quais se opôs claramente à guerra. Seus medos se mostraram bem fundamentados após a eclosão do conflito: uma proibição geral das exportações foi imposta, a demanda externa entrou em colapso e a demanda interna também diminuiu. "Em vista do colapso abrangente dos principais mercados, o choque da guerra foi violento."[499]

A situação não era diferente em outros países. Em Londres, como o historiador britânico Niall Ferguson relata em seu principal trabalho sobre a Primeira Guerra Mundial, a esmagadora maioria dos banqueiros ficou horrorizada com a perspectiva de guerra, "ainda porque a guerra ameaçou levar à falência

[495] Lenin, *Imperialism*, 9–10.
[496] Plumpe, "Logik des modernen Krieges," 327.
[497] Plumpe, "Logik des modernen Krieges," 328.
[498] Plumpe, "Logik des modernen Krieges," 332. Em itálico no original.
[499] Plumpe, "Logik des modernen Krieges," 343.

a maioria, se não todas, das principais instituições bancárias envolvidas no financiamento do comércio internacional".[500]

Os Rothschilds, os grandes bichos-papões de antissemitas e anticapitalistas, se esforçaram em vão para evitar um conflito anglo-alemão e, apesar de todos os seus esforços, foram acusados pelo editor de relações exteriores do *The Times*, Henry Wickham Steed, de "uma tentativa financeira internacional germano-judaica de nos intimidar a defender a neutralidade".[501] Ferguson conclui que não há evidências de um apetite capitalista por uma grande guerra europeia.[502]

Às vezes, argumenta-se que as empresas se tornaram defensoras ativas do conflito militar assim que a guerra começou e que algumas delas ganharam enormes quantias com a guerra. Isso é verdade: as empresas geralmente se adaptam às mudanças nas circunstâncias e condições políticas, mas a maioria das pessoas também, não apenas os empreendedores. Isso é verdade em qualquer sistema. As empresas e a indústria podem esperar as melhores condições externas para suas atividades econômicas — mas não podem determiná-las. De qualquer forma, a guerra não beneficiou a economia alemã; muito pelo contrário. As décadas do pós-guerra foram marcadas pela miséria econômica — inflação, desemprego etc. — que contrastava fortemente com a prosperidade econômica capitalista de 1896 a 1914. «A Primeira Guerra Mundial», escreve Ferguson, «desfez a primeira era de ouro da ‹globalização› econômica".[503]

O capitalismo reduziu significativamente a importância econômica e os benefícios concomitantes da conquista de territórios estrangeiros. Antes do capitalismo, quando as economias eram em grande parte estáticas, a conquista de territórios estrangeiros para expandir o poder econômico e proteger as matérias-primas desempenhava um papel importante; mas hoje, nem o tamanho de um país, nem seus depósitos de matérias-primas importam pelo seu peso econômico. "Os Estados sempre têm interesses diferentes quando se trata de recursos ou questões territoriais, mas as mudanças nas economias modernas muitas vezes tornam essas diferenças triviais, já que recursos podem ser adquiridos mais facilmente através do comércio", explica Gartzke.[504]

---

[500] Ferguson, *The Pity of War*, 32.

[501] Steed, citado em Ferguson, *The Pity of War*, 32.

[502] Ferguson, *The Pity of War*, 33.

[503] Ferguson, *The Pity of War*, 438.

[504] Gartzke, "The Capitalist Peace," 171

O maior país do mundo em massa terrestre é a Rússia, cobrindo uma área de 6,6 milhões de milhas quadradas. Ao mesmo tempo, a Rússia tem os maiores depósitos de matérias-primas do mundo, no valor estimado em US$ 75,7 trilhões.[505] Porém, seu PIB *per capita* é de apenas US$ 11.774.[506] Em comparação, a pequena Cingapura, que mede apenas 274 milhas quadradas e praticamente não tem depósitos de matéria-prima, tem um PIB *per capita* de US$ 65.233,[507] cinco vezes e meia o da Rússia. A capitalização de mercado da bolsa de valores de Cingapura, em cerca de US$ 700 bilhões,[508] é quase tão alta quanto a da Rússia (US$ 745 bilhões).[509] Uma explicação para isso é que Cingapura é o país economicamente mais livre (ou seja, mais capitalista) do mundo, ocupando o primeiro lugar no *Índice de Liberdade Econômica 2021*, enquanto a Rússia está em 92° lugar.[510]

A Alemanha tem uma área de apenas 137.882 milhas quadradas e poucas matérias-primas de acordo com os padrões internacionais. Apesar de seus depósitos desproporcionalmente menores de área e matérias-primas, o PIB da Alemanha de US$ 3,8 trilhões[511] é mais do que o dobro do da Rússia e seu PIB *per capita*, de US$ 46.445,[512] é quatro vezes maior do que o da Rússia.

Na verdade, grandes depósitos de matérias-primas representam uma desvantagem econômica para muitos países. Os economistas se referem à "doença holandesa" e o economista Paul Collier se refere a uma "armadilha de recursos naturais".[513] Assim, os fatores mais importantes para a força econômica de um país são diferentes hoje e na história antiga.

Se analisarmos as causas da Segunda Guerra Mundial, quão importantes foram as considerações econômicas? Bem, elas eram mais importantes do que muitas vezes se supõe na pesquisa, porque, no pensamento de Adolf Hitler,

---

[505] Números revisados pela última vez em 2015, acessados em 25 de maio de 2021: <http://commons.ch/deutsch/wp-content/uploads/Top-15-L%C3%A4nder-nach-Gesamtwert-aller-ihrer-Rohstoffvorkommen.pdf>.

[506] Números de 2019, acessado em 25 de maio de 2021: <https://data.worldbank.org/>.

[507] Números de 2019, acessado em 25 de maio de 2021: <https://data.worldbank.org/>.

[508] Acessado em 25 de maio de 2021: <https://www.tradinghours.com/markets/sgx>.

[509] Acessado em 25 de maio de 2021: <https://www.tradinghours.com/markets/moex>.

[510] Miller / Kim / Roberts, Heritage Foundation *Index of Economic Freedom 2021*.

[511] Números de 2019, acessado em 25 de maio de 2021: https://data.worldbank.org/>.

[512] Números de 2019, acessado em 25 de maio de 2021: <https://data.worldbank.org/>.

[513] Collier, *The Bottom Billion*, 38 et seq.

que foi responsável por desencadeá-la, os aspectos econômicos desempenharam um papel fundamental.[514]

O objetivo de Hitler era conquistar um novo "espaço vital no Oriente", ou seja, na Rússia. Ele nunca havia escondido esse objetivo e o declarou abertamente em seu livro *Mein Kampf*, em seu chamado *Second Book* [*Segundo Livro*] e em vários discursos.

Hitler aderiu a uma teoria que também havia sido defendida por teóricos marxistas como Rosa Luxemburgo e Nikolai Bukharin,[515] a teoria do "encolhimento dos mercados". Ele considerou o caminho que as empresas alemãs tomaram, ou seja, depender principalmente das exportações, um grande erro. Na opinião de Hitler, os mercados de vendas continuariam a encolher como resultado da industrialização de antigos países em desenvolvimento. Portanto, o direcionamento para a exportação do país era um beco sem saída; apenas um novo espaço vital no Oriente poderia resolver os problemas.

Hitler argumentou:

> "O homem não vive de ideias, mas de grãos e milho, de carvão, ferro, minério, e todas aquelas coisas que estão na terra. E, se essa terra estiver faltando, todas as teorias se tornam inúteis. Não é um problema da economia em si, mas da terra".[516]

Em um discurso em 30 de maio de 1942, Hitler repetiu sua teoria, que já havia defendido regularmente em discursos anteriores e em *Mein Kampf*:

> "Se alguém não quiser estender o *Lebensraum*, então um dia deve ocorrer uma disparidade entre a população, que cresce constantemente, e o *Lebensraum*, que permanece o mesmo. Esta é a intenção da natureza: com isso, ela força o homem a lutar, assim como qualquer outra criatura do mundo. É a batalha pela comida, a batalha pelos fundamentos da vida, pelas matérias-primas que a terra oferece, pelos recursos naturais que estão dentro dela e pelos frutos que ela oferece àqueles que a cultivam."[517]

E foi esse *Lebensraum* adicional que Hitler procurou conquistar na Rússia.

---

[514] Cf. Zitelmann, "Zur Begründung des 'Lebensraum'-Motivs in Hitlers Weltanschauung."

[515] Cf. Bucharin, 94, Luxemburg, 430.

[516] Citado em Zitelmann, *Hitler's National Socialism*, 372–373.

[517] Citado em Zitelmann, *Hitler's National Socialism*, 375.

Isso não é prova de que a Segunda Guerra Mundial foi travada no interesse capitalista? Pelo contrário: Hitler, afinal, rejeitou firmemente o que ele chamou de política da "conquista economicamente pacífica do mundo".[518] Em sua opinião, a política econômica da Alemanha orientada para a exportação foi uma aberração perigosa. Hitler queria tornar a Alemanha autossuficiente e independente da economia mundial, conquistando espaço vital no Oriente. Ele não estava de forma alguma preocupado em abrir novas fontes de matérias-primas e novos mercados para empresas capitalistas privadas, pois tinha em mente uma economia planejada para o período após a guerra e nos territórios conquistados. Logo após o ataque à União Soviética, em 28 de julho de 1941, ele declarou: "Um emprego sensato dos poderes de uma nação só pode ser alcançado com uma economia planejada de cima".[519] Cerca de duas semanas depois, ele disse: "No que diz respeito ao planejamento da economia, *ainda estamos muito no começo*".[520] Ele repetiu esse pensamento cerca de um ano depois: Mesmo depois da guerra, não seria possível "*renunciar ao controle estatal da economia*", porque então cada grupo de interesse pensaria exclusivamente no cumprimento de seus próprios desejos.[521]

Hitler admirava cada vez mais o sistema econômico soviético, que ele considerava muito superior ao capitalista.[522] Em uma conversa com o ditador italiano Benito Mussolini no final de abril de 1944, ele confessou que havia chegado à conclusão de que o capitalismo havia seguido seu rumo e que os povos não o tolerariam mais. Somente o nacional-socialismo e o fascismo e "talvez o bolchevismo no Oriente" sobreviveriam à guerra.[523]

Então, as considerações econômicas desempenharam um papel decisivo no conceito de *Lebensraum* de Hitler — e, portanto, nas origens da Segunda Guerra Mundial —, mas isso certamente não é prova de que o capitalismo leva à guerra.

Aliás, o fato de que a posição e a influência dos capitalistas sobre a política econômica, a sociedade e a política foram enormemente enfraquecidas por essas guerras também fala contra a tese de que a Primeira e a Segunda Guerras

---

[518] Citado em Zitelmann, *Hitler's National Socialism*, 346.

[519] Citado em Zitelmann, *Hitler's National Socialism*, 301.

[520] Citado em Zitelmann, *Hitler's National Socialism*, 301. Em itálico no original.

[521] Zitelmann, *Hitler's National Socialism*, 301. Em itálico no original.

[522] Cf. Zitelmann, *Hitler's National Socialism*, 513–514.

[523] Citado em Zitelmann, *Hitler's National Socialism*, 303.

Mundiais foram travadas a serviço da busca capitalista de lucro ou que os ricos instigaram essas guerras por seus próprios interesses econômicos. Em *Capital no Século XXI*, Thomas Piketty até argumenta que o "imposto progressivo no século XX é produto tanto das guerras quanto da democracia".[524] Antes da Primeira Guerra Mundial, "taxas de impostos, inclusive para os níveis de renda mais astronômicos, permaneceram extremamente baixas. (...) Isso em todos os países, sem exceção".[525] Até 1914, as principais taxas de imposto de renda nos países desenvolvidos eram incrivelmente baixas. Na França, escreve Piketty, a lei de imposto de renda previa uma taxa máxima de apenas 2% em 1914, subindo para 72% em meados da década de 1920 — em grande parte resultado da Primeira Guerra Mundial.[526] Na Prússia, a taxa máxima permaneceu estável em 3% de 1891 a 1914, antes de subir para 40% em 1919-1920. Nos Estados Unidos e na Grã-Bretanha, as taxas mais altas foram abruptamente aumentadas para 77 e mais de 40%, respectivamente, após a Primeira Guerra Mundial.[527]

Piketty explica:

> "É impossível dizer o que aconteceria sem o choque de 1914-1918. Sem dúvida, um movimento havia sido iniciado, mas parece óbvio que essa marcha em direção à progressividade seria no mínimo mais lenta — e talvez jamais tivesse atingido tais níveis".[528]

Os impostos sobre heranças e presentes na Alemanha também aumentaram abruptamente após a Primeira Guerra Mundial, de 0 a 35% em heranças maiores. "O papel da guerra e das rupturas políticas que ela engendrou parece absolutamente decisivo."[529] Isso vale também para outros países. Em outras palavras, a Primeira Guerra Mundial levou a um aumento significativo nos impostos cobrados sobre indivíduos de alta renda e alta riqueza.

A Segunda Guerra Mundial resultou em uma carga tributária ainda mais dura para os ricos. Em 1942, a Lei de Imposto da Vitória (*Victory Tax Act*) foi aprovada nos Estados Unidos, fazendo com que a taxa máxima de imposto disparasse para 88%, um nível que, através de várias sobretaxas, subiu para

---

[524] Piketty, O Capital no século XXI, 617.

[525] Piketty, O Capital no século XXI, 617.

[526] Piketty, O Capital no século XXI, 618.

[527] Piketty, O Capital no século XXI, 621.

[528] Piketty, O Capital no século XXI, 621.

[529] Piketty, O Capital no século XXI, 504–505.

94% em 1944.[530] Os limites para a aplicação das principais taxas de imposto nos Estados Unidos também foram reduzidos significativamente, o que significa que eles se aplicavam a um número maior de contribuintes.

Na Grã-Bretanha, as taxas aplicáveis aos maiores rendimentos e heranças na década de 1940 atingiram um pico de 98%.[531] Na Alemanha, a taxa máxima de imposto subiu para 64,99% em 1941,[532] enquanto, na França, a participação de renda dos cidadãos mais ricos caiu 68 vezes mais rápido durante a Segunda Guerra Mundial do que nos 38 anos seguintes: 92% do declínio total na participação de renda dos 1% mais favorecidos de 1939 ocorreu nos 7 anos até o final da guerra em 1945.[533]

No Japão, os 1% mais ricos da população do país receberam 19,9% de toda a renda relatada antes de impostos e transferências em 1938. Nos próximos 7 anos, no entanto, sua participação encolheu dois terços, para 6,4%, e mais da metade dessa perda foi incorrida pelo décimo mais rico desse escalão superior, cuja participação de renda despencou de 9,2 para 1,9%, um declínio de quase quatro quintos.[534] O valor real declarado dos 1% mais ricos das propriedades japonesas diminuiu 90% entre 1936 e 1945 e quase 97% no período de 1936 a 1949. Os 0,1 principais Estados perderam ainda mais durante esse período, 93 e mais de 98%, respectivamente.[535] O sistema econômico japonês foi gradualmente transformado em uma economia planejada "que preservou apenas uma fachada do capitalismo de livre mercado".[536] Os bônus executivos foram limitados, a renda de aluguel foi fixada pelas autoridades e, entre 1935 e 1943, a principal taxa marginal de imposto de renda no Japão dobrou.[537]

A análise de Walter Scheidel prova que as guerras estão entre as maiores causas de perdas maciças de riqueza para os ricos da história moderna. De acordo com Scheidel, as duas guerras mundiais estavam "entre os maiores niveladores da história".[538] O declínio percentual médio nas principais ações de renda em países que lutaram ativamente na Segunda Guerra Mundial como

[530] Piketty, O Capital no século XXI, 507; Scheidel, 195.
[531] Piketty, O Capital no século XXI, 629.
[532] Banken, 390.
[533] Scheidel, 136.
[534] Scheidel, 115.
[535] Scheidel, 115.
[536] Scheidel, 119.
[537] Scheidel, 119.
[538] Scheidel, 6.

Estados da linha de frente foi de 31% do nível pré-guerra, o que é considerado um achado robusto, considerando que esta amostra inclui uma dúzia de países.[539] Os dois únicos países em que a desigualdade aumentou durante esse período também foram os mais distantes dos cenários de guerra (Argentina e África do Sul).[540]

> "As baixas taxas de poupança e a depressão dos preços dos ativos, a destruição física e a perda de ativos estrangeiros, a inflação e a tributação progressiva, os controles de aluguel e preços e a nacionalização contribuíram em graus variados."[541]

A fortuna dos ricos foi drasticamente reduzida nas duas guerras mundiais, independentemente de os países terem perdido ou vencido, sofrido ocupação durante ou após a guerra, e serem democracias ou administrados por regimes autocráticos.[542]

Para os ricos, o impacto econômico das duas guerras mundiais foi, portanto, devastador, um fato que se opõe à tese de que os capitalistas instigaram as guerras para servir aos seus próprios interesses econômicos. Ao contrário da percepção popular, de que foram as classes mais baixas que mais sofreram durante as duas guerras mundiais, na verdade foram os capitalistas que foram os maiores perdedores em termos econômicos, medidos em perdas absolutas e relativas de renda e riqueza.

Mas e as guerras mais recentes? Os Estados Unidos estão envolvidos em vários conflitos militares desde a Segunda Guerra Mundial e, em cada caso, foi alegado pelos críticos do capitalismo que essas guerras foram instigadas para promover os interesses econômicos das grandes empresas. Talvez o exemplo mais proeminente desta tese esteja relacionado à Segunda Guerra do Iraque, que os Estados Unidos e outros países travaram em março e abril de 2003 e que levou à derrota de Saddam Hussein.

Mesmo antes do início da guerra, uma pesquisa internacional descobriu que 76% das pessoas na Rússia, 75% na França, 54% na Alemanha e 44% na Grã-Bretanha concordaram que os Estados Unidos estavam interessados em invadir o Iraque para controlar o petróleo iraquiano.[543] A principal revista de

---

539 Scheidel, 134.
540 Scheidel, 133.
541 Scheidel, 154.
542 Scheidel, 165.
543 Bierling, 107.

notícias alemã, *Der Spiegel*, publicou a reportagem de capa provocante "Sangue por óleo. O que realmente está em jogo no Iraque", que apresentava bicos interligados de bomba de gasolina e rifles de assalto sobrepostos às estrelas da bandeira dos EUA.[544] Até o ativista e diretor de cinema de esquerda Michael Moore espalhou a mesma teoria em 2004 em seu filme *Fahrenheit 9/11*, que se tornou o documentário de maior sucesso de todos os tempos nos Estados Unidos.[545] Anticapitalistas, como Noam Chomsky, também escreveram que o objetivo da guerra era que os Estados Unidos protegessem os recursos petrolíferos do Iraque.[546] Do ponto de vista deles, a Segunda Guerra do Iraque forneceu uma confirmação impressionante da tese do capitalismo belicista.

Essas teorias pareciam ainda mais convincentes porque a justificativa oficial dos EUA para a guerra — que o ditador iraquiano Saddam Hussein tinha posse de armas de destruição em massa e estava trabalhando com terroristas internacionais — não resistiu ao escrutínio após o fim da guerra. As fontes de inteligência provaram estar pelo menos parcialmente erradas e, além disso, a inteligência foi interpretada unilateralmente pelo governo dos EUA. Investigações subsequentes revelaram conclusivamente que o Iraque não tinha posse de armas de destruição em massa, como os EUA alegaram. Isso adicionou combustível ao fogo teórico da "guerra pelo petróleo".

No entanto, análises acadêmicas dessa visão popular chegaram a uma conclusão clara:

> "não há evidências de que a indústria petrolífera dos EUA de alguma forma tenha batido o tambor para a invasão do Iraque. Na verdade, o oposto era verdade: as empresas petrolíferas dos EUA há muito queriam que as sanções dos EUA e da ONU fossem levantadas para que não ficassem mais atrás de suas concorrentes de França, Rússia e China na corrida por concessões de petróleo iraquianas. Como quase sempre, as grandes empresas queriam negócios, não guerra. A ideia de que as empresas americanas poderiam extrair e vender petróleo iraquiano intocado e sem pagamento sob um regime de ocupação é irrealista".[547]

---

544 <https://www.amazon.de/Spiegel-Nr-2003-13-01-2003-Blut/dp/B00RI3V8QC>.

545 <https://en.wikipedia.org/wiki/Fahrenheit_9/11>.

546 Chomsky, entrevistado pelo Christopher Cramer: <https://www.pressenza.com/2018/05/noam-chomsky-discusses-iraq/>.

547 Bierling, 109.

Se os Estados Unidos estivessem preocupados em garantir o acesso a melhores suprimentos de petróleo e preços mais baixos, tudo o que teriam que fazer seria ceder às advertências russas e francesas no Conselho de Segurança da ONU para acabar com as restrições à exportação. "Há também o fato de que a Arábia Saudita, que tem estoques maiores de petróleo e teria sido um adversário mais fácil, teria sido um alvo militar muito mais adequado — não um Iraque fortemente armado e populoso."[548] Aliás, também não há evidências de que os Estados Unidos tenham feito qualquer tentativa, durante a ocupação ou depois, de conceder às corporações americanas uma posição privilegiada na indústria petrolífera iraquiana.[549]

Em seu livro sobre a guerra do Iraque, o cientista político alemão Stephan Bierling chega à conclusão inequívoca: "Não importa o quanto as pessoas torçam e transformem o argumento 'sem sangue por petróleo', ele permanece totalmente desprovido de qualquer base suficiente de fato".[550] A principal razão para a guerra, de acordo com suas análises, foi para que os Estados Unidos estabelecessem um precedente demonstrando seu poder militar e, como resultado, mudassem o cálculo de risco de todos os potenciais inimigos dos Estados Unidos após os ataques de 11 de setembro. A guerra tinha a intenção de demonstrar a amigos e inimigos que os EUA deveriam ser levados a sério, eram totalmente capazes de tomar medidas decisivas e enviar um forte sinal de que os países que cooperassem com terroristas pagariam um preço alto.

Em termos de correlação entre capitalismo e guerra, há outro ponto de vista que precisa ser considerado. O cientista político americano John Mueller argumenta que a direção causal é, na verdade, o contrário: não é principalmente que o capitalismo de livre mercado leva à paz, mas que a paz causa — ou facilita — o capitalismo e seu consequente desenvolvimento econômico.[551] Ele também aponta que a fixação característica do capitalismo com o bem-estar econômico e a busca da riqueza estão em tensão com a ideia de guerra, como tem sido defendida há séculos — se não milênios. Essa paz prolongada degrada e enfraquece o caráter de uma nação ao favorecer a covardia e a efeminação foi uma tese defendida por numerosos filósofos, de Aristóteles a Nietzsche.[552]

---

548 Bierling, 110.
549 Bierling, 109.
550 Bierling, 110.
551 Mueller, 180.
552 Mueller, 172.

Repetidamente, pensadores e políticos reclamaram que o hedonismo, a superficialidade e o egoísmo tomavam o lugar de valores supostamente mais elevados como heroísmo, sacrifício e honra durante longos períodos de paz, ou que a guerra era o verdadeiro motor do progresso.[553] Somente no momento em que outras ideias substituíram essas convicções, como, por exemplo, que o comércio criava mais benefícios do que conquistas, a paz servia mais ao progresso do que a guerra, e o crescimento econômico e a prosperidade eram os objetivos principais, tais convicções, que serviam para legitimar as guerras, perderam seu significado.

Outra tese popular entre os anticapitalistas hoje é que o capitalismo está enraizado principalmente no colonialismo. As guerras coloniais são atribuídas ao capitalismo, embora o capitalismo tenha sido mais bem-sucedido nos mesmos países menos ativos em termos de expansão colonial. A América do Norte ou os Estados Unidos não eram, para usar a linguagem dos críticos anticapitalistas do colonialismo, "perpetradores"; eles mesmos estavam inicialmente entre as vítimas do colonialismo. Suas próprias atividades coloniais desempenharam um papel completamente subordinado nos EUA e seu desenvolvimento econômico. E, mesmo que se fale muito hoje sobre o passado colonial da Alemanha, o fato de que os empreendimentos coloniais desde a década de 1880 eram de menor importância econômica fala contra a ênfase no colonialismo como a raiz do capitalismo. "Os desenvolvimentos nos Estados Unidos e no Império Alemão foram caracterizados pela substituição de matérias-primas até então de origem colonial, pelo menos sempre que tecnicamente possível, por produtos domésticos, emancipando assim as duas economias em alguns aspectos das fontes coloniais de abastecimento."[554] O que eram inicialmente as principais nações, Grã-Bretanha, Holanda e França, na verdade ficaram para trás em termos relativos na segunda metade do século XIX.[555] Portugal e a Espanha, as primeiras potências imperialistas com colônias do México a Macau, eram as mais pobres da Europa Ocidental na época em que o capitalismo surgiu, e países como Suécia e Áustria ficaram ricos mesmo sem territórios coloniais ultramarinos significativos..

Assim, há muitos argumentos contra a tese de que as guerras têm suas raízes no capitalismo ou de que o capitalismo é um sistema especialmente de guerra:

---

[553] Mueller, 172.

[554] Plumpe, *Das kalte Herz*, 171.

[555] Plumpe, *Das kalte Herz*, 171.

as guerras eram muito mais frequentes nos tempos pré-capitalistas do que na era do capitalismo, e aquelas guerras que são repetidamente citadas como evidência da tese (da Primeira Guerra Mundial à Segunda Guerra do Iraque) tiveram causas que não estavam relacionadas aos interesses econômicos dos capitalistas.

10.

"CAPITALISMO SIGNIFICA QUE SEMPRE HÁ UM PERIGO DE FASCISMO"

Max Horkheimer, o principal filósofo da Escola de Frankfurt, cunhou uma frase que ainda hoje é citada: "Mas quem não está disposto a falar sobre o capitalismo também deve ficar quieto sobre o fascismo".[556] Com o uso do termo "fascismo", Horkheimer estava se referindo ao nacional-socialismo. Os teóricos de esquerda evitam o termo nacional-socialismo e preferem falar de fascismo porque acreditam que o socialismo contido no nacional-socialismo desacredita o tipo "bom" e "real" de socialismo. O "fascismo", de acordo com a definição clássica oferecida por Georgi Dimitrov, Secretário Geral da Internacional Comunista, era "a ditadura terrorista aberta dos elementos mais reacionários, chauvinistas e imperialistas do capital financeiro".[557] Na visão dos marxistas, os capitalistas procuraram garantir seu domínio por meio da "ditadura fascista". Até hoje, muitas pessoas acreditam que a verdadeira causa do fascismo era o capitalismo e que Adolf Hitler chegou ao poder apenas porque foi apoiado pelo dinheiro das grandes empresas.

Uma vez que o nacional-socialismo é sempre citado pelos anticapitalistas como oferecendo o que eles afirmam ser uma prova conclusiva da ligação entre capitalismo e fascismo (muito mais frequentemente do que, por exemplo, o fascismo italiano), e uma vez que eu mesmo fiz muita pesquisa neste campo, continuarei a examinar se os fatos históricos apoiam esta tese.

Em seus primeiros discursos, Hitler atacou bruscamente o "capital financeiro" e o "capital do mercado de ações" como termos substitutos às suas descrições dos judeus:

---

[556] Horkheimer, "The Jews and Europe," 78.

[557] Dimitrov, citado em McDermott, 131.

> "Portanto, esse capital cresceu e hoje governa praticamente o mundo inteiro, imensurável quanto aos valores, inconcebíveis em suas relações gigantescas, crescendo abertamente, e — a pior parte — corrompendo completamente todo o trabalho honesto. Porque essa é a parte horrível, a que o ser humano normal hoje tem que arcar com o fardo dos juros sobre esse capital, tem que ver como, apesar da diligência, indústria, economia, apesar do trabalho real, quase nada é deixado para ele; apenas para se alimentar, e muito menos para se vestir, ao mesmo tempo em que esse capital internacional devora bilhões apenas em juros que ele tem que ajudar a pagar, ao mesmo tempo em que uma classe racial está se espalhando no Estado que não faz nenhum outro trabalho além de coletar juros para si mesma e cortar cupons".[558]

Em seus discursos no início da década de 1920, Hitler defendeu a "nacionalização de todos os bancos e de todo o setor financeiro"[559] e a "nacionalização de recursos minerais, fertilizantes artificiais [e] produtos químicos",[560] embora se opusesse à "nacionalização total". Um pouco confuso, o programa de manifesto do Partido Nacional Socialista de 1920 afirmou: "Exigimos a nacionalização de todas as empresas [de confiança] socializadas".[561]

No parlamento, os nacional-socialistas muitas vezes votaram em conjunto com o SPD e o KPD, de esquerda, sobre questões de política social.[562] Os nacional-socialistas apresentaram moções no parlamento exigindo a nacionalização de todos os principais bancos e a proibição de negociar valores mobiliários. Os deputados do partido também apresentaram moções pedindo o confisco das "fortunas dos príncipes do banco e do mercado de ações" e de todos os "lucros derivados da guerra, da inflação e — mais tarde — da depressão".[563]

Diante de tais demandas, o jornal *Deutsche Bergwerks-Zeitung*, afiliado a empresas, comentou que o Partido Nacional Socialista representava uma

---

558 Hitler, citado em Zitelmann, *Hitler's National Socialism*, 336. (O 'corte de cupons' refere-se à cobrança de pagamentos de juros sobre títulos governamentais e corporativos. Naquela época, isso exigia a apresentação de um cupom em papel a um banco, que era cortado do certificado de títulos).

559 Hitler, 7 de agosto de 1920, citado em Zitelmann, *Hitler's National Socialism*, 311.

560 Hitler, 25 de agosto de 1920, citado em, Zitelmann, *Hitler's National Socialism*, 312.

561 Citado em Zitelmann, *Hitler's National Socialism*, 311.

562 Turner, German Big Business, 127.

563 Turner, German Big Business, 66.

ameaça à propriedade privada e diferia apenas marginalmente dos comunistas. O periódico *Deutsche Allgemeine Zeitung*, em Berlim, que era de propriedade de um consórcio de industriais, banqueiros e proprietários de companhias de navegação do Ruhr, observou que, mesmo quando os social-democratas se distanciavam do marxismo, os nacional-socialistas pareciam com a intenção de assumir essa herança.[564]

Desde o início, Walter Rademacher, uma figura de liderança na indústria do carvão da Saxônia, que anteriormente foi deputado do Partido Popular Nacional Alemão (DNVP), reconheceu que o compromisso dos nacional-socialistas com a propriedade privada não valia muito. Isso ocorreu porque os nacional-socialistas qualificaram esse reconhecimento com a ressalva de que as atividades de empresários privados eram aceitáveis apenas enquanto servissem ao interesse público. A autoridade para determinar o que servia a esse interesse público, observou Rademacher, parecia estar totalmente com o Estado. Se, concluiu ele, o Estado pudesse violar os direitos dos empresários a qualquer momento simplesmente declarando que eles haviam usado sua propriedade de forma inadequada, nada restaria da iniciativa privada ou do controle do empresário sobre sua propriedade.[565]

Assim, ele entendeu algo que foi formulado muito mais tarde pelo economista alemão Frederich Pollock. Pollock foi cofundador do Instituto de Pesquisa Social de Frankfurt, que mais tarde se tornou o núcleo da Escola de Frankfurt mencionada acima. Ao mesmo tempo, amigo próximo de Horkheimer, Pollock escreveu um ensaio sobre a ordem econômica do nacional-socialismo em 1941, no qual afirmou:

> "Concordo plenamente que a instituição legal da propriedade privada foi mantida e que muitas das características que se mostraram inerentes ao nacional-socialismo já são aparentes, talvez apenas em um estágio embrionário, em países não totalitários. Mas isso significa que a função da propriedade privada permanece inalterada? O 'aumento do poder de alguns grupos' é realmente o principal resultado da mudança que ocorreu? Eu acho que vai muito mais além e deve ser descrito como a destruição de todas as características essenciais da propriedade privada, exceto uma. Mesmo as colheitadeiras mais poderosas foram privadas do direito de estabelecer um novo negócio onde os maiores lucros podem ser esperados; ou

---

[564] Turner, German Big Business, 127.

[565] Turner, German Big Business, 135.

de interromper a produção onde ela se torna não lucrativa. Esses direitos foram transferidos para os grupos dominantes como um todo. É o compromisso entre os grupos controladores que decide sobre o escopo e a direção do processo produtivo; contra tal decisão, o título da propriedade é impotente, mesmo que seja derivado da propriedade de uma esmagadora maioria de uma companhia de ações, para não falar de um proprietário de ações minoritário".[566]

Esta é certamente uma das caracterizações mais precisas do sistema econômico nacional-socialista. Poucos reconheceram esse desenvolvimento posterior durante a fase da ascensão do Partido Nacional Socialista ao poder antes de 1933. No entanto, a maioria dos empresários na época suspeitava dos objetivos dos nacional-socialistas. No final de 1929, Paul Reusch, um dos líderes empresariais mais influentes da época,[567] escreveu um conjunto de diretrizes sobre política editorial para os editores dos jornais que sua empresa controlava, nos quais ele nomeou o Partido Nacional Socialista, juntamente com os comunistas, os social-democratas e os sindicatos, entre os portadores do marxismo, sua perniciosa "ideia de conflito de classes" e seus "objetivos utópicos no campo da política econômica".[568]

Tais medos foram alimentados por publicações do Partido Nacional Socialista, como a revista quinzenal *Arbeitertum*, órgão da Organização Nacional Socialista de Células Operárias, que pedia o fim do "sistema econômico liberal-capitalista", a "nacionalização" socialista estatal das indústrias básicas" e a remoção e acusação das "hienas da economia".[569]

Por razões táticas, Hitler, Hermann Göring e outros importantes nacional-socialistas tentaram convencer os empresários alemães de que o partido era inofensivo. Como Hitler, conforme explicou em vários discursos, era da opinião de que na verdade eram os capitalistas que governavam o Estado,[570] ele tentou "neutralizar"[571] e apaziguar as grandes empresas em discussões em círculos confidenciais.

566 Pollock, 442.

567 Por muitos anos, Reusch foi presidente do conselho do conglomerado Gutehoffnungshütte, uma grande empresa de carvão e aço com sede na região de Ruhr.

568 Turner, Big German Business, 98.

569 Turner, Big German Business, 181.

570 Zitelmann, Hitler's National Socialism, 425–428.

571 Turner, Big German Business, 342.

Após os primeiros grandes sucessos eleitorais do Partido Nacional Socialista nas eleições do Reichstag de 1930, alguns membros da comunidade empresarial também se juntaram aos nacional-socialistas, mas eles eram principalmente *outsiders*. O mais conhecido deles foi o industrial Emil Kirdorf, que se juntou ao partido de Hitler em 1927, mas saiu por decepção apenas um ano depois (ele só voltou em 1934).[572]

Como Kirdorf, vários empresários esperavam que pudessem de alguma forma influenciar o Partido Nacional Socialista e exercer uma influência moderadora em suas políticas econômicas, o que reconhecidamente se provou ser uma ilusão.[573] Porém, a lenda de que o Partido Nacional Socialista foi amplamente financiado por "grandes empresas" é falsa. Como resultado de sua extensa pesquisa sobre essa questão, o historiador americano Henry A. Turner concluiu:

> "que os fundos que chegavam aos nazistas das grandes empresas eram apenas uma pequena fração daqueles para seus oponentes e rivais. No geral, o dinheiro das grandes empresas foi investido esmagadoramente contra os nazistas".[574]

Ao contrário dos partidos burgueses, como o DVP, que foi favorecido por muitos empresários e recebeu grandes doações ao longo de muitos anos, o partido de Hitler não dependia de grandes doadores. O Partido Nacional Socialista conseguiu explorar fontes de financiamento que o tornaram independente de doações de grandes empresas ou indivíduos ricos. A partir do final da década de 1920, o partido recebeu cada vez mais dinheiro por meio de taxas de filiação, à medida que o número aumentou de 25.000, em 1925, para 919.000 em 1932.[575] O partido alterou sua taxa de associação várias vezes; em 1930, a taxa padrão era de 0,80 reichsmark — um trabalhador qualificado ganhava 200 reichsmarks por mês e um beneficiário do Estado de bem-estar social recebia 50 reichsmarks.[576] Além disso, houve campanhas especiais de coleta entre membros regulares. Os membros da ala paramilitar do partido, a SA, tiveram que comprar sua própria marca de cigarros e pagar um esquema de seguro privado.

---

572 Turner, "Emil Kirdorf and the Nazi Party," 324–344.

573 Turner, "Big Business and the Rise of Hitler," 64.

574 Turner, "Big Business and the Rise of Hitler," 66.

575 Falter, *Mitglieder*, 74.

576 Falter, 29.

Além disso, ao contrário de outros partidos, os nacional-socialistas cobraram entrada por seus numerosos comícios partidários. De acordo com a polícia, o partido realizou uma média de 100 comícios por dia em toda a Alemanha — e ganhou dinheiro com cada um. A taxa de entrada era de um reichsmark — naquela época, um funcionário típico dos correios ganhava menos de 0,90 reichsmarks por hora.[577]

Nas eleições do Reichstag de 1932, o NSDAP se tornou de longe o partido mais forte da Alemanha, atraindo 37,4% dos votos, à frente do SPD (21,6%). A participação no governo parecia estar próxima. Assim, o partido conseguiu garantir mais doações da comunidade empresarial alemã. Henry Ashby Turner Jr. escreveu em seu principal trabalho, *Big German Business & The Rise of Hitler* [*Grandes Negócios Alemães e A Ascensão de Hitler*]:

> "Isso não aconteceu porque um número crescente de grandes empresários sofreu conversão ao nacional-socialismo. Apesar dos esforços de Hitler e de outros porta-vozes nazistas para afastar dúvidas sobre seu movimento, todas, exceto algumas figuras do grande capital, permaneceram distantes disso. (...) Praticamente todas as contribuições que fluíram para os nazistas de fontes de grandes empresas durante o primeiro semestre de 1932 surgiram de outras motivações além da convicção. A maioria também não resultou de um desejo de ver os nazistas terem sucesso".[578]

Alguns empresários deram dinheiro especificamente aos nacional-socialistas que consideravam comparativamente "amigáveis aos negócios" (ex. Hermann Göring) e a quem eles esperavam que pudessem manter os socialistas radicais do partido sob controle. Outros doaram dinheiro a vários partidos, incluindo os nacional-socialistas, para cobrir todas as bases, caso estas chegassem ao poder. O industrial Friedrich Flick e a empresa IG Farben deram dinheiro a todos os partidos "burgueses" e aos nacional-socialistas, mas estes últimos receberam muito menos do que os outros. A IG Farben, por exemplo, doou um total de 200.000 a 300.000 reichsmarks para vários partidos em 1932, dos quais os nacional-socialistas não receberam mais do que 10 a 15%.[579]

Diante da possibilidade de os nacional-socialistas ganharem um lugar forte no governo, alguns empresários que consideravam sua situação particularmente insegura ou vulnerável politicamente "começaram a considerar os nazistas com

577 Turner, Big German Business, 118.

578 Turner, Big German Business, 253.

579 Turner, "Big Business and the Rise of Hitler," 63.

o medo que esses homens costumam sentir em relação aos governantes ou mesmo aos governantes em potencial. Eles começaram, como consequência, a incluir os nazistas entre os beneficiários dos "prêmios de seguro" políticos com os quais buscavam comprar segurança contra mudanças na distribuição interna de poder da Alemanha. Outros responderam de forma oportunista à perspectiva de alcançar uma parcela de poder pelo NSDAP."[580]

Nos meses decisivos antes da nomeação de Hitler como chanceler do Reich, as grandes empresas, ao contrário do mito anticapitalista, não desempenharam nenhum papel. Hitler foi muito impopular nos círculos empresariais durante esses meses porque seu partido lançou uma série de ataques contundentes ao governo de Franz von Papen,[581] que foi considerado favoravelmente pelos grandes industriais do país. As intrigas que precederam a nomeação de Hitler, no centro da qual estava o presidente do Reich, von Hindenburg, não envolveram grandes empresas, mesmo porque — ao contrário dos militares, por exemplo — não tinham acesso a Hindenburg. "Os principais capitalistas da Alemanha", escreve Turner, "permaneceram espectadores passivos e mal-informados durante as intrigas nos bastidores nos círculos em torno do presidente Hindenburg que resultaram na instalação de Hitler como chanceler".[582]

Após a nomeação de Hitler em 30 de janeiro de 1933, grandes setores da comunidade empresarial reagiram como muitos alemães reagiram: com oportunismo. A adesão ao Partido Nacional Socialista triplicou em poucos meses: de 922.000, para 2,63 milhões.[583] Funcionários públicos, trabalhadores, autônomos — pessoas de todas as classes — se afiliaram ao partido. O influxo foi tão forte que, em 1° de maio de 1933, os nacional-socialistas decidiram suspender novas admissões.[584] O partido já havia conseguido conquistar uma proporção substancial de trabalhadores nas eleições na República de Weimar. Mesmo entre os membros do partido, os trabalhadores desempenharam um papel muito maior do que se supunha anteriormente, representando 40% dos membros, como o cientista político alemão Jürgen W. Falter demonstrou.[585]

---

580 Turner, Big German Business, 254.

581 Franz von Papen foi o antecessor imediato de Hitler como chanceler em 1933. Von Papen foi membro do Centro, um partido católico, até 1932, e depois serviu como independente.

582 Turner, Big German Business, 345.

583 Falter, 81.

584 Falter, 76.

585 Falter, 187.

A comunidade empresarial também se voltou para o regime de Hitler — em parte por entusiasmo, em parte por oportunismo e em parte porque julgaram mal o verdadeiro caráter do novo governo: eles acreditavam que Franz von Papen ainda era o homem forte, não Hitler. Muitos pensavam que, uma vez no poder, Hitler moderaria seu comportamento e abandonaria seu programa radical. Como sabemos hoje, isso se provou ser um engano grandioso e uma grande autoilusão.

Os teóricos do fascismo que são de esquerda afirmam que a propaganda anticapitalista do Partido Nacional Socialista no período anterior à tomada do poder serviu apenas para enganar os eleitores, enquanto, na realidade, Hitler estava agindo no interesse dos capitalistas. Pesquisas históricas, no entanto, mostraram que essa afirmação também é falsa.

Em 2005 foi publicado o livro *Hitler's Beneficiaries* [*Beneficiários de Hitler*], de Götz Aly. O historiador alemão observa que uma das razões para a popularidade do nacional-socialismo foi seus "empréstimos da tradição intelectual da esquerda socialista".[586] Em suas memórias, Adolf Eichmann, o arquiteto do assassinato em massa dos judeus, afirmou repetidamente: "Meus sentimentos políticos se inclinaram para a esquerda e enfatizaram os aspectos socialistas tanto quanto os aspectos nacionalistas".[587] Para milhões de alemães, o apelo do nacional-socialismo estava na "promessa de real igualdade", afirma Aly:

> "Para todos aqueles que legalmente pertenciam à comunidade racial alemã — cerca de 95% da população —, as divisões sociais se tornaram cada vez menores. Para muitas pessoas, os objetivos do regime de nivelar as distinções de classe foram realizados na Juventude Hitlerista, no Serviço Nacional do Trabalho, nas principais organizações do partido e, finalmente, até mesmo na Wehrmacht".[588]

Aly explica como, quando se tratava de decisões sobre tributação em tempo de guerra, a liderança nazista "interveio para proteger alemães de baixa e média renda".[589] Ele até fala de "isenções fiscais para as massas",[590] enquanto, ao mesmo tempo, o regime seguiu uma política paralela a que Aly chama de "rigor fiscal

[586] Aly, 16.
[587] Citado em Aly, 16.
[588] Aly, 30.
[589] Aly, 52.
[590] Aly, 51.

para a burguesia". Aly apresenta muitos exemplos da prontidão do governo para tributar as empresas e os ricos do país, incluindo o chamado *Hauszinssteuer* [imposto sobre inflação imobiliária], que custou aos proprietários alemães 8,1 bilhões de reichsmarks apenas em 1942.[591]

> "No caso em questão, a liderança nazista em nenhum momento sequer considerou uma legislação que teria colocado um fardo comparável sobre os trabalhadores. Pelo contrário, as discussões acerca do imposto sobre a propriedade foram enquadradas pelo princípio geral de que os alemães materialmente mais ricos deveriam arcar com uma parcela consideravelmente maior do fardo da guerra do que os pobres."[592]

Entre setembro de 1939 e março de 1942, de acordo com Aly, o tesouro do Reich registrou 12 bilhões de marcos em receita de impostos de guerra de vários tipos. Olhando para a distribuição entre as classes sociais, apenas o imposto adicional sobre tabaco, álcool e cerveja, que rendeu um total de 2,5 bilhões de reichsmarks de setembro de 1939 até o início de 1942, afetou as carteiras da maioria dos alemães.[593] Empresas e ganhadores de alta renda forneceram 75% do aumento da receita doméstica necessária para pagar a guerra. Nem os trabalhadores de colarinho azul, nem os funcionários de baixa e média renda, ou funcionários públicos deveriam ser sobrecarregados com impostos de guerra em qualquer grau significativo e:

> "a liderança nazista em nenhum momento sequer considerou uma legislação que teria colocado um fardo comparável sobre os trabalhadores. Pelo contrário, as discussões sobre o imposto sobre a propriedade foram enquadradas pelo princípio geral de que os alemães materialmente mais ricos deveriam arcar com uma parcela consideravelmente maior do fardo da guerra do que os pobres".[594]

No entanto, as teses de Aly foram recentemente contestadas pelo historiador alemão Ralf Banken em seu livro *Hitlers Steuerstaat* [*Estado Fiscal de Hitler*].

---

[591] Aly, 60–63. (O imposto sobre a inflação imobiliária era um imposto sobre o aluguel bruto, não sobre o lucro do aluguel.)

[592] Aly, 65.

[593] Aly, 62.

[594] Aly, 65.

Banken afirma que Aly exagera o fardo colocado sobre os ricos no Terceiro Reich e critica o fato de que a pesquisa de Aly é baseada em uma seleção muito restrita de fontes.[595] No entanto, Banken também detalha o forte aumento da carga tributária sobre as empresas alemãs antes da guerra. Ele observa uma "clara tendência de aumento acentuado da carga tributária sobre as empresas alemãs, que frequentemente estavam sujeitas ao imposto de renda corporativo máximo de quase 35% e ao imposto de renda avaliado de quase 52%".[596] Mas essas alíquotas por si sós não são o fator mais decisivo. Pelo menos tão importante quanto, explica Banken, foi que os subsídios de depreciação foram drasticamente reduzidos.

> "Além disso, os auditores fiscais tornaram-se cada vez mais bem treinados a partir de 1935 e puderam encaminhar os contribuintes para médias e *benchmarks* ou outros índices do material de auditoria para o respectivo setor, em relação aos quais eles mediram e avaliaram casos individuais específicos. (...) Além disso, o recurso legal através dos tribunais tributários tornou-se cada vez mais restrito para as empresas, ou as empresas menores sem lobby nem chegaram ao Ministério da Fazenda com suas petições."[597]

Durante a guerra, a carga tributária subiu para mais de 70% em alguns casos, afetando as grandes empresas em particular.[598] A situação era bem diferente para os funcionários do Partido Nacional Socialista e, especialmente, para os principais representantes do regime, que conseguiram garantir inúmeras concessões e generosos presentes fiscais das autoridades financeiras.

Hitler adotou um tom cada vez mais estridente em questões relacionadas à economia. Em seu "Memorando sobre o Plano Quadrienal de 1936", em agosto de 1936, Hitler escreveu:

> "O Ministério da Economia só precisa definir as tarefas econômicas nacionais, e a indústria privada tem que cumpri-las. Mas, se a indústria privada não acredita que é capaz de fazê-lo, então o Estado nacional-socialista encontrará sua própria maneira de resolver esse problema".

---

595 Banken, 347 et seq.

596 Banken, 424.

597 Banken, 439.

598 Banken, 426.

E ele ameaçou abertamente:

> "A indústria alemã, no entanto, aprenderá a entender essas novas tarefas econômicas, ou terá provado ser incapaz de continuar a existir nestes tempos modernos, nos quais o Estado soviético estabelece um plano gigantesco. *Mas então não será a Alemanha que vai afundar, serão no máximo alguns industriais*".[599]

No mesmo ano, Hitler declarou no Congresso do Partido do Reich:

> "Se o comunismo realmente tivesse a intenção de fazer uma certa limpeza removendo elementos decadentes individuais do campo dos chamados dez mil superiores ou dos nossos *pequenos burgueses* tão inúteis, teríamos facilmente sido capazes de deixá-lo funcionar por um tempo".[600]

Hitler alertou repetidamente que, se as empresas privadas fossem incapazes de realizar as tarefas que lhes foram atribuídas pelo Estado, o Estado interviria e assumiria. E ele não parou em ameaças. Em 1937, por exemplo, ele iniciou a criação do *Reichswerke Hermann Göring*, que em 1940 empregava 600.000 pessoas. A fábrica de Salzgitter acabou se tornando a maior da Europa. Com isso, o Estado nacional-socialista mostrou que sua frequentemente proclamada "primazia da política" era muito séria, e que não hesitaria em se tornar ativo e construir empresas controladas pelo Estado em áreas onde a indústria privada resistia à execução de diretivas estatais.[601]

Voltemos a Pollock, que, em sua análise de 1941 do sistema econômico nacional-socialista, afirmou: "Considerando que até recentemente, na era capitalista, o poder social derivava principalmente da própria propriedade, sob o nacional-socialismo, o *status* de alguém é determinado por sua função social".[602] Ele acrescenta que:

> "O dinheiro por si só dá apenas poder limitado ou (como no caso dos judeus) poder nenhum. O poder político, por sua vez, que é equivalente ao controle dos meios de produção, pode se tornar a fonte de renda praticamente ilimitada".[603]

---

599 Hitler, citado em Zitelmann, *Hitler's National Socialism*, 323. Em itálico no original.

600 Hitler, 14 de setembro de 1936, citado em Zitelmann, *Hitler's National Socialism*, 208.

601 Cf. Zitelmann, *Hitler's Nati*onal Socialism, 325.

602 Pollock, 441.

603 Pollock, 444.

O respeito por uma esfera econômica na qual o Estado não pode interferir, uma característica tão essencial para o capitalismo privado, foi completamente desconsiderado sob o nacional-socialismo, escreve Pollock.

> "Em consequência, a execução do programa é aplicada pelo poder estatal e nada de essencial é deixado para o funcionamento das leis do mercado ou de outras 'leis' econômicas. A primazia da política sobre a economia, tão disputada sob a democracia, está claramente estabelecida."[604]

O historiador germano-israelense Avraham Barkai, em seu estudo seminal do sistema econômico nacional-socialista, conclui que:

> "o escopo e a profundidade da intervenção estatal na Alemanha nazista não tinham precedente ou paralelo em tempo de paz em nenhum país capitalista, incluindo a Itália fascista".[605]

Salários e preços, que no capitalismo são formados pela livre interação entre oferta e demanda, foram fixados pelo Estado sob o nacional-socialismo. Embora houvesse um encarregado dos Preços do Reich na Alemanha desde 1931, a nomeação de um Encarregado do Reich para a Formação de Preços no final de outubro de 1936 foi, de acordo com o historiador econômico alemão Dietmar Petzina:

> "mais do que apenas a restauração de uma instituição já bem conhecida sob um novo nome; em vez disso, tornou-se uma instituição de direção central da política econômica no âmbito do Plano Quadrienal".[606]

A tarefa do Encarregado dos Preços não era de forma alguma apenas "monitorar" e corrigir os preços de mercado, mas "determinar oficialmente os preços."[607] Aly explica que a equalização social, por um lado, e a arianização brutal, por outro, corresponderam e descrevem o entusiasmo com que a propriedade dos judeus europeus foi nacionalizada em favor da maioria alemã:

---

[604] Pollock, 453.

[605] Barkai, 203.

[606] Petzina, 162.

[607] Petzina, 159 et seq.

> "De fato, esse entusiasmo geralmente pode ser observado sempre que uma parte da sociedade reivindica o direito de nacionalizar a propriedade de outras pessoas, justificando esse ato com a alegação de que os beneficiários compõem uma maioria homogênea e, portanto, desfavorecida, o próprio 'povo'. A ânsia com que os indivíduos assumiram essa posição é um elemento fundamental na história da violência do século XX".[608]

A política de extermínio dos judeus, por um lado, e as iniciativas de política social, por outro, não eram opostas, mas entrelaçadas.

> "A liderança nazista estabeleceu uma estrutura para compartilhar diretamente os despojos de suas vitórias militares com a maioria da Alemanha — os lucros derivados da incapacitação das economias dos países ocupados e dependentes, a exploração do trabalho realizado por trabalhadores forçados, a propriedade confiscada de judeus assassinados e a fome deliberada de milhões de pessoas, principalmente na União Soviética."[609]

Assim, o nacional-socialismo compartilha muitas das características de outros sistemas socialistas-totalitários.

> "A mobilidade ascendente para as pessoas comuns — de várias formas e não raramente à custa de outras — foi uma das inovações políticas fundamentais do século XX. A marca nazista do socialismo fazia parte dessa tradição."[610]

Hitler e a máquina de propaganda nacional-socialista se referiram a uma *Volksgemeinschaft* [comunidade nacional] no Terceiro Reich. Do ponto de vista da teoria do fascismo dos autores de esquerda — mas também de alguns outros historiadores —, esse termo era uma manobra enganosa e não tinha base na realidade. Porém, nos últimos anos, a pesquisa mostrou que essa tese não pode ser sustentada.

O historiador alemão Norbert Götz enfatiza o fato de que a visão amplamente difundida que descarta a *Volksgemeinschaft* como um "mito simples" ou uma mera "promessa" do nacional-socialismo é tão míope quanto a visão que

608 Aly, 6.
609 Aly, 4.
610 Aly, 323.

afirma que o Terceiro Reich implementou esse conceito como uma realidade social.[611] Embora o significado preciso do termo *Volksgemeinschaft* ainda seja ferozmente debatido, há muito a ser dito sobre as descobertas publicadas por Schmiechen-Ackermann em 2012:

> "Abordagens interpretativas que ignoram completamente a eficácia e pelo menos o poder integrativo de curto prazo do fenômeno 'Volksgemeinschaft' não serão mais consideradas plausíveis."[612]

Os nacional-socialistas pretendiam expandir a economia planejada para o período pós-guerra, como sabemos de muitas das observações de Hitler.[613] Ele admirava cada vez mais o sistema econômico soviético. "Se o Stalin tivesse continuado a trabalhar por mais dez a quinze anos", disse Hitler em uma reunião de pequeno grupo em agosto de 1942:

> "a Rússia soviética teria se tornado a nação mais poderosa do mundo. 150, 200, 300 anos podem se passar, o que torna um fenômeno tão único! Que o padrão geral de vida subiu, não há dúvida. O povo não passou fome. Juntando tudo, temos que dizer: eles construíram fábricas aqui onde há dois anos não havia nada além de aldeias esquecidas, fábricas tão grandes quanto a Hermann Göring Works".[614]

Em outra ocasião, também para seu círculo íntimo, ele disse que Stalin era um "gênio" por quem se deve ter "respeito incondicional", especialmente devido ao seu planejamento econômico abrangente. Não havia dúvida, acrescentou Hitler, que na Rússia soviética, ao contrário de países capitalistas como os Estados Unidos, nunca houve desemprego.[615]

Em várias ocasiões, o ditador mencionou aos seus apoiadores mais próximos que era necessário nacionalizar as grandes sociedades anônimas, a indústria de energia e todos os outros ramos da economia que produziam "matérias-primas essenciais" (por exemplo, a indústria de ferro).[616] É claro que a guerra não

---

611 Götz, 56.
612 Schmiechen-Ackermann, 36.
613 Cf. as citações no Capítulo 8 deste livro (Guerra).
614 Hitler, 26 de agosto de 1942, citado em Zitelmann, *Hitler's National Socialism*, 513.
615 Hitler, 22 de julho de 1942, citado em Zitelmann, *Hitler's National Socialism*, 302.
616 Hitler, 24 de março de 1942, Cf. Zitelmann, *Hitler's National Socialism*, 329.

era o ambiente certo para implementar essas nacionalizações radicais. Hitler e os nacional-socialistas estavam bem cientes disso e, de qualquer forma, estavam fazendo todos os esforços para acalmar os medos de nacionalização da comunidade empresarial do país. Assim, um memorando do chefe da SS, Heinrich Himmler, em outubro de 1942, afirma que "durante a guerra" uma mudança fundamental da economia capitalista da Alemanha não seria possível. Qualquer um que "lutasse" contra isso provocaria uma "caça às bruxas" contra si mesmo.[617] Em um relatório preparado por um *SS Hauptsturmführer* [comandante de nível médio] em julho de 1944, a pergunta "Por que as SS se envolvem em atividades comerciais?" foi respondida da seguinte forma:

> "Esta questão foi levantada especificamente por círculos que pensam puramente em termos de capitalismo e que não gostam de ver empresas que são públicas, ou pelo menos de caráter público, se desenvolvendo. A era do sistema liberal de negócios exigia a primazia dos negócios. Em outras palavras, os negócios vêm em primeiro lugar, e depois o Estado. Ao contrário disso, o nacional-socialismo assume a posição: o Estado dirige a economia, o Estado não está lá para os negócios, os negócios estão lá para o Estado".[618]

Como vimos, esse tinha sido o lema de Hitler desde o início, o que explica por que a maioria dos empresários na República de Weimar era hostil ou pelo menos cética em relação aos nacional-socialistas. Aqueles que ativamente forneceram apoio financeiro a Hitler foram a exceção. No entanto, quanto mais Hitler chegava ao poder, mais oportunistas emergiam da comunidade empresarial para ceder aos nacional-socialistas em obediência antecipatória, e, nos primeiros anos do regime, muitos empresários também se juntaram entusiasticamente às fileiras dos seguidores de Hitler; mas, ao fazê-lo, eles não estavam se comportando de forma diferente de muitos trabalhadores, funcionários e funcionários públicos. A tese, no entanto, de que o fascismo era uma forma de governo do capital financeiro ou que as grandes empresas trouxeram Hitler ao poder por meio de suas doações e influência é refutada pela pesquisa histórica.

---

[617] Citado em Zitelmann, *Hitler's National Socialism*, 332.

[618] Citado em Zitelmann, *Hitler's National Socialism*, 332–333.

11.

O SOCIALISMO SEMPRE FICA BEM NO PAPEL (EXCETO QUANDO ESSE PAPEL ESTÁ EM UM LIVRO DE HISTÓRIA)

Os 10 capítulos anteriores, nos quais os argumentos mais frequentes contra o capitalismo foram refutados, mostram que não há necessidade de alternativas ao capitalismo, porque o capitalismo não é — como muitas pessoas acreditam — responsável pela fome, pobreza, guerra e assim por diante. No entanto, tudo tem uma alternativa, e este capítulo explorará a questão de quais contra modelos ao capitalismo existem.

Todos os dias, alguém, em algum lugar, sonha com novas alternativas ao capitalismo. Existem inúmeros livros e teorias, por exemplo, sobre a "economia pós-crescimento" ou reviravoltas no socialismo. Eu não quero lidar com essas teorias, que existem apenas no papel, mas nunca foram testadas na prática. Primeiro, há muitas delas e, segundo, acho injusto comparar a realidade com uma teoria, um livro ou uma construção de pensamento. Isso seria como medir seu casamento contra as descrições do amor ideal em um romance inútil, em vez de compará-lo com outros casamentos da vida real. Logicamente, seu casamento — assim como qualquer outro casamento — tem seus altos e baixos e nunca será perfeito. Em suma, a realidade não venceria uma fantasia idealizada. Se eu criticasse seu casamento porque não é tão perfeito quanto um dos relacionamentos com que um romancista sonhou, você objetaria, com razão, que faria muito mais sentido comparar seu relacionamento com outros casamentos reais. E esse é o conselho que seguirei neste capítulo.

O maior erro que os anticapitalistas cometem é criar uma ordem social ou econômica perfeita em suas cabeças e acreditar que, se um número suficiente de pessoas compartilhasse sua visão, seria possível implementar sua construção intelectual no mundo real. Aliás, também há pró-capitalistas que caem na mesma armadilha: eles criticam, com razão, as deficiências dos sistemas mistos existentes e inventam uma utopia libertária ideal do capitalismo "puro", que, no entanto, não existe e nunca existiu em nenhum lugar do mundo. Eles também comparam um sistema real e existente com uma construção intelectual.

O capitalismo, ao contrário do socialismo, não é um sistema concebido por intelectuais; é uma ordem econômica que evoluiu organicamente, assim como animais e plantas evoluíram e continuam a evoluir no mundo natural, sem a necessidade de um plano ou teoria central e orientadora. Uma das percepções mais importantes fornecidas por Friedrich August von Hayek é que a origem das instituições funcionais "não está no artifício ou no *design*, mas na sobrevivência do bem-sucedido",[619] via "seleção por imitação de instituições e hábitos bem-sucedidos".[620]

É claro que o capitalismo também se desenvolverá e evoluirá. Na verdade, um dos principais pontos fortes do capitalismo como sistema é que ele está em constante mudança e adaptação — caso contrário, não seria tão bem-sucedido. Assim como o capitalismo mudou várias vezes nos últimos 200 anos, ele continuará a mudar no futuro. Essas mudanças serão desencadeadas por grandes crises e desenvolvimentos evolutivos, mas isso acontecerá na realidade da vida econômica e não na torre de marfim de um intelectual sonhando com uma sociedade perfeita.

Em seu livro *Socialism. The Failed Idea That Never Dies* [*Socialismo. A Ideia Fracassada Que Nunca Morre*], Kristian Niemietz conta com um total de mais de duas dúzias de experimentos socialistas nos últimos 100 anos. A grande maioria desses experimentos invocou Karl Marx. Muitas pessoas hoje não sabem nada ou quase nada sobre esses experimentos, e é por isso que eu gostaria de discutir alguns deles com mais detalhes neste capítulo. No entanto, gostaria de observar desde o início que os socialistas não ficarão impressionados com isso. Eles argumentarão que nenhuma dessas experiências merece o título de "verdadeiro socialismo", porque o mundo ainda não viu "verdadeiro socialismo".

Qualquer um que aponte para o fato de que, ao longo dos últimos 100 anos ou mais, todo sistema que afirmou ser baseado nas ideias de Karl Marx falhou, será recebido por acusações de que esses sistemas de alguma forma cooptaram seu nome e aplicaram erroneamente seus pensamentos intrinsecamente corretos. Esta é a principal estratégia de imunização empregada pelos anticapitalistas: dissociar o "bom Karl Marx" da prática política fracassada do marxismo.

---

[619] Hayek, *Constitution*, 112.

[620] Hayek, *Constitution*, 118.

Você pode culpar um pensador ou profeta por ter sido incompreendido? Claro que não. Afinal, é um fenômeno comum. Quantas vezes as pessoas citaram Jesus Cristo, apesar de se comportarem de uma maneira completamente não cristã? No entanto, havia e há muitos cristãos em todo o mundo que entendem seus ensinamentos corretamente. E Jesus, afinal, nunca afirmou ter projetado uma utopia para a realização do paraíso na terra: "Meu reino não é deste mundo,"[621] disse ele aos seus discípulos. O reino de Karl Marx, no entanto, deveria ser deste mundo.

Acima de tudo, é bem diferente afirmar que um pensador *sempre* e *sem exceção* foi mal interpretado e *nem um único sistema* implementou suas ideias "corretamente". E, no entanto, isso é exatamente o que os anticapitalistas dizem sobre Marx. Se você perguntar a alguém que queira dissociar os pensamentos do homem que inventou o marxismo de sua implementação no mundo real, em que países suas ideias nunca foram "corretamente" executadas, você não terá resposta. A razão é simples: todos os sistemas socialistas que invocam ou invocaram Marx falharam sem exceção, seja na União Soviética, na China, na Iugoslávia, na Alemanha Oriental, na Coréia do Norte ou na Albânia. Cada um desses países experimentou de uma maneira diferente o marxismo, mas todos falharam porque eram economicamente ineficientes

A tese de que uma teoria sempre e exclusivamente foi mal compreendida ao longo de um período de mais de 100 anos é extremamente descarada e seria basicamente uma acusação condenatória de qualquer teórico. Afinal, isso significaria que eles não conseguiram se expressar com clareza e só conseguiram semear confusão. No entanto, isso seria uma injustiça a Marx. Sua escrita é deliberada e ele estava determinado a permanecer extremamente vago ao formular suas noções de uma futura sociedade socialista ou comunista. Há apenas um pequeno número de declarações isoladas, por exemplo, em seus primeiros escritos. Marx declarou que não queria ser um "socialista utópico" que projetou um modelo pronto de uma sociedade socialista; mas isso está claro: o socialismo — como uma fase de transição no caminho para a sociedade sem classes do comunismo — deveria se basear na abolição da propriedade privada dos meios de produção. Esse é um dos pontos que Marx afirmou repetidamente com extrema clareza. E isso é precisamente o que aconteceu em cada sistema socialista que o mundo já viu. A abolição da propriedade privada dos meios de produção e a substituição de uma ordem de mercado, na qual os

[621] The Gospel of John, New International Version, 18:36

empresários decidem o que é produzido e os preços são a fonte essencial de informação, por uma economia estatal, tem sido — apesar das muitas diferenças — a característica comum de todos os sistemas socialistas, seja na União Soviética ou na China, em Cuba ou na Coréia do Norte, na Alemanha Oriental ou em qualquer outro país do bloco do Leste. Lenin e Mao, Fidel Castro e Kim Il-sung, Walter Ulbricht e todos os outros líderes comunistas entenderam Marx muito corretamente sobre este ponto tão importante.

As razões pelas quais tal sistema está sempre destinado a falhar foram teoricamente explicadas por Ludwig von Mises em 1922 (ou seja, cinco anos após o estabelecimento do primeiro Estado socialista na União Soviética) em seu livro *Socialismo: Uma Análise Econômica e Sociológica.* De acordo com Gertrude E. Schroeder, professora de Economia da Universidade da Virgínia, os desenvolvimentos históricos nos últimos 100 anos confirmaram tudo o que Ludwig von Mises escreveu,[622] além de refutarem categoricamente Karl Marx na prática, com provavelmente o repúdio mais claro de qualquer teoria da história.

Depois de várias tentativas de implementar o socialismo, a maioria das quais falhou rapidamente (como a Comuna de Paris em 1871), a primeira grande tentativa foi lançada na União Soviética como resultado da Revolução de Outubro.

Hoje, quase ninguém vai defender o sistema soviético, mas foi diferente na década de 1930. Os principais intelectuais, escritores, poetas e jornalistas estavam todos unidos em seu entusiasmo pela União Soviética e seu líder Stalin. O renomado escritor francês Henri Barbusse detalhou seus pensamentos enquanto caminhava pela Praça Vermelha em Moscou, onde ficou impressionado porque, no túmulo de Lenin, "está a única pessoa no mundo que não está dormindo (...) ele é o irmão paterno que está realmente cuidando de todos. Embora você não o conheça, ele te conhece e está pensando em você". Quando o olhar do falecido caminhante se volta para o Kremlin, onde uma luz ainda queima (Stalin era uma coruja noturna), é na serena certeza de que lá em cima, "quem quer que você seja, a melhor parte do seu destino está nas mãos daquele outro homem (...) que também cuida de você e que trabalha para você — o homem com a mente de um estudioso, o rosto de um trabalhador e o vestido de um soldado particular".[623]

---

[622] Schroeder, "The Dismal Fate."

[623] Henri Barbusse, quoted in Hollander, 132.

Muitos intelectuais minimizaram o terror de Stalin — ou até mesmo o apoiaram. Depois de uma viagem à União Soviética em 1931, o dramaturgo irlandês George Bernard Shaw, que ganharia o Prêmio Nobel de Literatura em 1939, adaptou as famosas palavras de Hamlet: "Nossa questão não é matar ou não matar, mas como selecionar as pessoas certas para matar".[624] O distinto escritor e crítico de teatro alemão Alfred Kerr escreveu em 1933:

> "A realidade da 'República Soviética' é, para minha consciência, um dos maiores e mais gratificantes fatos. Porque aqui, pela primeira vez em 2.000 anos, uma tentativa muito honesta está sendo feita para trazer justiça ao mundo através da energia. Se eu morrer amanhã, o pensamento desse fenômeno isolado no meio de um mundo receoso e atrasado será o último, o único consolo sólido".[625]

Tais elogios ao bolchevismo e Stalin não eram de forma alguma raros, e aqueles que o exaltaram não eram estranhos nos círculos intelectuais, mas figuras literárias homenageadas até hoje, como Jean-Paul Sartre e Bertolt Brecht. Se você procurar evidências, encontrará dezenas de citações em livros como as do historiador húngaro-americano Paul Hollander e Kristian Niemietz. O filósofo russo Michail Ryklin escreve que a "grande maioria" dos escritores europeus "ou elogiou o sistema soviético ou se absteve de julgar".[626]

Mesmo que quase ninguém defenda Stalin hoje, ainda há muitos líderes políticos de partidos de esquerda que reverenciam Lenin e Trotsky. Eles falam de "Stalinismo" com desdém, mas depois professam seu apoio a Lenin e Trotsky. Um desses exemplos é John McDonnell, até alguns anos atrás, uma das principais figuras do Partido Trabalhista Britânico. Na eleição de liderança do partido em 2015, ele apoiou Jeremy Corbyn, que posteriormente o nomeou para seu gabinete como chanceler sombra. McDonnell citou suas influências intelectuais mais significativas como "Marx, Lenin e Trotsky".[627] Janine Wissler, líder do partido *Die Linke*, de esquerda da Alemanha, também foi membro do grupo trotskista Marx21, até sua eleição como líder do partido em fevereiro de 2021. De acordo com os trotskistas, a União Soviética socialista estava no seu melhor quando Lenin e Trotsky moldaram a política, mas tempos ruins se seguiram sob Stalin após a morte de Lenin.

---

[624] Shaw, 112.

[625] Alfred Kerr, citado em Ryklin, 74.

[626] Ryklin, 139.

[627] Citado em Easton, "Labour's manifesto."

Na verdade, no entanto, os crimes do comunismo começaram assim que os bolcheviques tomaram o poder e começaram sua guerra contra a maioria do povo russo. Começou com a luta contra a burguesia, contra os ricos. Em dezembro de 1917, Lenin exigiu que a força extrema fosse usada contra "essa miudeza da humanidade, esses membros irremediavelmente deteriorados e atrofiados, esse contágio, essa praga, essa úlcera", especificamente "os ricos e seus dependentes" e os intelectuais burgueses.[628] Seu objetivo era "*expurgar* a terra da Rússia de todos os vermes", os ricos e outros bandidos. Como isso deve ser feito, ele explicou em palavras drásticas:

> "em um lugar, meia dezena de ricos, uma dúzia de bandidos, meia dúzia de trabalhadores que fogem de seu trabalho (...) serão colocados na prisão. Em outro lugar, eles serão colocados para limpar latrinas. (...) Em um quarto lugar, um em cada dez preguiçosos será baleado no local".[629]

Em dezembro de 1917, os bolcheviques nacionalizaram terras e imóveis. Em todas as cidades com mais de 10.000 habitantes, os proprietários foram expropriados. Em fevereiro de 1918, os bolcheviques começaram a expulsar famílias ricas de seus apartamentos para abrigar proletários e soldados desempregados. "Comitês de Habitação", nomeados por conselhos, registraram proprietários e os expulsaram de seus alojamentos. "A nova era ofereceu muitas novas oportunidades para trabalhadores e camponeses, mas para a velha elite significou o fim de tudo o que fez a vida valer a pena ser vivida."[630]

Em alguns lugares, os trabalhadores se vingavam de forma sangrenta de gerentes e engenheiros de fábrica, mas às vezes simplesmente de qualquer um que considerassem burguês — que, na dúvida, era qualquer pessoa que vestisse terno ou não realizasse trabalho braçal.[631] Os camponeses expulsaram seus proprietários e tomaram a terra.

> "A revolução permitiu que as classes mais baixas saqueassem propriedades e expulsassem os latifundiários. Também possibilitou aos trabalhadores avançar de seus guetos para os centros das cidades, conquistar espaços públicos e impor suas regras ao que restava da sociedade."[632]

---

[628] Lenin, "How to Organize Competition?" em *Selected Works Vol. II*, 259–260.

[629] Lenin, "How to Organize Competition?" em *Selected Works Vol. II*, 262.

[630] Baberowski, *Scorched Earth*, 39.

[631] Baberowski, *Scorched Earth*, 36.

[632] Baberowski, *Scorched Earth*, 36.

Como resultado da guerra, guerra civil, revolução e socialismo, a produção agrícola caiu 57% entre 1914 e 1921. A pecuária diminuiu 33% entre 1916 e 1922, e a quantidade de terra em uso agrícola diminuiu 35%.[633] Em termos de alimentação, a situação era, portanto, muito difícil. No entanto, os bolcheviques usaram a fome como arma na luta de classes contra a burguesia. Lenin culpou "os ricos" pela fome — eles eram o bode expiatório a quem o ódio deveria ser dirigido: "a fome não se deve ao fato de não haver pão na Rússia", explicou Lenin,

> "mas ao fato de que o a burguesia e os ricos em geral estão travando uma última e decisiva luta contra o domínio dos trabalhadores, contra o estado dos trabalhadores, contra o governo soviético, nesta questão bastante importante e grave, a questão do pão. A burguesia e os ricos em geral, incluindo os ricos rurais, os *kulaks*, estão fazendo o possível para frustrar o monopólio dos grãos; estão deslocando a distribuição de grãos realizada pelo Estado com o objetivo de fornecer pão à população".[634]

Em Petrogrado, hoje São Petersburgo, a alocação de calorias *per capita* foi proclamada em cartazes no outono de 1918: os trabalhadores tinham direito a uma ração diária de 100 gramas de pão, 2 ovos, 10 gramas de gordura e 10 gramas de legumes secos, enquanto "burgueses, proprietários de imóveis, comerciantes, lojistas, etc." receberiam apenas 25 gramas de pão e não teriam direito a ovos, gordura ou vegetais.[635] Em contraste, os membros do partido podiam comer em cantinas, recebiam "pacotes de comida" (*pajoks*) e desfrutavam de acesso exclusivo a lojas especiais montadas para as famílias de altos funcionários do partido.[636]

Martin Ivanovich Latsis, um dos primeiros líderes da polícia política soviética, instruiu seus subordinados em 1º de novembro de 1918:

> "Não fazemos guerra contra nenhum povo em particular. Estamos exterminando a burguesia como classe. Em suas investigações, não procure por documentos e provas sobre o que o réu fez, seja por ação ou por falar contra a autoridade soviética. A primeira pergunta que você deve fazer a ele é de que classe ele vem, quais são suas raízes, sua educação, sua formação e sua ocupação".[637]

---

[633] Wemheuer, 45.

[634] Lenin, "The Famine," em *Selected Works Vol. II*, 345.

[635] Koenen, 805.

[636] Koenen, 805.

[637] Citado em Courtois, 8.

Muitos da burguesia fugiram das grandes cidades, inclusive para a Crimeia, mas, onde quer que tenham sido rastreados, foram recebidos com terror. Em um massacre, 10.000 a 20.000 pessoas foram baleadas ou linchadas:

> "De Nakhimovsky [em Sebastopol, na Crimeia], tudo o que se podia ver eram os corpos de oficiais, soldados e civis presos pendurados nas ruas. A cidade estava morta, e as únicas pessoas vivas estavam escondidas em *lofts* ou porões. Todas as paredes, fachadas de lojas e postes de telégrafo estavam cobertos com cartazes pedindo por 'Morte aos traidores.' Eles estavam enforcando pessoas por diversão".[638]

Onde a "burguesia" não foi imediatamente expropriada, ela enfrentou impostos extremamente altos. Para garantir que seus impostos fossem pagos, centenas de "burgueses" foram feitos reféns e trancadas em campos de concentração. "De acordo com as resoluções dos *Soviéts* operários, 13 de maio foi declarado o dia da expropriação da propriedade da burguesia", anunciou o jornal *Izvestia* do Conselho de Delegados Operários de Odessa em 13 de maio de 1919.

> "As classes proprietárias serão obrigadas a preencher um questionário detalhando gêneros alimentícios, calçados, roupas, joias, bicicletas, roupas de cama, lençóis, talheres, louças e outros artigos indispensáveis à população trabalhadora. (...) É dever de todos assistir as comissões de expropriação nesta tarefa sagrada. Quem deixar de ajudar as comissões de expropriação será preso imediatamente. Quem resistir será executado rapidamente."[639]

Um tema popular que se repetiu em muitos artigos nos jornais bolcheviques foi a humilhação da "burguesia" que foi forçada a limpar as latrinas e quartéis dos chekistas — os membros da Cheka, a Comissão Extraordinária de Toda a Rússia para o Combate à Contrarrevolução, Especulação e Sabotagem — e os Guardas Vermelhos. O mesmo jornal de Odessa mencionado acima relatou:

> "Se executarmos algumas dezenas desses idiotas sugadores de sangue, se os reduzirmos ao *status* de varredores de rua e forçarmos suas mulheres a limpar o

---

[638] Citado em Werth, 107.

[639] Citado em Werth, 105.

quartel do Exército Vermelho (e isso seria uma honra para elas), eles vão entender que nosso poder está aqui para ficar".[640]

Todos esses atos de violência foram justificados pelo objetivo "nobre" de eliminar a exploração e a opressão de uma vez por todas. Como esse objetivo era tão grande, todos os meios eram justificados, como explicava aos seus leitores o editorial do jornal *Krasnyi Metsch* [*A Espada Vermelha*] da Cheka em Kiev:

> "Rejeitamos os velhos sistemas de moralidade e 'humanidade' inventados pela burguesia para oprimir e explorar as "classes baixas." Nossa moralidade não tem precedentes, e nossa humanidade é absoluta porque repousa sobre um novo ideal. Nosso objetivo é destruir todas as formas de opressão e violência. Para nós, tudo é permitido, pois somos os primeiros a levantar a espada, não para oprimir as raças e reduzi-las à escravidão, mas para libertar a humanidade de suas algemas. (...) Sangue? Deixe o sangue fluir como água! Que o sangue manche para sempre a bandeira do pirata negro hasteada pela burguesia, e que nossa bandeira seja vermelha de sangue para sempre! Pois somente através da morte do velho mundo podemos nos libertar para sempre do retorno daqueles chacais".[641]

Grigory Zinoviev, líder do partido em Petrogrado e membro do círculo de liderança interna bolchevique, escreveu em setembro de 1918:

> "Para eliminar nossos inimigos, teremos que criar nosso próprio terror socialista. Para isso, teremos que treinar 90 milhões dos 100 milhões de russos e tê-los todos ao nosso lado. Não temos nada a dizer aos outros 10 milhões; teremos que nos livrar deles".[642]

O ódio foi inicialmente dirigido contra os ricos e a "burguesia", mas logo os bolcheviques travaram uma guerra contra a população como um todo, especialmente os trabalhadores e camponeses em nome dos quais alegavam agir. Trotsky via a militarização do trabalho como um meio de aumentar a produção, que havia caído bastante após o tumulto da Guerra Civil e a campanha de expropriações. Entre 1914 e 1921, a produção industrial na Rússia caiu

---

[640] Citado em Werth, 105.

[641] Citado em Werth, 102.

[642] Citado em Werth, 75–76.

85%.[643] As greves dos trabalhadores eram frequentes e fortemente reprimidas. Os líderes da greve eram frequentemente baleados, afogados ou executados de outras formas.

No entanto, na primavera de 1920, quase três quartos de todos os trabalhadores industriais da Rússia entraram em greve. Os bolcheviques invadiram as fábricas, os líderes foram fuzilados e os membros da família foram enviados para campos de concentração como forma de dissuasão.[644] A brutalidade dessas medidas por um suposto governo operário foi ainda mais severa do que os trabalhadores experimentaram na era czarista.

Em fevereiro e março de 1921, trabalhadores derrubaram ferramentas e entraram em greve em toda a Rússia – um dos centros dessa ação industrial foi Petrogrado. Unidades especiais da Cheka abriram fogo contra trabalhadores manifestantes. O pânico irrompeu entre os bolcheviques enquanto trabalhadores e soldados se confraternizavam. Kronstadt, uma base naval e cidade portuária em uma ilha ao largo de Petrogrado, foi o local de um motim de fuzileiros navais de dois cruzadores blindados. Em 1º de março, mais de 15.000 pessoas se reuniram, representando um quarto da população civil e militar da base naval. As greves e manifestações foram violentamente reprimidas e o número de mortos chegou aos milhares. Cerca de 8.000 insurretos fugiram para a Finlândia e depois retornaram à Rússia com a promessa de anistia. Apesar da promessa de clemência, eles foram imediatamente presos e transportados para um campo de concentração, onde muitos morreram.[645] O historiador alemão Gerd Koenen faz a seguinte avaliação: "O triunfo e a ditadura dos bolcheviques se basearam também na completa aniquilação do movimento operário russo".[646]

Lenin não teve escolha a não ser reconhecer que a continuação de uma política econômica radical teria ameaçado os fundamentos do poder soviético. A produção industrial já havia caído para um décimo do nível de 1913, e as pessoas em toda a Rússia estavam morrendo de fome.

Em resposta, Lenin iniciou uma reviravolta e propôs uma Nova Política Econômica (NEP), que foi adotada no X Congresso do Partido Comunista Russo em março de 1921. Lenin admitiu que "sofremos uma derrota muito

---

643 Wemheuer, 45.
644 Koenen, 813.
645 Werth, 114.
646 Koenen, 814.

severa na frente econômica".[647] A política econômica dos bolcheviques, ele disse eufemisticamente, falhou "em produzir aquele desenvolvimento das forças produtivas que o Programa de nosso Partido considera vital e urgente".[648] Em termos mais claros: a economia planificada socialista fracassou assim que foi introduzida. Afinal, Lenin foi esperto o suficiente para perceber que a única solução era "reverter ao capitalismo em uma extensão considerável". Essas foram as mesmas palavras que Lenin usou para formular sua mudança de política.[649]

A NEP legalizou a produção orientada para o lucro, a propriedade privada na produção de bens de consumo e a aquisição de riqueza. Também incorporou os camponeses ao sistema econômico através da introdução de um "imposto natural". Os comunistas permitiram que empresas estatais alugassem suas fábricas para particulares e colocassem questões de finanças, logística e empreendedorismo em mãos privadas. Em julho de 1921, a liberdade de comércio foi até mesmo restaurada para artesãos e pequenas indústrias.[650]

As novas diretrizes adotadas no outono de 1921 opunham-se resolutamente ao igualitarismo para trabalhadores com diferentes níveis de qualificação. A distribuição gratuita de alimentos, bens de consumo produzidos em massa e serviços estatais — que acabavam de ser celebrados como grandes "conquistas" socialistas — foram cancelados e os aluguéis foram restabelecidos. Não se falava mais em abolir o dinheiro. O historiador alemão Helmut Altrichter escreve:

> "O Estado manteve o controle dos 'altos comando da economia': bancos, moeda, sistema de transporte, comércio exterior, indústria de grande e médio porte. Abaixo desse limiar, no entanto, esforçou-se por maior produtividade e eficiência, por mais competição, por menos domínio de cima e por mais iniciativa de baixo".[651]

O que aconteceu em seguida foi o que sempre acontece quando mesmo uma pequena dose de capitalismo de livre mercado é adicionada a uma economia

---

[647] Lenin, "The New Economic Policy And The Tasks Of The Political Education Departments" em V. I. Lenin *Collected Works, Vol. 33*, 63.

[648] Lenin, "The New Economic Policy And The Tasks Of The Political Education Departments" em V. I. Lenin *Collected Works, Vol. 33*, 63–64.

[649] Lenin, "The New Economic Policy And The Tasks Of The Political Education Departments" em V. I. Lenin *Collected Works, Vol. 33*, 64.

[650] Baberowski, *Scorched Earth*, 68.

[651] Altrichter, 53–54.

estatal: a economia se recuperou. A fome (em 1921/22, pelo menos 5 milhões, de 29 milhões de pessoas famintas, morreram de fome; algumas estimativas citam até 14 milhões de mortes por fome[652]) diminuiu entre 1923 e 1928, a produtividade aumentou e, em 1925/26, foi restaurada aos níveis pré-guerra em muitas indústrias importantes.[653] A Nova Política Econômica (NEP) foi a admissão dos comunistas de que a narrativa oficial, que culpava 'sabotadores e agentes estrangeiros' e outros fatores externos por quebras de safra, fome e declínios na produção, não correspondia aos fatos. As principais causas dos problemas da Rússia estavam nas políticas econômicas socialistas.

Porém, para os comunistas, a NEP representava nada mais do que uma retirada tática. Em dezembro de 1926, Stalin declarou que "introduzimos a NEP, permitimos o capital privado e, em certa medida, recuamos para reagrupar nossas forças e depois passar para a ofensiva".[654] Em 1929, Stalin iniciou a próxima etapa da revolução socialista, e desta vez seu foco foi a agricultura. Até aquele momento, os bolcheviques nunca foram capazes de afirmar seu domínio no campo. Jörg Baberowski descreve de forma impressionante como grandes setores do campesinato viviam longe de seus governantes comunistas, não apenas geograficamente, mas também ideologicamente e economicamente. Em muitas aldeias não havia célula do partido comunista ou órgão estatal e, se havia, tinham pouco poder. "Para os camponeses, os funcionários comunistas geralmente não passavam de representantes de uma autoridade estrangeira que exigia impostos e falava uma linguagem incompreensível."[655]

Na verdade, os bolcheviques não compreendiam a realidade da vida dos camponeses. Eles pensavam em termos de sua ideologia de luta de classes e acreditavam que poderiam estabelecer seu domínio no campo colocando os camponeses pobres contra os *kulaks* mais ricos, assim como haviam colocado os trabalhadores contra os capitalistas. "Para os camponeses, no entanto", escreve Baberowski,

> "o suposto antagonismo entre ricos e pobres não fazia sentido algum. Quando os camponeses entravam em conflito por terra ou influência, eram disputas entre famílias ou clãs. (...) Os *kulaks* não eram simplesmente os mestres da aldeia, mas

---

652 Werth, 123, Wemheuer, 59.
653 Altrichter, 54.
654 Stalin, "The Seventh Enlarged Plenum of the E.C.C.I." in Stalin, *Works, Vol. 9*, 37.
655 Baberowski, *Scorched Earth*, 78.

também seus protetores. Em tempos de miséria e pobreza, seu poder e influência entre os outros camponeses realmente aumentaram".[656]

"Eliminar os kulaks como uma classe" era um objetivo oficial dos bolcheviques. Em History of the Communist Party of the Soviet Union (Bolsheviks): Short Course [História do Partido Comunista da União Soviética (Bolcheviques): Pequeno Curso], o livro-texto padrão que todos os comunistas do mundo tinham que estudar, em contraste, afirma-se que a característica distintiva da revolução contra o kulaquismo é que ela foi "realizada de cima, por iniciativa do Estado, e apoiada diretamente de baixo, pelos milhões de camponeses que lutavam para se livrar da escravidão kulak e viver em liberdade nas fazendas coletivas". Essa revolução eliminou a "classe mais numerosa de exploradores em nosso país, a classe kulak, o pilar da restauração capitalista".[657] Em 1929, Stalin justificou a decisão de liquidar a classe kulak assim:

> "A última esperança dos capitalistas de todos os países, que sonham em restaurar o capitalismo na URSS— 'o princípio sagrado da propriedade privada' — está entrando em colapso e desaparecendo. Os camponeses, que eles consideravam como material adubando o solo para o capitalismo, estão abandonando em massa a elogiada bandeira da 'propriedade privada' e estão tomando o caminho do coletivismo, o caminho do socialismo. A última esperança para a restauração do capitalismo está desmoronando".[658]

Em junho de 1930, Stalin orgulhosamente declarou no XVI Congresso do Partido Comunista Russo "que o processo de eliminação dos *kulaks* como classe em nosso país está a todo vapor".[659] O método de "coletivização completa", continuou Stalin, era "essencial": "Como pode ser abandonado sem trair o comunismo, sem trair os interesses da classe trabalhadora e do campesinato?"[660]

---

[656] Baberowski, *Scorched Earth*, 76.

[657] Comissão do Comitê Central do Partido Comunista da União Soviética, *History of the Communist Party of the Soviet Union (Bolsheviks)*, 305. Em itálico no original.

[658] Stalin, citado em History of the Communist Party of the Soviet Union (Bolsheviks), 305.

[659] Stalin, "Political Report of the Central Committee to the Sixteenth Congress of the C.P.S.U.(B.)," Stalin Works, Vol. 12, 297.

[660] Stalin, "Political Report of the Central Committee to the Sixteenth Congress of the C.P.S.U.(B.)," Stalin, Works, Vol. 12, 344.

Vyacheslav Molotov, um dos associados mais próximos de Stalin de 1930 a 1949 como chefe de governo soviético e eventualmente ministro das Relações Exteriores, disse em uma reunião de secretários do partido em fevereiro de 1930 que os *kulaks* que oferecessem resistência deveriam ser parados. "Acolheremos todas as propostas úteis vindas das províncias (na *mestakh*)". Alguns teriam que ser fuzilados, outros deportados para a Sibéria.[661]

Entre os anos 1930-31, durante a campanha para coletivizar a agricultura, dois milhões de pessoas foram deportadas como *kulaks* e 30.000 foram baleadas.[662] Muitos camponeses resistiram à coletivização e massacraram milhões de seus próprios animais em protesto contra a coletivização do gado. Além disso, milhões de animais morreram durante um novo surto de fome. Entre 1928 e 1933, o número de suínos e bovinos diminuiu pela metade e ovinos em um terço. O número de cavalos e bois que trabalham diminuiu de 29,7 milhões em 1928 para 18,8 milhões em 1932.[663]

Os comunistas continuaram a aumentar as taxas sobre produtos agrícolas produzidos pelos camponeses, e aqueles que não cumpriram poderiam ser baleados como "ladrões de propriedade socialista". Em 1932, foi aprovada uma lei que especificava uma sentença de dez anos de prisão ou a pena de morte por "qualquer roubo ou dano à propriedade socialista". Somente de agosto de 1932 a dezembro de 1933, mais de 125.000 pessoas foram condenadas sob esta lei, e 5.400 receberam sentenças de morte.[664]

Até mesmo no livro History of the Communist Party of the Soviet Union (Bolsheviks) [História do Partido Comunista da União Soviética (Bolcheviques)], que foi autorizada pelo próprio Stalin, teve que admitir que "o princípio voluntário da formação de fazendas coletivas estava sendo violado e que, em vários distritos, os camponeses estavam sendo forçados a entrar nas fazendas coletivas sob a ameaça de serem despojados, privados de direitos e assim por diante."[665] — uma crítica incomum a uma obra stalinista, mas que de fato minimizou os assassinatos bárbaros e o regime coercitivo, falando apenas de "distorções e erros cometidos pelas organizações locais".[666] Na verdade, foi

---

[661] Baberowski, Scorched Earth, 149. Em itálico no original.

[662] Wemheuer, 67.

[663] Wemheuer, 69.

[664] Werth, 162.

[665] History of the Communist Party of the Soviet Union (Bolsheviks), 307. Em itálico no original.

[666] History of the Communist Party of the Soviet Union (Bolsheviks), 308.

uma campanha sangrenta contra os camponeses, na qual milhões foram vítimas de fome, deportação e morte.

Muitos intelectuais e jornalistas no Ocidente minimizaram ou até elogiaram a campanha de terror e coletivização. Walter Duranty, correspondente de Moscou do *The New York Times*, que recebeu o Prêmio Pulitzer de melhor correspondente estrangeiro em 1932, discursou sobre a coletivização:

> "Os historiadores futuros (...) podem muito bem considerar a luta russa pela coletivização como um período heroico no progresso humano. (...) A parte mais atrasada da população teria a chance de obter o que mais precisava, ou seja, educação, (...) as mulheres também teriam a chance de lazer e liberdade (...) se as aldeias preferissem sua sujeira e ignorância ao Progresso ou não, o Progresso seria imposto sobre elas".[667]

O historiador e crítico literário americano Waldo Frank elogiou o sistema econômico soviético porque os trabalhadores não trabalhavam para um chefe:

> "Aqui estão os trabalhadores felizes, porque são homens e mulheres integrais. (...) Sonho, pensamento, amor colaboram no tedioso negócio de fazer peças elétricas, já que esses trabalhadores não estão trabalhando para um chefe".[668]

A base da política de coletivização era o objetivo de Stalin de industrializar a Rússia pela força. O câmbio da venda de grãos foi usado para construir uma indústria pesada, que cresceu rapidamente. O preço era alto — o historiador Helmut Altrichter escreve sobre a "mobilização terrorista de toda a população" a serviço da expansão da indústria.[669] Nos distritos agrícolas ao redor de Moscou, a taxa de mortalidade aumentou 50% entre janeiro e junho de 1933. No início da década de 1930, houve mais 6 milhões de mortes do que o habitual e cerca de 300.000 pessoas morreram durante as deportações.[670]

Ao mesmo tempo, os comunistas começaram a criar um sistema nacional de campos de concentração e trabalho, o chamado *Gulag*. No início de 1935, havia 965.000 prisioneiros no sistema *Gulag*; 725.000 em "campos de trabalho"

---

667 Duranty, citado em Hollander, *From Benito*, 124.

668 Waldo Frank, citado em Niemietz, *Socialism*, 69.

669 Altrichter, 84.

670 Werth, 167, 155.

e 240.000 em "colônias de trabalho."[671] Embora também houvesse muitos prisioneiros políticos e criminosos comuns, a maioria dos presos eram cidadãos "comuns" que violaram as leis cada vez mais duras, por exemplo, por "quebrar a lei do passaporte" (que eliminou a liberdade de circulação dentro do país), por "não cumprimento do número mínimo de dias úteis" ou por "destruição da propriedade soviética".[672]

Em 1° de janeiro de 1941, os campos *Gulag* continham mais de 1,9 milhão de prisioneiros.[673] O regime, que se propôs a libertar os trabalhadores, cada vez mais se transformou em um sistema de trabalho forçado e dominação. Como não havia incentivos econômicos, como eles existem no capitalismo, o processo de industrialização só poderia ser aplicado com a força mais brutal.

Claro, o sistema não criou apenas perdedores, mas também vencedores. Quando os chamados especialistas técnicos, ou seja, engenheiros, técnicos, diretores de fábrica etc., foram presos ou baleados, foi criado espaço para novos alpinistas sociais. No início do segundo Plano Quinquenal, escreve Baberowski, mais da metade de todos os diretores da fábrica eram ex-trabalhadores. Nas universidades e escolas, o sistema de cotas prevaleceu, dando tratamento preferencial aos trabalhadores e seus filhos na alocação de vagas universitárias.[674] Stalin se posicionou como um homem do povo, um aliado dos iniciantes proletários, um homem que veio de baixo, de origens humildes e que — ao contrário do intelectual Trotsky — falava a mesma linguagem simples e crua que o povo comum.[675]

A política comunista foi caracterizada por uma interação constante do terror mais brutal e fases em que o terror diminuiu um pouco e concessões econômicas foram feitas aos camponeses, antes de passar para uma nova onda de terror. Os comunistas estavam sempre testando os limites e, no máximo, a fome extrema poderia persuadi-los a se desviar de sua doutrina pura e implementar pelo menos alguns elementos da propriedade privada e dos princípios de mercado.

Se os comunistas também tivessem consistentemente imposto sua linha na agricultura e permitido apenas a propriedade estatal, o sistema teria entrado em colapso completamente, e ainda mais pessoas teriam morrido de fome.

---

671 Werth, 204.
672 Werth, 206.
673 Werth, 213.
674 Baberowski, *Der Rote Terror*, 116.
675 Baberowski, *Scorched Earth*, 98.

Como resultado da coletivização, a produção agrícola entrou em colapso, embora Stalin tenha proclamado no 16° Congresso que era um "fato que agora estamos em posição não apenas de substituir a produção *kulak* pela produção agrícola coletiva e agrícola estatal, mas de exceder a primeira várias vezes".[676] O oposto era verdade, e até Stalin teve que recuar e permitir mais propriedade privada na agricultura. Os camponeses receberam pequenos pedaços de terras agrícolas para uso privado. A superioridade da propriedade privada e do mercado sobre o socialismo é evidente a partir dos seguintes números:

> "Embora as terras privadas representassem menos de 5% do total de terras agrícolas, na década de 1950 forneciam mais de 70% de batatas, cerca de 70% de leite e cerca de 90% de ovos. Na década de 1930, garantiu os meios de subsistência dos agricultores coletivos. O que eles receberam em salários das fazendas coletivas não foi suficiente para sobreviver".[677]

A industrialização foi alcançada principalmente em detrimento da agricultura — como evidenciado pelo fato de que não foi até a década de 1950 que a produção agrícola *per capita* retornou ao nível em que estava em 1928.

O desastre da coletivização não dissuadiu os comunistas de outros países. É verdade que Stalin aconselhou especificamente o líder revolucionário chinês Mao Tsé-Tung em 1950, com base em sua própria experiência, a deixar os bens dos camponeses ricos intocados, a fim de acelerar a recuperação agrícola da China após anos de guerra civil. Porém, Mao ignorou o conselho de Stalin. Ele considerava a redistribuição da terra como uma maneira fácil de ganhar o apoio dos camponeses. A terra foi medida e distribuída aos pobres. Os ricos foram humilhados, despossuídos e até assassinados. "Ao implicar a maioria no assassinato de uma minoria cuidadosamente designada, Mao conseguiu vincular permanentemente o povo ao partido", escreve o historiador holandês e especialista em China Frank Dikötter. Ele estima que o número de "inimigos de classe" assassinados entre 1947 e 1952 tenha sido de 1,5 a 2 milhões de pessoas.[678]

Após a morte de Stalin em 1953, Mao aumentou o ritmo da coletivização na China. Naquele mesmo ano, um monopólio de grãos foi introduzido,

---

[676] Stalin, "Political Report of the Central Committee to the Sixteenth Congress of the C.P.S.U.(B.)," Stalin, *Works, Vol. 12*, 317.

[677] Altrichter, 88.

[678] Dikötter, Cultural Revolution, 5.

forçando os camponeses a vender suas colheitas a preços fixados pelo Estado. Em 1955-56, coletivos agrícolas, semelhantes às fazendas estatais da União Soviética, foram introduzidos. Eles recuperaram a terra que acabara de ser dada aos camponeses pobres, e a população rural foi transformada em servos à disposição do Estado.[679]

Em 1958, começou o maior experimento socialista da história, o Grande Salto Adiante de Mao. Eu descrevi isso em detalhes no primeiro capítulo do meu livro *O Capitalismo não é o problema, é a solução* e o abordei brevemente nos Capítulos 1 e 3 deste livro.

As atrocidades cometidas durante esse período são indescritíveis. No total, cerca de 45 milhões de pessoas morreram, seja de fome ou assassinadas. Frank Dikötter descreve esse período horrível:

> "As pessoas que não trabalharam duro o suficiente foram penduradas e espancadas; algumas foram afogadas em lagoas. Outras foram encharcadas em urina e forçadas a comer excrementos. As pessoas foram mutiladas. Um relatório que circulou para a alta liderança, incluindo o presidente Mao, descreve como um homem chamado Wang Ziyou teve uma de suas orelhas cortadas, suas pernas amarradas com arame e uma pedra de 10 quilos caiu nas suas costas antes de ser marcado — como punição por desenterrar uma batata. Houve até casos de pessoas sendo enterradas vivas. Quando um garoto roubou um punhado de grãos em uma aldeia de Hunan, o chefe local Xiong Dechang forçou seu pai a enterrar seu filho vivo. O homem morreu de tristeza alguns dias depois".[680]

Após esses terríveis eventos, Mao foi sujeito, ao menos temporariamente, a críticas. Em uma reunião de quadros partidários em Pequim, o chefe de Estado Liu Shaoqi (presidente da República Popular da China de 1959 a 1968) descreveu a fome como um desastre causado pelo homem, e o apoio a Mao atingiu o menor nível de todos os tempos.

Agora, pelo menos alguma posse privada de propriedade era permitida e os camponeses podiam cultivar pequenos lotes de terra para si mesmos; mas Mao enfatizou repetidamente que a luta de classes estava longe de terminar; em todos os lugares que ele olhava, ele via evidências de forças capitalistas. Ele nem estava totalmente errado nisso, pois empresas espontâneas e ilegais foram

---

[679] Dikötter, Cultural Revolution, 5.

[680] Dikötter, *Cultural Revolution*, 9–10.

criadas em toda a China. Em Shenyang (Manchúria), havia impressionantes 20.000 empreendedores privados, enquanto, em Wuhan, o centro comercial e industrial no meio do rio Yangtzé, 3.000 especuladores ganhavam a vida explorando lacunas na economia planejada.

> "Muitos realizaram seu comércio em várias províncias. Redes privadas foram construídas por toda parte, envolvendo não apenas produtos agrícolas, mas também ouro e prata. (...) Uma economia paralela floresceu nos interstícios dos coletivos. Havia fábricas, equipes de construção, empresas de transporte clandestinos."[681]

Sem permissão para os camponeses cultivarem lotes privados de terra e sem a economia paralela, o sistema socialista certamente teria entrado em colapso, mas Mao não estava pronto para aceitar essas degenerações capitalistas. Ele declarou que um terço do poder no país não estava mais nas mãos dos comunistas,[682] e Liu Shaoqi lançou uma grande "Campanha de Educação Socialista". Províncias inteiras foram acusadas de "tomar o caminho capitalista". Mais de 5 milhões de membros do partido foram punidos e mais de 77.000 pessoas foram perseguidas até a morte.[683]

Mao, ao contrário de Stalin, acreditava que a luta de classes tinha que continuar de baixo, entre as pessoas, a fim de erradicar o risco de uma restauração do capitalismo. Ele decidiu desencadear a Grande Revolução Cultural Proletária, que começou em 1° de junho de 1966, com um apelo no *People's Daily*. A manchete exortou os leitores a "Varrer todos os monstros e demônios!" Foi o sinal de partida para a Revolução Cultural. O povo foi instado a se levantar e procurar os representantes da burguesia que supostamente estavam tentando transformar a ditadura do proletariado em uma ditadura da burguesia.[684]

Escolares e alunos, em particular, foram mobilizados. Eles se revoltaram nas ruas e se voltaram contra "camponeses ricos imundos", "proprietários filhos da puta", "capitalistas sugadores de sangue", "neoburguesia" e "elementos de classe alienígena,"[685] mas muitas vezes simplesmente contra seus próprios

---

[681] Dikötter, Cultural Revolution, 19.
[682] Dikötter, Cultural Revolution, 22.
[683] Dikötter, Cultural Revolution, 24.
[684] Dikötter, Cultural Revolution, xi.
[685] Dikötter, Cultural Revolution, 62.

professores, que foram acusados de pensamento capitalista. A primeira morte ocorreu em uma escola de meninas administrada pela Universidade Normal de Pequim, onde a vice-diretora foi torturada. As alunas cuspiram no rosto dela, encheram a sua boca de terra, amarraram as mãos atrás das costas e depois bateram nela, inclusive com tacos cheios de pregos. Depois de várias horas de tortura, a vice-diretora perdeu a consciência e morreu.[686]

Um diretor de escola em Pequim foi ordenado a ficar sob o sol escaldante enquanto os Guardas Vermelhos derramavam água quente fervente sobre ele. Uma professora de biologia foi torturada por horas até morrer, e os outros professores foram forçados a bater em seu cadáver. Nas escolas primárias, onde os alunos não tinham mais de treze anos, alguns professores foram forçados a engolir unhas e excrementos, outros tiveram o cabelo raspado e foram forçados a dar um tapa na cara um no outro.[687] Alguns alunos também foram humilhados e às vezes torturados até a morte porque tinham "más origens familiares" ou vinham de "famílias exploradoras".[688]

Em um distrito periférico de Pequim, os quadros locais do Partido Comunista ordenaram que todos os proprietários de terras e todos os outros "elementos ruins", incluindo seus familiares, fossem exterminados. Alguns foram espancados até a morte, outros esfaqueados com cortadores de palha ou estrangulados com arame. Vários foram eletrocutados, e as crianças foram penduradas pelos pés e chicoteadas. Uma menina de oito anos e sua avó foram enterradas vivas.[689]

Os jovens Guardas Vermelhos invadiram casas de pessoas de "más origens de classe". A viúva de um ex-gerente da empresa de petróleo Shell em Xangai foi espancada em seu apartamento, tudo foi esmagado e vandalizado. Um funcionário do Partido perguntou a ela:

> "É certo que você e sua filha morem em uma casa de nove quartos com quatro banheiros quando há uma escassez tão grave de moradias em Xangai? É certo que você use tapetes de lã e tenha cada cômodo cheio de móveis de madeira rosa e madeira preta quando há escassez de madeira e móveis básicos para os outros? É certo você usar seda e peles e dormir sob colchas cheias de penugem?"

---

686 Dikötter, Cultural Revolution, 73.
687 Dikötter, Cultural Revolution, 75.
688 Dikötter, Cultural Revolution, 75.
689 Dikötter, Cultural Revolution, 78.

Pouco tempo depois, a viúva foi levada para uma prisão local e várias famílias da classe trabalhadora se mudaram para sua casa.[690] Houve uma onda de expropriações em Xangai e 30.000 famílias foram forçadas a entregar suas propriedades ao Estado. Muitos receberam um pequeno espaço para viver pelo qual cobrava-se aluguel. A grande maioria das vítimas foi classificada como "maus elementos exploradores do proletariado".[691]

Enquanto os Revolucionários Culturais perseguiram "elementos capitalistas" por supostamente viverem em luxo, 50 propriedades foram construídas para Mao durante os 27 anos de seu governo, nada menos que cinco apenas em Pequim. As propriedades foram colocadas em enormes terrenos, principalmente em locais grandiosos. Em muitos lugares de grande beleza, uma montanha inteira ou um longo trecho de margem do lago foi isolado para seu uso exclusivo.[692] Como Mao adorava nadar, suas moradias estavam equipadas com piscinas luxuosas que foram aquecidas por meses a fio, caso Mao de repente decidisse dar um mergulho.[693] Mao também gostava muito de comer e tinha suas iguarias favoritas enviadas a 1.000 quilômetros de distância.[694] Além disso, Mao, que exigia renúncia sexual de seus compatriotas, era constantemente abastecido com mulheres jovens e bonitas que tinham que cumprir suas ordens.[695] Mao ganhou uma fortuna com a venda de seus livros, que todos eram obrigados a possuir. Seus biógrafos Jung Chang e Jon Halliday afirmam: "Mao foi o único milionário criado na China de Mao".[696]

Entretanto, os chineses não sabiam nada disso. Coisas como roupas decentes, sapatos de salto alto, maquiagem, porcelana etc. eram consideradas capitalistas e qualquer um que as possuísse estava em risco de chacota ou espancamentos, a produção de todos esses itens logo foi interrompida. Em vez disso, bilhões (!) de emblemas de Mao foram produzidos em toda a China para fixar as lapelas das pessoas, logo acima do coração.[697] Alto-falantes foram montados em todas as esquinas e nos campos, gritando slogans contra o capitalismo e a favor do socialismo em volume máximo de manhã à noite. Lojas e ruas em todos os luga-

---

690 Dikötter, Cultural Revolution, 87, 92.

691 Dikötter, Cultural Revolution, 92.

692 Chang / Halliday, 403.

693 Chang / Halliday, 405.

694 Chang / Halliday, 405–406.

695 Chang / Halliday, 407.

696 Chang / Halliday, 408.

697 Dikötter, Cultural Revolution, 100.

res foram renomeadas, apagando possíveis lembretes do passado capitalista ou feudalista. Os novos nomes mais comuns para as lojas eram Bandeira Vermelha, Guarda Vermelha, O Oriente é Vermelho, Trabalhadores, Camponeses, O Povo etc. Em Xangai, mais de cem foram chamados de Guarda Vermelha.[698]

As *Citações do Presidente Mao Tsetung*, também conhecido como *O Pequeno Livro Vermelho* no Ocidente, foram impressas aos milhões e entusiasticamente acenadas e recitadas por ativistas da Guarda Vermelha. Uma das citações de Mao foi, por exemplo,

> "a revolução não é o convite para um jantar, a composição de uma obra literária, a pintura de um quadro ou a confecção de um bordado; ela não pode ser assim tão refinada, calma e delicada, tão branda, tão favorável e cortês, comedida, generosa. A revolução é uma insurreição, é um ato de violência pelo qual uma classe derruba a outra".[699]

A classe dominante havia sido derrubada há muito tempo, mas, de acordo com a filosofia de Mao, a luta entre as linhas capitalista e socialista era permanente — e a Revolução Cultural era um meio para esse fim.

Mao afirmou que os elementos capitalistas se enraizaram no Partido. Inicialmente, funcionários do partido conseguiram direcionar o ódio dos jovens Guardas Vermelhos contra seus professores — ou contra pessoas comuns que se tornaram bodes expiatórios porque tinham "maus antecedentes de classe". Mas logo os Guardas Vermelhos mudaram o foco de seus ataques para funcionários do partido.

> "Parecia uma revolução popular. Assim como Mao havia incitado os alunos a se rebelarem contra seus professores meses antes, ele agora desencadeou pessoas comuns contra seus líderes partidários. Ao fazer isso, ele aproveitou uma profunda poça de ressentimento. Parecia não haver fim para o número de pessoas que tinham queixas contra funcionários do partido."[700]

Inicialmente, o exército foi ordenado a ficar fora dos combates, mas logo interveio. As frentes não estavam claras. Muitos membros do exército consideravam

---

698 Dikötter, Cultural Revolution, 96.

699 Mao, *Citações*, 8.

700 Dikötter, Cultural Revolution, 119.

os rebeldes contrarrevolucionários, agitadores que estavam usando apenas a Revolução Cultural como pretexto para atacar o Partido e o socialismo. A situação ficou cada vez mais confusa à medida que revoltas contra o exército eclodiram em todo o país, logo seguidas por ataques diretos aos militares. Em junho de 1967, a China estava um caos. Os contrarrevolucionários estavam se armando, e a situação ameaçou ficar completamente fora de controle até que Mao assinou um decreto autorizando o exército a se defender contra os rebeldes. Uma guerra civil aberta eclodiu em algumas partes do país, usando metralhadoras, morteiros e *napalm*.[701]

No verão de 1968, 80.000 pessoas foram mortas apenas na província de Guangxi. A milícia local se aliou ao exército para caçar supostos rebeldes. Em Liujang, algumas das vítimas foram decapitadas publicamente, com suas cabeças exibidas com uma nota dizendo "contrarrevolucionária". Na comuna de um povo, circulavam rumores sobre uma trama contrarrevolucionária iminente na qual os proprietários viriam e reivindicariam de volta sua antiga terra. Como resultado, cerca de 60 pessoas foram forçadas a irem a um campo e forçadas a se ajoelhar enquanto suas cabeças eram esmagadas com martelos.[702]

Em alguns lugares, "inimigos de classe" foram abertos enquanto ainda estavam vivos; seus corações e fígados foram arrancados e comidos. Isso não era canibalismo, disseram os rebeldes, porque era a carne de latifundiários e espiões.[703]

Em setembro de 1968, o líder estadual Zhou Enlai anunciou uma vitória "geral", mas então começou uma campanha de cima para limpar o partido de "espiões" e "traidores". Entre 1968 e 1980, 17 milhões de estudantes foram banidos das cidades para o campo, onde deveriam ser "reeducados" pelos camponeses. Na verdade, a maioria dos enviados para o campo vivia separada dos camponeses. Muitos viviam em cavernas, chiqueiros ou galpões, e muitos sofriam de desnutrição ou outras doenças de deficiência. Numerosas mulheres jovens foram molestadas ou estupradas.

Não foram apenas os jovens que foram banidos para o campo. Eles se juntaram aos mais fracos da sociedade — desempregados, vagabundos, inválidos e trabalhadores aposentados que nunca haviam cultivado em suas vidas e agora se esperava que se virassem sozinhos longe das cidades. Muitos foram enviados

---

[701] Dikötter, Cultural Revolution, 174.

[702] Dikötter, Cultural Revolution, 176.

[703] Dikötter, Cultural Revolution, 176.

para campos de reeducação em áreas rurais, mas os campos nem sequer eram capazes de sustentar seus moradores.

A Revolução Cultural levou ao caos, e o partido perdeu parcialmente o controle à medida que seus funcionários se consumiam nos conflitos. Isso permitiu que as pessoas de várias províncias recuperassem as liberdades que os comunistas haviam tirado delas. Muitos agricultores começaram a cultivar vegetais para seu próprio consumo. "O desejo de possuir terras foi impulsionado de baixo e só ratificado pelas autoridades locais muito mais tarde".[704]

Aqueles que permaneceram nas comunas do povo e obedeceram às diretrizes do Partido tiveram uma vida muito pior do que aqueles que desobedeceram.

> "Era um mundo socialista virado de cabeça para baixo, já que aqueles que responderam ao chamado do mercado prosperaram enquanto os membros do coletivo permaneciam atolados na pobreza."[705]

Mercados grandes e ilegais surgiram em todo o campo, onde as pessoas ofereciam seus produtos. Os inspetores do Partido eram impotentes, porque, se tentassem intervir, seriam ameaçados pelos comerciantes. Um processo de descoletivização ocorreu quando muitos milhares deixaram as comunas populares nas quais haviam sido forçados, ou expandiram suas terras agrícolas privadas muito além do permitido. Na província de Guangzhou, surgiram fábricas clandestinas, inteiramente dedicadas a alimentar o mercado negro.[706] Como a economia planejada não poderia produzir bens suficientes para satisfazer a demanda da população comum, as estruturas da economia de mercado surgiram espontaneamente em todos os lugares. Em algumas partes do país, não havia madeira, então casas inacabadas podiam ser vistas em todos os lugares, abandonadas por falta de madeira e outros materiais de construção. Em resposta, centenas de fábricas surgiram para o comércio ilegal de madeira.[707]

Dikötter descreve uma "revolução silenciosa" de longa data, que ganhou impulso após a Revolução Cultural:

> "Por todo país, as pessoas começaram a se reconectar silenciosamente com o passado, desde líderes locais que se concentraram no crescimento econômico até

---

[704] Dikötter, Cultural Revolution, 278.
[705] Dikötter, Cultural Revolution, 274.
[706] Dikötter, Cultural Revolution, 225.
[707] Dikötter, Cultural Revolution, 277.

moradores que reconstituíram mercados populares. (...) Às vezes, um agricultor simplesmente ultrapassou os limites da economia planejada, trazendo um pouco de milho para o mercado ou passando mais tempo em um terreno privado. Em outros casos, foram mais ousados, abrindo fábricas clandestinas ou especulando com mercadorias normalmente controladas pelo Estado; mas, em todos os lugares, de uma forma ou de outra, as pessoas foram encorajadas pelo fracasso da Revolução Cultural em resolver o problema com as próprias mãos. Como um observador astuto observou, 'as pessoas decidiram que não queriam continuar vivendo do jeito que estavam fazendo, e estavam criando maneiras de se livrar de sua situação'. Foi uma revolução irregular de baixo, e que permaneceu em grande parte silenciosa, mas eventualmente engoliria todo o país".[708]

Um fator crucial na compreensão da dinâmica das reformas chinesas iniciadas por Deng Xiaoping após a morte de Mao é que elas foram iniciadas apenas parcialmente "de cima". Muitos desenvolvimentos foram espontâneos — as forças do mercado prevaleceram, por assim dizer, contra o Estado. O economista chinês Weiying Zhang escreve que Deng Xiaoping tem sido chamado de "arquiteto" das reformas da China:

> "No entanto, Deng Xiaoping entendeu que as reformas econômicas e sociais são diferentes da construção de edifícios. Não pode ser construído de acordo com plantas pré-projetadas. Em vez disso, uma abordagem de 'cruzamento do rio sentindo as pedras'[709] deve ser tomada".[710]

Deng, argumenta Zhang, seguiu uma estratégia de reforma através da experimentação. Nada de importante foi simplesmente decretado —como reforma de preços, reforma do mercado de trabalho, reforma tributária ou reforma do comércio exterior. A abordagem de Deng sempre foi experimentar novas abordagens em certas áreas ou setores (por exemplo, zonas econômicas especiais). Se elas funcionavam, eram expandidas; se não, eram abandonadas.[711] Um papel fundamental foi desempenhado pelo incentivo dado às iniciativas

---

[708] Dikötter, Cultural Revolution, 284.

[709] Expressão chinesa que significa acompanhar cuidadosamente o caminho que se está seguindo a fim de se preparar bem para cada próximo passo.

[710] Zhang, Ideas for China's Future, 142.

[711] Zhang, Ideas for China's Future, 143.

"de baixo", em vez de determinar as iniciativas centralmente. A habilidade mais importante de Deng, como Zhang diz, era que "Deng Xiaoping sabia o que ele não sabia!"[712]

Os intelectuais ocidentais moderaram seu entusiasmo pela China à medida que o capitalismo se instalou. Durante e após a Revolução Cultural, Mao e a China foram uma fonte de inspiração para intelectuais em todos os lugares. Simone de Beauvoir, a famosa feminista e teórica social francesa, escreveu na época: "A vida na China hoje é excepcionalmente agradável. (...) Muitos sonhos são autorizados pela ideia de um país (...) onde generais e estadistas são estudiosos e poetas".[713] Seu parceiro, o filósofo Jean-Paul Sartre, um confesso admirador de Stalin que já havia minimizado os *Gulags*, escreveu sobre a China de Mao:

> "Um regime revolucionário deve se livrar de um certo número de indivíduos que o ameaçam e não vejo outro meio para isso além da morte; é sempre possível sair de uma prisão; os revolucionários de 1793 provavelmente não mataram pessoas suficientes".[714]

Na França, onde o anticapitalismo é mais acentuado do que em qualquer outro país ocidental, a admiração por ditadores como Stalin e Mao sempre foi particularmente forte nos círculos intelectuais. O livro *Generation Stalin. French Writers, the Fatherland and the Cult of Personality* [*Geração Stalin. Escritores Franceses, a Pátria e o Culto à Personalidade*][715] fornecem inúmeros testemunhos de admiradores de Stalin. Assim, não é por acaso que a experiência socialista mais radical da história, o regime do Khmer Vermelho no Camboja, foi concebida nas universidades de Paris.

No processo, entre um quinto e um quarto da população do Camboja morreu de meados de 1975 até o início de 1979 — as estimativas variam de 1,6 a 2,2 milhões de pessoas.[716] Este experimento, que o líder do Khmer Vermelho Pol Pot (também conhecido como "Brother 1") chamou de "Super Grande Salto

---

712 Zhang, Ideas for China's Future, 144.

713 Simone de Beauvoir, citado em Niemietz, *Socialism*, 106.

714 Jean-Paul Sartre, citado em Niemietz, *Socialism*, 108.

715 Cf. Sobanet.

716 Para números sobre as vítimas do Khmer Vermelho, cf. Bultmann, *Kambodscha,* 160–161.

Adiante"[717] em homenagem ao Grande Salto Adiante de Mao, é mais revelador porque oferece uma demonstração extrema da crença de que uma sociedade pode ser construída artificialmente na prancheta de desenho.

Hoje, às vezes se afirma que Pol Pot e seus camaradas queriam implementar uma forma puritana de "comunismo primitivo" e seu governo é pintado como uma manifestação de irracionalidade desenfreada. Na verdade, isso não poderia estar mais longe da verdade. Os mentores e líderes do Khmer Vermelho eram intelectuais de famílias respeitáveis que haviam estudado em Paris e eram membros do Partido Comunista Francês.

> "Com base em empréstimos de conceitos marxistas e maoístas, a elite intelectual do partido desenvolveu sua própria teoria da exploração capitalista mundial, seu próprio modelo de sociedade cambojana e as linhas de falha históricas que prenderam o país em um círculo de subdesenvolvimento e dependência."[718]

Dois dos mentores, Khieu Samphan e Hu Nim, escreveram dissertações marxistas e maoístas em Paris.[719] A elite intelectual que estudou em Paris ocupou quase todas as posições de liderança do governo após a tomada do poder.[720]

Eles elaboraram um Plano Quinquenal detalhado que listava todos os produtos que o país precisaria em detalhes precisos (agulhas, tesouras, isqueiros, copos, pentes, etc.). O nível de especificidade era altamente incomum, mesmo para uma economia planejada. Por exemplo:

> "Comer e beber são coletivizados. A sobremesa também é preparada coletivamente. Resumidamente, elevar os padrões de vida das pessoas em nosso próprio país significa fazê-lo coletivamente. Em 1977, haverá duas sobremesas por semana. Em 1978, há uma sobremesa a cada dois dias. Então, em 1979, há uma sobremesa todos os dias, e assim por diante. Assim, as pessoas vivem coletivamente com o suficiente para comer; elas são alimentadas com lanches. Eles estão felizes em viver neste sistema".[721]

---

717 Bultmann, *Kambodscha*, 95.

718 Bultmann, *Kambodscha*, 72.

719 Bultmann, *Kambodscha*, 72 et seq.

720 Bultmann, *Kambodscha*, 88.

721 Citado em Chandler et al., 107.

O partido, escreve o sociólogo alemão Daniel Bultmann em sua análise, "planejou a vida da população como se estivesse em uma prancheta de desenho, encaixando-as em espaços e necessidades pré-determinados".[722] Em todos os lugares, gigantescos sistemas e campos de irrigação deveriam ser construídos com um modelo uniforme e retilíneo. Todas as regiões foram submetidas às mesmas metas, já que o Partido acreditava que condições padronizadas em campos exatamente do mesmo tamanho também produziriam rendimentos padronizados.

> "Com o novo sistema de irrigação e os campos de arroz axadrezado, a natureza deveria ser aproveitada para a realidade utópica de uma ordem totalmente coletivista que eliminou a desigualdade desde o primeiro dia."[723]

No entanto, o arranjo de barragens de irrigação em quadrados iguais com campos igualmente quadrados em seu centro levou a inundações frequentes. Os projetos rigorosos do Partido ignoraram totalmente os fluxos naturais de água e a maioria dos funcionários do Partido tinha pouco ou nenhum conhecimento técnico sobre a construção de barragens. Os sistemas de irrigação foram construídos por trabalhos forçados, que seguiram meticulosamente os planos emitidos pela sede — e 80% deles não funcionaram.[724]

A propriedade privada deveria ser completamente abolida — da mesma forma que vimos em inúmeros romances utópicos; mas "Brother 1" e seus camaradas não se restringiram a coletivizar a terra e os meios de produção. A partir de setembro de 1976, as pessoas tiveram que entregar absolutamente tudo, incluindo seus relógios, rádios, ferramentas, arados, sementes, utensílios de cozinha etc.[725] Todos tinham que usar o mesmo uniforme preto e cada gênero tinha seu próprio corte de cabelo "revolucionário". Não havia joias; no entanto, os quadros dirigentes do Partido podiam se apossar de blocos de notas, bicicletas e canetas que os diferenciassem claramente da multidão — e que eles orgulhosamente exibiam.[726]

Para limpar a lousa e começar a construir uma sociedade justa, quase todos foram expulsos das cidades. No processo, os comunistas mentiram para o povo

---

[722] Bultmann, *Kambodscha*, 92.
[723] Bultmann, *Kambodscha*, 138.
[724] Bultmann, *Kambodscha*, 138.
[725] Bultmann, *Kambodscha*, 97.
[726] Bultmann, *Kambodscha*, 99.

e disseram a eles que estavam prestes a ser bombardeados pelos EUA e só teriam que deixar suas casas por alguns dias. Isso também significava que eles não teriam que levar muitos de seus pertences com eles ou até mesmo trancar suas portas. Eles receberam 24 horas para deixar suas casas, mas desde o início o plano era nunca os deixar voltar. As famílias eram frequentemente dilaceradas, as comunidades eram separadas e as pessoas eram espremidas juntas em coletivos. Na maioria dos casos, as pessoas não foram apenas movidas uma vez, elas foram levadas para novos lugares várias vezes.

Mais insidiosamente, as pessoas foram questionadas se queriam voltar para suas casas, mas essa foi apenas uma pergunta complicada para identificar aqueles que eram ideologicamente infundados e precisavam de uma reeducação mais intensa. Qualquer um que respondesse à pergunta com um "sim" era levado para outro lugar — não para sua antiga casa — onde as condições de vida eram ainda mais insuportáveis.[727]

Os comunistas compararam as pessoas ao gado:

> "Cuidado com este boi enquanto puxa o arado. Ele come quando é ordenado a comer. Se você deixar pastar no campo, ele comerá qualquer coisa. Se você o colocar em outro campo onde não haja grama suficiente, ele ainda pastará sem reclamar. Ele não é livre e está constantemente sendo observado. E, quando você diz para puxar o arado, ele puxa. Ele nunca pensa em sua esposa ou filhos".[728]

O coletivo até assumiu o papel de escolher com quem as pessoas deveriam se casar. Qualquer um que rejeitasse um cônjuge mais de uma vez era rapidamente marcado como inimigo do sistema.

No dia em que o Khmer Vermelho tomou o poder, em 17 de abril de 1975, seu líder Pol Pot definiu seu plano para as próximas semanas e meses. Ele continha uma série de medidas, incluindo:

- a evacuação de todas as pessoas das cidades;
- a abolição de todos os mercados; e
- a abolição do dinheiro.

Naquele mesmo dia, o banco central foi explodido e o dinheiro foi completamente abolido. As notas esvoaçavam sem valor pelas ruas desertas da cidade.

---

727 Margolin, "Cambodia," 585.

728 Margolin, "Cambodia," 597.

Ouro e joias foram confiscados pelo Estado, assim como toda a propriedade privada.

A economia planificada falhou rapidamente e radicalmente. As pessoas sofriam de fome. Mas, é claro, os comunistas não viram a causa de seus fracassos na impossibilidade inerente de projetar uma sociedade na prancheta de desenho. Eles culparam supostos sabotadores. Dezenas de milhares foram presos e trancados em prisões de tortura. Os próprios membros do Khmer Vermelhos alegaram que eles não tinham prisões e, de certa forma, isso era verdade, porque eram locais de tortura e morte em que quase ninguém era deixado vivo.[729]

Sob tortura, "confissões" foram extorquidas, como esta:

> "Eu dei instruções para destruir as colheitas colhendo-as enquanto ainda estavam verdes. Eu pedi ao Chaet para queimar arroz. (...) Meu objetivo era criar agitação entre as pessoas, especialmente entre as Pessoas Novas e as Pessoas Velhas. Isso impediu o plano do Partido".[730]

Ou:

> "Eu sou um falso revolucionário. Na realidade, sou um inimigo, um inimigo do povo, da nação do Camboja e do Partido Comunista do Camboja. Eu sou um intelectual barato e reacionário que apenas se apresenta como um revolucionário".[731]

As pessoas tiveram que confessar que trabalhavam para a CIA, embora muitas nem soubessem o que era a CIA (alguns achavam que era o nome de uma pessoa). Algumas das confissões eram absurdas e contraditórias, como:

> "Eu não sou membro da CIA. Confessei pertencer à CIA quando confrontado com minha culpa. Peço ao Partido que me mate porque eu não acompanhei a revolução".[732]

Todo o país era atravessado por uma rede de 196 chamados centros de segurança e reeducação que eram exatamente idênticos em estrutura, função e

---

729 Margolin, "Cambodia," 628.
730 Citado em Bultmann, *Kambodscha*, 137.
731 Citado em Bultmann, *Kambodscha*, 120.
732 Bultmann, *Kambodscha*, 121.

procedimentos internos. Escolas e pagodes budistas foram fechados e transformados em campos de internação para o inimigo de classe.

O núcleo do aparato de segurança dependia mais do recrutamento de crianças entre 12 e 16 anos, que, na opinião de Pol Pot, eram folhas em branco prontas para serem preenchidas com o pensamento socialista. Um elemento do treinamento das crianças envolveu serem forçadas a ver outras pessoas sendo torturadas ou horrivelmente assassinadas sob tortura prolongada. Elas não foram autorizadas a mostrar nenhuma emoção, pois isso foi interpretado como um sinal de simpatia pelo inimigo e deveria ser punível de acordo.[733]

No início, o terror era dirigido principalmente contra os "ricos" e instruídos.

> "Os moradores da cidade ricos e instruídos de repente — e literalmente — se encontraram no fundo da cadeia alimentar. Relatos de comportamento sádico de quadros dirigentes que viviam em opulência e atormentavam a antiga elite eram, portanto, abundantes."[734]

O Partido Comunista declarou que as classes econômicas e educacionais superiores, em particular, eram inimigas do povo e as assassinou até mesmo pelas menores ofensas nos campos de reeducação.[735]

> "Os candidatos que desejavam se juntar ao Partido deviam vir de classes baixas, como o campesinato mais pobre ou médio, principalmente das classes mais baixas."[736]

Logo o círculo de inimigos cresceu cada vez mais, e nenhuma parte da população foi poupada. Qualquer um poderia ser exposto como inimigo do sistema a qualquer momento, mesmo que pertencesse ao Partido Comunista — pelo menos metade de seus próprios quadros foram assassinados. Qualquer um que não quisesse ser considerado um "inimigo" tinha que expor e denunciar constantemente outros "inimigos". Isso criou uma espiral de violência. Mais tarde, quase 20.000 valas comuns contendo as vítimas do regime foram encontradas em todo o país.

---

[733] Bultmann, *Kambodscha*, 148.
[734] Bultmann, *Kambodscha*, 141.
[735] Bultmann, *Kambodscha*, 8.
[736] Bultmann, *Kambodscha*, 144.

O poder que governava tudo se chamava *Angkar* [*Organização*] e as pessoas nem sabiam quem compunha essa organização. Eles só sabiam que não podiam resistir a isso e que governava todas as áreas de suas vidas — assim como o Big Brother em *1984* de George Orwell.

> "Todas as leis e regulamentos revolucionários foram promulgados em nome de *Angkar*; todas as transgressões eram conhecidas e punidas por *Angkar*. *Angkar* estava em toda parte, uma presença generalizada da qual ninguém poderia escapar. '*Angkar* tem mais olhos do que um abacaxi', disse o quadro dirigente. Maridos e esposas falavam de *Angkar* apenas em particular, sussurrando, com medo de serem ouvidos. Ninguém criticava *Angkar* em público; mesmo a alusão de aprovação mais minimamente crítica poderia ser suficiente para garantir a prisão, o interrogatório e o subsequente desaparecimento para reeducação. O perigo já estava presente; em nenhum momento se sabia se os espiões de *Angkar* estavam ouvindo."[737]

O regime entrou em colapso alguns anos depois. O Khmer Vermelho fornece um exemplo extremo da estratégia de criar utopias socialistas através do construtivismo extremo. Pol Pot e seus companheiros acreditavam que a igualdade radical levaria a uma sociedade justa e feliz. Ele poderia e deveria ter sabido melhor, especialmente depois que o Grande Salto Adiante de Mao na China tinha falhado de forma tão retumbante, custando a vida de 45 milhões de pessoas. Para Pol Pot, o experimento socialista do Grande Salto Adiante de Mao serviu como um modelo — simplesmente não havia sido implementado de forma radical e consistente o suficiente, e é por isso que ele se referiu ao seu experimento como o "Super Grande Salto Adiante". O novo hino nacional terminou com: "Vamos construir nossa pátria para que ela possa dar um Grande Salto Adiante! Um imenso, glorioso e prodigioso Grande Salto Adiante".[738]

Um funcionário intelectual com experiência no exterior orgulhosamente declarou:

> "Estamos fazendo uma revolução única. Existe algum outro país que se atreva a abolir o dinheiro e os mercados da mesma forma que nós? Somos muito melhores do que os chineses, que nos admiram. Eles estão tentando nos imitar, mas ainda não conseguiram. Somos um bom modelo para o mundo inteiro".

---

737 Stuart-Fox, citado em Bultmann, *Inside Cambodian Insurgency*, 98.

738 Margolin, "Cambodia," 627.

Mesmo depois que Pol Pot foi deposto, ele continuou a acreditar que 17 de abril de 1975 foi a maior data da história de todas as revoluções, "com exceção da Comuna de Paris em 1871".[739]

Assim, vemos uma procissão contínua de experimentos socialistas fracassados — da União Soviética à China e à variante mais radical no Camboja. Por mais diferentes que fossem em detalhes, todos eles estavam unidos pela ilusão construtivista de que é somente abolindo a propriedade privada, lutando contra "os ricos" e implementando uma economia planejada que as pessoas podem ser libertadas da miséria do feudalismo e do capitalismo.

Todos esses regimes — de Stalin, Mao e Pol Pot — encontraram apologistas e admiradores entre intelectuais renomados. Entre os intelectuais que banalizaram o regime terrorista socialista no Camboja, por exemplo, estava Noam Chomsky, que se opôs à difamação do regime, dizendo que os relatos de assassinatos em massa foram fabricados.[740]

O filósofo anticapitalista Slavoj Žižek chegou mesmo a declarar que o Khmer Vermelho não tinha ido suficientemente longe:

> "O Khmer Vermelho *não foi*, de certa forma, *radical o suficiente*: embora tenham levado a negação abstrata do passado ao limite, eles não inventaram nenhuma forma nova de coletividade".

Mesmo assim, ele acrescentou: "... a violência revolucionária deve ser celebrada como 'redentora' e até mesmo 'divina'".[741]

Também deve ser notado aqui que Žižek era um admirador de Che Guevara e descreveu o terror de Stalin na década de 1930 como «terror humanista»: «O stalinismo efetivamente salvou o que entendemos como a humanidade do homem".[742]

Paul Hollander comenta:

> "As crenças de Žižek parecem estar enraizadas em uma convicção inabalável de que nada excede os males do capitalismo e a violência que ele gera. Foi uma

---

[739] Margolin, "Cambodia," 616.

[740] Cf. inúmeras declarações de Chomsky em Hollander, *From Benito*, 201.

[741] Žižek, quoted in Gray, *The Violent Visions*, <https://www.nybooks.com/articles/2012/07/12/violent-visions-slavoj-zizek/>.

[742] Žižek, citado em Hollander, *From Benito*, 29.

convicção compartilhada em diferentes graus por muitos intelectuais ocidentais que foram atraídos por ditadores de diferentes convicções políticas e que tinham em comum uma disposição anticapitalista".[743]

O anticapitalismo é a raiz da admiração até mesmo pelos piores regimes terroristas socialistas da história. É claro que nem todos os regimes socialistas eram tão violentamente sanguinários quanto os de Stalin, Mao e Pol Pot. Porém, então, mesmo aquelas experiências socialistas que começam muito mais inocuamente logo levam ao colapso econômico e à restrição de liberdades em um processo de radicalização cumulativa, como confirma o exemplo mais recente de um experimento socialista fracassado: o "Socialismo do Século XXI" de Hugo Chávez na Venezuela. Chávez foi eleito democraticamente e, nos primeiros dias de seu regime, prometeu defender os direitos de propriedade e prometeu que nunca "expropriaria nada de ninguém".[744] Antes da eleição, Chávez empregou uma retórica surpreendentemente conciliatória, lançando-se como um grande admirador dos valores ocidentais que recebia investidores estrangeiros, um "Tony Blair do Caribe".[745] Até certo ponto, isso foi um engano deliberado. No entanto, Chávez não se propôs a levar seu país ao desastre econômico e à ditadura. Porém, foi exatamente isso que aconteceu. Pois há uma certa lógica inerente ao fato de que a eliminação da liberdade econômica sempre leva ao declínio econômico e, em algum momento, à eliminação das liberdades políticas.

Não devemos acreditar nas palavras e garantias dos socialistas quando eles falam de liberdade e democracia. O Partido Comunista da Alemanha (KPD) afirmou em sua declaração de programa de 11 de junho de 1945:

> "Com a destruição do hitlerismo, também é importante concluir a democratização da Alemanha, aquela transição democrático-burguesa que começou em 1848. (...) Somos da opinião de que forçar o sistema soviético para a Alemanha seria o caminho falso. (...) Em vez disso, somos da opinião de que os interesses mais convincentes do povo alemão na situação atual exigem que a Alemanha tome um caminho diferente, o caminho do estabelecimento de um regime antifascista

---

743 Hollander, *From Benito*, 30.

744 Citado em Gallegos, 80.

745 Citado em Clark, 60.

e democrático, uma república parlamentar e democrática com todos os direitos e liberdades democráticas para o povo".[746]

Como a história mostra, exatamente o oposto aconteceu na Alemanha Oriental nos próximos anos. Sob o pretexto do antifascismo, a terra e os meios essenciais de produção foram nacionalizados e uma ditadura modelada na União Soviética foi estabelecida.

Friedrich Engels prometeu que, após a socialização dos meios de produção, o Estado "morreria completamente":

> "O primeiro ato no qual o Estado realmente atua como representante de toda a sociedade — a tomada de posse dos meios de produção em nome da sociedade — é, ao mesmo tempo, seu último ato autônomo como Estado. De esfera em esfera, a intervenção do poder estatal nas relações sociais vai se tornando supérflua e acaba por desativar-se; o governo sobre as pessoas é substituído pela administração das coisas e pela condução dos processos de produção. O Estado não é "abolido". *Ele morre*".[747]

E, "na medida em que a anarquia na produção social [para Engels, sinônimo de economia capitalista, R.Z.] desaparece, a autoridade política do Estado desaparece. O homem, finalmente o mestre de sua própria forma de organização social, torna-se ao mesmo tempo o senhor da Natureza, seu próprio mestre — livre."[748]

Em *O Estado e a Revolução*, Lenin descreveu seu objetivo final como "supressão do Estado, isto é, de toda a violência organizada e sistemática, de toda a violência sobre os homens em geral".[749] Tudo o que era necessário era um estágio intermediário do socialismo e da ditadura do proletariado para realizar esse estado final da sociedade comunista. Marx já havia escrito em sua *Crítica do Programa de Gotha*:

> "Entre a sociedade capitalista e a comunista, situa-se o período da transformação revolucionária de uma na outra. A ele corresponde também um período

---

[746] Proclamação do Comitê Central do Partido Comunista Alemão, 11 de junho de 1945: <https://ghdi.ghi-dc.org/docpage.cfm?docpage_id=3252&language=english>.

[747] Engels, *Anti*-Dühring, 316-317. Em itálico no original.

[748] Engels, "Socialism: Utopian and Scientific," em Karl Marx e Frederick Engels, *Selected Works, Vol. III*, 151.

[749] Lenin, "O Estado e a Revolução", 46.

político de transição, cujo Estado não pode ser senão a *ditadura revolucionária do proletariado*".[750]

Na verdade, não havia ditadura do proletariado em nenhum Estado socialista. Como vimos, a primeira União Soviética foi baseada precisamente no esmagamento do movimento operário e rapidamente se transformou na ditadura de um partido e, finalmente, de um déspota. De acordo com a ficção de Marx, Engels e Lenin, um período de transição deveria ser seguido por um estado final no qual não haveria estado. Lenin escreve:

> "Finalmente só o comunismo torna o Estado completamente desnecessário, pois não há ninguém para reprimir, 'ninguém' no sentido de uma classe, no sentido de uma luta sistemática contra uma parte determinada da população".[751]

Assim, de acordo com essa lógica, quando os meios de produção são socializados e as classes são privadas de sua base econômica, o Estado morrerá por conta própria.

Como é sabido, nunca, em nenhum país do mundo, tal coisa já ocorreu. Não só o Estado não morreu, como também se fortaleceu constantemente; a violência não se tornou desnecessária, era uma das características dos sistemas socialistas — da União Soviética à Venezuela. Isso ainda era verdade nos períodos seguintes às piores fases do governo de Stalin: a União Soviética pós-Stalin pode não ter visto os mesmos excessos da década de 1930, mas ainda era uma ditadura na qual as pessoas eram privadas de direitos básicos, como liberdade de imprensa, liberdade de expressão e liberdade de reunião.

De novo e de novo, as pessoas eram consoladas com promessas de uma utopia comunista, que eles tinham certeza de que não era mais um sonho distante. Em seu 22° Congresso do Partido em 1961, o Partido Comunista da União Soviética (PSU) adotou um programa que prometia construir o comunismo em 20 anos. "A construção comunista", disse, "tornou-se a tarefa prática do Partido, a causa de todo o povo soviético".[752] Em 1970, o programa prometeu que a União Soviética superaria "o país capitalista mais forte e rico,

---

[750] Marx, Crítica do Programa de Gotha, 36. Em itálico no original.

[751] Lenin, "O Estado e a Revolução," 50. Em itálico no original.

[752] Documents of the 22nd Congress of the Communist Party of the Soviet Union, October 1961, 319.

os EUA, em produção *per capita*". Então, em 1980, "*uma sociedade comunista seria principalmente construída na URSS*".[753] A União Soviética garantiria aos seus cidadãos um padrão de vida "*mais alto do que o de qualquer um dos países capitalistas*"[754] e se tornaria o país "com a jornada de trabalho mais curta e, simultaneamente, mais produtiva e mais bem paga".[755] Toda a população seria capaz de "satisfazer adequadamente sua necessidade de alimentos variados e de alta qualidade",[756] e, em 1980, "uma abundância de benefícios materiais e culturais para toda a população será alcançada", de modo que seria possível fazer a transição "para o princípio comunista de distribuição de acordo com a necessidade", proclamado por Marx.[757]

O programa, portanto, se referia expressamente à *Crítica do Programa de Gotha* de Marx, na qual ele havia prometido:

> "Numa fase superior da sociedade comunista, quando tiver sido eliminada a subordinação escravizadora dos indivíduos à divisão do trabalho e, com ela, a oposição entre trabalho intelectual e manual; quando o trabalho tiver deixado de ser mero meio de vida e tiver se tornado a primeira necessidade vital; quando, juntamente com o desenvolvimento multifacetado dos indivíduos, suas forças produtivas também tiverem crescido e todas as fontes da riqueza coletiva jorrarem em abundância, apenas então o estreito horizonte jurídico burguês poderá ser plenamente superado e a sociedade poderá escrever em sua bandeira: 'De cada um segundo suas capacidades, a cada um segundo suas necessidades!'".[758]

Isso foi o que o PSU prometeu alcançar o mais tardar até 1980, mas nenhuma de suas promessas foi cumprida. A União Soviética tinha uma população de 270 milhões em 1982, 16% a mais do que nos EUA (232 milhões). No entanto,

---

[753] Documents of the 22nd Congress of the Communist Party of the Soviet Union, October 1961, 512. Em Itálico no original.

[754] Documents of the 22nd Congress of the Communist Party of the Soviet Union, October 1961, 537. Em itálico no original.

[755] Documents of the 22nd Congress of the Communist Party of the Soviet Union, October 1961, 542.

[756] Documents of the 22nd Congress of the Communist Party of the Soviet Union, Outubro de 1961, 539.

[757] Documents of the 22nd Congress of the Communist Party of the Soviet Union, Outubro de 1961, 540.

[758] Marx, Crítica do Programa de Gotha, 28..

44 milhões de rádios foram vendidos nos EUA naquele ano, em comparação com apenas 6 milhões na URSS; 8 milhões de carros foram vendidos nos EUA, contra apenas 1,4 milhão na URSS; e 29 milhões de gravadores foram vendidos nos EUA, enquanto a URSS conseguiu vender apenas 3,2 milhões.[759]

Em 1981, o ano em que o programa prometia que uma sociedade comunista teria sido construída, uma comparação entre os Estados Unidos e a União Soviética revelou:

> "na década de 1980, os padrões de vida na URSS provavelmente melhorarão muito mais lentamente do que no passado, devido às severas restrições projetadas ao crescimento econômico. Essas são algumas das principais descobertas de uma extensa comparação do consumo *per capita* na URSS e nos Estados Unidos em 1976, com base em dados detalhados de gastos e novas paridades de poder de compra. Em 1976, o consumo real *per capita* na União Soviética era 34,4% do dos Estados Unidos: esse valor é a média geométrica das comparações em rublos (27,6%) e em dólares (42,8%). Além disso, acredita-se que essas comparações sejam tendenciosas a favor da URSS por causa da incapacidade de permitir totalmente a qualidade notoriamente ruim e a variedade bem limitada de bens e serviços de consumo soviéticos. As comparações também não podem levar em conta o sistema de distribuição errático e primitivo e a escassez aleatória que dificulta as compras para os consumidores soviéticos. Com base em uma comparação de média geométrica, os consumidores soviéticos se aproximam mais de seus colegas americanos no consumo de alimentos, bebidas e tabaco (54%) e bens não duráveis (39%). O atraso soviético é enorme (menos de 20% do nível dos EUA) em bens de consumo duráveis e serviços domésticos".[760]

Quando Mikhail Gorbachev lançou reformas de longo alcance na União Soviética em meados da década de 1980, o sistema se afogou completamente no caos. O que surgiu, no entanto, não foi uma sociedade capitalista livre, mas um sistema de "Capitalismo de Compadrio",[761] economicamente ineficiente e cujo produto interno bruto é ainda menor que o da Itália, apesar do tamanho do país e de seus vastos recursos de matérias-primas.[762]

---

759 <https://de.statista.com/themen/5811/kalter-krieg/#dossierSummary__chapter2>.

760 <https://www.jec.senate.gov/reports/97th%20Congress/Consumption%20in%20the%20USSR%20-%20An%20International%20Comparison%20(1058).pdf>.

761 Aslund, Russia's Crony Capitalism.

762 Em 2020.

Os defensores do "socialismo democrático" se distanciam de sistemas como os que prevaleceram na União Soviética e nos países do bloco de Leste. Mas eles agem como se fosse possível separar arbitrariamente os dois — economia e política — um do outro: quando criticam os sistemas socialistas, tendem a criticar a constituição econômica quase como uma questão secundária, em vez de colocá-la no centro de sua condenação. Em vez disso, eles se concentram na eliminação das liberdades políticas e democráticas (por exemplo, liberdade de expressão, liberdade de imprensa etc.). As prescrições econômicas emitidas por muitos defensores do "socialismo democrático" são bastante semelhantes às de seus camaradas não democráticos, caracterizados por uma profunda desconfiança das forças de mercado e confiança quase ilimitada no Estado. Os socialistas democráticos simplesmente querem corrigir o "erro" cometido pelos Estados socialistas do mundo real dos últimos 100 anos, combinando o sistema econômico socialista com uma constituição de Estado democrático. Isso é, em última análise, o que o termo "socialismo democrático" significa. Embora Marx não pudesse ter sido mais claro ao enfatizar a estreita interdependência da economia e da política, da base e da superestrutura, os "socialistas democráticos", apesar de toda a sua outra reverência pelo pensador, parecem negar tal conexão.

A famosa passagem do prefácio de *Contribuição à Crítica da Economia Política*, na qual Marx descreve essa conexão, diz:

> "Minhas investigações me conduziram ao seguinte resultado: as relações jurídicas, bem como as formas do Estado, não podem ser explicadas por si mesmas, nem pela chamada evolução geral do espírito humano; essas relações têm, ao contrário, suas raízes nas condições materiais de existência. (...) Na produção social da própria existência, os homens entram em relações determinadas, necessárias, independentes de sua vontade; essas relações de produção correspondem a um grau determinado de desenvolvimento de suas forças produtivas materiais. A totalidade dessas relações de produção constitui a estrutura econômica da sociedade, a base real sobre a qual se eleva uma superestrutura jurídica e política e à qual correspondem formas sociais determinadas de consciência. O modo de produção da vida material condiciona o processo de vida social, política e intelectual".[763]

[763] Marx, *Contribuição*, 47.

É uma contradição impressionante que os socialistas, que de outra forma estão interessados em se referir a Marx, neguem essa conexão entre economia e política assim que começam a criticar as sociedades socialistas. Para eles, aparentemente é uma coincidência que sociedades com uma base não capitalista, caracterizada pela ausência de liberdade econômica, também tenham uma "superestrutura" totalmente carente de liberdades políticas.

Niemietz fornece um resumo adequado dessa conexão: "A limitação da liberdade pessoal é, portanto, inevitável e, dentro da lógica do sistema, justificável. As restrições de emigração são um exemplo disso".[764] Um exemplo da conexão entre a eliminação da liberdade econômica e política foi a Alemanha Oriental: primeiro, a liberdade econômica foi eliminada através da nacionalização da terra e dos meios de produção. Como resultado, houve uma enorme disparidade entre o desempenho econômico da Alemanha Oriental e Ocidental. O padrão de vida no Ocidente era muito mais alto e, portanto, 2,8 milhões de pessoas fugiram da parte Oriental — principalmente, mas não apenas empresários e profissionais bem instruídos. Portanto, o fato de o Muro ter sido construído em 1961 certamente correspondia a uma inevitabilidade econômica, porque, caso contrário, o sistema na Alemanha Oriental teria sido secado imediatamente. "É por isso que", explica Niemietz, "o Muro de Berlim não foi uma aberração do ideal 'nobre' do socialismo, mas um correlato lógico de uma economia planejada".[765]

A eliminação da liberdade econômica inevitavelmente leva a uma expansão do poder do Estado, já que a política e a burocracia não se restringem mais à tomada de decisões políticas, mas também as econômicas. Enquanto nos países capitalistas há uma elite econômica que exerce poder e influência ao lado da elite política, em uma economia estatal há apenas uma elite que domina todos os domínios.

Claro, é possível imaginar sistemas nos quais a liberdade e o socialismo coexistem. No máximo temporariamente, pode até ser possível que eles coexistam. Exemplos incluem os flertes com o "socialismo democrático" na Grã-Bretanha e na Suécia na década de 1970. Em ambos os sistemas, o Estado ganhou cada vez mais poder à medida que os impostos foram aumentados, enquanto, paralelamente, os principais setores econômicos foram nacionalizados. Em algum momento, esses países chegaram a uma encruzilhada:

[764] Niemietz, *Socialism*, 48–49.

[765] Niemietz, *Socialism*, 47.

Os apoiadores mais radicais do "socialismo democrático", por exemplo, no Partido Trabalhista Britânico, exigiram um papel cada vez maior para o governo. Na opinião deles, quaisquer problemas econômicos que seus países estavam enfrentando resultaram do fato de que ainda havia muito capitalismo. Se eles tivessem prevalecido, o declínio econômico teria sido acelerado e, em algum momento, teria havido uma transição da quantidade para uma nova qualidade, e o socialismo democrático teria evoluído para a forma normal de socialismo, ou seja, um sistema de repressão política — como aconteceu mais tarde, por exemplo, na Venezuela. Felizmente, os oponentes dos socialistas conseguiram convencer as maiorias da Grã-Bretanha e da Suécia a votar neles e lançaram reformas capitalistas que empurraram o poder do Estado sobre a economia — por meio de cortes de impostos, privatizações e desregulamentação.

12.

O QUE AS PESSOAS NO BRASIL PENSAM DO CAPITALISMO

Os 11 capítulos anteriores examinaram os fatos sobre "capitalismo" e "socialismo". Este e o próximo capítulo lidam com opiniões sobre o capitalismo. Antes de apresentar números e gráficos sobre como os brasileiros se sentem em relação ao capitalismo (seguidos pelos resultados dos outros 21 países pesquisados no próximo capítulo), gostaria de fornecer detalhes sobre os itens e métodos usados na pesquisa.

No passado, pesquisas eram frequentemente realizadas para descobrir o que a população de um país — ou mesmo de vários países — sente sobre o capitalismo e a economia de mercado. Muitas vezes, essas pesquisas apenas faziam aos entrevistados uma pergunta geral sobre se eles acham que o capitalismo é um bom sistema econômico ou não. O *Edelman Trust Barometer 2020*,[766] uma pesquisa com 28 países, relata que uma média de 56% dos entrevistados acredita que "o capitalismo, como existe hoje, faz mais mal do que bem no mundo".

No Brasil, 57% dos entrevistados compartilharam essa opinião. Na Europa, as pessoas na França concordaram mais fortemente com essa opinião (69%), seguidas pela Itália (61%), Espanha (60%), Alemanha (55%) e Reino Unido (53%). Tanto nos Estados Unidos quanto no Canadá, 47% dos entrevistados concordaram com essa crítica ao capitalismo. A pesquisa encontrou as menores proporções de críticos capitalistas no Japão (35%), Hong Kong (45%) e Coréia do Sul (46%). No entanto, na pesquisa Edelman e em outras semelhantes, apenas uma pergunta sobre o capitalismo foi feita, o que significa que, embora saibamos se as pessoas são a favor ou contra o capitalismo, não sabemos o porquê.

[766] Edelman Trust Barometer 2020.

Eu queria saber mais. Então, juntamente com o Instituto Allensbach e a Ipsos MORI, projetei uma pesquisa internacional com 21 países que entrou em muito mais detalhes. Mesmo antes do início da pesquisa, eu suspeitava — com base em pesquisas anteriores — que a maioria das pessoas na maioria dos países tenderiam a criticar o capitalismo. Ninguém precisava de uma nova pesquisa para confirmar isso.

Acima de tudo, eu queria descobrir por que um número tão grande de pessoas em todo o mundo rejeita o capitalismo. Quais características negativas — e, é claro, positivas — as pessoas associam ao termo capitalismo? O que exatamente eles criticam sobre o capitalismo (e o que eles acham bom)? Como as percepções diferem entre os países? E, dentro dos países, como as pessoas de diferentes rendas e faixas etárias se sentem em relação ao capitalismo? Que tipo de relacionamento as pessoas com mais mentalidades de esquerda e mais de direita (e, é claro, entre aquelas "no meio") têm com o capitalismo? Eu também queria descobrir se há alguma conexão entre teóricos da conspiração e anticapitalismo.

A pesquisa foi realizada entre julho de 2021 e junho de 2022 em um total de 21 países. No Brasil, um total de 1.001 indivíduos selecionados representativamente foram pesquisados pela Ipsos MORI de 30 de julho a 9 de agosto de 2021, e, no total, a pesquisa internacional foi composta por 21856 entrevistados.

A pesquisa difere de muitas outras sobre o capitalismo não apenas em sua profundidade (ou seja, no nível de detalhe das perguntas feitas), mas também em um método específico: a hipótese antes do início da pesquisa era de que algumas pessoas são repelidas pela palavra "capitalismo" em particular, mesmo que suas opiniões reais as colocassem mais no campo pró-capitalista. Algumas pessoas têm apenas associações vagas e pouco claras com o "capitalismo", outras conectam o termo com todos os males deste mundo.

Assim, um conjunto de perguntas (sobre "Liberdade Econômica") evitou consistentemente a palavra "capitalismo". Os entrevistados receberam um total de seis declarações, das quais três declarações favoreceram a liberdade econômica e uma economia de mercado e três defendiam um papel forte para o Estado. Você pode encontrar o texto exato de todos os itens da pesquisa no apêndice do livro, na página 369.

O conjunto de perguntas sobre Liberdade Econômica incluiu, por exemplo, a declaração: "Precisamos de muito mais intervenção estatal na economia, uma vez que o mercado falha repetidas vezes". Outro, em contraste, afirmou: "Defendo um sistema econômico em que o Estado estabelece as regras, mas não interfere de outra maneira". Apoiar uma declaração ou outra não torna automaticamente alguém pró ou anticapitalista, mas conseguimos fazer uma distinção clara entre os entrevistados que, por exemplo, apoiaram duas ou três declarações pró-liberdade econômica, ao mesmo tempo em que rejeitavam declarações a favor de mais intervenção estatal e aqueles que eram a favor de mais controle estatal e eram céticos em relação ao livre mercado. Para cada país, calculamos os níveis médios de apoio para os itens "pró-liberdade econômica" e "pró-Estado" e usamos esses dados para calcular como as pessoas em qualquer país se sentem em relação à liberdade econômica.

Em contraste, o termo "capitalismo" foi usado em dois outros conjuntos de perguntas. Primeiro, queríamos saber exatamente o que os entrevistados da pesquisa associam à palavra "capitalismo". A pesquisa incluiu uma lista de 10 termos: "prosperidade," "inovação," "ganância," "frieza," "progresso," "corrupção," "liberdade," "foco no desempenho, pressão constante para alcançar resultados," "uma vasta gama de produtos," e "degradação ambiental". Novamente, determinamos a porcentagem média de entrevistados que associam características positivas (liberdade, prosperidade) ou características negativas (degradação ambiental, ganância) com a palavra capitalismo.

O conjunto mais importante de perguntas foi o terceiro: cada entrevistado recebeu um total de 18 declarações sobre o capitalismo. Declarações negativas incluídas, por exemplo: "O capitalismo é responsável pela fome e pela pobreza"; "O capitalismo leva a desigualdade crescente"; "O capitalismo estimula as pessoas a comprar produtos de que não precisam". Declarações positivas foram incluídas, como: "O capitalismo melhorou as condições para pessoas comuns em muitos países"; "O capitalismo é um sistema econômico especialmente eficiente" e "O capitalismo significa que os consumidores determinam o que é oferecido, e não o Estado". Novamente, como nos conjuntos anteriores de perguntas, analisamos os dados para determinar a porcentagem média de entrevistados que apoiaram essas afirmações positivas e negativas.

Se combinarmos os dados dos dois últimos conjuntos de perguntas, seremos capazes de determinar o que as pessoas pensam quando a palavra "capitalismo" é mencionada. É interessante comparar isso com o primeiro conjunto de perguntas, onde as respostas revelam como as pessoas se sentem em relação ao capitalismo quando a palavra não é mencionada. Ao comparar as respostas entre os três conjuntos de perguntas, podemos ver exatamente qual é o papel que a palavra "capitalismo" desempenha. Indo direto ao ponto: no Brasil, a aprovação do capitalismo aumenta em 27% quando a palavra "capitalismo" não é usada e outras palavras são usadas para descrevê-lo.

Podemos então combinar as conclusões de cada um dos três conjuntos de perguntas em um único coeficiente, e os números de cada conjunto de perguntas também podem ser destilados em um único coeficiente para fornecer uma indicação geral do que as pessoas em um determinado país pensam do capitalismo. Este número também pode ser usado (ver Capítulo 13), para comparar o grau de rejeição/aprovação do capitalismo em diferentes países.

E isso não é tudo: para cada país, por exemplo, podemos descrever exatamente o que os entrevistados masculinos e femininos, mais jovens e mais velhos, de baixa e alta renda, menos e mais bem instruídos — bem como os entrevistados que se colocam à direita, no centro ou à esquerda do espectro político — pensam do capitalismo.

Atitudes em relação à liberdade econômica no Brasil

Uma análise das respostas às declarações pró-Estado e pró-mercado revela que as declarações a favor de um papel mais forte para o governo têm 24% de aprovação, em comparação com 25% de aprovação para declarações pró-mercado, a favor de um papel reduzido para o governo. Dividindo a média das declarações positivas pela média das declarações negativas, temos um coeficiente de 1,04, o que significa que, no Brasil, as opiniões pró-governo e pró-mercado são bastante equilibradas. Voltarei a esse coeficiente frequentemente abaixo: um coeficiente maior que 1,0 significa que as atitudes pró-liberdade econômica dominam, um coeficiente menor que 1,0 significa que as opiniões de liberdade antieconômica dominam (Figura 1).

FIGURA 1
Brasil: Seis declarações sobre um bom sistema econômico

Pergunta: "Segue abaixo uma lista de várias coisas que as pessoas disseram que consideram ser um bom sistema econômico. Qual dessas afirmações você também faria?"

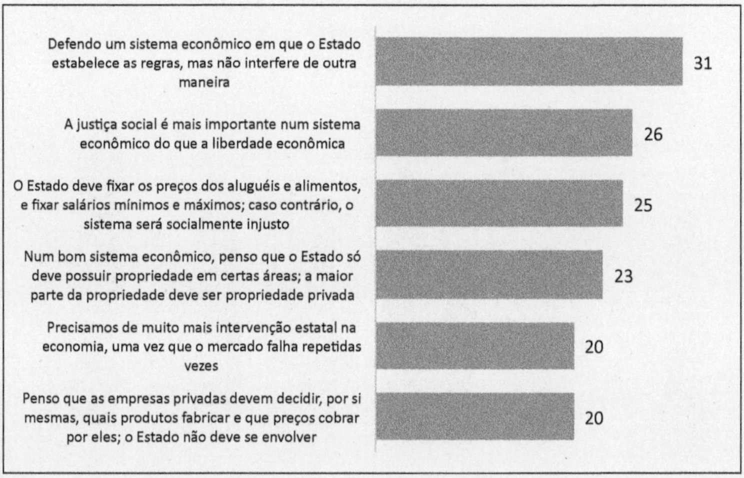

Nota: Todos os dados estão em porcentagem dos entrevistados
Fonte: Ipsos MORI survey 20-091774-30

Existem grandes diferenças entre as faixas etárias: Entre nossos entrevistados brasileiros com menos de 30 anos, 21% apoiam declarações pró-mercado e 27% apoiam declarações pró-intervenção. Entre os entrevistados com mais de 60 anos, a relação entre o apoio ao mercado (31%) e aqueles que defendem um papel mais forte para o governo (23%) é exatamente o oposto. Os brasileiros mais jovens são céticos em relação ao capitalismo, enquanto os brasileiros mais velhos são positivos (Figura 2).

FIGURA 2

Brasil: Declarações sobre sistemas econômicos – Análise por faixa etária

Pergunta: "Segue abaixo uma lista de várias coisas que as pessoas disseram que consideram ser um bom sistema econômico. Qual dessas afirmações você também faria?"

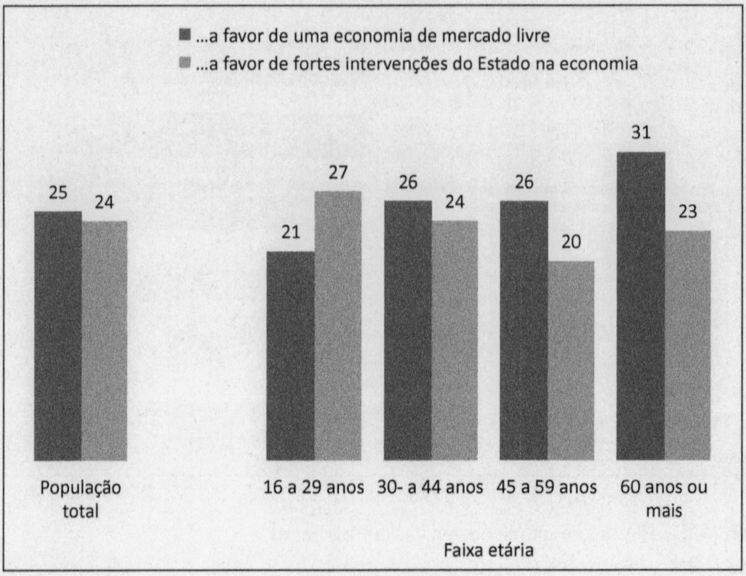

Nota: Todos os dados estão em porcentagem dos entrevistados

Fonte: Ipsos MORI survey 20-091774-30

Como esperado, os trabalhadores de baixa renda (renda familiar mensal inferior a 1.500 reais) são menos pró-mercado e mais propensos a apoiar a intervenção do governo: 22% concordam com declarações a favor de um Estado mais forte e apenas 17% com opiniões pró-mercado. Por outro lado, entre os entrevistados com altos salários (renda familiar mensal de mais de 7.500 reais), as atitudes pró-mercado (36%) são mais acentuadas do que as atitudes pró-intervenção governamental (25%), como mostrado na Figura 3.

FIGURA 3
Brasil: Declarações sobre sistemas econômicos – Análise por renda

Pergunta: "Segue abaixo uma lista de várias coisas que as pessoas disseram que consideram ser um bom sistema econômico. Qual dessas afirmações você também faria?"

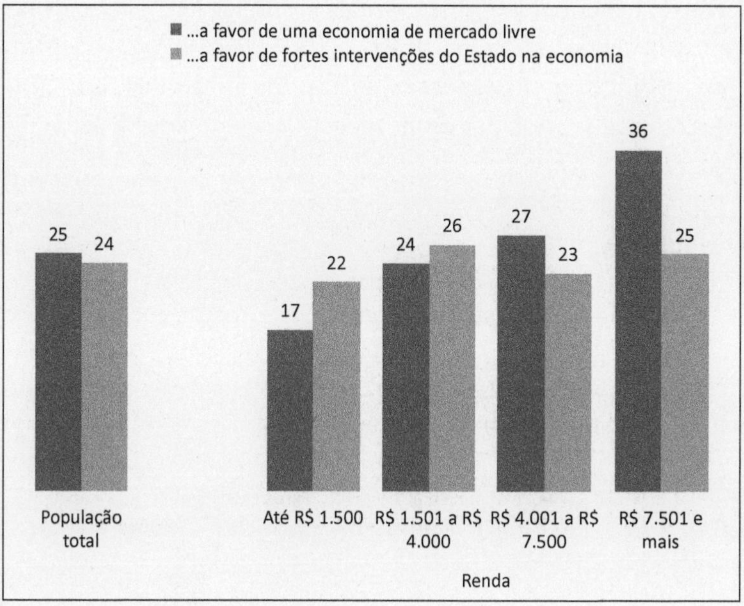

Nota: Todos os dados estão em porcentagem dos entrevistados
Fonte: Ipsos MORI survey 20-091774-30

Pedimos a todos os entrevistados que se classificassem em uma escala esquerda-direita de 0 (muito extrema esquerda) a 10 (muito extrema direita). 0-2 significa "extrema esquerda", 3-4 significa "moderadamente à esquerda", 5 significa "centro", 6-7 significa "moderadamente à direita" e 8-10 significa "extrema direita". Pessoas com visões políticas de extrema-esquerda são as que mais escolheram a intervenção pró-governo (34%), das quais apenas 20% apoiam visões de livre mercado. Entre os entrevistados com opiniões moderadas de esquerda, as atitudes pró-governo (31%) também são maiores do que o sentimento pró-mercado (26%). No centro, no entanto, as declarações pró-mercado atraem 30% de aprovação, enquanto as declarações pró-Estado ganham apoio de apenas 22% dos entrevistados. O apoio mais forte à economia de livre mercado é encontrado no espectro direito moderado, onde as opiniões pró-mercado são mantidas em 37%, enquanto 16% defendem um papel mais forte para o Estado. Em contraste, as pessoas com uma atitude de extrema direita têm muito em comum com os centristas do Brasil nessas questões econômicas: as atitudes pró-mercado dominam com 29% de aprovação, enquanto as declarações pró-Estado tem apoio de 21% dos entrevistados (Figura 4). Assim, podemos ver que a equação "Quanto mais à direita do espectro político, mais pró-capitalista" não se aplica no Brasil. A liberdade econômica tem o maior número de apoiadores no espectro de direita moderada, enquanto, entre aqueles ainda mais à direita, as opiniões pró-mercado também dominam, mas menos fortemente.

FIGURA 4

Brasil: Declarações sobre sistemas econômicos – Análise por afiliação política

Pergunta: "Segue abaixo uma lista de várias coisas que as pessoas disseram que consideram ser um bom sistema econômico. Qual dessas afirmações você também faria?"

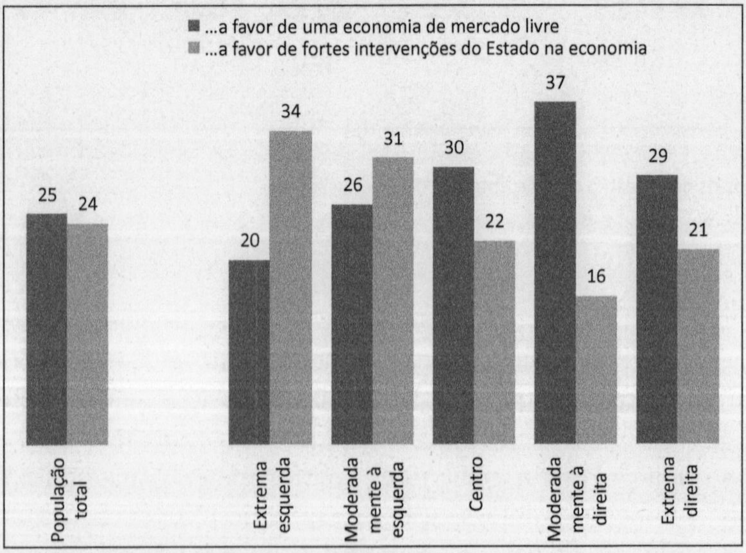

Nota: Todos os dados estão em porcentagem dos entrevistados

Fonte: Ipsos MORI survey 20-091774-30

O que os brasileiros associam ao 'capitalismo'?

Todos os entrevistados receberam 10 termos — cinco positivos e cinco negativos — e foram perguntados quais eles associavam à palavra "capitalismo". O resultado: os brasileiros associam a palavra "capitalismo" a coisas positivas e negativas na mesma medida. Na maioria das vezes, os brasileiros têm associações positivas com o "capitalismo": 79% associam o termo a "uma vasta gama de produtos" e 73% a "inovação". Ao mesmo tempo, 73% também associam "capitalismo" ao termo negativo "ganância". Uma média de 70% dos entrevistados selecionou termos negativos, enquanto termos positivos foram mencionados por 68% (Figura 5).

FIGURA 5

Brasil: Associações com 'capitalismo'

Pergunta: "Agora, pense na palavra **capitalismo.** Para cada uma das afirmações a seguir, selecione se isso é algo que você associa ao **capitalismo.**"

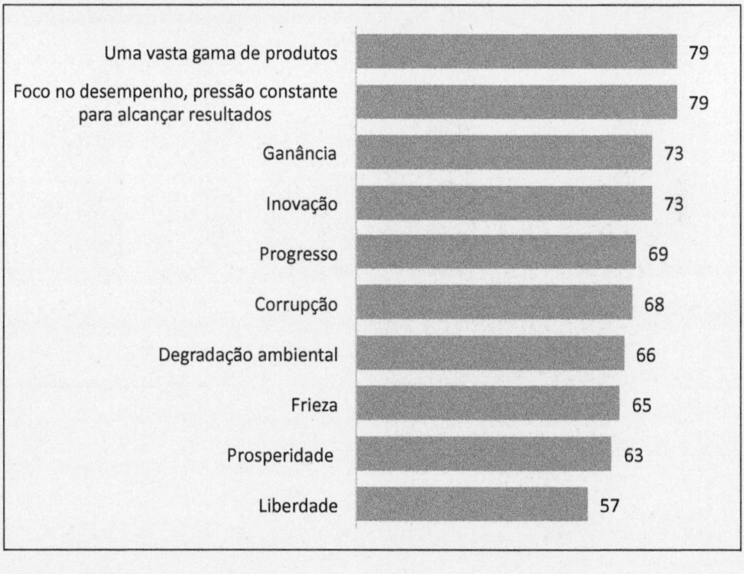

Nota: Todos os dados estão em porcentagem dos entrevistados

Fonte: Ipsos MORI survey 20-091774-30

E que papel a renda desempenha? Nesse ponto, as diferenças são evidentes, embora não sejam tão acentuadas quanto se poderia esperar (Figura 6). É verdade que a aprovação pelos brasileiros de termos positivos como "inovação" ou "progresso" aumenta com a renda. Porém, a concordância com termos negativos, como "ganância", também aumenta com a renda. Se o coeficiente for formado a partir de associações positivas e negativas, os grupos de renda não diferem muito: para os assalariados de baixa renda, é de 0,91, e, para os melhores rendimentos, 1,07.

FIGURA 6

Brasil: Associações com 'capitalismo' – Análise por renda

Pergunta: "Agora, pense na palavra **capitalismo.** Para cada uma das afirmações a seguir, selecione se isso é algo que você associa ao **capitalismo.**"

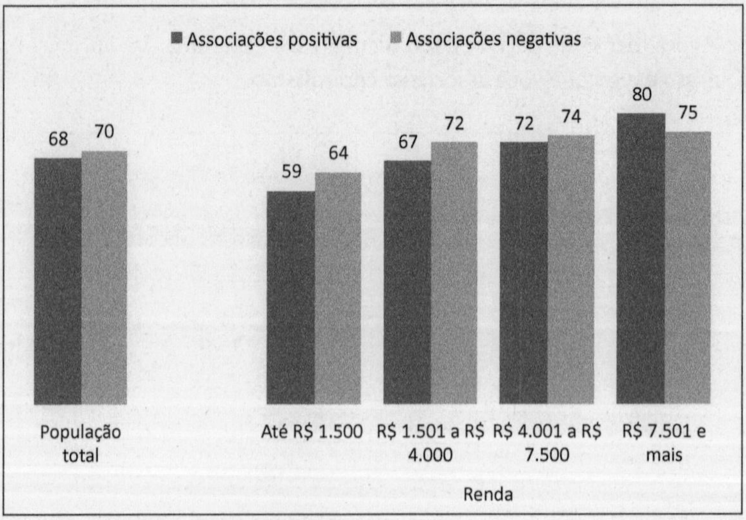

Nota: Todos os dados estão em porcentagem dos entrevistados

Fonte: Ipsos MORI survey 20-091774-30

Como era de se esperar, as associações negativas com o capitalismo são mais fortes entre os entrevistados que se colocam à esquerda do espectro político. Dividir a porcentagem média de associações positivas pela porcentagem média de associações negativas produz um coeficiente de 0,76 para os entrevistados com atitudes de esquerda (quanto menor o número, mais negativa é a atitude em relação ao capitalismo). O coeficiente para esquerdistas moderados é de 0,86 e, para centristas autodeclarados, o coeficiente é de 1,09. O coeficiente é quase idêntico para pessoas que se classificam como moderadamente de direita. E aqueles que estão ainda mais à direita têm o maior coeficiente de todos — e, portanto, a aprovação mais pronunciada do capitalismo — de 1,25 (Figuras 7 e 8).

FIGURA 7

Brasil: Associações com o 'capitalismo' – Análise por orientação política

Pergunta: "Agora, pense na palavra **capitalismo**. Para cada uma das afirmações a seguir, selecione se isso é algo que você associa ao **capitalismo**."

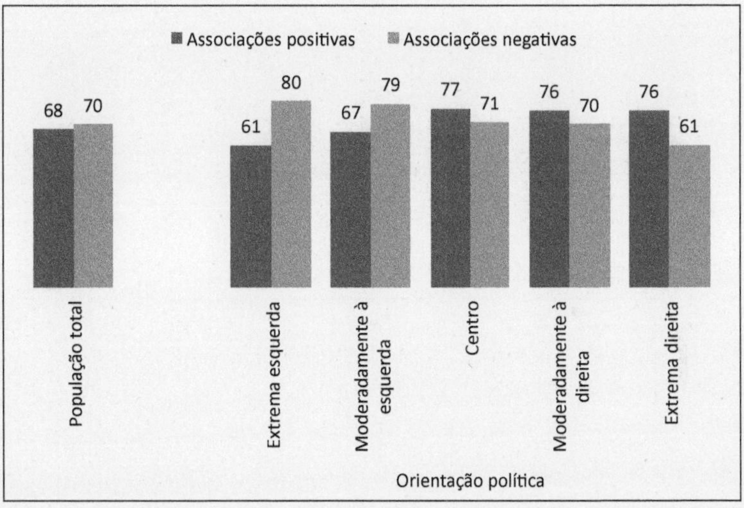

Nota: Todos os dados estão em porcentagem dos entrevistados

Fonte: Ipsos MORI survey 20-091774-30

FIGURA 8

Brasil: O Coeficiente da Associação – Análise por orientação política

Pergunta: "Agora, pense na palavra **capitalismo**. Para cada uma das afirmações a seguir, selecione se isso é algo que você associa ao **capitalismo**."

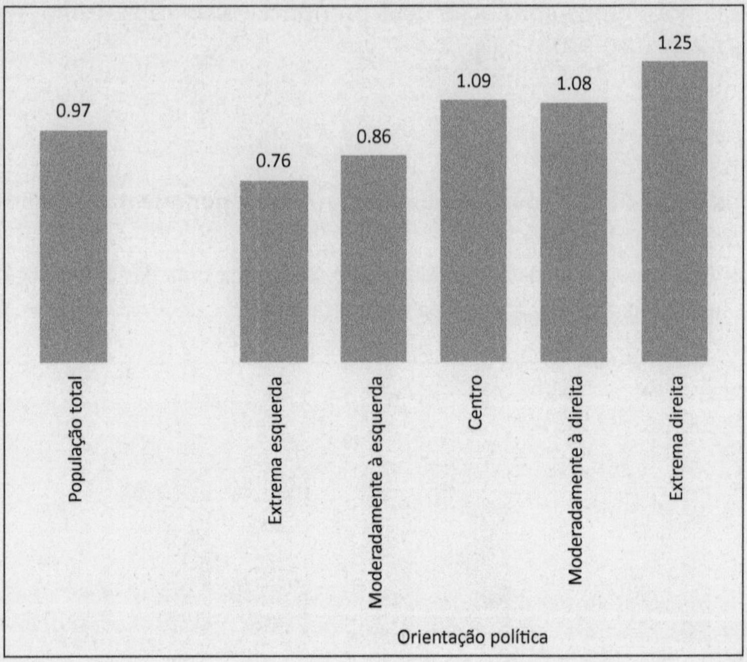

Nota: Quanto menor o coeficiente, mais forte será a atitude anticapitalista
Fonte: Ipsos MORI survey 20-091774-30

18 declarações positivas e negativas sobre o 'capitalismo'

Os entrevistados receberam um total de 18 declarações sobre o capitalismo, 10 foram negativas e 8, positivas. Claramente, a concordância com declarações negativas (média de 33%) supera a concordância com declarações positivas (média de 22%). Dividindo a porcentagem para as declarações positivas pela porcentagem para as declarações negativas, isso nos dá um coeficiente de 0,66 (todos os números menores que 1,0 são indicativos de uma atitude anticapitalista).

Sem exceção, as 6 declarações selecionadas com mais frequência foram todas negativas:

"O capitalismo promove o egoísmo e a ganância" foi selecionado por 42% dos entrevistados, assim como "O capitalismo estimula as pessoas a comprar produtos de que não precisam"; "O capitalismo leva a desigualdade crescente" e "O capitalismo é dominado pelos ricos, que definem a agenda política" foram escolhidos por 41%; já 35% dizem que "O capitalismo é responsável pela destruição ambiental e pelas mudanças climáticas"; e 34% concordam que "O capitalismo leva a monopólios em que empresas individuais (por exemplo, Google ou Amazon) controlam todo o mercado". Os resultados são, portanto, muito claros: no Brasil, o anticapitalismo domina (Figura 9).

Nos capítulos 1 e 2 deste livro, você viu que — com base em dados objetivos — o capitalismo fez um trabalho incrível de redução da fome e da pobreza e melhorou as condições para as pessoas comuns em muitos países. Nenhum economista sério poderia negar isso — e, no entanto, apenas 22% dos brasileiros reconhecem que "O capitalismo melhorou as condições para pessoas comuns em muitos países" (Figura 10).

No Capítulo 11, você viu que todas as tentativas de estabelecer sistemas anticapitalistas nos últimos 100 anos falharam. Apesar da miséria em massa e de mais de 100 milhões de mortes em experimentos socialistas nos últimos 100 anos, apenas 18% dos brasileiros dizem que, em todas as tentativas passadas de substituir o capitalismo por outro sistema, a ditadura e a miséria foram o resultado (Figura 10).

FIGURA 9

Brasil: Declarações sobre o capitalismo – 10 declarações negativas

Pergunta: "Com qual das seguintes afirmações sobre o capitalismo você concorda, caso haja alguma?"

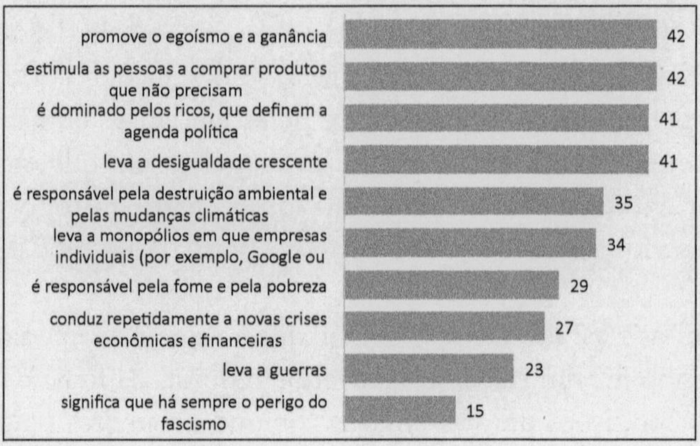

Nota: Todos os dados estão em porcentagem dos entrevistados
Fonte: Ipsos MORI survey 20-091774-30

FIGURA 10

Brasil: Declarações sobre o capitalismo – 8 declarações positivas

Pergunta: "Com qual das seguintes afirmações sobre o capitalismo você concorda, caso haja alguma?"

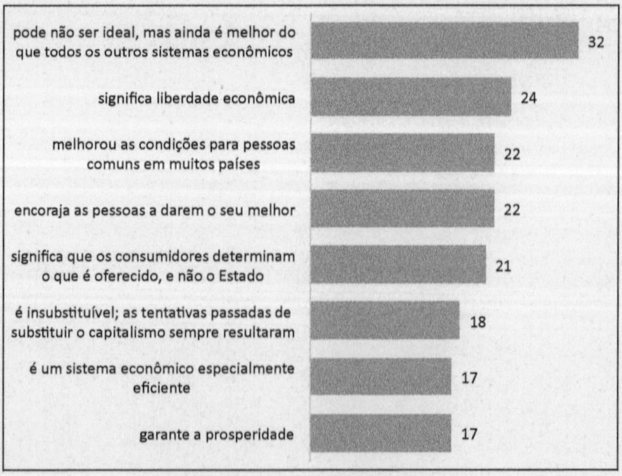

Nota: Todos os dados estão em porcentagem dos entrevistados
Fonte: Ipsos MORI survey 20-091774-30

As diferenças entre as faixas etárias também são claras sobre essa questão: para os brasileiros mais jovens (com menos de 30 anos), as atitudes em relação ao capitalismo, como refletido nas respostas às 18 declarações, são decididamente negativas; apenas 16% dos brasileiros com menos de 30 anos expressam sua concordância com as declarações positivas, enquanto 43% apoiam as declarações negativas. O apoio a declarações negativas também é maior para os entrevistados com mais de 30 anos, mas o anticapitalismo é menos acentuado entre os entrevistados mais velhos do que entre os jovens (Figuras 11 e 12).

FIGURA 11

Brasil: 18 declarações sobre 'capitalismo' – Análise por faixa etária

Pergunta: "Com qual das seguintes afirmações sobre o capitalismo você concorda, caso haja alguma?"

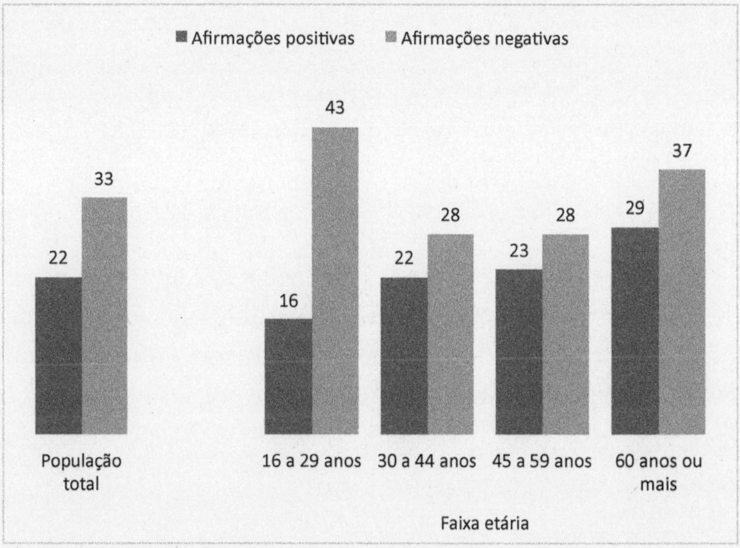

Nota: Todos os dados estão em porcentagem dos entrevistados

Fonte: Ipsos MORI survey 20-091774-30

FIGURA 12

Brasil: 18 declarações sobre o capitalismo — Coeficiente de faixa etária

Pergunta: "Com qual das seguintes afirmações sobre o capitalismo você concorda, caso haja alguma?"

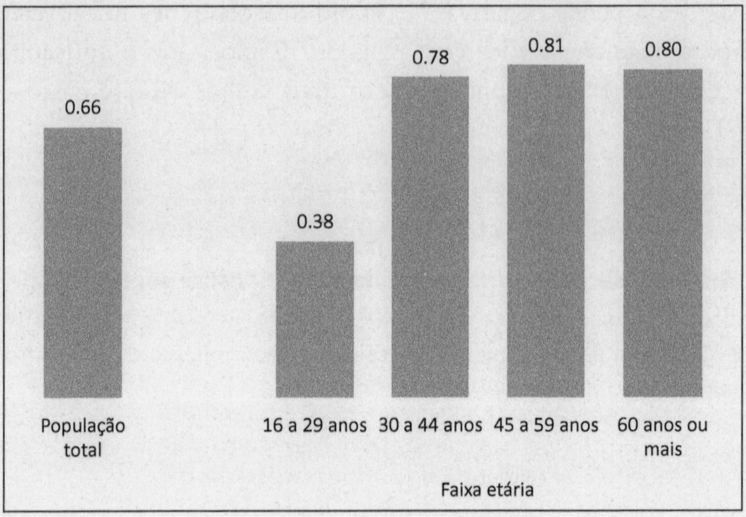

Nota: Quanto menor o coeficiente, mais forte será a atitude anticapitalista

Fonte: Ipsos MORI survey 20-091774-30

As respostas dos diferentes grupos de renda são como seria de se esperar: os brasileiros que ganham menos de 1.500 reais por mês são mais críticos em relação ao capitalismo do que seus compatriotas que ganham mais de 7.500 reais por mês (Figuras 13 e 14).

FIGURA 13

Brasil: 18 declarações sobre 'capitalismo' — Análise por grupo de renda

Pergunta: "Com qual das seguintes afirmações sobre o capitalismo você concorda, caso haja alguma?"

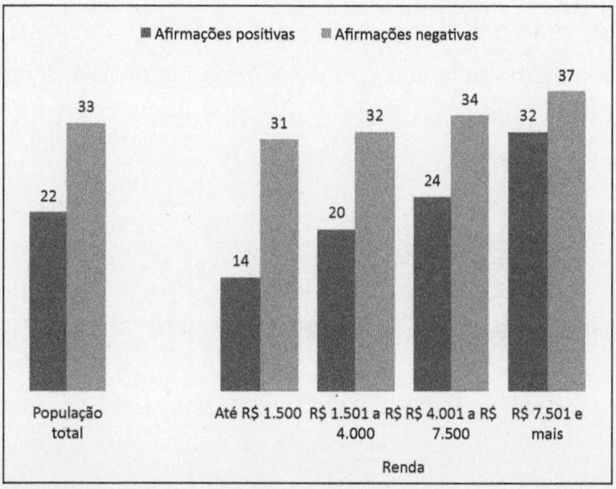

Nota: Todos os dados estão em porcentagem dos entrevistados
Fonte: Ipsos MORI survey 20-091774-30

FIGURA 14

Brasil: 18 declarações sobre 'capitalismo' — Coeficiente de grupo de renda

Pergunta: "Com qual das seguintes afirmações sobre o capitalismo você concorda, caso haja alguma?"

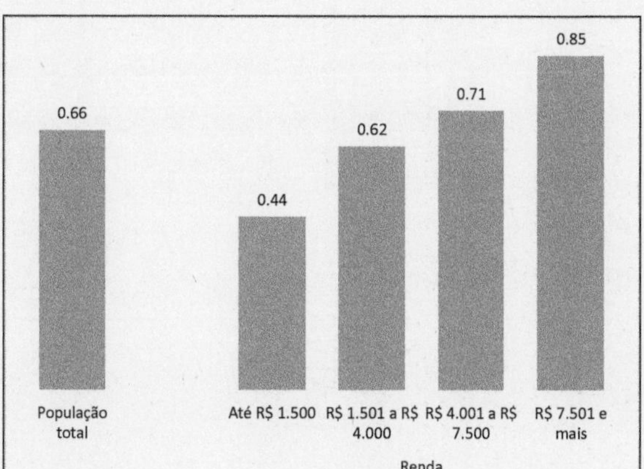

Nota: Quanto menor o coeficiente, mais forte será a atitude anticapitalista
Fonte: Ipsos MORI survey 20-091774-30

E qual quadro surge quando comparamos as respostas a essas declarações em termos de classificações dos entrevistados no espectro esquerda-direita? O mesmo padrão das perguntas anteriores surge: os brasileiros de extrema esquerda são mais firmemente anticapitalistas, com um coeficiente de 0,27, seguidos por aqueles que são moderadamente de esquerda, com 0,44, e brasileiros que se colocam no centro político, 0,85. Por outro lado, entre os entrevistados que se descrevem como de direita, o apoio a declarações positivas sobre o capitalismo claramente domina (direita moderada 1,31, e extrema direita 1,66), conforme descrito nas Figuras 15 e 16.

FIGURA 15

Brasil: 18 declarações sobre 'capitalismo' – Análise por orientação política

Pergunta: "Com qual das seguintes afirmações sobre o capitalismo você concorda, caso haja alguma?"

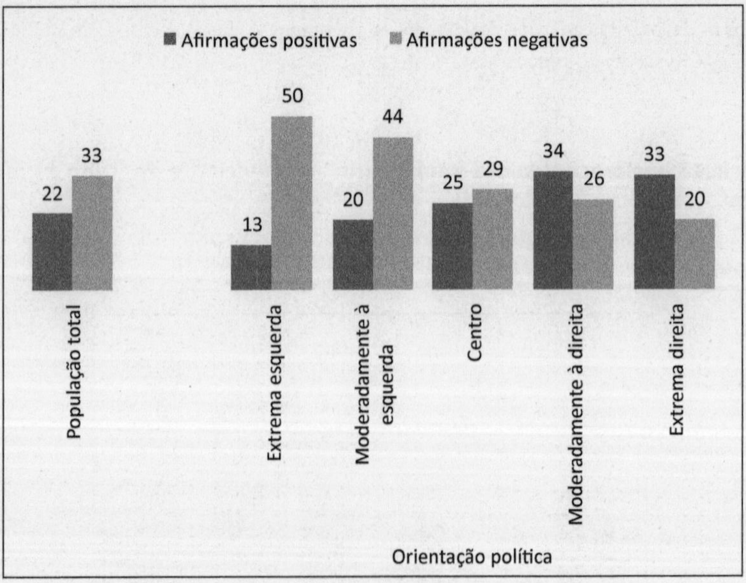

Nota: Todos os dados estão em porcentagem dos entrevistados

Fonte: Ipsos MORI survey 20-091774-30

FIGURA 16

Brasil: 18 declarações sobre 'capitalismo' — Coeficiente por orientação política

Pergunta: "Com qual das seguintes afirmações sobre o capitalismo você concorda, caso haja alguma?"

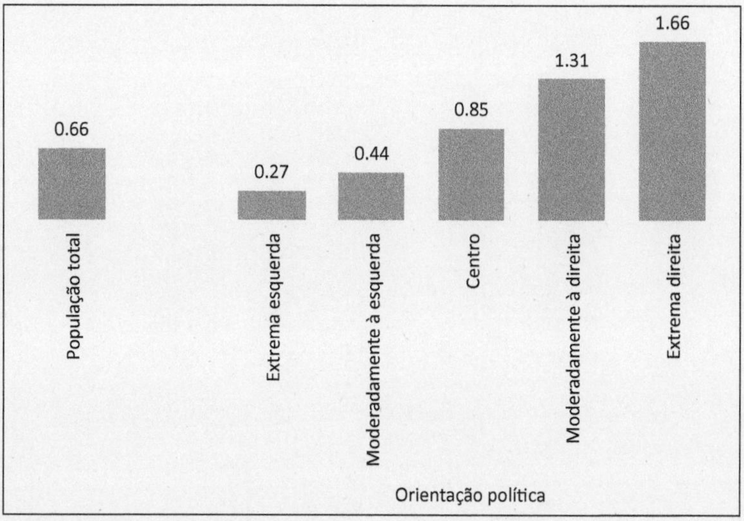

Nota: Quanto menor o coeficiente, mais forte será a atitude anticapitalista

Fonte: Ipsos MORI survey 20-091774-30

Gênero e educação

As mulheres brasileiras valorizam menos a liberdade econômica do que os homens e são mais a favor de um papel forte para o Estado do que depender do mercado (Figura 17).

FIGURA 17

Brasil: Coeficiente de liberdade econômica – Análise por gênero

Pergunta: "Segue abaixo uma lista de várias coisas que as pessoas disseram que consideram ser um bom sistema econômico. Qual dessas afirmações você também faria?"

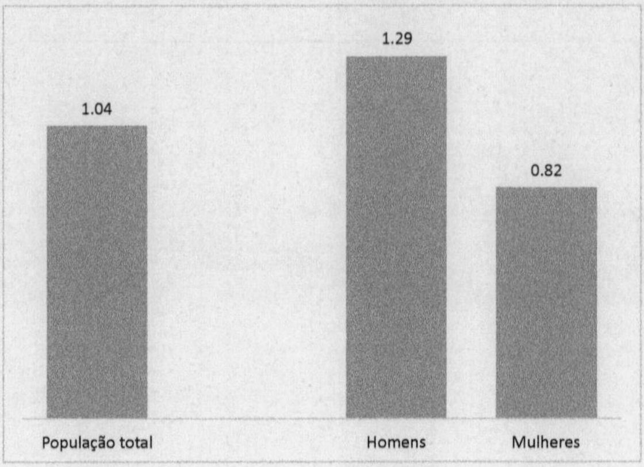

Nota: Quanto menor o coeficiente, mais forte será a atitude anticapitalista
Fonte: Ipsos MORI survey 20-091774-30

Uma análise das respostas ao teste de associação do capitalismo e às 18 declarações sobre o capitalismo fornece mais uma confirmação de que as mulheres no Brasil são mais anticapitalistas do que os homens (Figura 18).

FIGURA 18

Brasil: Coeficiente geral sobre atitudes em relação ao capitalismo – Análise por gênero

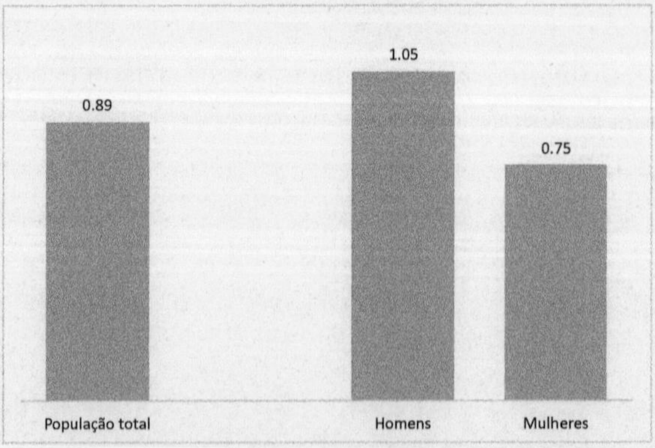

Nota: Quanto menor o coeficiente, mais forte será a atitude anticapitalista
Fonte: Ipsos MORI survey 20-091774-30

A Figura 19 mostra quais declarações sobre o capitalismo provocaram respostas diferentes de entrevistados masculinos e femininos:

FIGURA 19

Brasil: 18 declarações sobre o capitalismo – As maiores diferenças por gênero

Pergunta: "Com qual das seguintes afirmações sobre o capitalismo você concorda, caso haja alguma?"

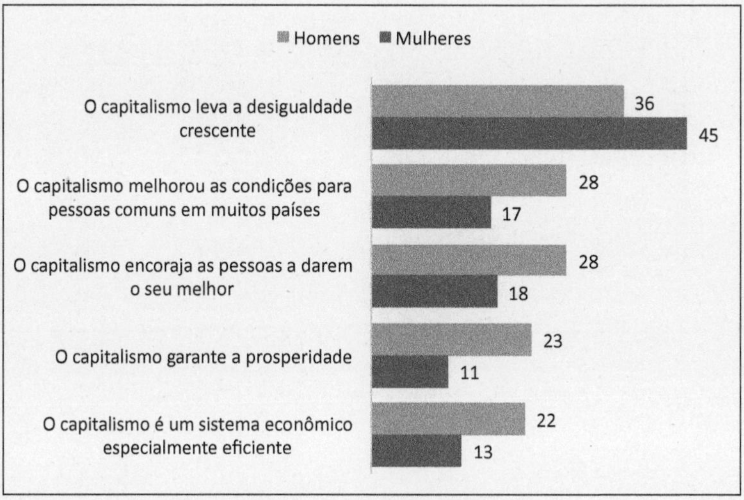

Nota: Todos os dados estão em porcentagem dos entrevistados

Fonte: Ipsos MORI survey 20-091774-30

Brasileiros com baixa e média escolaridade são mais propensos a serem anticapitalistas, enquanto aqueles com ensino superior tendem a ter uma atitude neutra (Figura 20).

FIGURA 20

Brasil: Coeficiente geral sobre atitudes em relação ao capitalismo – Análise por educação

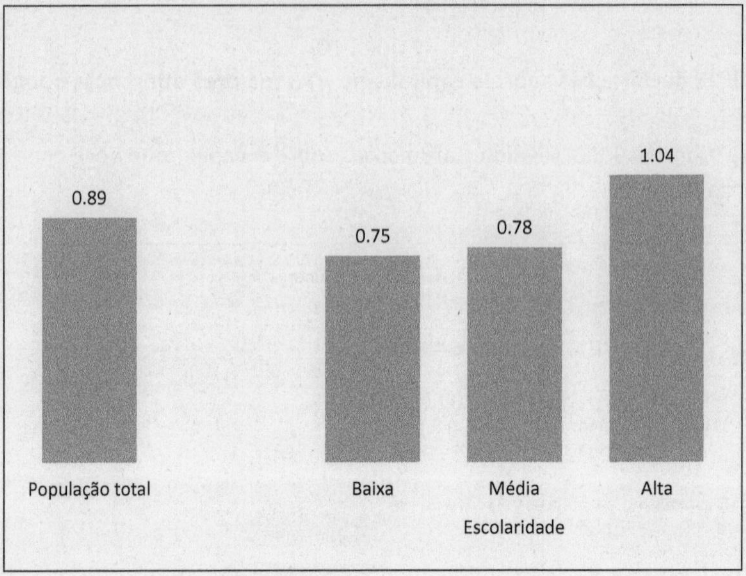

Nota: Quanto menor o coeficiente, mais forte será a atitude anticapitalista
Fonte: Ipsos MORI survey 20-091774-30

Teorias e atitudes da conspiração em relação ao capitalismo

Os teóricos da conspiração são pessoas que acreditam que um evento ou situação — como uma crise ou pandemia — é o resultado de um plano secreto elaborado por pessoas poderosas. "Uma teoria da conspiração é uma suposição de que indivíduos ou um grupo de indivíduos vistos como poderosos estão influenciando grandes eventos no mundo, prejudicando propositadamente a população, mantendo-a no escuro sobre seus verdadeiros objetivos."[767]

Os bichos-papões dos teóricos da conspiração de direita são indivíduos super-ricos, como George Soros e a família Rothschild, os bichos-papões dos teóricos da conspiração de esquerda são pessoas super-ricas, como os irmãos americanos Koch, ou «lobistas» sombrios e anônimos que acreditam que estão

767 Nocun / Lamberty, 18.

puxando as cordas por trás dos desenvolvimentos políticos. Muitas vezes, no entanto, os teóricos da conspiração de extrema-direita e de extrema-esquerda têm como alvo as mesmas pessoas — como Bill Gates, que atraiu hostilidade maciça durante a crise do coronavírus. Durante a Crise Financeira Global de 2008, "banqueiros gananciosos" e "especuladores financeiros" foram apontados como culpados.

Em um estudo empírico em larga escala, os psicólogos sociais alemães Roland Imhoff e Martin Bruder descobriram:

> "A mentalidade de conspiração pode ser entendida como uma atitude política generalizada, distinta da atitude política estabelecida, como o autoritarismo de direita e a orientação para o domínio social".[768]

Os teóricos da conspiração têm fortes ressentimentos contra grupos sociais poderosos, ou grupos que eles percebem serem poderosos. A análise dos pesquisadores mostrou uma clara correlação entre o pensamento conspiratório e declarações como:

- "As corporações multinacionais devem ser responsabilizadas pela maioria dos problemas do mundo";
- "Todos no mundo estariam melhor se houvesse menos especuladores financeiros internacionais"; e
- "Como resultado de sua ganância, os CEOs perderam toda a sua moral".[769]

A mentalidade de conspiração está intimamente relacionada ao bode expiatório. Em um estudo internacional em onze países que conduzi como parte do projeto *The Rich in Public Opinion* [*Os Ricos na Opinião Pública*], ficou claro que aqueles com uma forte inclinação para a inveja social são muito mais propensos do que os que não sentem inveja a concordar com a declaração:

> "Pessoas super-ricas que querem mais e mais poder são culpadas por muitos problemas no mundo, por exemplo, crises financeiras ou crises humanitárias".[770]

---

[768] Imhoff / Bruder.

[769] Imhoff / Bruder.

[770] Zitelmann, The Rich in Public Opinion.

Entre as perguntas usadas na pesquisa para este livro, a Ipsos MORI apresentou a todos os entrevistados esses dois itens:

- "Diga se você concorda ou discorda da seguinte afirmação: 'Na realidade, os políticos não decidem nada. Eles são fantoches controlados por forças poderosas nos bastidores'"; e
- "Diga se você concorda ou discorda da seguinte afirmação: 'Muitas coisas na política só podem ser devidamente compreendidas se você souber que há um plano maior por detrás, algo que a maioria das pessoas, no entanto, não conhece'".

Por meio de uma análise fatorial, construímos — com base nas respostas a 6 das 18 declarações sobre o capitalismo — uma escala anticapitalista. Isso nos permitiu determinar quais de nossos entrevistados eram decisivamente anticapitalistas e quais eram decisivamente pró-capitalistas.

Descobriu-se que, no Brasil, os decididamente anticapitalistas concordam significativamente com as declarações citadas acima do que os decididamente pró-capitalistas. Dividindo os percentuais de brasileiros que concordam com essas declarações, temos um coeficiente de 1,9 para decididamente pró-capitalistas, mas um coeficiente significativamente maior de 3,5 para decididamente anticapitalistas (Figura 21).

Figura 21
Brasil: Atitudes anticapitalistas e a tendência de acreditar em teorias da conspiração

Coeficiente da teoria da conspiração: porcentagem média de entrevistados concordando com as duas declarações a seguir:

> "Na realidade, os políticos não decidem nada. Eles são fantoches controlados por forças poderosas nos bastidores"

e

> "Muitas coisas na política só podem ser devidamente compreendidas se você souber que há um plano maior por detrás, algo que a maioria das pessoas, no entanto, não conhece".

Dividido pela porcentagem média de entrevistados discordando de ambas as declarações.

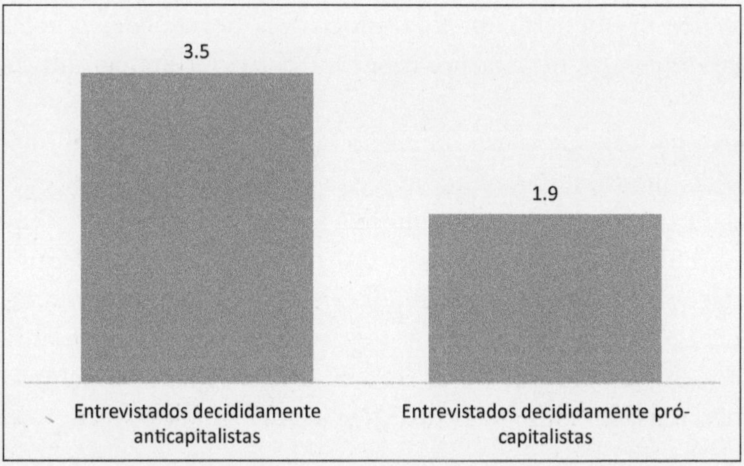

Fonte: Ipsos MORI survey 20-091774-30

Resumo

O grande volume de dados pode ser confuso, por isso faz sentido resumir tudo em um punhado de números, nos quais o total de 34 respostas aos três conjuntos de perguntas (6 declarações sobre liberdade econômica, 10 associações com o capitalismo, 18 declarações sobre o capitalismo) são resumidas.

As declarações de intervenção pró-governo, como mostrado, encontraram aprovação entre 24% dos entrevistados brasileiros, enquanto as declarações pró-mercado/liberdade econômica obtiveram aprovação de 25%. Isso resulta em um coeficiente de 1,04. Como lembrete, qualquer coeficiente menor que 1,0 significa que as opiniões anticapitalistas dominam, enquanto um coeficiente maior que 1,0 significa que as opiniões pró-capitalistas são mais dominantes.

O conjunto de perguntas sobre associações com o capitalismo revelou que uma média de 70% dos entrevistados brasileiros associa o capitalismo a termos negativos como «ganância», «corrupção e «degradação ambiental». Em contraste, termos positivos, como «prosperidade», «progresso», «inovação» e «liberdade», são mencionados por apenas 68%, resultando em um coeficiente de 0,97.

Em termos de respostas às 18 declarações sobre o capitalismo, 33% dos entrevistados brasileiros concordaram com as declarações críticas e 22% concordaram com as declarações positivas, o que resulta em um coeficiente de 0,66.

Vemos também que o uso do termo «capitalismo» tem um impacto: no conjunto de questões que omitiram a palavra «capitalismo», a concordância com declarações que apoiam e se opõem à liberdade econômica foi equilibrada (1.04). Combinando os coeficientes dos dois conjuntos de perguntas com as associações e as 18 declarações sobre o capitalismo, isso resulta em um coeficiente de 0,82 — que é menor. Isso significa que a concordância com o capitalismo aumenta em 27% (de 0,82 para 1,04) quando a palavra «capitalismo» não é usada, mas é substituída por uma simples descrição do que o capitalismo significa.

Se os números da liberdade econômica e as duas questões do capitalismo forem combinados, o resultado é um coeficiente de 0,89 (Figura 22). Mais tarde, esse coeficiente também é decisivo para comparação com outros países.

FIGURA 22

Brasil: Coeficiente de atitudes em relação ao capitalismo – Visão Geral

Coeficiente A:

Média de declarações a favor de um sistema econômico liberal dividida pela média de declarações a favor de um sistema econômico controlado pelo governo (sem usar o termo "capitalismo").

Coeficiente B:

Média de associações positivas com o termo "capitalismo" dividida pela média de associações negativas com o termo 'capitalismo.'

Coeficiente C:

Média de declarações positivas sobre o capitalismo dividida pela média de declarações negativas sobre o capitalismo.

Coeficientes combinados para atitudes em relação ao capitalismo: (A + B + C) : 3

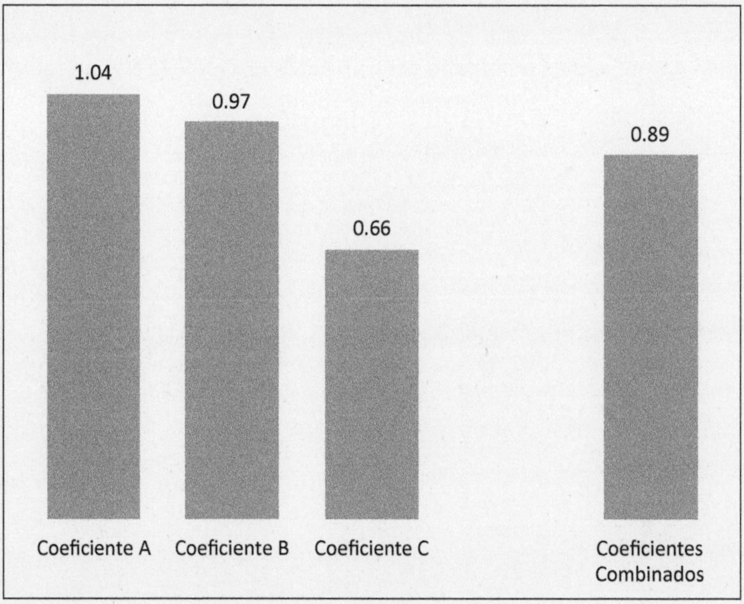

Nota: Quanto menor o coeficiente, mais forte será a atitude anticapitalista

Fonte: Ipsos MORI survey 20-091774-30

Na pergunta sobre liberdade econômica, o coeficiente foi de 0,58 para os entrevistados de extrema esquerda, 0,83 para os moderados de esquerda, 1,38 para os entrevistados que se veem no centro político, 2,34 para os moderados de direita e 1,42 para os entrevistados de extrema-direita.

Para associações com o capitalismo, o coeficiente foi de 0,76 para os entrevistados da extrema esquerda, 0,86 para os esquerdistas moderados, 1,09 para os centristas, 1,08 para os de direita moderados e 1,25 para os entrevistados da extrema direita.

As respostas às 18 perguntas mostraram que os brasileiros de extrema esquerda são os mais anticapitalistas, com um coeficiente de 0,27, seguidos pelos moderados de esquerda entrevistados, em 0,44, e aqueles que se colocam no centro, com 0,85. O coeficiente para direitistas moderados é de 1,31 e, para aqueles de extrema direita de 1,66.

Quando todos os três coeficientes são combinados, surge o seguinte quadro: a extrema esquerda tem um coeficiente de 0,54; a esquerda moderada 0,71; as do centro político 1,11; a direita moderada 1,58; e a extrema direita 1,44 (Figura 23).

FIGURA 23

Brasil: Coeficiente Combinado para atitudes em relação ao capitalismo – Análise por orientação política

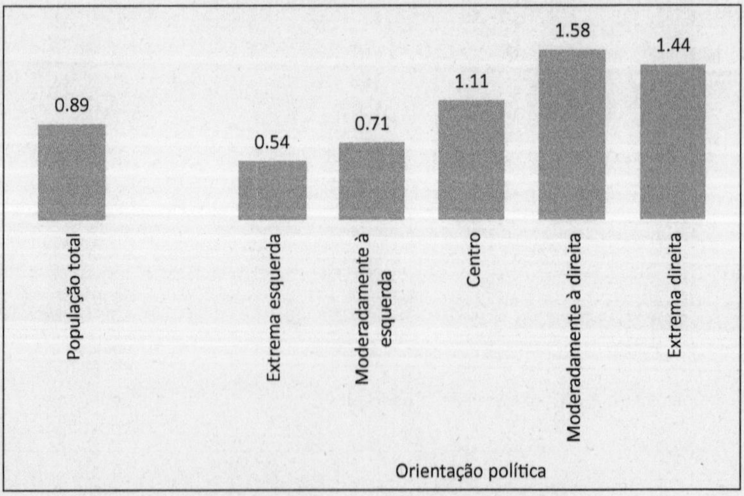

Nota: Quanto menor o coeficiente, mais forte será a atitude anticapitalista

Fonte: Ipsos MORI survey 20-091774-30

Assim, o maior apoio ao capitalismo no Brasil é encontrado entre os entrevistados que se classificam como moderadamente de direita. A ligação entre o pensamento conspiratório e o anticapitalismo também é clara: os anticapitalistas expressam um acordo muito mais forte com as teorias da conspiração do que os pró-capitalistas. Veremos no próximo capítulo que esse não é apenas o caso no Brasil, mas também nos outros países pesquisados.

13.

O QUE AS PESSOAS NA ÁSIA, EUROPA, AMÉRICA DO SUL E ESTADOS UNIDOS PENSAM DO CAPITALISMO

Neste capítulo, analisarei os resultados da nossa pesquisa sobre capitalismo em 21 países. Eu projetei a pesquisa em conjunto com o Instituto Allensbach, na Alemanha, e contratei a Ipsos MORI para conduzi-la em todo o mundo. A pesquisa foi realizada nos EUA e em países de pequeno, médio e grande porte da Europa, América do Sul e Ásia. As pesquisas individuais ocorreram entre julho de 2021 e junho de 2022 nos seguintes países:

- Argentina;
- Áustria;
- Bósnia e Herzegovina;
- Brasil;
- Chile;
- República Tcheca;
- França;
- Alemanha;
- Grã-Bretanha;
- Grécia;
- Itália;
- Japão;
- Polônia;
- Portugal;
- Federação Russa;
- Coréia do Sul;
- Espanha;
- Suécia;

- Suíça;
- Turquia; e
- Estados Unidos.

Amostras representativas de cerca de 1.000 entrevistados foram levantadas por país. No total, 21.856 entrevistados participaram da pesquisa. A pesquisa foi única não apenas em seu escopo geográfico, mas também em sua profundidade. No total, cada entrevistado recebeu 34 afirmações sobre capitalismo, em três conjuntos temáticos. O objetivo da pesquisa foi descobrir o que as pessoas em diferentes países pensam do capitalismo e analisar os dados em relação às diferenças de visões políticas, idade, educação, gênero e renda. Além disso, os itens foram projetados para nos permitir determinar em que medida as percepções negativas do capitalismo se devem à conotação negativa da própria palavra e o quanto está realmente relacionado à rejeição ou ao apoio das pessoas aos princípios básicos do sistema econômico capitalista.

A análise a seguir só pode *descrever* as diferenças entre países individuais, grupos de renda, faixas etárias etc. *Explicar* essas diferenças exigiria um esforço muito mais extenso como parte de um projeto maior. Historiadores, sociólogos, cientistas políticos, economistas e outros especialistas dos 21 países estudados teriam que procurar explicações sobre a história, economia e psicologia social de cada país. Além disso, análises de regressão teriam que ser realizadas para entender melhor as relações entre as variáveis aqui apresentadas. Tudo isso está além do escopo deste capítulo. No entanto, espero que esta visão geral inicial e a exploração sistemática dos dados da pesquisa inspirem outros estudiosos a explorar as razões das diferenças entre e dentro dos países pesquisados. A esse respeito, o seguinte deve ser considerado como um primeiro passo na pesquisa comparativa sobre as percepções populares da liberdade econômica, intervenção estatal e capitalismo em diferentes países.

O que as pessoas pensam da liberdade econômica?

Enquanto eu estava preparando a pesquisa, levantei a hipótese de que algumas pessoas são repelidas pela própria palavra "capitalismo", apesar do fato de que elas essencialmente têm opiniões pró-capitalistas. Um conjunto de perguntas de pesquisa ("liberdade econômica"), portanto, evitou consistentemente o uso da palavra "capitalismo". Os entrevistados receberam um total de seis afirmações, três das quais favoreceram a liberdade econômica e a economia de mercado. As outras três afirmações defendiam a restrição da liberdade econômica e um papel muito maior para o Estado. As palavras exatas dos itens individuais da pesquisa podem ser encontradas no apêndice do livro, na página 369.

Por exemplo, uma afirmação no conjunto de perguntas sobre "liberdade econômica" foi: "Precisamos de muito mais intervenção estatal na economia, já que o mercado falha repetidamente". Outro dizia: "Sou a favor de um sistema econômico em que o Estado define as regras, mas idealmente não interfere de outra forma". Para cada país, a porcentagem média de concordância com as afirmações "pró-liberdade econômica" e a concordância média com as afirmações "pró-Estado" foram calculadas para derivar o Coeficiente de Liberdade Econômica, que retrata a atitude em relação à liberdade econômica em cada país pesquisado.

Ao longo deste capítulo, continuaremos voltando a esse coeficiente. Um coeficiente de exatamente 1,0 significaria que não há uma tendência clara no país pesquisado e que os entrevistados estão equilibrados entre o livre mercado e aqueles mais a favor de um forte papel para o Estado na economia. Assim, todos os países com coeficientes entre 0,9 e 1,1 foram colocados em um grupo "neutro" (os coeficientes são arredondados para uma casa decimal). Os quatro "países neutros" incluem Brasil, Suíça, Grã-Bretanha e Alemanha. No entanto, ainda existem diferenças dentro deste grupo. Por exemplo, os brasileiros e os suíços, com coeficientes de 1,04 e 1,02, respectivamente, têm atitudes um pouco mais positivas em relação à liberdade econômica do que os britânicos (0,88).

Um coeficiente maior que 1,1 significa que as pessoas são claramente orientadas para o mercado, e um coeficiente menor que 0,9 significa que elas dependem fortemente da intervenção estatal. No geral, afirmações positivas sobre liberdade econômica claramente predominam em 7 países. O líder é a Polônia, com um coeficiente de 2,40, seguido pelos EUA com 1,68 e pela República Tcheca com 1,58. Em um total de 10 países, as pessoas são mais a favor da intervenção estatal do que da liberdade econômica. Ocupando a última posição estão a França, a Turquia, a Bósnia e Herzegovina e a Rússia (Figura 13.1).

FIGURA 13.1

Atitudes em relação à liberdade econômica em 21 países

Média de afirmações a favor de um sistema econômico liberal dividida pela média de afirmações a favor de um sistema econômico controlado pelo Estado (sem usar o termo "capitalismo")

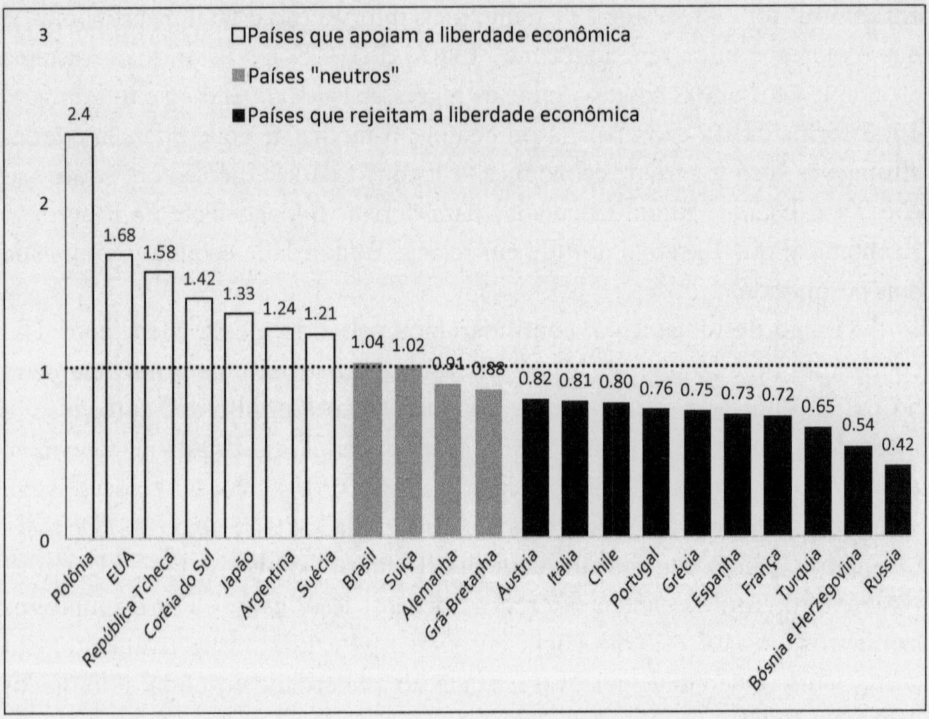

Nota: Quanto menor o coeficiente, mais forte será a atitude anticapitalista

Fontes: Pesquisa do Instituto Allensbach 12038, pesquisas Ipsos MORI 20-091774-30 e 21-087515-07

O que as pessoas pensam sobre o capitalismo em geral?

Embora o termo "capitalismo" tenha sido deliberadamente omitido do primeiro conjunto de questões, foi explicitamente mencionado nos outros dois conjuntos de questões. No segundo conjunto de perguntas, queríamos descobrir o que os respondentes associavam à palavra "capitalismo". Este conjunto de perguntas usou uma lista de 10 termos: "prosperidade", "inovação", "ganância", "frieza", "progresso", "corrupção", "liberdade", "pressão no desempenho", "uma vasta gama de produtos" e "degradação ambiental". Novamente, determinamos a porcentagem média de entrevistados que associam características positivas (por exemplo, "liberdade" e "prosperidade") e características negativas (por exemplo, "degradação ambiental" e "ganância") com a palavra "capitalismo".

Em nosso terceiro conjunto de perguntas, os entrevistados receberam um total de 18 afirmações positivas e negativas sobre o capitalismo. As afirmações negativas incluíram, por exemplo: "O capitalismo é responsável pela fome e pela pobreza"; "O capitalismo leva a desigualdade crescente"; e "O capitalismo estimula as pessoas a comprar produtos que não precisam". As afirmações positivas incluíram, por exemplo: "O capitalismo melhorou as condições para pessoas comuns em muitos países"; "O capitalismo é um sistema econômico especialmente eficiente"; e "O capitalismo significa que os consumidores determinam o que é oferecido, e não o Estado". Novamente, como nos conjuntos de perguntas anteriores, calculamos a porcentagem média de entrevistados que apoiaram as afirmações positivas e negativas e usamos esses números para calcular um coeficiente.

Combinar os resultados de todos os três conjuntos de perguntas nos permite desenvolver uma visão geral do que os entrevistados em qualquer país pensam do capitalismo. Somamos os coeficientes de todos os três conjuntos de perguntas e os dividimos por três.

Mais uma vez, isso nos dá três grupos de países: como o termo "capitalismo" soa negativo para muitas pessoas, o quadro aqui é um pouco diferente do nosso conjunto de questões de "liberdade econômica" — e o grupo de países em que as atitudes anticapitalistas dominam é maior.

No geral, as atitudes pró-capitalistas dominam em cinco países — Polônia, Estados Unidos, Coréia do Sul, Japão e República Tcheca. Os países "neutros" desta vez são Argentina, Suécia e Brasil. As atitudes anticapitalistas dominam a maioria dos países pesquisados (13). Grécia, Rússia, Bósnia e Herzegovina e Turquia ocupam as últimas posições. Surpreendentemente, a Suíça pertence a esse grupo, embora apenas por pouco (Figura 13.2).

FIGURA 13.2

Coeficiente geral sobre atitudes em relação ao capitalismo em 21 países

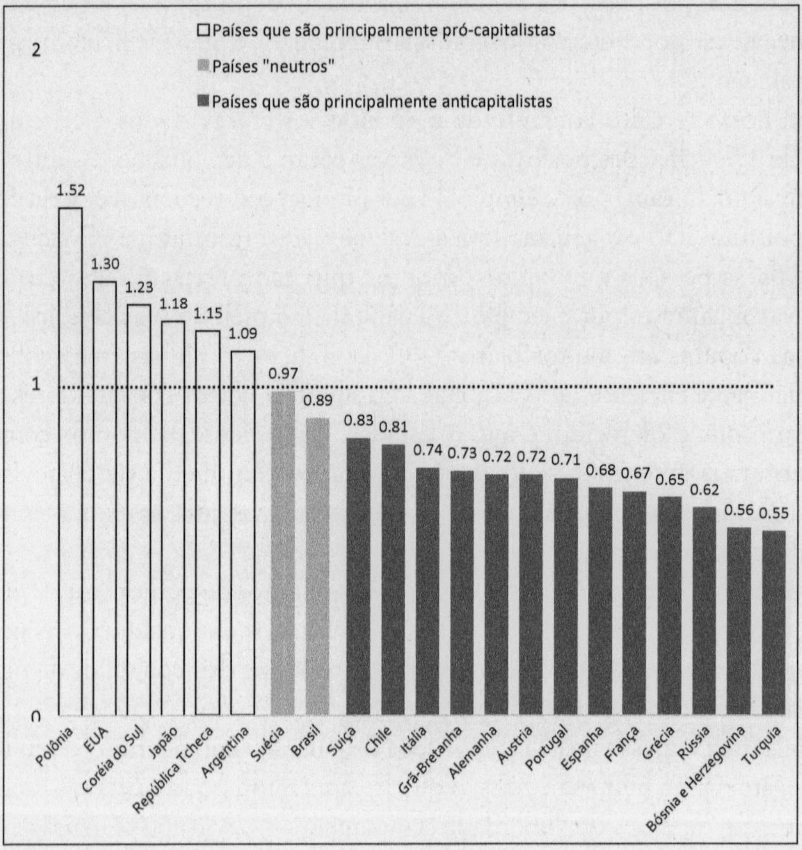

Fontes: Pesquisa do Instituto Allensbach 12038, pesquisas Ipsos MORI 20-091774-30 e 21-087515-07

Qual é o impacto do uso da palavra "capitalismo"?

Podemos ver que há semelhanças, bem como diferenças, nos rankings e grupos de países descritos acima. Essas diferenças no ranking de "liberdade econômica" e no ranking de "capitalismo" podem ser explicadas principalmente pelo fato de que, em muitos países, o termo "capitalismo" tem uma conotação negativa. Podemos avaliar a escala desse efeito calculando a diferença entre os coeficientes para os dois conjuntos de questões em que a palavra "capitalismo" apareceu (as 10 características associadas ao capitalismo e as 18 afirmações sobre o capitalismo) e o coeficiente nas 6 questões sobre liberdade econômica nas quais a palavra "capitalismo" não foi usada.

Por exemplo, a aprovação do capitalismo nos Estados Unidos aumenta 51% quando a palavra "capitalismo" é omitida do item da pesquisa. Esta é a diferença entre o coeficiente de liberdade econômica (1,68) e o coeficiente para as questões em que a palavra "capitalismo" foi mencionada (1,11). A diferença aqui é de 0,57 pontos, o que significa que a aprovação para uma economia de mercado é 51% maior quando é descrita sem usar a palavra "capitalismo".

Você pode ver que o efeito pode ser muito grande — como na Polônia, na República Tcheca ou nos Estados Unidos, por exemplo —, mas também muito pequeno, como na França, Espanha ou Portugal.

Em países onde há um aumento significativo no apoio à economia de mercado quando a palavra "capitalismo" não é usada, como na Polônia, na República Tcheca e nos Estados Unidos, podemos concluir que as pessoas tendem a ser mais repelidas pela própria palavra do que pelo que o capitalismo realmente representa. Onde o efeito é pequeno, como na Espanha ou na França, não é tanto a palavra que incomoda as pessoas, mas o que o capitalismo realmente significa. Isso também se aplica à Rússia, o que é uma exceção, porque as atitudes negativas em relação à economia de mercado *aumentaram* substancialmente 42% quando a palavra "capitalismo" *não* foi usada. Isso mostra que a hostilidade ao capitalismo na Rússia não está de forma alguma relacionada apenas à palavra, mas acima de tudo ao que o capitalismo realmente representa (Figura 13.3).

FIGURA 13.3
Mudança percentual na aprovação do capitalismo quando a palavra "capitalismo" é omitida

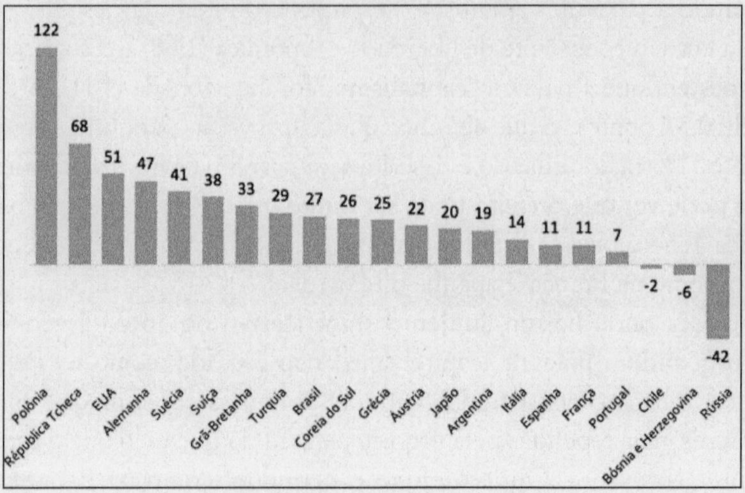

Fontes: Pesquisa do Instituto Allensbach 12038, pesquisas Ipsos MORI 20-091774-30 e 21-087515-07

Por um lado, isso significa que o uso ou não do termo "capitalismo" desempenha um papel considerável ligado às atitudes das pessoas em relação à avaliação das questões aqui pesquisadas. Por outro lado, no entanto, as questões sobre liberdade econômica deixaram claro que a rejeição do capitalismo não se deve apenas à palavra obviamente impopular. Uma atitude positiva em relação à liberdade econômica predomina claramente em apenas 7 dos 21 países — Polônia, EUA, Japão, Coréia do Sul, Argentina, Suécia e República Tcheca.

Quais são as opiniões positivas e negativas mais comuns do capitalismo?

Um dos objetivos mais importantes da nossa pesquisa não era apenas determinar o que as pessoas em diferentes países e grupos sociodemográficos pensam sobre o capitalismo — ou seja, eles tendem a ser críticos ou positivos em relação ao capitalismo —, mas também descobrir quais pontos de crítica ao capitalismo dominam e quais pontos positivos são particularmente valorizados.

Apresentamos aos entrevistados em 21 países uma lista de 18 afirmações sobre o capitalismo — positivas e negativas. A seguir, observamos a frequência com que uma das 18 afirmações estava entre as cinco principais afirmações com as quais os entrevistados em cada país concordaram. Por exemplo, a afirmação "O capitalismo leva a monopólios" estava entre as cinco afirmações mais selecionadas em 16 países.

O resultado mostra o que particularmente incomoda as pessoas sobre o capitalismo — e o que as incomoda menos. Em todos os 21 países, a afirmação crítica de que o capitalismo é dominado pelos ricos, que determinam a política, está entre as cinco afirmações mais selecionadas. Em nove países, Áustria, Bósnia e Herzegovina, Chile, República Tcheca, França, Grã-Bretanha, Grécia, Polônia e Estados Unidos, este ponto crítico é, na verdade, o mais frequentemente selecionado de todas as afirmações.

A noção de que o capitalismo promove a desigualdade é mencionada entre os cinco primeiros em 20 dos 21 países e até ocupa o primeiro lugar na França (com a mesma porcentagem que "O capitalismo é dominado pelos ricos, que definem a agenda política"), Itália, Espanha, Suíça, Turquia e Rússia.

A crença de que o capitalismo promove o egoísmo e a ganância está no top cinco em 20 dos 21 países pesquisados (na Alemanha e em Portugal, ocupa o primeiro lugar).

Em contraste, a acusação de que o capitalismo é responsável pela destruição ambiental e pelas mudanças climáticas desempenha um papel importante em apenas 3 dos 21 países, a saber, Brasil, onde 35% dos entrevistados concordam com essa afirmação (5° lugar), Chile, onde 32% concordam (5° lugar), e Alemanha, onde 48% concordam (5° lugar também) (Figura 13.4).

FIGURA 13.4

Número de países em que as seguintes afirmações foram classificadas no "top 5" de 18 afirmações

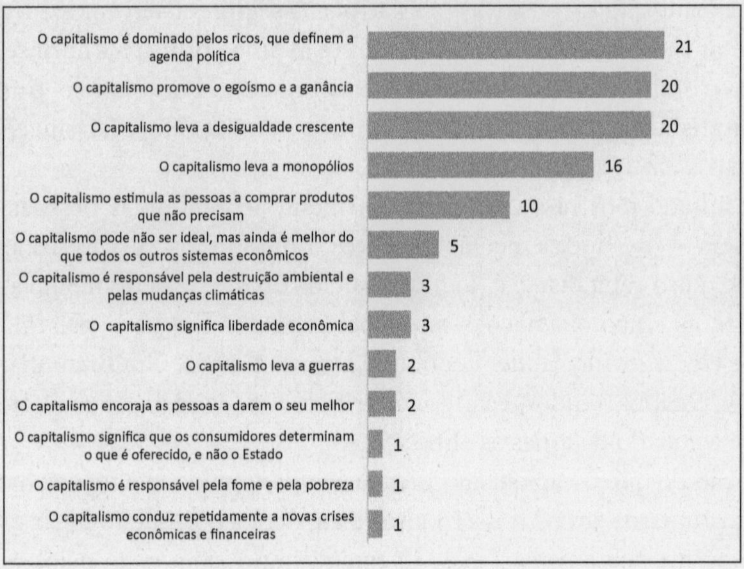

Nota: Todos os dados estão em porcentagem de entrevistados
Fontes: Pesquisa do Instituto Allensbach 12038, pesquisas Ipsos MORI 20-091774-30 e 21-087515-07

É interessante ver quais países mais apoiam as afirmações positivas sobre o capitalismo. No Japão e na Coréia do Sul, a afirmação "Capitalismo significa liberdade econômica" alcançou o mais alto nível de apoio dentre qualquer uma das 18 afirmações. Por outro lado, esta afirmação só chegou ao 10° lugar na Alemanha, 8° lugar na República Tcheca e 6° lugar na Argentina, enquanto no Brasil, França, Espanha, Grã-Bretanha, Grécia, Itália, Áustria, Suíça, Bósnia e Herzegovina, Turquia, Portugal e Rússia, nem chegou ao top 10. Nos Estados Unidos e no Japão, a afirmação de que o capitalismo incentiva as pessoas a fazer o seu melhor também ficou entre os cinco primeiros.

A afirmação mais descritiva de que capitalismo significa liberdade econômica, classificada entre os cinco primeiros em três países, e a afirmação mais defensiva de que o capitalismo pode não ser ideal, mas ainda é melhor do que todos os outros sistemas econômicos, ficou entre os cinco primeiros em cinco países.

para É de fazer pensar que a afirmação indiscutível de que o capitalismo melhorou a situação das pessoas comuns em muitos países não chegou ao top cinco em um único país. Em apenas quatro países, essa afirmação ficou em 7°, 9° ou 10° lugar; em todos os outros, nem estava entre os dez primeiros. Na Alemanha, provocou concordância de menos entrevistados do que qualquer outra afirmação sobre o capitalismo. No entanto, houve tantos exemplos nas últimas décadas — como China, Coréia do Sul e Índia, juntamente com a Polônia, a República Tcheca e a antiga Alemanha Oriental — confirmando que o capitalismo melhorou a situação das pessoas comuns! Se considerarmos que, desde o surgimento do capitalismo, a porcentagem de pessoas em todo o mundo que vivem em extrema pobreza caiu de 90% para menos de 10% hoje, o grau de desinformação sobre o capitalismo se torna claro.

A afirmação de que o capitalismo é insubstituível e as tentativas passadas de substitui-lo sempre resultaram em ditaduras e sofrimento não conseguiram ficar entre os dez primeiros em nenhum dos países pesquisados — com a única exceção dos Estados Unidos, onde ficou em 10° lugar.

"Capitalismo significa que os consumidores determinam o que é oferecido, e não o Estado» — o fato de que essa afirmação só entrou no top 5 na Polônia e no 6° lugar na República Tcheca certamente não é coincidência, porque isso é algo que muitas pessoas nos antigos países socialistas ainda não tomam como garantido (ao contrário do Ocidente).

Qual é o papel da filiação política?

Pedimos a todos os entrevistados que se posicionassem em uma escala esquerda-direita de 0 (extrema esquerda) a 10 (extrema direita). Aqueles que se descrevem como centristas receberam 5 pontos consequentemente.

Extrema esquerda: em todos os países pesquisados, sem surpresa, os entrevistados que se descrevem como sendo da extrema esquerda do espectro político (0 a 2 na escala) são mais contrários ao capitalismo ou menos pró-capitalistas. No entanto, ainda existem algumas diferenças significativas. No Japão (0,92) e na Coreia do Sul (0,97), dois países onde os entrevistados geralmente tendem a ser mais pró-capitalistas, mesmo os entrevistados que se classificam na extrema esquerda do espectro político não são vocalmente anticapitalistas, mas sim neutros. Em contraste, em países onde os entrevistados tendem a ser mais críticos do capitalismo, as atitudes dos entrevistados que se classificam como de extrema esquerda são particularmente anticapitalistas (França 0,35, Alemanha 0,36, Espanha 0,36).[771]

Esquerda moderada: A avaliação também varia conforme a esquerda moderada (3 a 4 na escala). Nos países anticapitalistas, a esquerda moderada também é severamente anticapitalista (França 0,51, Portugal 0,54, Espanha 0,56), enquanto nos países pró-capitalistas a esquerda moderada tende a uma posição neutra (Coreia do Sul 0,96, República Checa 1,01, Japão, 0,92, e Estados Unidos 0,89).

Centrista: Em países onde a maioria da população é anticapitalista ou neutra, os centristas também tendem a ser mais anticapitalistas. É o caso, por exemplo, da Grã-Bretanha, Alemanha, Grécia, Suécia, Portugal, Turquia ou França. Nos Estados Unidos, Japão e Coreia do Sul, por outro lado, onde a população como um todo é pró-capitalista, isso também se aplica aos que estão no meio do espectro político.

Direita moderada e extrema direita: Os entrevistados da direita do espectro político tendem a ter uma percepção positiva do capitalismo na maioria dos países pesquisados. No entanto, também existem diferenças importantes: em 7 países, Estados Unidos, Suécia, Argentina, Chile, Coreia do Sul, Espanha e Suíça, a correlação mantém-se: quanto mais à direita, mais pró-capitalista. Aqueles que se classificam na faixa de 8 a 10 da escala esquerda-direita, ou seja, na extrema direita do espectro político, são mais fortemente a favor do capitalismo (nos Estados Unidos 2,88; na Suécia 2,65; na Argentina 2,32; no Chile 2,01; na Espanha 2,05; e na Coreia do Sul 1,80). Entre a direita moderada (que se classifica em 6 ou 7 na escala esquerda-direita) nos Estados Unidos, Suécia, Chile e Coreia do Sul, o apoio ao capitalismo também é forte (Estados Unidos 2,45; Argentina 1,98; Suécia 1,78; Chile 1,46; Coreia do Sul 1,43; e Espanha 1,38), mas não é tão forte entre a direita moderada quanto entre a extrema direita (Figura 13.5).

Para a maioria dos países (11), no entanto, existe uma correlação diferente: na Alemanha, França, Grã-Bretanha, Brasil, Japão, Itália, República Checa, Rússia, Bósnia e Herzegovina, Polónia[772] e Áustria, os direitistas moderados (que, inquiridos, classificam a si mesmos em um 6 ou 7 na escala esquerda--direita) têm a atitude mais positiva em relação ao capitalismo (ou em alguns

---

771 Uma exceção é a Polônia, onde aqueles na extrema esquerda do espectro político (1,30) e aqueles na esquerda moderada (1,91 muito alto) são ambos pró-capitalismo. Inicialmente, suspeitamos que isso fosse um erro nos dados. Ao reexaminar, confirmamos que não havia erro. No entanto, esses valores não parecem plausíveis.

772 Para a Polônia, consulte a nota de rodapé anterior.

países, como Rússia e Bósnia e Herzegovina, a atitude menos negativa), enquanto os entrevistados que estão ainda mais à direita (8-10), são menos favoráveis ao capitalismo. Por exemplo, entre a direita moderada no Brasil, a aprovação do capitalismo é de 1,58; entre a extrema direita, é menor — em 1,44. O mesmo acontece na Grã-Bretanha, onde a aprovação do capitalismo é de 1,33 entre a direita moderada e 1,18 entre a extrema direita. Na Espanha, entre a direita moderada, a aprovação é de 1,19, entre a extrema direita é de 0,97; e na República Tcheca, o apoio ao capitalismo é maior entre a direita moderada (1,89) do que entre a extrema direita (1,68), conforme ilustrado na Figura 13.6. Na Grécia, o coeficiente foi o mesmo (0,91) para os entrevistados que se classificaram como de direita moderada e extrema direita no espectro político e na Turquia e em Portugal também quase não houve diferenças entre os entrevistados moderados e de extrema direita.[773]

FIGURA 13.5

Países que "quanto mais à direita do espectro político, mais pró-capitalistas"

Coeficiente para atitudes gerais em relação ao capitalismo

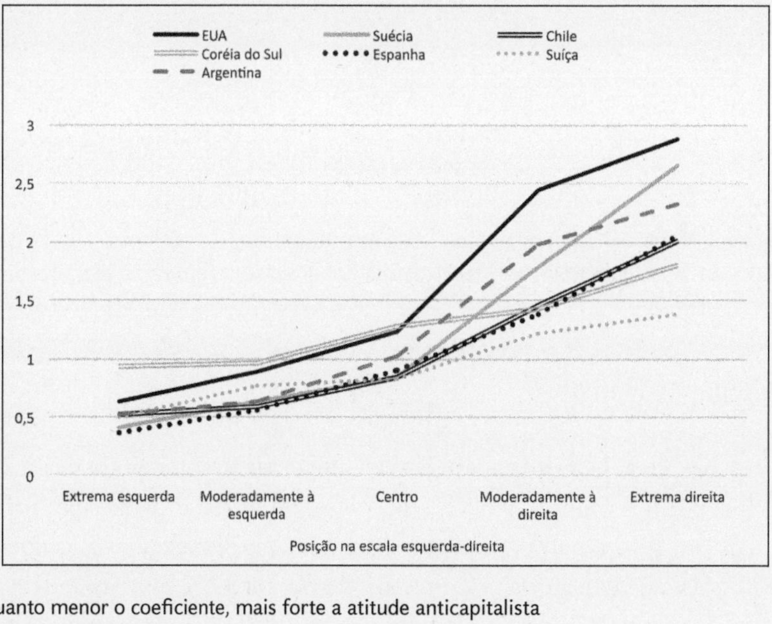

Nota: Quanto menor o coeficiente, mais forte a atitude anticapitalista

Fonte: Pesquisa Ipsos MORI 20-091774-30

[773] As diferenças nos três países, Grécia, Turquia e Portugal, foram tão pequenas a inexistentes que foram omitidas dos dois gráficos 13.5 e 13.6.

FIGURA 13.6

Países onde a direita moderada é mais pró-capitalista

Coeficiente para atitudes gerais em relação ao capitalismo

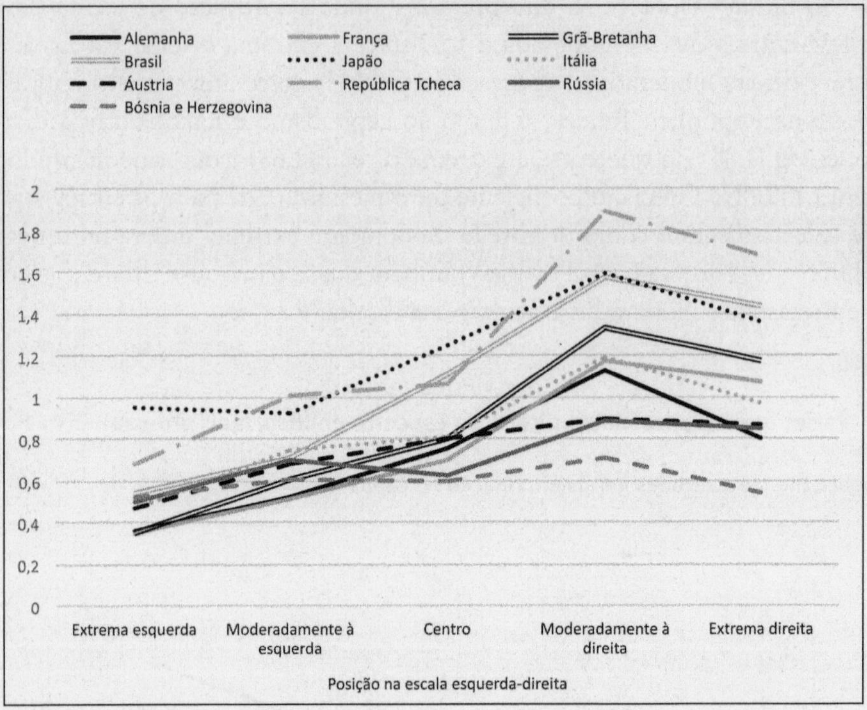

Nota: Quanto menor o coeficiente, mais forte a atitude anticapitalista

Fontes: Pesquisa do Instituto Allensbach 12038, pesquisas Ipsos MORI 20-091774-30 e 21-087515-07

Qual é o papel da idade?

As pessoas mais jovens tendem a ser mais críticas ao capitalismo do que as mais velhas? Ou é o contrário? Há países onde a idade quase não influencia as atitudes em relação ao capitalismo. Na França, por exemplo, o coeficiente é de 0,75 para entrevistados com menos de 30 anos e 0,71 para entrevistados com mais de 60 anos. Na Suíça, o coeficiente é de 0,80 para quem tem menos de 30 anos e 0,82 para quem tem mais de 60 anos. Na Grécia, o coeficiente é de 0,71 para entrevistados com menos de 30 anos e 0,65 para aqueles com mais de 55 anos. Na República Tcheca, o coeficiente é de 0,98 para entrevistados com menos de 30 anos e 1,06 para aqueles com mais de 55 (embora na República Tcheca, a aprovação do capitalismo seja maior na faixa etária de 30 a 54 anos). Também não há relação perceptível entre idade e percepções do capitalismo na Grã-Bretanha, Portugal ou Itália.

Em outros países, no entanto, há uma ligação clara entre idade e atitudes em relação ao capitalismo. Isso é mais claro nos Estados Unidos, onde os entrevistados com mais de 60 anos têm uma atitude muito positiva em relação ao capitalismo (2,27), enquanto os mais jovens são neutros a levemente negativos (abaixo de 30 anos, o índice é 0,90). Ao contrário do que alguns podem alegar, isso não ocorre porque os americanos mais jovens não entendem a palavra "capitalismo". Pelo contrário, a correlação nos Estados Unidos é ainda mais clara para o conjunto de questões em que a palavra "capitalismo" não foi usada: entre os entrevistados americanos com mais de 60 anos, as atitudes em relação à liberdade econômica são extraordinariamente altas, de 3,72, enquanto, entre americanos mais jovens com menos de 30 anos, as atitudes são neutras ou, na melhor das hipóteses, ligeiramente positivas de 1,13. Também na Argentina, Brasil, Chile e Espanha, os entrevistados mais jovens são mais críticos em relação ao capitalismo, embora a diferença não seja tão gritante quanto nos Estados Unidos. Em países pró-capitalistas, como Coreia do Sul e Japão, os entrevistados mais jovens tendem a ser neutros e os mais velhos são firmemente pró-capitalistas.

Na Polónia, os entrevistados mais velhos (1,81) são um pouco mais pró-capitalistas do que os mais jovens (1,55). Na Suécia, França, Grã-Bretanha e Áustria, os entrevistados mais jovens são — embora apenas ligeiramente — mais positivos em relação ao capitalismo do que seus compatriotas mais velhos. Como as diferenças são extremamente pequenas, no entanto, deve-se (exceto talvez para a Suécia) falar de empate nesses países (Figura 13.7).

FIGURA 13.7

Diferenças de atitudes em relação ao capitalismo – Análise por faixa etária

Coeficiente para atitudes gerais em relação ao capitalismo

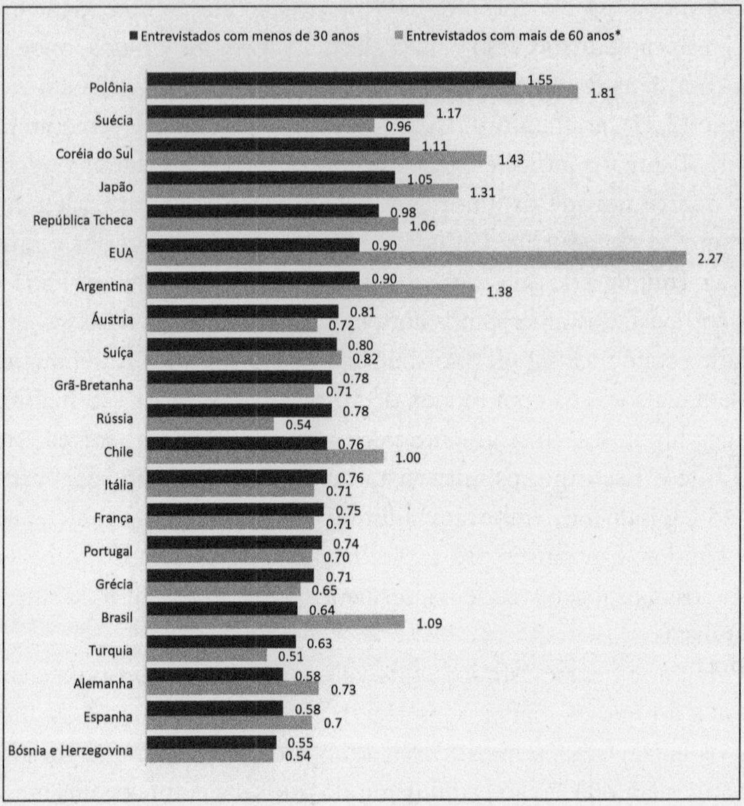

* Na Polónia, Argentina, Grécia, Portugal, Turquia, República Checa, Rússia e Bósnia e Herzegovina, entrevistados com 55 anos ou mais

Nota: Quanto menor o coeficiente, mais forte a atitude anticapitalista

Fontes: pesquisa do Instituto Allensbach 12038, pesquisas Ipsos MORI 20-091774-30 e 21-087515-07

Qual é o papel da renda?

Não surpreendentemente, em *todos* os países, os que ganham menos tendem a ser anticapitalistas ou, na melhor das hipóteses, neutros, e os que ganham mais são comparativamente mais positivos (ou menos negativos) em relação ao capitalismo. Mas também existem diferenças consideráveis entre os países: há países onde as diferenças entre os grupos de renda são moderadas (como Grã-Bretanha, Turquia e Bósnia e Herzegovina). Por outro lado, Suíça, Estados Unidos, Coreia do Sul, Polônia, Brasil, Itália e Espanha apresentam diferenças maiores entre os grupos de renda. Essas diferenças são particularmente acentuadas na Espanha e na Suíça, onde as pessoas de baixa renda são veementemente anticapitalistas e as de alta renda são predominantemente pró-capitalistas (Figura 13.8).

FIGURA 13.8
Diferenças de atitudes em relação ao capitalismo – Análise por renda

Coeficiente para atitudes gerais em relação ao capitalismo

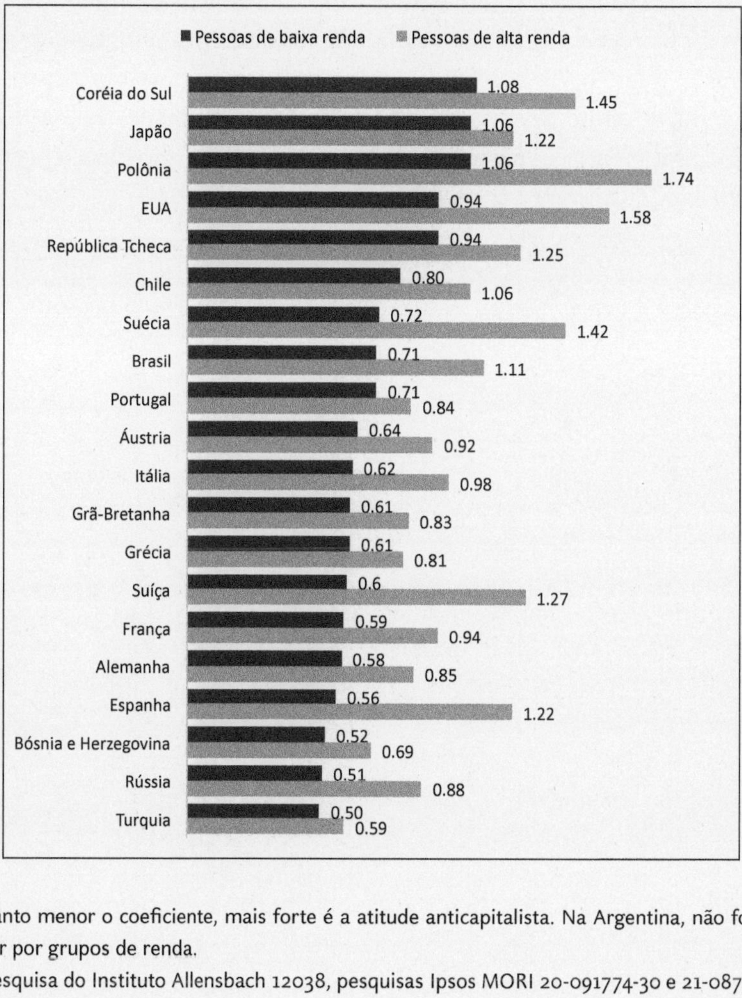

Nota: Quanto menor o coeficiente, mais forte é a atitude anticapitalista. Na Argentina, não foi possível diferenciar por grupos de renda.

Fontes: pesquisa do Instituto Allensbach 12038, pesquisas Ipsos MORI 20-091774-30 e 21-087515-07

Qual é o papel do gênero?

Em todos os países (exceto Coreia do Sul e Rússia), os entrevistados do sexo masculino são mais positivos em relação ao capitalismo (ou menos críticos) do que as mulheres. Mas há diferenças: em alguns países, o gênero desempenha um papel importante nas atitudes em relação ao capitalismo. Na Polônia, República Tcheca, Suécia, Brasil, Argentina, Chile, Portugal e Espanha, por exemplo, os homens têm opiniões significativamente mais favoráveis ao capitalismo do que as mulheres. Em outros países, no entanto, as diferenças entre homens e mulheres são pequenas. Na França, por exemplo, as mulheres são apenas marginalmente mais críticas do capitalismo (0,65) do que os homens (0,71), isso também vale para a Turquia (homens 0,67 e mulheres 0,64), enquanto na Coreia do Sul e na Rússia não há diferença alguma entre homens e mulheres.

Parece interessante que as diferenças, embora muitas vezes pequenas, são quase invariavelmente na mesma direção — as mulheres são menos positivas em relação ao capitalismo do que os homens (Figura 13.9).

FIGURA 13.9

Diferenças de atitudes em relação ao capitalismo por gênero

Coeficiente para atitudes gerais em relação ao capitalismo

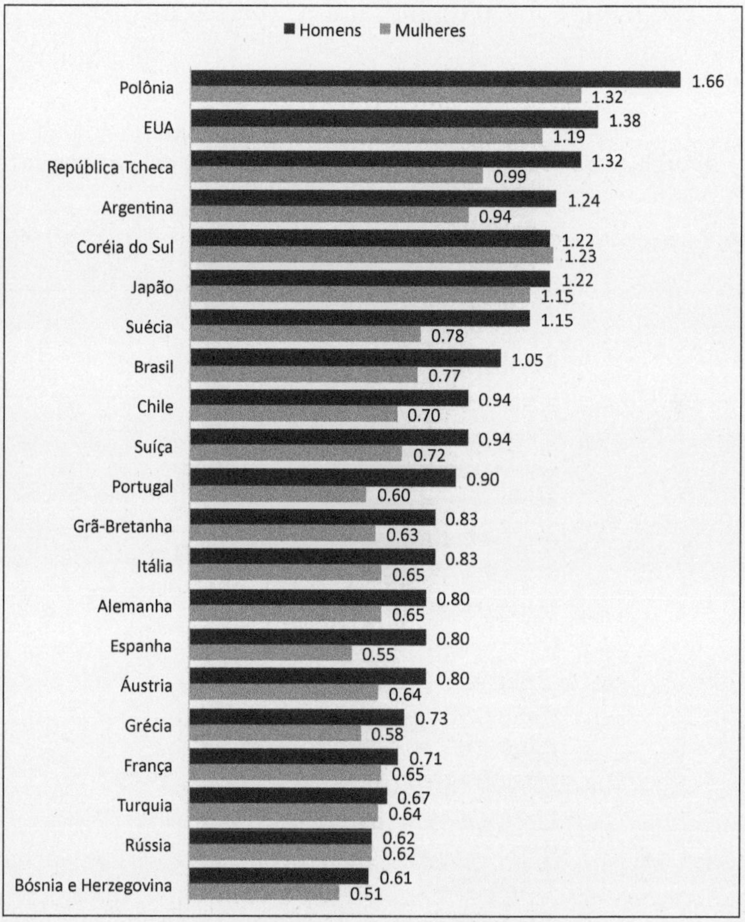

Nota: Quanto menor o coeficiente, mais forte a atitude anticapitalista

Fontes: Pesquisa do Instituto Allensbach 12038, pesquisas Ipsos MORI 20-091774-30 e 21-087515-07

Qual é o papel da educação?

Em 18 dos 21 países, as diferenças entre pessoas com educação básica e superior sempre apontam na mesma direção: pessoas com nível de educação mais alto têm uma atitude (um pouco) mais positiva ou menos negativa em relação ao capitalismo do que pessoas com nível de educação básico. Isso é verdade em todos os países pesquisados, exceto Coréia do Sul, Polônia e Turquia. Em alguns desses países (como Argentina, França, República Tcheca, Portugal, Brasil e Espanha), essa tendência é um pouco mais forte, enquanto em outros (Grã-Bretanha, Suécia e Itália) é muito fraca (Figura 13.10).

FIGURA 13.10

Diferenças de atitudes em relação ao capitalismo pela educação

Coeficiente para atitudes gerais em relação ao capitalismo

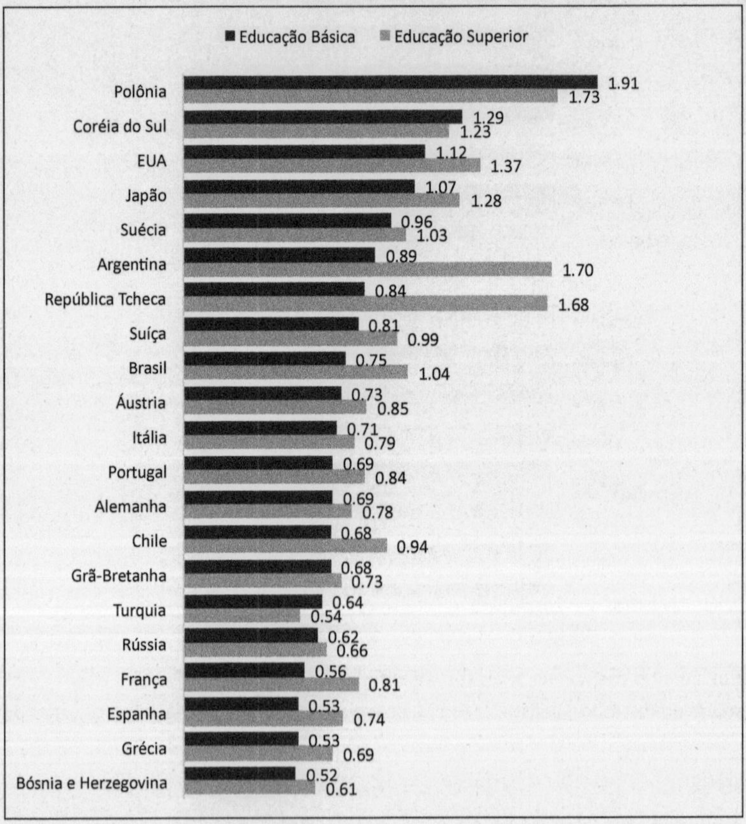

Nota: Quanto menor o coeficiente, mais forte a atitude anticapitalista

Fontes: Pesquisa do Instituto Allensbach 12038, pesquisas Ipsos MORI 20-091774-30 e 21-087515-07

A influência do pensamento conspiratório

Entre as afirmações que apresentamos aos entrevistados da pesquisa estavam duas que são características de pessoas que tendem ao pensamento conspiratório. A primeira foi: "'Na realidade, os políticos não decidem nada. Eles são fantoches controlados por forças poderosas nos bastidores.' Você concorda com isso ou discorda?"

A segunda foi: "'Muitas coisas na política só podem ser devidamente compreendidas se você souber que há um plano maior por detrás, algo que a maioria das pessoas, no entanto, não conhece'. Você concorda com isso ou discorda?"

Estas são duas afirmações típicas para pessoas propensas ao pensamento conspiratório.

Utilizando métodos de análise fatorial, construímos — com base nas respostas a 6 das 18 afirmações sobre o capitalismo — uma escala anticapitalismo. A classificação dos entrevistados em dois grupos – "pró-capitalistas" e "anticapitalistas" — é baseada em suas respostas às 18 afirmações sobre o capitalismo, nas quais eles foram solicitados a indicar com quais das afirmações concordavam. Como seria desnecessariamente demorado considerar as respostas individuais a todos os 18 itens para esta classificação, os resultados desta questão foram inicialmente submetidos a uma análise fatorial.

Uma análise fatorial é um procedimento matemático-estatístico que pode ser usado para determinar quais respostas são frequentemente selecionadas em conjunto pelos entrevistados. Por exemplo, uma análise fatorial determina a probabilidade de um entrevistado que diz que o capitalismo leva ao aumento da desigualdade também dizer que o capitalismo promove o egoísmo e a especulação. Se descobrir que várias afirmações são selecionadas juntas com particular frequência, então é possível concluir que existem sobreposições entre esses pontos em termos de conteúdo, ou seja, que eles se baseiam em um fator comum.

No presente caso, a análise revelou três fatores: o primeiro abrange praticamente todas as afirmações em que o capitalismo está associado à injustiça social. O segundo fator abrange todas as afirmações positivas e o terceiro os itens em que o capitalismo está associado à tirania e à guerra.

Três afirmações positivas e três negativas sobre o capitalismo foram selecionadas para formar a escala: as duas afirmações estatisticamente mais intimamente associadas ao primeiro fator, as três mais fortemente associadas ao segundo fator e uma que está mais fortemente associada ao (consistindo em apenas três afirmações no total, e um pouco menos significativo) terceiro fator.

Especificamente, a escala foi calculada da seguinte forma: Um ponto foi concedido a cada entrevistado que concordou com as seguintes afirmações:

- O capitalismo leva à desigualdade crescente;
- O capitalismo promove o egoísmo e a ganância; e
- O capitalismo significa que há sempre o perigo do fascismo.

Além disso, um ponto foi concedido a cada entrevistado que NÃO concordou com as seguintes afirmações:

- O capitalismo pode não ser ideal, mas ainda é melhor do que todos os outros sistemas econômicos;
- O capitalismo garante a prosperidade; e
- O capitalismo significa liberdade econômica.

Essa análise fatorial nos permitiu atribuir a cada entrevistado uma pontuação entre 0 e 6 pontos. Os entrevistados com 5 ou 6 pontos são classificados como anticapitalistas e os entrevistados com 0 ou 1 ponto são classificados como pró-capitalistas.

Descobriu-se que os anticapitalistas dedicados concordam significativamente com as duas afirmações de pensamento conspiratório acima do que os pró-capitalistas dedicados. Isso é verdade para todos os países, embora nos Estados Unidos as diferenças não sejam tão acentuadas. Para os Estados Unidos, pode-se supor que os apoiadores do Partido Republicano — especialmente os leais a Trump — são muitas vezes pró-capitalistas e inclinados a teorias da conspiração. Nos outros países, as diferenças entre pró e anticapitalistas são muito mais claras — e, notavelmente, sempre apontam na mesma direção. Não descobrimos em nenhum dos 21 países pesquisados que os pró-capitalistas são mais propensos a serem teóricos da conspiração do que os anticapitalistas. Isso prova claramente a conexão entre o anticapitalismo e o pensamento conspiracionista.

Em alguns países, como República Tcheca, Alemanha, Suíça e Suécia, os pró-capitalistas tendem a desprezar particularmente as teorias da conspiração. Em outros países, como Grécia, Chile, Polônia, Japão, França, Turquia e Rússia, os anticapitalistas tendem a ser particularmente fortes adeptos das teorias da conspiração. (Figuras 13.11 e 13.12).

FIGURA 13.11
Acordo e desacordo com teorias da conspiração

O Coeficiente da Teoria da Conspiração: Proporção média de entrevistados que concordam com as duas afirmações a seguir:

"Na realidade, os políticos não decidem nada. Eles são fantoches controlados por forças poderosas nos bastidores";

e

"Muitas coisas na política só podem ser devidamente compreendidas se você souber que há um plano maior por detrás, algo que a maioria das pessoas, no entanto, não conhece".

Dividido pela proporção média de entrevistados que discordam explicitamente das duas teses.

	Áustria		Polônia	
	Anticapitalistas dedicados	Pró-capitalistas dedicados	Anticapitalistas dedicados	Pró-capitalistas dedicados
A: Concordância média com as duas afirmações de conspiração	57	54	66	48
B: Desacordo médio com as duas afirmações de conspiração	20	35	14	25
A : B	2.9	1.5	4.7	1.9

	Itália		Espanha	
	Anticapitalistas dedicados	Pró-capitalistas dedicados	Anticapitalistas dedicados	Pró-capitalistas dedicados
A: Concordância média com as duas afirmações de conspiração	68	49	65	58
B: Desacordo médio com as duas afirmações de conspiração	22	39	18	26
A : B	3.1	1.3	3.6	2.2

	Coréia do Sul		Grã-Bretanha	
	Anticapitalistas dedicados	Pró-capitalistas dedicados	Anticapitalistas dedicados	Pró-capitalistas dedicados
A: Concordância média com as duas afirmações de conspiração	62	56	58	42
B: Desacordo médio com as duas afirmações de conspiração	22	34	21	29
A : B	2.8	1.6	2.8	1.4

	Chile		Brasil	
	Anticapitalistas dedicados	Pró-capitalistas dedicados	Anticapitalistas dedicados	Pró-capitalistas dedicados
A: Concordância média com as duas afirmações de conspiração	72	58	66	58
B: Desacordo médio com as duas afirmações de conspiração	13	24	19	30
A : B	5.5	2.4	3.5	1.9

	Suécia		França	
	Anticapitalistas dedicados	Pró-capitalistas dedicados	Anticapitalistas dedicados	Pró-capitalistas dedicados
A: Concordância média com as duas afirmações de conspiração	43	32	58	54
B: Desacordo médio com as duas afirmações de conspiração	30	50	14	28
A : B	1.4	0.6	4.1	1.9

	EUA		Alemanha	
	Anticapitalistas dedicados	Pró-capitalistas dedicados	Anticapitalistas dedicados	Pró-capitalistas dedicados
A: Concordância média com as duas afirmações de conspiração	56	57	42	25
B: Desacordo médio com as duas afirmações de conspiração	20	25	35	53
A : B	2.8	2.3	1.2	0.5

	Japão		Suíça	
	Anticapitalistas dedicados	Pró-capitalistas dedicados	Anticapitalistas dedicados	Pró-capitalistas dedicados
A: Concordância média com as duas afirmações de conspiração	68	44	53	34
B: Desacordo médio com as duas afirmações de conspiração	13	18	23	48
A : B	5.2	2.4	2.3	0.7

	Bósnia e Herzegovina		Rússia	
	Anticapitalistas dedicados	Pró-capitalistas dedicados	Anticapitalistas dedicados	Pró-capitalistas dedicados
A: Concordância média com as duas afirmações de conspiração	72	55	77	61
B: Desacordo médio com as duas afirmações de conspiração	17	33	11	28
A : B	4.2	1.7	7.0	2.2

	Argentina		Grécia	
	Anticapitalistas dedicados	Pró-capitalistas dedicados	Anticapitalistas dedicados	Pró-capitalistas dedicados
A: Concordância média com as duas afirmações de conspiração	65	54	78	58
B: Desacordo médio com as duas afirmações de conspiração	19	30	6	28
A : B	3.4	1.8	13.0	2.1

	República Checa		Portugal	
	Anticapitalistas dedicados	Pró-capitalistas dedicados	Anticapitalistas dedicados	Pró-capitalistas dedicados
A: Concordância média com as duas afirmações de conspiração	76	39	65	45
B: Desacordo médio com as duas afirmações de conspiração	11	48	17	33
A : B	6.9	0.8	3.8	1.4

	Turquia	
	Anticapitalistas dedicados	Pró-capitalistas dedicados
A: Concordância média com as duas afirmações de conspiração	77	59
B: Desacordo médio com as duas afirmações de conspiração	11	25
A : B	7.0	2.4

FIGURA 13.12
Anticapitalismo e a tendência ao pensamento conspiracionista

O Coeficiente da Teoria da Conspiração: Proporção média de entrevistados que concordam com as duas afirmações a seguir:

> "Na realidade, os políticos não decidem nada. Eles são fantoches controlados por forças poderosas nos bastidores";

e

> "Muitas coisas na política só podem ser devidamente compreendidas se você souber que há um plano maior por detrás, algo que a maioria das pessoas, no entanto, não conhece".

Dividido pela proporção média de entrevistados que discordam explicitamente das duas teses.

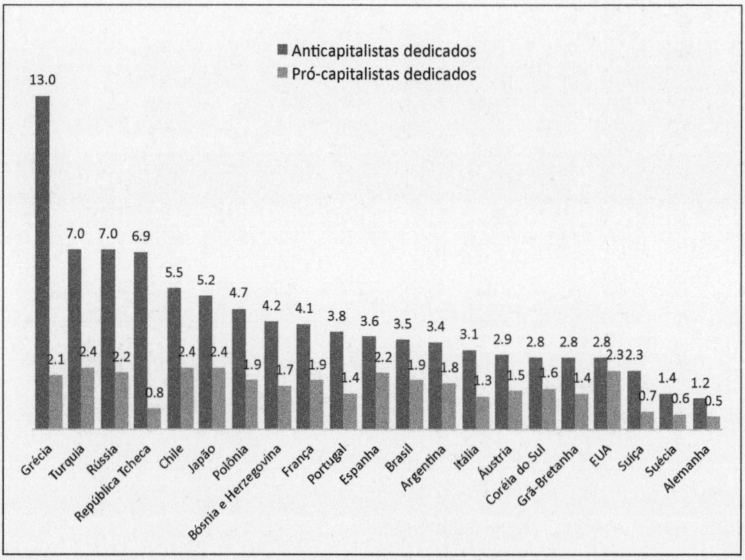

Nota: Quanto menor o coeficiente, mais forte será a atitude anticapitalista
Fonte: Pesquisa do Instituto Allensbach 12038, pesquisas Ipsos MORI 20-091774-30 e 21-087515-07

Atitudes em relação ao capitalismo e aos ricos

Para o meu projeto de pesquisa *The Rich in Public Opinion* [*Os Ricos na Opinião Pública*], coletei dados sobre atitudes em relação aos ricos em 11 países. Para comparar opiniões em diferentes países, o estudo desenvolveu um

Coeficiente de Inveja Social, que nos permite medir a prevalência de inveja social em um determinado país. O estudo também foi projetado para descobrir quais traços de personalidade são mais frequentemente atribuídos a pessoas ricas — e se eles tendem a ser mais positivos ou mais negativos. Esses dados extensos são então combinados para formar o Índice de Sentimento sobre os Ricos. (Figura 13.13).

FIGURA 13.13
Índice de Sentimento sobre os Ricos (ISR) em onze países

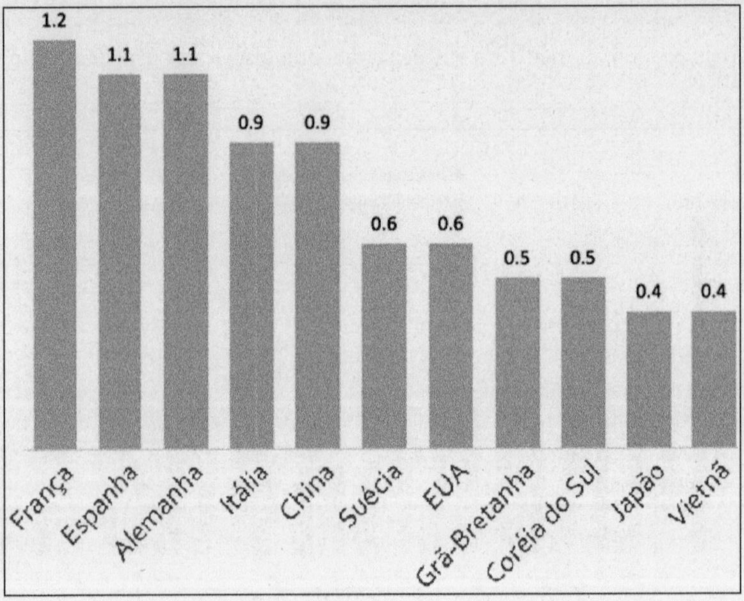

Nota: ISR maior que 1: Aspectos negativos predomina
ISR menor que 1: Aspectos positivos predominam
Fontes: Pesquisa do Instituto Allensbach 11085, 8271, pesquisa Ipsos MORI 18-031911-01-02, 19-01009-29, 19-01009-47, 20-091774-05 e 21-041026-01

Um valor de ISR maior que 1 indica uma percepção negativa, e menor que 1 indica um sentimento positivo em relação aos ricos em qualquer país. Em nove países, realizamos ambas as pesquisas — ou seja, a pesquisa sobre atitudes em relação aos ricos e a pesquisa sobre atitudes em relação ao capitalismo. Pode-se ver que, em países em que a população tem uma percepção mais positiva do capitalismo, as atitudes também são mais positivas em relação aos ricos — por exemplo, nos Estados Unidos, Coréia do Sul e Japão. Por outro lado, em países onde as pessoas tendem a ser mais críticas em relação ao capitalismo, elas também têm opiniões mais negativas sobre os ricos — por exemplo, na Alemanha, Espanha e França.

A única exceção é a Grã-Bretanha, onde as pessoas são positivas em relação aos ricos, mas críticas ao capitalismo.

FIGURA 13.14

A relação entre o Índice de Sentimento sobre os Ricos (ISR) e o coeficiente de atitudes gerais em relação ao capitalismo.

Para melhor comparabilidade, o ISR foi invertido. A diferença entre a pontuação ISR e o valor de referência 1 é subtraída ou adicionada ao valor de referência. Assim, um ISR de 1,2 se torna um ISR modificado de 0,8, um ISR de 0,6 se torna um ISR modificado de 1,4.

Isso garante que o ISR modificado corresponda à lógica do coeficiente para atitudes gerais em relação ao capitalismo: Um valor maior que 1 significa que as percepções positivas dos ricos ou do capitalismo dominam, um valor menor que 1 indica que as percepções negativas dominam.

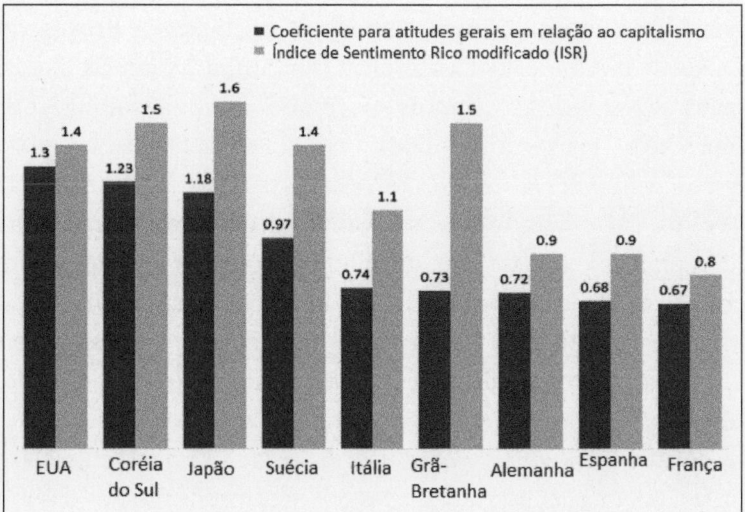

Fontes: Pesquisa do Instituto Allensbach11085, Pesquisas Ipsos MORI 18-031911-01-02, 19-01009-29, 19 01009 47, 20 091774 05, 20-09-1774-30 e 21-041026-01

Resumo

Em apenas 7 dos 21 países — Polônia, Estados Unidos, República Tcheca, Japão, República Tcheca, Coréia do Sul e Suécia —, prevalece claramente uma atitude positiva em relação à liberdade econômica. Incluir a palavra "capitalismo" reduz isso a apenas 5 dos 21 países: Polônia, Estados Unidos, República Tcheca, Japão e Coréia do Sul. Na maioria dos países, o sentimento anticapitalista domina.

O que exatamente incomoda as pessoas sobre o capitalismo? Se você olhar para as conclusões gerais da pesquisa, é — nesta ordem — principalmente a opinião de que:

- o capitalismo é dominado pelos ricos, que definem a agenda política;
- o capitalismo leva à desigualdade crescente;
- o capitalismo promove o egoísmo e a ganância;
- o capitalismo leva a monopólios; e
- o capitalismo estimula as pessoas a comprar produtos de que não precisam.

Não é de surpreender que o anticapitalismo seja mais acentuado entre aqueles à esquerda do espectro político e os pró-capitalistas mais fortes possam ser encontrados à direita. Porém, enquanto, em alguns países, a fórmula é "quanto mais de direita, mais favorável ao capitalismo", há mais países em que os direitistas moderados apoiam um pouco mais o capitalismo do que aqueles da extrema direita do espectro político.

A idade tem influência nas atitudes em relação ao capitalismo na maioria dos países: os entrevistados mais jovens são um pouco mais críticos em relação ao capitalismo do que os mais velhos. Na maioria dos países, a diferença é pequena. A exceção mais significativa são os Estados Unidos, onde os entrevistados com menos de 30 anos têm uma atitude neutra a ligeiramente negativa em relação ao capitalismo e os com mais de 60 anos são distintamente pró-capitalismo.

Não é de surpreender — e em todos os países — que os assalariados de baixa renda tendam a ser anticapitalistas (ou neutros, na melhor das hipóteses), enquanto os assalariados de alta renda sejam mais positivamente pró-capitalismo (ou menos negativos em suas opiniões sobre o capitalismo). Em alguns países, no entanto, as diferenças são muito pequenas — isso é verdade, por exemplo, na Grã-Bretanha e na Turquia. Em contraste, as diferenças entre os grupos de renda são muito maiores na Espanha, Suécia e Suíça.

Em todos os países (exceto na Coréia do Sul e na Rússia), os homens são mais positivos em relação ao capitalismo (ou no mínimo menos críticos em relação a ele) do que as mulheres. Mas há diferenças: em alguns países, o gênero desempenha um papel importante nas atitudes em relação ao capitalismo: em Polônia, Brasil, Chile, República Tcheca, Suécia, Portugal e Espanha, por exemplo, os homens são significativamente mais positivos em relação ao capitalismo do que as mulheres. Em outros países, no entanto, as diferenças entre entrevistados masculinos e femininos são muito menores, e homens e mulheres na Coréia do Sul são igualmente positivos em relação ao capitalismo.

Em 18 dos 21 países, as diferenças entre pessoas com níveis básicos e mais altos de educação apontam na mesma direção: os entrevistados com um nível mais alto de educação simpatizam mais (ou, na pior das hipóteses, são menos negativos) com o capitalismo do que seus compatriotas com educação básica. Isso é verdade para todos os países, exceto Coréia do Sul, Polônia e Turquia. A diferença é particularmente acentuada na Argentina, onde os entrevistados com um nível mais baixo de educação têm atitudes neutras a ligeiramente negativas em relação ao capitalismo e aqueles com um nível mais alto de educação têm atitudes positivas muito fortes em relação ao capitalismo.

Em todos os países — sem exceção —, descobrimos que os anticapitalistas são muito mais propensos a endossar o pensamento conspiratório do que os pró-capitalistas. A análise demonstra claramente que há uma forte, conexão entre atitudes anticapitalistas e pensamento conspiratório. A conclusão desse achado é surpreendente: os anticapitalistas não estão menos inclinados ao pensamento conspiratório do que os pró-capitalistas em nenhum dos 21 países pesquisados.

CONCLUSÃO

ANTICAPITALISMO COMO RELIGIÃO POLÍTICA

Na seção anterior deste livro, você viu o quão grande é a diferença entre os fatos sobre o capitalismo e as opiniões das pessoas. Todos esses fatos confirmam que, ao longo da história, o capitalismo melhorou bastante a vida das pessoas comuns em muitos países — na Europa e nos Estados Unidos nos últimos 200 anos, e na Ásia nos últimos 50 anos. No entanto, também vimos que poucos entrevistados em nossa pesquisa concordaram com a afirmação de que o capitalismo melhorou as condições para as pessoas comuns em muitos países. Na Alemanha, apenas 15% dos entrevistados concordaram — menos do que qualquer outra afirmação sobre o capitalismo! Em contraste, três vezes mais (45%) disseram que o capitalismo é responsável pela fome e pela pobreza — uma tese que, como mostrado no Capítulo 1, não resiste a nenhuma análise dos fatos. Nossa pesquisa também revelou uma ligação clara entre o pensamento conspiracionista e o anticapitalismo.

Assim, fica claro que o anticapitalismo não está fundamentado no reino da razão ou da racionalidade — é principalmente uma rejeição baseada em emoções. Os promotores do anticapitalismo são elites intelectuais. De Lenin a Hayek, os teóricos concordaram[774] que o anticapitalismo não tinha sua gênese no movimento operário, mas entre os intelectuais. Se você quiser de ler uma análise mais detalhada de por que a maioria dos intelectuais não gosta do capitalismo, este é o assunto do Capítulo 10 do meu livro *O Capitalismo não é o problema, é a solução*.

Porém, para ser verdadeiramente bem-sucedido, o anticapitalismo dos intelectuais deve reverberar com uma caixa de ressonância social que torne as

[774] Hayek, *Intellectuals*, 9, Lenin, "What is to be Done?", 347 et seq.

pessoas receptivas a ele. Em formas anteriores de sociedade, as pessoas muitas vezes aceitavam a desigualdade porque a viam como natural ou dada por Deus. "O conceito de igualdade humana já possui a fixidez de um preconceito popular", o que, de acordo com Marx, era uma característica da sociedade burguesa.[775] Embora a igualdade tenha sido inicialmente considerada apenas como a igualdade das pessoas perante a lei e na dignidade humana, a visão de que qualquer desigualdade deve ser "estrutural" e que essas estruturas são dignas de críticas prevaleceu cada vez mais nos últimos 200 anos. Isso é verdade não apenas em termos de desigualdade material, mas para quase todas as formas de desigualdade.

Indivíduos e grupos que não estão em uma situação supostamente "privilegiada" atribuem a contradição entre a igualdade postulada e a desigualdade real a causas "estruturais" e "sistêmicas". Toda desigualdade se torna evidência de injustiça dentro da sociedade. Cada vez mais, os termos "igualdade" e "justiça" são usados como sinônimos.

É isso que torna a religião do anticapitalismo tão atraente. Falo de uma religião no sentido da expressão «religião política», que foi desenvolvida pela primeira vez pelo cientista político americano Eric Voegelin em seu livro de 1938 com o mesmo título.[776] Um ano depois, o sociólogo e filósofo francês Raymond Aron também usou o termo "política religiosa". Seguindo Marx, que chamou a religião de "*opium* do povo", ele falou do comunismo como uma "religião intelectual".[777]

Até mesmo os contemporâneos de Marx ficaram impressionados com a analogia com a religião. Em 1868, o *The Times* em Londres escreveu sobre a Primeira Internacional, que Marx ajudou a iniciar:

> "É preciso voltar ao tempo do nascimento do cristianismo e do rejuvenescimento do mundo antigo pelas nações germânicas para encontrar algo análogo ao movimento operário".

Aspirava a nada menos do que a renovação da humanidade, "certamente o objetivo mais abrangente ao qual qualquer instituição além da Igreja Cristã já aspirou".[778]

---

[775] Marx, Capital. Volume I, 113.

[776] Voegelin, The Political Religions.

[777] Aron, The Opium of the Intellectuals, 318.

[778] The Times, citado em Braunthal, 135.

Sabemos pelos relatos de vida dos marxistas que o marxismo — apesar de todas as pretensões científicas que essa teoria exibe — está bastante ancorado no reino do emocional. Arthur Koestler, que anteriormente era comunista, começa sua contribuição para o livro *The God That Failed* [*O Deus que Falhou*] com as frases:

> "Um caminho não é adquirido pelo raciocínio. Ninguém se apaixona por uma mulher, nem entra no seio de uma igreja, como resultado da persuasão lógica. A razão pode defender um ato de fé — mas somente depois que o ato tiver sido cometido e o homem estiver comprometido com o ato".[779]

No início, relata Koestler, ele tinha uma "forte antipatia pelos obviamente ricos" e projetou seus problemas pessoais "na estrutura da sociedade em geral".[780]

Essas também são duas características típicas do anticapitalismo: elas satisfazem tanto a inveja contra os ricos, o que, é claro, nunca é percebido como inveja,[781] e, ao mesmo tempo, transformam o fracasso pessoal em um problema "sistêmico" ou "estrutural" no sentido da atitude descrita pelos psicólogos como um *locus* externo *de controle*. A inveja antipática pode, portanto, ser racionalizada e reinterpretada como um compromisso com a "justiça social".

Com base nessa interpretação, eles transformam seu próprio fracasso em uma falha de mercado. No início da década de 1950, o cientista político americano Gabriel Almond perguntou a 221 ex-comunistas de quatro países por que eles se juntaram ao partido para seu livro *The Appeals of Communism* [*Os Apelos do Comunismo*]. Descobriu-se que, para 52% dos entrevistados, as dificuldades econômicas pessoais desempenharam um papel para eles se juntarem ao partido. Entre os entrevistados de escalão mais alto da pesquisa de Almond, isso foi verdade para até 67%.[782]

Porém, os problemas pessoais não precisam ser problemas econômicos. Como outros autores, o psicanalista austríaco-americano Wilhelm Reich, que combinou marxismo e psicanálise, tentou provar que inúmeros problemas

---

779 Koestler, 15.

780 Koestler, 18.

781 Koestler inclusive alegou que a inveja não tinha um papel significativo em sua forte aversão aos ricos.

782 Almond, 201.

psicológicos, sexualidade insatisfeita, neuroses etc., tiveram sua causa final no capitalismo e:

> "que é apenas uma rotatividade completa de instituições e ideologias sociais, uma rotatividade que dependerá do resultado das lutas políticas do nosso século, que criará as condições prévias para uma extensa profilaxia de neuroses".[783]

O psicólogo marxista Dieter Duhm, que seguiu essa abordagem, argumentou em seu livro *Angst im Kapitalismus* [*Ansiedade no Capitalismo*] porque o medo é o estado emocional onipresente sob o capitalismo:

> "Aparece nas mais diversas formas. No 'saudável' como medo do que os outros possam pensar, medo de falar na frente dos outros, medo de autoridades e instituições, medo de ou durante a relação sexual, medo do futuro ou da doença".

Esse medo, disse ele, é

> "uma parte indissolúvel não apenas de nossas vidas individuais, mas de nossa sociedade. Pertence ao capitalismo, não apenas como seu produto, mas como parte de sua construção, como um bloco de construção sem o qual tudo entraria em colapso".[784]

Como a ansiedade neurótica está enraizada no capitalismo, ele argumenta, ela só desaparecerá se o capitalismo desaparecer. Em outro livro, Duhm invoca o "poder mobilizador do apelo psíquico"[785] para a luta contra o capitalismo.

O capitalismo, de acordo com essa linha de raciocínio, não apenas explica todos os males do mundo, mas também é a raiz dos problemas pessoais e neuroses de todo mundo. A redenção de todos os males, portanto, não ocorre apenas no paraíso, mas em uma sociedade em que a propriedade privada dos meios de produção é abolida, de acordo com a promessa de redenção dos anticapitalistas. Mesmo a luta contra o capitalismo tem um "efeito terapêutico importante, (...) ou seja, o desempoderamento psicológico das autoridades sociais".[786]

---

783 Reich, xxv.

784 Duhm, *Angst*, 8.

785 Duhm, *Warenstruktur*, 19.

786 Duhm, *Angst*, 151.

As religiões políticas satisfazem aos anseios e necessidades humanas que antes eram atendidas pelas religiões. Aron chamou tais doutrinas de:

> "religiões seculares (...) que, nas almas de nossos contemporâneos, tomam o lugar da fé que não existe mais, colocando a salvação da humanidade neste mundo, em um futuro mais ou menos distante, e na forma de uma ordem social ainda a ser inventada".[787]

Nas religiões clássicas, geralmente há uma figura do diabo, que se destaca como um símbolo do mal geral no mundo. Na religião política do anticapitalismo, o capitalismo é a encarnação do mal. É responsável por todos os males da sociedade e por todos os problemas pessoais. O capitalismo é, portanto, culpado pela fome, pobreza, desigualdade, mudanças climáticas, poluição, guerra, alienação, fascismo, racismo, opressão das mulheres, escravidão, colonialismo, corrupção, crime, ansiedade, decadência cultural, neurose e outras doenças mentais. O capitalismo é até culpado pelo não funcionamento dos sistemas socialistas, porque os boicotes econômicos liderados pelos "imperiais dos EUA" são os culpados pelo fato de que as pessoas em Cuba ou na Venezuela, por exemplo, não têm uma vida melhor, apesar do socialismo.

Se houver *muito poucos* bens, a culpa é do capitalismo. Isso também é verdade se houver *muitos* bens ("o terror do consumo"). E mesmo quando eu vou às compras e não consigo encontrar os bens que estou procurando, a culpa é do capitalismo. A autora americana mais vendida e premiada Eula Biss é amplamente celebrada por seus romances e começa seu livro sobre posse, capitalismo e o valor das coisas, *Having and Being Had* [*Ter e Ser Tido*] (2020), com esta anedota:

> "estamos a caminho de casa, saindo de uma loja de móveis, novamente. O que isso diz sobre o capitalismo, pergunta John, que temos dinheiro e queremos gastá-lo, mas não conseguimos encontrar nada que valha a pena comprar? Quase compramos algo chamado *credenza*, mas então John abriu as gavetas e descobriu que não foi feito para durar. Eu acho que há limites, eu digo, para o que a produção em massa pode produzir".[788]

---

787 Aron, citado em Rabbinbach, 114.

788 Biss, 3.

Mais tarde no livro, a autora conta uma conversa com sua mãe, que lhe pergunta se ela acha que o capitalismo é bom ou ruim. "Eu digo que estou tentada a pensar que é uma coisa ruim, mas eu realmente não sei o que é".[789]

Tais padrões e reflexos de pensamento confirmam duas coisas: primeiro, para muitas pessoas, o anticapitalismo é uma questão emocional. É um sentimento difuso de protesto contra a ordem existente. Em segundo lugar, não há mal, nem na sociedade como um todo, nem na vida pessoal de alguém, que não possa ser atribuído ao "sistema" capitalista, mesmo que seja apenas o fato de que eles não conseguem encontrar móveis para comprar.

Os "desprivilegiados" são sempre "vítimas das circunstâncias" e nunca responsáveis ou cúmplices de sua própria miséria, enquanto os ricos são sempre os "perpetradores", que nunca merecem sua riqueza, que eles só acumularam como resultado de sorte, herança e/ou exploração.

O capitalismo, assim diz o argumento, é apoiado por um pequeno grupo de super-ricos que são retratados como os verdadeiros cérebros dos eventos mundiais — eu examinei a conexão entre o anticapitalismo e as teorias da conspiração no capítulo anterior.

Como na maioria das religiões, os anticapitalistas acreditam no grande colapso que virá em breve, que virá na forma de uma crise econômica ou — hoje — na forma de uma catástrofe ecológica que destrói o mundo. As escritas e cartas de Marx estão cheias de "precursores do colapso que está vindo".[790] O historiador alemão Heiner Schulz contou um total de mais de 3.000 previsões de crise e revolução nas escritas de Marx.[791] As previsões dos anticapitalistas sobre o fim iminente do capitalismo nos 139 anos desde a morte de Karl Marx provavelmente serão de dezenas ou mesmo centenas de milhares — e eles voltaram a falar com entusiasmo sobre isso desde a crise financeira de 2008 e a crise do coronavírus de 2020. "Agora você pode preencher pastas com relatórios sobre o próximo colapso", observou o biógrafo de Marx, Jürgen Neffe, em 2017.[792] E as previsões da desgraça não se limitam de forma alguma a marxistas obstinados. No início de 2013, até a *Forbes* perguntou: "O capitalismo está morrendo?"[793]

---

789 Biss, 43.

790 Neffe, *Marx*, 354.

791 Cf. Neffe, *Marx*, 354.

792 Neffe, *Marx*, 464.

793 Greenwald, "Is Capitalism Dying?"

De acordo com as promessas dos profetas de uma sociedade "nova", "melhor" e, acima de tudo, "mais justa", o "apocalipse" ou retorno à barbárie só poderia ser evitado vencendo o capitalismo.

Mas o anticapitalismo é realmente uma "religião política" no sentido que Eric Voegelin, Raymond Aron, Hans Maier e outros usaram para definir o termo? Os dois principais argumentos contra chamar o anticapitalismo de "religião política" podem ser que os anticapitalistas não têm "líder" e nenhum partido unificado, e que o anticapitalismo não é uma visão de mundo única e unificada.

Entretanto, é aí que reside precisamente a força do anticapitalismo: ele pode assumir as mais diversas manifestações: marxismo, socialismo, ambientalismo, mas também conservadorismo, nacional-socialismo e fascismo. É compatível tanto com o cristianismo (a encíclica social *Laudato si* do Papa Francisco em 2015 é uma acusação incensada ao capitalismo[794]), quanto com o islamismo radical, onde se manifesta principalmente na forma de antiamericanismo. Pode assumir a forma de "socialismo científico" (na forma de marxismo, por exemplo), bem como a de "socialismo cristão" fundamentado emocionalmente, eticamente e moralmente (como na doutrina social católica). Essa adaptabilidade e compatibilidade com as mais diversas concepções, até mesmo visões de mundo opostas, distinguem o anticapitalismo de outras religiões políticas e, portanto, o tornam atraente, poderoso e globalmente bem-sucedido.

Em sua mutabilidade e adaptabilidade a diferentes culturas e credos, o anticapitalismo se assemelha à sua antítese, o capitalismo. Embora o capitalismo não seja compatível com tantas ideologias quanto o anticapitalismo, ele também pode assumir uma ampla gama de formas, está em constante evolução e é compatível com diferentes sistemas políticos e religiões.

No entanto, o capitalismo está em desvantagem em comparação com o anticapitalismo porque não é uma religião política. No entanto, Walter Benjamin, um dos filósofos da Escola de Frankfurt, afirmou exatamente isso em seu ensaio inacabado "*Kapitalismus als Religion*" ["Capitalismo como religião"] (que só foi publicado após sua morte). Seu ensaio não justifica sua descrição do capitalismo como uma religião, assim como não oferece nem mesmo uma definição aproximada do termo em si. Na primeira frase do ensaio, Benjamin escreve:

---

794 Para uma perspectiva crítica, cf. Rhonheimer, *Politik für den Menschen*, 225 et seq.

"Pode-se ver no capitalismo uma religião, ou seja, o capitalismo serve essencialmente para satisfazer às mesmas preocupações, angústia e inquietação anteriormente respondidas pela chamada religião".[795]

Esta é a única declaração concreta no ensaio, que de outra forma está escrita no jargão do palavreado nebuloso tão típico dos filósofos da Escola de Frankfurt.

Mas o capitalismo realmente afirma fornecer as respostas para as mesmas perguntas que as religiões? Não, o capitalismo fornece uma resposta sobre como as pessoas podem organizar suas relações econômicas para "fornecer bens e serviços suficientes a preços razoáveis"[796] para garantir uma boa vida para o maior número possível. Se as religiões tentassem dar uma resposta a essa pergunta, seriam teorias econômicas. Não, o capitalismo não dá sentido à vida das pessoas e não afirma fazê-lo. Não promete nem a abolição da desigualdade nem a solução de todos os problemas da terra, não é utópico e não promete paraíso, nem neste mundo nem no próximo. É pragmático e (Benjamin até admite isso) definitivamente não é dogmático. No entanto, não satisfaz às necessidades das pessoas em um mundo secularizado de significado metafísico. Portanto, o capitalismo não é uma religião, enquanto sua antítese, o anticapitalismo, é.

Depois que cada experimento anticapitalista nos últimos 100 anos falhou, sem exceção, deve ficar claro que a última coisa que o mundo precisa é de novas experiências socialistas. Porém, à medida que o tempo desde o colapso do socialismo do mundo real na União Soviética e na Europa Oriental aumenta, o pensamento socialista passou a desfrutar de um renascimento. Até Karl Marx está sendo relembrado novamente. Em 2013, a UNESCO adicionou o *Manifesto Comunista* e o Volume 1 do *Capital* à sua Memória do Registro Internacional Mundial de documentos excepcionais — nenhum autor entrou na lista da organização mundial com um texto comparável.[797] No ano seguinte, "Marx se levanta novamente" apareceu como manchete no *The New York Times*.[798]

---

795 Benjamin, 259.

796 Plumpe, *Das kalte Herz,* 640.

797 Neffe, *Marx*, 19.

798 Douthat, "Marx rises again," em *The New York Times*, 19 de abril de 2014.

Um dos filósofos de esquerda contemporâneos mais respeitados, o esloveno Slavoj Žižek, pede descaradamente a reabilitação de toda a linha de pensadores antiliberais de uma sociedade «fechada», começando por Platão.[799] Ele continua:

> "O que é necessário é uma repolitização da economia: a vida econômica deve ser controlada e regulada pelas decisões livres de uma comunidade, não administrada pelas interações cegas e caóticas das forças de mercado que são aceitas como necessidade objetiva".[800]

Em seu livro de 2021, A Left That Dares Speak Its Name [Uma esquerda que ousa falar seu nome] escreve:

> "O que precisamos hoje é de uma Esquerda que se atreva a falar seu nome, não uma Esquerda que vergonhosamente cubra seu núcleo com alguma folha de figueira cultural. E esse nome é comunismo".[801]

A esquerda, argumenta ele, deve finalmente abandonar o sonho socialista de um capitalismo mais equitativo e "justo" e promulgar medidas "comunistas" mais radicais.[802] Como um objetivo claramente formulado, ele propõe que "a classe adversária tem que ser destruída".[803]

Žižek exalta a "grandeza de Lenin", que reside no fato de que, depois que os bolcheviques tomaram o poder, ele se manteve firme em seus princípios socialistas, embora não existissem as condições para uma real "construção do socialismo".[804] De acordo com as teorias desenvolvidas por Marx e Lenin, o "socialismo" é uma etapa de transição necessária até que o objetivo final do comunismo seja alcançado. Žižek sugere reverter essa sequência e apontar diretamente para o comunismo, que deve eventualmente evoluir ou regredir para o socialismo. O Grande Salto Adiante de Mao no final da década de

---

[799] Žižek, "The Will Not to Know," <https://thephilosophicalsalon.com/the-will-not-to-know/>.

[800] Žižek, "The Will Not to Know," <https://thephilosophicalsalon.com/the-will-not-to-know/>.

[801] Žižek, A Left that Dares, 6.

[802] Žižek, A Left that Dares, 15.

[803] Žižek, A Left that Dares, 12.

[804] Žižek, A Left that Dares, 5.

1950 (que custou a vida a 45 milhões de chineses, fato que Žižek omite) apresentou uma oportunidade de "contornar o socialismo e entrar diretamente no comunismo".[805]

Em seu livro de 2018, o sociólogo suíço Jean Ziegler escreve: "O sistema capitalista não pode ser reformado de forma gradual e pacífica. Devemos interromper os oligarcas, destroçar seu poder".[806] A destruição do capitalismo, afirma ele, deve ser

> "completa, radical, para que uma nova ordem social e econômica mundial possa ser estabelecida. (...) Somos animados pelo anseio pelo próprio Outro, pela utopia — esse é o horizonte para o qual devemos orientar nosso comportamento".[807]

Ziegler cita Karl Marx e Che Guevara para mostrar em que direção a jornada deve seguir. Enquanto isso, quando perguntado se ele sabe alguma coisa sobre como deve ser o sistema social e econômico que deve substituir o capitalismo, ele responde: "Nada, pelo menos nada específico".[808] A única coisa que ele sabe com certeza é o que está no centro do problema, a raiz do "capitalismo monstruoso", ou seja, a propriedade privada.[809]

Aparentemente, os anticapitalistas nunca se cansam de sonhar. Até enquanto eu escrevia este livro, o líder de um partido explicitamente marxista-leninista foi eleito presidente do Peru. Um novo experimento socialista está começando. E não é só no Peru. Muitos países ocidentais também estão se movendo em direção a uma economia planificada. É claro que eles não a chamam mais de economia planificada, preferindo falar da transformação ambiental da sociedade, da justiça social e da luta contra as mudanças climáticas ao invés disso.

O marxismo e a noção de resolver todos os problemas do mundo eliminando a propriedade privada foram declarados mortos após o fracasso do socialismo do mundo real. No entanto, apenas algumas décadas depois, o socialismo está experimentando um renascimento. Nas semanas em que eu estava escrevendo estas linhas (setembro de 2021), foi realizado um referendo em Berlim, no qual a maioria (56,4%) dos residentes votou a favor da expropriação de grandes

---

[805] Žižek, A Left that Dares, 14.

[806] Ziegler, 121.

[807] Ziegler, 116.

[808] Ziegler, 126.

[809] Ziegler, 36.

empresas imobiliárias, e em Graz, Áustria, o Partido Comunista Austríaco venceu as eleições.

Mas o anticapitalismo tem muitos disfarces: pode assumir a face do ambientalismo radical ou a face do movimento "*woke*" moderno. Também aparece nas fantasias onipotentes dos bancos centrais. As fórmulas, por mais diferentes que pareçam, têm uma coisa em comum: a crença de que o Estado deve resolver todo e qualquer problema porque políticos e servidores públicos sabem melhor que o mercado, ou seja, melhor que todos os participantes privados da economia. Muitos anticapitalistas contemporâneos pararam de falar sobre a necessidade de abolir o capitalismo e começaram a pedir que ele fosse "controlado", "reformado" ou "melhorado". O capitalismo é retratado como um animal selvagem ("capitalismo predatório") que precisa ser "domado". Os intelectuais estão constantemente pensando em novos conceitos para "melhorar" o sistema econômico ou limitar seus "males".

Os intelectuais que acreditam que podem projetar um sistema econômico na prancheta de desenho estão sofrendo da mesma ilusão que aqueles que pensam que podem construir artificialmente uma linguagem — mas sempre insistem que isso precisa acontecer a serviço da justiça ou da igualdade.

Hayek descreveu a ideia de "homens inteligentes se unindo para deliberação sobre como transformar o mundo outra vez" como um problema fundamental.[810] Esse tipo de "construtivismo" ou "racionalismo social" foi a origem do totalitarismo e de "todo o socialismo moderno".[811] Mas os intelectuais são incansáveis em sonhar constantemente com novas variantes do socialismo.

O exemplo mais recente disso é Thomas Piketty. Em sua obra altamente aclamada *Capital no Século XXI*, ele enfatizou:

> "Minha geração é, ainda, a que chegou à idade adulta ouvindo as notícias do desmoronamento das ditaduras comunistas e que jamais sentiu qualquer ternura ou nostalgia por esses regimes ou pela União Soviética. Fui vacinado bem cedo contra os discursos anticapitalistas convencionais e preguiçosos, que parecem às vezes ignorar o fracasso histórico fundamental do comunismo e que se recusam a se render aos argumentos intelectuais que permitiriam deixar a retórica gasta para trás. Não me interessa denunciar a desigualdade ou o capitalismo enquanto tal".[812]

---

810 Hayek, *Constitution*, 113.

811 Hayck, "Kinds of Rationalism", 85.

812 Piketty,Capital no Século XXI, 37.

À primeira vista, tudo isso parece bastante inofensivo. No entanto, Piketty é um anticapitalista radical e defensor do socialismo, como demonstra em seu livro, *Capital e Ideologia*. No estilo construtivista típico, ele imagina um sistema social e econômico ideal, que ele chama de "socialismo participativo" (para distingui-lo do mundo real, do socialismo real que falhou miseravelmente em 24 tentativas). Ele tem toda a razão em chamar seu sistema de "socialismo," porque, em essência, é sobre "erradicar o atual sistema de propriedade privada".[813]

Especificamente, a visão de Piketty inclui o seguinte: todo jovem adulto deve receber uma grande quantia de dinheiro como presente do Estado aos 25 anos, o que Piketty chama de "herança pública para todos".[814] Esse presente seria financiado por um imposto progressivo sobre a riqueza privada, que aumentaria para 90% sobre as maiores fortunas,[815] e heranças, que também seriam tributadas em até 90%.[816] Ele não aceita a objeção de que alguns ativos podem não gerar nenhuma renda corrente e que o herdeiro poderia ser forçado a vender os ativos herdados. Pelo contrário, de acordo com Piketty, isso teria a vantagem de "circulação do patrimônio destinada a detentores mais dinâmicos".[817]

Claro, Piketty também propõe um imposto correspondentemente alto sobre a renda, subindo para um pico de 90%.[818] E ele também aplicaria essa mesma taxa de imposto a dividendos, juros, aluguéis, lucros e assim por diante.[819]

A fim de "erradicar" a propriedade privada, Piketty pede uma abordagem para regular as corporações de ações que, à primeira vista, parecem ecoar o sistema de cogestão da Alemanha, que dá aos representantes dos trabalhadores metade dos assentos no conselho de supervisão de uma empresa. No entanto, de acordo com Piketty, essa abordagem tem "limitações", incluindo o fato de que os acionistas têm o voto de minerva em caso de empate. Se dependesse de Piketty, ele eliminaria essa "limitação" quebrando a ligação entre a quantidade de capital investido em uma empresa e o poder econômico do acionista: "Os aportes superiores a 10% do capital só proporcionariam direitos de voto

---

813 Piketty, Capital e Ideologia, 981.
814 Piketty, Capital e Ideologia, 977.
815 Piketty, Capital e Ideologia, 980.
816 Piketty, Capital e Ideologia, 978.
817 Piketty, Capital e Ideologia 971, nota 17.
818 Piketty, Capital e Ideologia, 980.
819 Piketty, Capital e Ideologia, 986.

correspondentes a um terço de seu valor".[820] Piketty também pede o fim do modelo de "uma ação, um voto" da organização corporativa.[821]

Claro, Piketty está certo de que os proprietários de ativos e imóveis deixariam o país com pressa. "Com tal sistema, a única estratégia possível para os detentores de bens residenciais ou profissionais (...) seria deixar o território e vender os ativos correspondentes".[822] Para combater isso, sugere Piketty, o governo teria que introduzir um "*exit tax*" (de, digamos, 40%).[823] Na verdade, isso ergueria um muro fiscal para impedir que empresários e outros indivíduos ricos que não têm desejo de viver sob o "socialismo participativo" de Piketty virassem as costas ao país porque perderiam seus ativos, ou uma grande parte deles. O capital mais importante de qualquer país, no entanto, é o seu capital humano, isto é, o conhecimento na mente de seu povo. Em um momento em que empreendedores e pessoas altamente qualificadas fazem parte de um mercado de trabalho global e os laços com um país não são mais tão fortes quanto costumavam ser, muros físicos terão que ser construídos novamente em algum momento para impedir que as pessoas migrem.

As propostas de Piketty provam o que eu disse anteriormente: quaisquer tentativas de "melhorar", "corrigir" ou "reformar" o capitalismo que a princípio pareçam inofensivas sempre terminam em socialismo e servidão. A única diferença com o socialismo tradicional é que a propriedade privada não é nacionalizada de uma só vez por ordem de um partido, mas o mesmo objetivo deve ser alcançado ao longo de alguns anos por meio da tributação e do direito societário. Afinal, o título legal de propriedade privada não significa mais nada se os outros decidirem o que fazer com ela.

Eu, por outro lado, estou convencido de que o capitalismo não precisa ser melhorado por intelectuais; ele está constantemente se autocorrigindo e melhorando — onde é permitido. É por isso que a monografia de Werner Plumpe sobre a história do capitalismo tem o subtítulo extremamente adequado "*The Story of an Ongoing Revolution*" [*A História de uma Revolução Contínua*].[824] A essência do capitalismo é que ele é um sistema de aprendizado. Eu desenvolvi

---

820 Piketty, Capital e Ideologia, 968.

821 Piketty, Capital e Ideologia, 969.

822 Piketty, Capital e Ideologia, 986.

823 Piketty, Capital e Ideologia, 986. Uma forma mais leve de exit tax já existe na Alemanha e em muitos outros países ocidentais. Na Alemanha, é regulamentado principalmente na Seção 6 da Lei de Impostos Estrangeiros (AStG).

824 Plumpe, *Das kalte Herz*, 2019.

a ideia de que, na realidade, existem apenas sistemas mistos, e que as *mudanças na força relativa dos dois componentes, Estado e mercado, em um determinado sistema determinam se a vida das pessoas melhora ou piora.* Assim, uma mudança significativa na sociedade não é alcançada virando tudo de cabeça para baixo e seguindo algum plano mestre ou uma teoria, mas — se parecer necessário — empurrando o governo para dar mais espaço ao mercado.

Portanto, a única melhoria que tenho a propor é esta: o governo deve ficar fora dos assuntos sociais e econômicos mais do que fica hoje. Isso não significa que o governo seja supérfluo ou sem importância. Mas que os políticos, partidos políticos e funcionários públicos de hoje se levam muito a sério. E apesar disso, você não precisa olhar muito longe para ver que muitos governos ocidentais não estão cumprindo muitas de suas principais responsabilidades, como demonstrado por seu tratamento muitas vezes amador da pandemia do coronavírus. Vemos o mesmo em muitos países ocidentais devido à deterioração da infraestrutura, falhas nos sistemas educacionais e devido a sérios déficits na segurança interna e externa.

O Estado é muitas vezes fraco exatamente onde deveria ser forte — e muito forte onde deveria ser fraco, ou seja, na economia. Os políticos passam grande parte do seu tempo apresentando novas ideias para redistribuição e regulamentação estatal, ignorando as soluções para muitos dos problemas mais urgentes — como uma política de imigração racional e eficiente.

Atrevamo-nos, portanto, a ter menos governo e mais capitalismo! Não no sentido de uma revolução abrangente ou agitação repentina, mas, como Reagan e Thatcher começaram — mas não continuaram —, dando ao mercado muito mais liberdade. Mais mercado sempre foi bom para as pessoas, seja na China, Vietnã, Polônia, Coreia do Sul ou Suécia. Ao mesmo tempo, não há espaço para dogmatismo. A utopia do capitalismo 100% puro é exatamente isso — uma utopia. E visões utópicas de um mundo perfeito já causaram muito sofrimento ao longo da história. Mais confiança no mercado em vez de confiança cega no Estado — isso é algo pelo qual vale a pena lutar, porque está provado que funciona. E porque também é o sistema mais moral, não apenas porque reduz a pobreza e a fome, mas acima de tudo porque dá às pessoas mais liberdade para sonhar seus próprios sonhos. Só por essa razão, o capitalismo é superior a outros sistemas.

Se o capitalismo realmente chegasse ao fim, não seria por causa de contradições internas e fraquezas sistêmicas, mas porque os anticapitalistas foram mais bem-sucedidos do que os defensores dos mercados livres na frente ideológica.

Existem muitas razões para isso. As pessoas que mantêm o capitalismo vivo — empresários, trabalhadores e funcionários — estão totalmente ocupadas em ser produtivas e criar valor. Elas geralmente têm pouco tempo para participar de debates sociopolíticos. Ao contrário dos intelectuais, a mídia e os políticos, que têm muito mais tempo para esses debates e muitas vezes têm uma maior competência linguística — às vezes, infelizmente, essa é a única competência deles. Eles não precisam criar valor porque seus salários são financiados principalmente pelo contribuinte.

Os empreendedores estão acostumados a se adaptar de forma flexível à medida que as condições evoluem. Essa característica é tremendamente importante em uma economia de mercado, e aqueles que não conseguem dominá-la muitas vezes pagam por seu fracasso com a existência de sua empresa. O oportunismo no sentido de se adaptar permanente e pragmaticamente às mudanças nas condições, o que pode ser uma virtude nos negócios, é na maioria das vezes uma maldição na política.

O verdadeiro problema hoje não são os anticapitalistas ideologicamente enraizados, mas a fraqueza e o oportunismo daqueles cujo trabalho deveria ser defender e promover o capitalismo. Na melhor das hipóteses, eles o defendem sem entusiasmo, de forma defensiva; muitas vezes são rápidos em se retirar dos ataques lançados pelos anticapitalistas, mantendo a boca fechada. Muitos estão sob o equívoco de que, se pudéssemos apaziguar os anticapitalistas até certo ponto, isso os deixaria sem confiança ou de alguma forma os aplacaria. Os anticapitalistas interpretam corretamente essa retirada como um sinal de fraqueza, se sentem fortalecidos, fazem novas demandas e intensificam seus ataques.

Há dois anos, em Londres, jantei com Madsen Pirie, presidente do prestigiado Instituto Adam Smith. Nossa conversa se voltou para o futuro do capitalismo. Pirie tinha 80 anos na época — ele conhecia muitos dos grandes pensadores e ativistas do capitalismo pessoalmente, de Friedrich August von Hayek a Margaret Thatcher. Em algum momento, ele me disse:

> "Talvez o capitalismo diminua em alguns países, mas sempre haverá outros redescobrindo-o e se tornando bem-sucedidos. E esses países enviarão um sinal para o resto do mundo que ninguém poderá ignorar".

Pensei em suas palavras enquanto olhava mais de perto para o Vietnã. Um país que, como a China, é governado por um partido que se autodenomina comunista e onde quase não há liberdades políticas, mas onde a economia de mercado provavelmente tem mais adeptos do que em muitos países ocidentais e que tem feito enormes progressos em direção à liberdade econômica desde a década de 1980.

Mas quer você olhe para a China, a Europa ou os Estados Unidos, em todo o mundo há uma batalha entre dois conceitos — o socialista e o capitalista. É a luta entre os crentes no grande governo, que estão sempre procurando colocar novas cadeias de regulação nas pessoas, e as forças da liberdade, que querem quebrar essas correntes.

Há quatro décadas, os defensores do capitalismo celebraram uma série de importantes vitórias intermediárias — na China, nos Estados Unidos, na Grã-Bretanha e até mesmo na Suécia. Mas, à medida que mais e mais anos se passam desde o colapso do socialismo, o campo socialista está recuperando forças e ganhando adeptos em todo o mundo. Os inimigos da liberdade, que lucram com lapsos na memória coletiva, estão no avanço e o capitalismo está na defensiva.

O fato de o capitalismo ter sobrevivido até agora, apesar de todas as previsões de seu fim, não é garantia de que sobreviverá nas próximas décadas ou séculos. Se o capitalismo chegar ao fim, não será porque se destruiu, mas porque problemas cada vez maiores são criados pela intervenção do Estado, culminando em uma crise de proporções sem precedentes. Para as pessoas cujo pensamento é enquadrado por um viés anticapitalista, essa crise será percebida como uma crise do capitalismo, e os anticapitalistas, que realmente a criaram por suas próprias ações, se sentirão justificados de que suas profecias finalmente se tornaram realidade. A crise evocada por intervenções governamentais cada vez mais novas e cada vez mais violentas e o fracasso do Estado parecerão como o fracasso do mercado e do capitalismo para as pessoas. E é aí que será mais importante que as vozes se levantem e declarem: o capitalismo não é o problema, é a solução.

ECONOMIA DE MERCADO E PROSPERIDADE COMUM

Nota preliminar: Este é um artigo do meu amigo Weiying Zhang, professor da Escola Nacional de Desenvolvimento da Universidade de Pequim. Ele usa o termo "economia de mercado" como sinônimo do termo "capitalismo", que também é desaprovado na China.

Introdução

Recentemente, o Partido Comunista Chinês lançou uma campanha pela "prosperidade comum". Enfatiza particularmente e fortemente a redução da diferença de renda por meio da política de redistribuição governamental e da chamada "terceira distribuição", que se refere a caridade e doações.[825] Embora os benefícios da prosperidade comum sejam indiscutíveis e a ideia de prosperidade comum não seja nova na China, uma escalada acentuada na retórica oficial, combinada com uma repressão aos excessos em vários setores, incluindo as indústrias de tecnologia e mensalidades privadas, causou grande ansiedade entre os empresários e investidores chineses. "A terceira distribuição" é um novo slogan oficial. Isso gerou uma alta pressão para os empresários. Alibaba Holdings e Tencent Holdings, duas empresas líderes em

[825] Para as reportagens da mídia ocidental sobre esta campanha, veja, por exemplo,<https://www.thetimes.co.uk/article/xi-promises-third-distribution-of-wealth-in-billionaire-crackdown-c9xxl5hsc>;<https://www.reuters.com/world/china/what-is-chinas-common-prosperity-drive-why-does-it-matter-2021-09-02/>

internet, anunciaram imediatamente contribuições de 100 bilhões e 50 bilhões de RMB, respectivamente, para fundos de caridade após o apelo oficial pela prosperidade comum. Muitas outras empresas as seguiram. Alguns governos locais até começaram a pedir doações de caridade dos empresários que planejam fazer investimentos em suas localidades. A confiança dos empresários está sendo abalada.

Enquanto um alto funcionário do partido disse, para confortar empreendedores ansiosos, que "prosperidade comum" não é igualitarismo e não significa "matar os ricos para ajudar os pobres", as preocupações dos empresários não são totalmente infundadas, dado o atual clima político, ideológico e de opinião pública da China. Minimizar o mercado e introduzir mais intervenções governamentais tem sido uma prática política dominante na última década na China. Esta nova campanha pela prosperidade comum poderia ser razoavelmente entendida como mais um passo em direção à descomercialização na China.

Acredito que a campanha pela prosperidade comum é baseada em uma desconfiança do livre mercado e em um equívoco dos empresários e do lucro, embora a busca da prosperidade comum tenha sua própria legitimidade. No meu ponto de vista, a economia de mercado é o único sistema através do qual a prosperidade comum pode ser alcançada. O lucro empreendedor é essencial para que o mercado trabalhe pela prosperidade comum. Se a China tentar alcançar a prosperidade comum por meio da descomercialização e da política de redistribuição dominada pelo governo, em vez de continuar a comercialização, o resultado só pode ser o retorno à pobreza comum.

A economia de mercado, como um corpo vivo, é uma ordem complexa formada espontaneamente, não artificialmente projetada, e não há *designer*.[826] Devido às imperfeições dos seres humanos, a economia de mercado real é sempre insatisfatória de uma forma ou de outra, e não há economia de mercado "pura" na realidade.[827] Mas os seres humanos são idealistas, e a perspectiva da utopia é sempre fascinante. Quando as pessoas comparam a economia de mercado real com uma sociedade utópica idealizada, elas sempre veem seus problemas, não suas vantagens. Hayek criticou o pensamento de "cientificismo" ou "racionalismo construtivista" com base em sistemas simples (como fenômenos físicos), tratando o conhecimento científico como o único conhecimento, superestimando o poder da razão, e enganando a compreensão das pessoas

826 Cf. Hayek, The Fatal Conceit.

827 Zitelmann, O Capitalismo não é o problema, é a solução, vi-vii.

sobre o mercado.[828] As pessoas muitas vezes pensam que isso é culpa da própria economia de mercado, especialmente quando a intervenção inadequada do governo ou de um certo poder político perturba o funcionamento normal da economia de mercado e faz com que ela se comporte de forma mórbida. Isso criou uma mentalidade geral antimercado, especialmente entre os intelectuais. Muitos intelectuais ocidentais, incluindo o físico Albert Einstein, o filósofo Bertrand Russell e o dramaturgo Bernard Shaw, eram ativistas antimercado.

É responsabilidade dos economistas defender a economia de mercado e fazer com que as pessoas a compreendam corretamente. Infelizmente, a economia convencional não nos fornece uma boa teoria de mercado.[829] O maior defeito da economia convencional é a ausência do empreendedor no mercado. Uma teoria do mercado sem empreendedorismo não pode ser uma teoria correta.[830] A economia convencional assume que todos são perfeitamente racionais e sabem tudo (pelo menos no sentido de probabilidade), e que preferências, recursos e tecnologia são dados e conhecidos. Sob esses pressupostos, a tomada de decisão equivale ao cálculo, que pode ser feito até mesmo por um computador, e não há necessidade de imaginação, vigilância e julgamento. Portanto, o empreendedorismo é inútil em um mercado tão imaginário. Enquanto Adam Smith mudou nosso pensamento de um jogo de soma zero para um jogo de soma positiva há muito tempo, a economia neoclássica dominante na verdade nos traz de volta ao pensamento de soma zero. Quando recursos e tecnologias são dados, a "torta" deve ser dada, e produção e distribuição podem ser separadas. Como resultado, mesmo economistas como Joseph Stiglitz, ganhador do Prêmio Nobel de Economia, não podem realmente entender o mercado e, assim, se tornar a vanguarda do antimercado.

Neste artigo, tento apresentar uma teoria curta e correta de como a economia de mercado gera prosperidade comum argumentando que: (1) a economia de mercado é a cooperação entre estranhos através da qual todos podem fazer o melhor uso de seus talentos e recursos para enriquecer; (2) lucro é um sistema de responsabilidade sob o qual todos ganham renda apenas quando criam valor para os outros; (3) os empreendedores são os principais impulsionadores da criação de riqueza; e (4) pessoas comuns são os maiores beneficiários da economia de mercado. Ao fazer isso, apresento argumentos teóricos e evidências

---

828 Cf. Hayek, The Fatal Conceit.

829 Cf. Zhang, "A paradigmatic change."

830 Cf. Kirzner.

empíricas para mostrar que o desenvolvimento futuro da China depende de nossas crenças. Se perdermos a fé no mercado e introduzirmos cada vez mais intervenção do governo, a China só voltará à pobreza comum.

Vendo o milagre da economia de mercado da história

Para falar sobre a contribuição da economia de mercado para a humanidade, é preciso examinar a história. Segundo pesquisa realizada por Bradford DeLong, economista da Universidade da Califórnia em Berkeley, nos Estados Unidos, na história, desde a Era Paleolítica, há 2,5 milhões de anos até 2000 d.C., os humanos gastavam 99,4% de seu tempo, ou seja, até 15.000 anos atrás, e o PIB *per capita* do mundo atingiu 90 dólares internacionais (esta é uma medida de riqueza pelo poder de compra internacional em 1990). Então, levou mais 0,59% do tempo, em 1750, e o PIB *per capita* do mundo dobrou para 180 dólares internacionais. De 1750 a 2000, ou seja, em 0,01% do tempo, o PIB *per capita* mundial aumentou 37 vezes, chegando a 6.600 dólares internacionais. Em outras palavras, 97% da riqueza da humanidade foi criada nos últimos 250 anos.[831]

Se você desenhar os dados de DeLong em um mapa de coordenadas, poderá ver que de 2,5 milhões de anos atrás até o presente, em 99,99% do tempo, o PIB *per capita* do mundo é basicamente uma linha horizontal, mas, nos últimos 250 anos, houve um aumento quase vertical repentino. Quer se trate dos chamados países derivados da Europa Ocidental, como os Estados Unidos, Canadá, Austrália, ou 12 países da Europa Ocidental, incluindo países como o Reino Unido, França, Alemanha ou o emergente Japão, o crescimento econômico ocorreu nos últimos cem ou duzentos anos. E o crescimento econômico da China ocorreu principalmente nos últimos 40 anos.

Os números sozinhos não podem explicar todas as histórias. Nossos ancestrais, ou seja, o povo chinês comum há mais de 100 anos, e até os agricultores chineses há 40 anos, podiam consumir coisas que não eram muito diferentes das dinastias Qin, Han, Sui e Tang, e ainda piores do que a dinastia Song. Isso vale para a Europa. Os antigos romanos podiam desfrutar do que um inglês comum podia consumir em 1800, e até os romanos desfrutavam mais do que eles. O que podemos consumir hoje é algo que as pessoas não podiam imaginar há 100 anos, nem mesmo trinta anos atrás.

---

[831] Cf. Beinhocker, 9-10.

A melhoria de vida ampliou muito a expectativa de vida das pessoas. Em 1820, a expectativa de vida média do mundo era de 26 anos, aproximadamente a mesma da Roma antiga, mas em 2019 havia se tornado 72,6 anos (estimado pelas Nações Unidas). Agora, a expectativa média de vida na China atingiu 77 anos. Talvez a maior "desvantagem" da economia de mercado seja que a população como um todo está envelhecendo e as pessoas estão vivendo mais do que nunca.

Alguns jovens não conhecem a história e podem não saber que os cupons de alimentação da China foram abolidos em 1993. Antes da abolição desse sistema de racionamento, você precisava ter um cupom de alimentação quando ia a uma loja de grãos para comprar comida, você precisava de um cupom de óleo de cozinha para comprá-lo, um cupom de tecido para tecido e assim por diante. Quarenta anos atrás, o salário mensal de um funcionário qualificado na China era de pouco mais de 60 *yuans*. Naquela época, um *catty* (500 gramas) de ovos custava mais de 60 centavos. Em outras palavras, o salário de um mês de um funcionário qualificado só poderia comprar 100 *catties* de ovos. Agora, o salário mensal de uma babá em Pequim é de cerca de 5.500 *yuans*, o suficiente para comprar 1.000 *catties* de ovos. Mesmo que a babá comesse 10 ovos por dia, não conseguiria consumir tantos ovos em dois anos. Quando eu estava no campo, os pontos de trabalho ganhos pelos agricultores por um dia de trabalho valiam 20 centavos, o que valia meio *catty* de farinha branca. Agora, na minha cidade natal, uma pessoa que não é qualificada e só frequentou o ensino fundamental ou médio e trabalha meio período pode ganhar um salário diário de 150 *yuans*, o suficiente para comprar quase 50 quilos de farinha branca.

Por que os milagres humanos apareceram nos últimos 250 anos e, particularmente, o crescimento econômico da China só apareceu nos últimos 40 anos? As pessoas se tornaram mais inteligentes, mais sábias do que no passado? Claro que não. O QI humano e a sabedoria não progrediram muito desde os registros históricos. Não importa quão inteligentes sejam os chineses hoje, acredito que poucos podem superar Confúcio, Mêncio e Laozi. Isso também é verdade no Ocidente. A inteligência humana não mudou muito nos últimos milhares de anos.

Será que os recursos aumentaram? Não, esse não é o caso. A terra em que vivemos ainda é a terra original. Os recursos não só não aumentaram, mas os recursos naturais associados à terra estão diminuindo lentamente. O que mudou? A única resposta que posso dar é que a humanidade desenvolveu um novo sistema econômico, a economia de mercado. A Grã-Bretanha começou a se envolver na economia de mercado há mais de 200 anos, então ela começou a decolar há mais de 200 anos. A China começou a se mover para uma economia de mercado há 40 anos, então a China deu um grande salto nesse período.

Acredita-se geralmente que a melhoria dos padrões de vida humanos vem do progresso tecnológico. A questão é: o que está impulsionando isso? Por que a tecnologia avança em alguns sistemas, mas não em outros? Os fatos do desenvolvimento histórico provaram que somente uma economia de mercado pode promover significativamente o progresso tecnológico e comercializar rapidamente novas tecnologias para beneficiar o público em geral. A sociedade antiga também teve algumas invenções tecnológicas, mas essas invenções raramente criavam valor para os consumidores e riqueza para a sociedade, porque elas não eram produzidas sob a pressão da concorrência do mercado e eram de difícil comercialização. O que as pessoas inteligentes imaginam por inspiração pode não atender realmente às necessidades dos consumidores.

Economia de mercado é cooperação entre estranhos

Como e por que a economia de mercado cria um milagre econômico? A razão fundamental é que ela estende a escala e o escopo da cooperação humana ao nível que não é alcançável sob nenhum outro sistema econômico. A economia de mercado é a cooperação entre estranhos. A cooperação entre estranhos dá a todos maiores oportunidades de enriquecer através da especialização, o que seria impossível se as pessoas trabalhassem apenas em grupos pequenos e familiares. A cooperação entre estranhos precisa ser baseada na confiança, o que sustenta o sistema de lucro e garante a prosperidade comum no mercado. A economia planejada falha porque não pode fornecer as informações ou incentivos necessários para a cooperação entre estranhos.

A cooperação pode criar valor. Este é um princípio básico em economia. A cooperação em uma economia de mercado não é simplesmente como uma comuna popular, onde todas as pessoas trabalham juntas e fazem o mesmo trabalho, mas a cooperação baseada na divisão do trabalho e na especialização. Pessoas diferentes fazem coisas diferentes e depois negociam umas com as outras. A divisão do trabalho e a especialização podem maximizar as vantagens de todos, fazer o melhor uso de seus talentos e promover o progresso tecnológico; transações permitem que todos obtenham o que precisam. Como ninguém está disposto a negociar sem benefícios, a economia de mercado deve ser um jogo de soma positiva, não um jogo de soma zero.

Na sociedade tradicional, a cooperação é limitada a conhecidos e pessoas que estão relacionadas pelo sangue, como irmãos e irmãs, ou pessoas da mesma aldeia ou da mesma igreja. É difícil cultivar a cooperação entre estranhos. E a cooperação humana hoje não apenas transcende sangue e parentesco, mas também regiões, fronteiras nacionais e se torna global. Você não conhece os produtores de 99,9% dos produtos que consome hoje; se os produtos de uma empresa são vendidos, a maioria dos consumidores que compram os produtos do produtor não são conhecidos pelo produtor. Hayek chamou isso de "ordem estendida."[832] É essa cooperação em larga escala entre estranhos que fez a riqueza do mundo crescer a um ritmo alarmante.

Porém, para conseguir a cooperação entre estranhos, há uma questão muito importante que deve ser resolvida: a confiança. Se o comprador não confia no vendedor, o primeiro não ousa comprar os bens do segundo, e esses bens não podem ser vendidos. Assim, a especialização não ajudará o vendedor. Como resultado, todos teriam que produzir para si mesmos e depois retornar a uma economia natural e autossuficiente.

Portanto, em uma economia de mercado, não há apenas uma "mão invisível", mas também um "olho invisível".[833] Estranhos podem cooperar porque há um olho invisível nos observando. Todos devem se comportar bem e ser responsáveis por suas ações. As críticas à economia de mercado no passado são muitas vezes devidas ao fato de as pessoas conhecerem apenas o primeiro fator e não verem o efeito do último, e por isso elas acreditam que o mercado deve estar cheio de fraudes. Na verdade, vimos que quanto mais desenvolvida for a economia de mercado, mais as pessoas prestam atenção ao seu crédito. Para que uma empresa tenha sucesso no mercado, ela deve estabelecer uma boa reputação. Se uma empresa tiver uma má reputação e ninguém confiar nela, ela será eliminada.

Lucro é deixar o chefe assumir a responsabilidade

Como é estabelecida a confiança no mercado? Vou me concentrar em três conceitos: empresa, lucro e empreendedor. Eles são a chave para entender a economia de mercado.[834]

---

832 Cf. Hayek, The Fatal Conceit.

833 Klein, 2.

834 Zhang, The Logic of the Market, 9–12.

Há 1,4 bilhão de pessoas na China. Se cada um produz seus próprios bens e os vende no mercado, quem pode ser confiável? Ou, se as marcas registradas e patentes de todas as mercadorias no mercado fossem removidas, quais produtos você ousaria comprar? Você pode estar disposto a comprar as mercadorias mais simples, como batatas, arroz e frutas. Mas você ousaria comprar carros, computadores, água mineral e projetores que são difíceis de distinguir em termos de qualidade e função? Claro que não! Você não poderia ter confiança em 99% dos produtos no mercado. Como você procederia? Há um jeito. 1,4 bilhão de pessoas podem ser divididas em diferentes grupos, por exemplo, em 30 grupos, como pessoas de Henan, pessoas de Hebei, pessoas de Shandong, pessoas de Shaanxi, pessoas de Pequim e assim por diante. Após esse agrupamento, embora não conheçamos todo mundo, sabemos que essa pessoa é de Shandong, a outra é cantonesa, e podemos assim estabelecer um certo tipo de responsabilidade de grupo. Se alguém nos enganasse, saberíamos se fosse o cantonês ou uma pessoa de Shandong, pelo menos.

As empresas são algum tipo de agrupamentos sociais. Cada empresa tem seu próprio nome (marca registrada). Podemos processar quem quer que minta para nós, ou ele mentiu para mim desta vez, então não vou comprar as coisas dele da próxima vez, ele estará acabado. Desta forma, quando as atividades produtivas aparecem por meio de empresas, cada uma deve ser responsável por seus próprios produtos, para que possamos construir confiança. Se não há empresa, todos se dedicam apenas à produção individual, e isso não pode ser feito.

Como os negócios nos permitem confiar uns nos outros? A resposta está relacionada à alocação de propriedade e ao sistema de lucro. Por exemplo, uma empresa é composta por 10.000 indivíduos e, em teoria, todos podem se tornar proprietários. A receita anual desta empresa é de 100 milhões de *yuans*, que é dividida igualmente entre os 10.000 funcionários, e cada um recebe 10.000 *yuans*. Isso parece justo, mas pense bem, se algo der errado, quem é o responsável? Se todos são obrigados a compartilhar a responsabilidade, de fato, ninguém é responsável, e a empresa não terá receita disponível para distribuição.

Na realidade, as empresas usam outra maneira de alocar a responsabilidade, ou seja, algumas pessoas são responsáveis por negligência e outras têm responsabilidade objetiva. A pessoa responsável por negligência recebe renda contratual (salário), ou seja, se ela não chegar atrasada ou sair mais cedo, não estiver ausente do trabalho, não violar os regulamentos de trabalho e trabalhar por um mês, ela receberá um mês de salário no final do mês. Este é o funcionário. O outro grupo de pessoas, os gerentes, obtém lucros e assume responsabilidade objetiva ou responsabilidade residual. Para colocar em termos simples: se os outros não descobrirem seus erros, você não é responsável. Você é um funcionário. Se você não pode atribuir erros a outras pessoas, então todos os erros são seus. Você é um gerente. O gerente não tem o direito de exigir receita de vendas dos consumidores alegando que não cometeu um erro, nem pode levar seus funcionários à justiça por ter sofrido um prejuízo; enquanto um funcionário pode exigir renda do gerente, desde que ele não tenha cometido um erro. Se o gerente se recusar a pagá-lo, ele pode levar o gerente ou a empresa ao tribunal. Esta é a diferença entre um gerente e um funcionário.

O lucro é o excedente da receita da empresa após a dedução de custos, como salários. Pode ser positivo ou negativo e, portanto, é muito diferente dos salários e outras formas de renda, que não podem ser negativas. Quem tem lucro deve correr riscos, então é um mecanismo de incentivo. Quando algum funcionário comete um erro, o gerente é o primeiro a assumir a responsabilidade. O exemplo mais simples: se você é dono de um restaurante e seu *chef* não mantém a cozinha limpa e os convidados estão internados com diarreia, você é o responsável. Portanto, o proprietário deve supervisionar e regular cuidadosamente o comportamento dos funcionários, garantindo assim que os clientes possam comprar os produtos da empresa com confiança.

Além disso, não apenas os funcionários da empresa, mas também quando os fornecedores cometem erros, os chefes também têm que assumir a responsabilidade. Por exemplo, se você comprou um computador de marca e uma determinada parte, como a tela, o chip ou a ventoinha, não funciona, ou a bateria explodiu, o fabricante do computador, e não o fornecedor das peças, deve ser responsável primeiro. Em outras palavras, uma empresa realmente usa sua própria marca para fazer uma promessa aos seus consumidores, garantindo que se eles comprarem seus produtos, ela se responsabilizará por quaisquer defeitos. Assim, estabelece-se um mercado em que todos podem confiar, a cooperação entre estranhos pode ocorrer de maneira ordenada e o aumento contínuo da riqueza social será garantido.

Então eu disse que o lucro é uma responsabilidade e um sistema de avaliação. Em grande parte, a lucratividade é determinada pela capacidade do proprietário de assumir a responsabilidade pelos outros. O mercado divide as unidades contábeis pela forma organizacional da empresa e traça as responsabilidades dos lucros, para que todos sejam responsáveis por suas ações e haja confiança no mercado.

Os ricos na economia de mercado são eleitos pelos consumidores com votos em dinheiro

Por que algumas pessoas se tornam empreendedoras lucrativas, enquanto outras se tornam funcionárias assalariadas? Isso é determinado pelas diferenças nas habilidades empreendedoras entre elas.[835] Em uma economia de mercado, todos têm a liberdade de escolher ser um empresário ou um empregado. Não existe nenhuma regra discriminatória de que o Sr. A possa ser empresário e o Sr. B apenas um empregado. Mas o resultado da competição é que apenas aqueles com capacidade empreendedora suficientemente alta se tornarão empreendedores. Empreendedorismo também significa a capacidade de assumir responsabilidade pelos outros. Em média, a escala do lucro depende da capacidade do empreendedor. Porém, como o mercado está cheio de incertezas, não importa quão capazes sejam os empreendedores, eles podem perder dinheiro! Por trás de um empreendedor de sucesso, geralmente existem vários empreendedores fracassados. Não podemos ver apenas os empresários que ganharam muito dinheiro, mas não ver os que perderam tudo. Se alguém tem inveja de um empreendedor para ganhar dinheiro, pode optar por ser um empreendedor por conta própria. Uma coisa que ele deve lembrar é que se ele não for capaz o suficiente, ele definitivamente perderá tudo.

O que é o mercado? O mercado é um sistema onde outros — e não você — têm a palavra final sobre se você ofereceu o melhor produto ou serviço. O que tem e o que não tem valor deve ser avaliado no mercado, e os compradores têm a palavra final. Portanto, gabar-se é inútil. Se alguém não cria valor para os outros, é impossível obter renda. Quando duas empresas competem e dizemos que uma determinada tem mais vantagens, significa que essa empresa agrega mais valor para os consumidores (ou seja, atinge o melhor equilíbrio entre qualidade e preço). A competição entre empresas é para criar mais-valia para os consumidores.

Existe um ditado popular que diz que os empreendedores ganham o dinheiro dos consumidores, e parece que os consumidores estão sendo explorados por eles. Esta declaração está errada. Em um mercado competitivo sem privilégios, os lucros só podem vir do valor criado pelos empreendedores para os consumidores, e os consumidores não estarão dispostos a pagar 10,01 *yuans* por algo que vale 10 *yuans*. Na verdade, o dinheiro que um empresário ganha

---

835 Cf. Zhang, The Origin of the Capitalist Firm.

é apenas uma pequena parte da riqueza que ele cria, mesmo que seja uma pequena parte, e a maior parte se torna excedente do consumidor. Não importa o quão rico Bill Gates seja, pode-se dizer que é uma gota no oceano quando comparado com o valor que a Microsoft criou para a humanidade!

Em uma economia de mercado, em média, o dinheiro que um empreendedor ganha é proporcional ao número de clientes que atende. Um empreendedor que fornece apenas produtos e serviços para algumas pessoas não pode ganhar muito dinheiro. Somente empreendedores que atendem ao mercado de massa podem ganhar muito dinheiro.[836] Portanto, os mais ricos (empreendedores) da economia de mercado são selecionados pelos consumidores, que essencialmente votam com seu dinheiro. Cada um de nós é um consumidor. Se estamos com inveja de um certo empreendedor ganhando muito dinheiro, só podemos nos culpar por comprar seus produtos. Se a maioria dos consumidores não usa mais os produtos fornecidos pela Tencent e não usa mais WeChat, QQ e jogos online, o Sr. Ma Huateng não será mais rico. E nós não estamos dispostos a desistir de usar os produtos da Tencent, não porque sejamos estúpidos ou benevolentes, mas porque eles nos trazem maiores benefícios, e achamos que vale a pena o dinheiro. Por um lado, você compra de bom grado os produtos dele; e, por outro lado, você está com raiva dele por ganhar tanto dinheiro. Isso é uma contradição!

As pessoas comuns são as maiores beneficiárias da economia de mercado

Quem mais se beneficia da economia de mercado? São os ricos? Não! Os maiores beneficiários são as pessoas comuns. Para dar um exemplo simples, Thomas Edison inventou a lâmpada, o que trouxe conveniência para todos. Mas o valor das lâmpadas é muito menor para os ricos do que para os pobres, porque, quando não havia lâmpadas, os ricos podiam acender muitas velas, mas os pobres não podiam comprar uma. Outro exemplo, agora que a TV está disponível, todos podem assistir às músicas e peças interpretadas por grandes estrelas. No passado, apenas algumas pessoas ricas e nobres do palácio podiam desfrutar de apresentações ao vivo. Isso também vale para carros. No passado, os ricos podiam pegar um sedan, e os pobres só podiam andar a pé, mas agora as pessoas comuns podem ter um carro como meio de transporte. A diferença

[836] Cf. Mises, The Anti-Capitalistic Mentality, Chapter One.

entre andar em um Audi e um Xiali é muito menor do que a diferença entre sentar em um sedan e caminhar. Isso é verdade para todos os novos produtos e novas tecnologias. O produto final oferece a maior conveniência para as pessoas comuns, e a conta pública do WeChat permite que as pessoas comuns se tornem pessoas com sua própria mídia. Sim, alguns novos produtos são consumidos apenas pelos ricos no início e são considerados bens de luxo, mas, à medida que o custo cai, eles logo se tornam uma necessidade para a maioria das pessoas — esse é realmente o objetivo dos empreendedores que criam este produto. Os ricos estão apenas pagando pelas despesas de pesquisa e desenvolvimento de novos produtos para pessoas comuns.[837] Portanto, os maiores beneficiários da economia de mercado são as pessoas comuns, não a classe privilegiada. Pelo menos do ponto de vista do consumo, a economia de mercado tornou as pessoas mais iguais.

Como os consumidores podem comprar produtos produzidos por empreendedores? Porque, quando os empreendedores fornecem aos consumidores produtos no mercado, ao mesmo tempo criam oportunidades para que os consumidores ganhem renda no mercado de fatores. Em uma economia de mercado, a maioria das pessoas ganha a maior parte de sua renda através de salários. O salário vem do trabalho, e sem trabalho não há salário. Quem criou o trabalho? Empreendedores! Oportunidades de emprego em uma sociedade não são dadas, mas criadas por empreendedores. Sem empreendedores, a maioria das pessoas não terá oportunidades de emprego e, portanto, não terá renda. Além disso, quanto os salários os trabalhadores podem ganhar depende em grande parte da capacidade dos empreendedores, porque a produtividade do trabalhador está positivamente relacionada à capacidade dos empreendedores. O valor criado por empreendedores com alta capacidade é maior do que em empreendedores com baixa capacidade. Portanto, quanto maior o número de empreendedores em uma sociedade e maiores suas habilidades, maiores os salários dos trabalhadores.

Quando digo isso, é claro, não significa que os trabalhadores são alimentados por empresários. Em uma economia de mercado, todos se sustentam, mas as oportunidades de trabalho para os trabalhadores são de fato criadas pelos empresários. A esse respeito, a experiência da China pode fornecer uma explicação convincente. Na era da economia planejada, a população urbana da China era menos de 20% da população total. Mesmo sob uma urbanização tão

---

[837] Hayek, The Constitution of Liberty, 917–98.

baixa, os nascidos nas cidades ainda não conseguiam encontrar oportunidades de emprego nas cidades, e o governo teve que mobilizar 20 milhões de "jovens escolarizados" para o campo. Após a reforma e abertura, centenas de milhões de pessoas rurais foram atraídas para trabalhar nas cidades, e algumas empresas encontraram dificuldades em recrutar trabalhadores de tempos em tempos.

Dados inter-regionais mostram que quanto mais empreendedores em uma região, maior o número de funcionários e maior o salário médio dos funcionários. Por exemplo, em 2016, o salário médio anual de um funcionário do setor privado se correlacionou positivamente com a pontuação de comercialização no nível provincial (o coeficiente de correlação é +0,71) e, em média, cada aumento de um ponto na pontuação de comercialização resulta em um aumento de 1.826 *yuans* no salário médio anual. A correlação mantém-se consistentemente. Portanto, a melhor forma de aumentar a renda dos trabalhadores é tornar os empreendedores mais livres e competitivos no mercado, e não o contrário! Se os empreendedores forem eliminados, a grande maioria do povo chinês retornará à pobreza absoluta.

O mercado torna a distribuição de renda mais justa

É compreensível que muitas pessoas estejam preocupadas com a pobreza e a distribuição desigual de renda na sociedade. No entanto, alguns atribuem esse fenômeno a reformas orientadas para o mercado, e alguns até acreditam que o resultado de uma economia de mercado deve ser o aumento da distância entre ricos e pobres. Isso é um mal-entendido.

Na sociedade de economia pré-mercado, seja no Oriente ou no Ocidente, a grande maioria das pessoas lutavam pela sobrevivência abaixo da linha de pobreza. Era uma ocorrência comum que as pessoas morriam de fome. A economia de mercado é a única forma eficaz de resolver o problema da pobreza. Quanto mais liberdade de atividades econômicas, menor o número de pessoas pobres. Um estudo do Banco Mundial mostrou que em 2005, entre os países em desenvolvimento, a taxa de pobreza extrema dos países mais orientados para o mercado era de apenas 2,7%, enquanto a taxa de pobreza extrema dos países sem mercado livre era de 41,5%.[838] A China é um exemplo muito convincente. De acordo com o Banco Mundial, a taxa de pobreza da China caiu

[838] Zitelmann, *O Capitalismo não é o problema, é a solução*, 265.

de 88%, em 1981, para 0,7%, em 2015, conforme medida pela porcentagem de pessoas que vivem com o equivalente a US$ 1,90 ou menos por dia em termos de paridade de poder de compra em 2011.[839] O coeficiente de correlação entre a mercantilização e a taxa de pobreza da população rural a nível provincial em 2016 é de —0,85. Em média, sempre que a pontuação de comercialização de uma região aumentou 1 ponto, a taxa de pobreza da população rural naquela região caiu 1,1 ponto percentual. Das 12 regiões com pontuação de comercialização inferior a 8, apenas 2 regiões têm uma taxa de pobreza da população rural inferior a 5%; e, de 19 regiões com pontuação de comercialização acima de 8, apenas duas províncias têm uma taxa de pobreza rural de mais de 5%. Entre as sete regiões com pontuação de comercialização superior a 10, nenhuma taxa de pobreza rural excede 2%. Quarenta anos após a reforma e abertura, o problema da pobreza absoluta na sociedade chinesa foi basicamente resolvido.

A economia de mercado pode resolver o problema da pobreza de forma mais eficaz porque oferece às pessoas comuns oportunidades de fazer fortuna. Em uma economia sem mercado, tais oportunidades estão disponíveis apenas para alguns grupos privilegiados. Os trabalhadores autônomos urbanos na China na década de 1980 vinham todos dos grupos sociais mais baixos. Pessoas com privilégios podem servir como soldados e trabalhar no governo ou em empresas estatais, mas e aqueles sem privilégios e conexões? Eles tiveram que começar seus próprios negócios! Eles pegaram os farrapos, montaram barracas de rua e venderam algumas sementes de melão, chá e roupas. Assim, eles ficaram ricos. Isso é impossível em uma economia planejada. A propósito, o descarte de lixo e a proteção ambiental da China têm sido atribuídos em grande parte às pessoas pegando farrapos. Essas pessoas deveriam receber um grande prêmio.

É inegável que o governo e as organizações de caridade podem fazer algo para resolver o problema da pobreza, mas devemos entender que o dinheiro para o seu alívio está na forma do governo ou de organizações de caridade e, em essência, é criado por empresários. O que o governo e as instituições de caridade podem fazer é transferir riqueza de um grupo de pessoas para outro. É impossível criar algo a partir do nada. É porque os empreendedores criam riqueza que governos e instituições de caridade têm dinheiro que pode ser usado para reduzir a pobreza. Portanto, não é de se surpreender que os fundos de ajuda internacional sempre fluam de países de economia de mercado para

839 "Poverty headcount ratio at $1.90 a day (2011 PPP) (% of population) | Data": *data.worldbank.org*. Acessado em 1 de junho de 2019.

países sem economia de mercado, e não o contrário; da mesma forma, os fundos de combate à pobreza doméstica da China também fluem de regiões com alto grau de comercialização para regiões com baixo grau de comercialização. Se os empresários não tiverem incentivo para criar riqueza, o governo não terá dinheiro para transferir e as pessoas terão que depender cada vez mais da caridade. Devemos ter isso em mente.

As estatísticas de distribuição de renda são muito enganosas, pois o mesmo grupo de renda nas estatísticas pode conter pessoas diferentes de ano para ano.[840] Ao discutir a diferença de renda, as pessoas geralmente ignoram o fluxo vertical entre ricos e pobres. Um exemplo típico é Piketty,[841] que argumenta que os ricos ficaram mais ricos e os pobres ficaram mais pobres no século passado, assumindo que não houve mudança no grupo de ricos e no grupo de pobres. De fato, uma das características mais significativas de uma economia de mercado é que os ricos e os pobres são fluidos. Como disse Schumpeter, em uma economia de mercado, o clube dos ricos é como um hotel de luxo, sempre cheio de gente, mas os nomes dos hóspedes estão sempre mudando.[842] Da mesma forma, a chamada "classe de baixa renda", como um hotel econômico, está sempre superlotada. De tempos em tempos, algumas pessoas saem e novas pessoas se mudam, e os novos moradores podem ter sido antigos VIPs acostumados a passar o tempo em hotéis de luxo.

De acordo com a *Hurun China Rich List*, apenas 30 das 100 pessoas mais ricas em 2010 ainda estão na lista das 100 pessoas após 10 anos. Entre os 20 melhores em 2010, apenas 3 pessoas ainda estão na lista entre os 20 melhores depois de 10 anos e 6 pessoas nem estão na lista das 100 pessoas. Um estudo dos professores Khor e Pencavel, da Universidade de Stanford, descobriu que 50,4% do quinto da população chinesa com a renda mais baixa em 1990 saiu deste grupo em 1995, e 2,1% deles entraram no grupo de renda mais alta. Enquanto isso, do quinto mais rico da população, apenas 43,9% ainda pertenciam ao grupo de renda mais alta em 1995, e quase 5% pertenciam ao grupo de renda mais baixa.[843] Isso mostra que a reforma e a abertura melhoraram muito a mobilidade vertical da sociedade chinesa. A maioria dos empresários chineses que agora

---

[840] Cf. Sowell, Intellectuals and Society, Chapter 3 and Discrimination and Disparities, Chapter 4.

[841] Cf. Piketty, Capital in the Twenty-First Century.

[842] Schumpeter, Theory of Economic Development, 156

[843] Cf. Khor / Pencavel.

estão na lista dos ricos viviam em relativa pobreza décadas atrás, alguns apenas uma década atrás. Também se pode prever que, enquanto a China continuar a aderir às reformas orientadas para o mercado, muitos deles não estarão mais na lista dentro de alguns anos.

Mesmo que a mobilidade vertical não seja considerada, e apenas o coeficiente de Gini seja usado para medir a disparidade de renda, realizei uma análise estatística que desafia a narrativa comum. Tomando 2001 como exemplo, entre as 30 províncias, municípios e regiões autônomas da China, em média, as regiões com mercados mais desenvolvidos, com menos setores econômicos estatais e com menor gasto fiscal como proporção do PIB, são as regiões com a menor diferença de renda.[844] Os mesmos sinais de correlações mantêm-se consistentemente.[845] Dado que os gastos governamentais são comumente considerados um importante canal de redistribuição dos ricos para os pobres, parece surpreendente que a maior proporção de gastos governamentais no PIB tenha causado a maior diferença de renda. Mas é o fato!

O que isso mostra? Se o governo estiver menos envolvido em atividades econômicas, as pessoas terão mais liberdade para se envolver em atividades comerciais, a concorrência será acirrada e os lucros das atividades comerciais serão baixos; se uma região tem apenas algumas pessoas privilegiadas e conectadas que podem fazer negócios, ou apenas os mais audaciosos se atrevem a fazer negócios, os lucros serão muito altos depois de fazer negócios. Por exemplo, há mais pessoas na província de Zhejiang que fazem negócios e há mais pessoas ricas, mas os níveis de lucratividade são muito baixos. Porém, em lugares como o nordeste da China, a maioria das pessoas não faz negócios, mas algumas pessoas que fazem negócios podem ganhar muito dinheiro. Por quê? Porque seu ambiente de mercado não é bom. Portanto, vemos que quanto mais aberto o mercado e quanto menos intervenção governamental, menor a diferença de renda.

Além disso, a igualdade não se reflete apenas na renda monetária, mas também em outros aspectos, como liberdade, direitos e escolha. Que liberdade

---

[844] Cf. Zhang, The Logic of the Market, Chapter 13.

[845] A comercialização está relacionada à liberdade econômica. A literatura sobre a relação entre liberdade econômica e desigualdade entre países encontrou resultados mistos. Bennett e Nikolaev (2017) constatam que os resultados de estudos anteriores são sensíveis à escolha da amostra do país, período e/ou medida de desigualdade utilizada. A discussão detalhada dessa literatura está além do tema do presente artigo.

as pessoas comuns tinham no passado? Quando eu estava no campo, as melancias e as maçãs produzidas nas terras dos agricultores eram vendidas no mercado negro, e consideravam que os agricultores estavam cometendo crimes de especulação. Eles foram castigados publicamente ou até mesmo presos. Eles nem sequer tinham o direito básico de ser um ser humano. Naquela época, os camponeses não podiam comer carne o ano todo, nem comprar macarrão, mas enquanto os dirigentes da comuna chegavam à aldeia, todos corriam para recebê-los com farinha branca e carne. Por quê? Somente estabelecendo um relacionamento com eles, as crianças poderiam ter esperança de ingressar no exército ou ser recrutadas para empregos públicos, mesmo que a esperança fosse muito pequena. Portanto, não acho que a reforma e a abertura tenham tornado a sociedade chinesa mais desigual, mas mais igualitária e justa.

Desconfie da "inveja" disfarçada de "justiça"

Em seu livro *The Birth of Plenty*, o estudioso americano William Bernstein analisou a ascensão do Ocidente moderno a partir da perspectiva dos sistemas econômicos, militares e históricos. Ele ressaltou que existem quatro condições prévias para uma sociedade e economia modernas prósperas: a primeira é o sistema de direitos de propriedade e a segunda é a ciência e a racionalidade. Razoavelmente, o terceiro é o mercado de capitais, e o quarto é a redução dos custos de transporte. Vale a pena pensar nisso.

Nos últimos 40 anos de reforma e abertura, o PIB *per capita* da China dobrou a cada 10 anos, e a vida de todos melhorou muito. Esta é uma conquista notável. A capacidade da China de fazer isso tem muito a ver com a reforma do sistema de direitos de propriedade, embora ainda precise ser melhorado. Por exemplo, em relação às terras rurais, o período inicial do contrato para os agricultores era de um ano, e os agricultores foram motivados a produzir, mas nenhum estava disposto a investir. O governo estendeu o período do contrato para 5 anos; 5 anos é melhor do que 1 ano, mas ninguém teve incentivo para implementar projetos de conservação de água. O período do contrato foi então estendido para 10 anos; ainda assim, ninguém queria plantar árvores; e finalmente estendido para 30 anos. Até hoje, o sistema não funciona. Se a terra não puder ser negociada, muitos agricultores não poderão se tornar cidadãos urbanos.

O mercado de capitais da China cresceu do nada e está em constante desenvolvimento. As empresas estatais e os bancos estatais podem não ser capazes de mudar muito a curto prazo quando estão listados no mercado interno e no exterior, mas, a longo prazo, estão indo na direção certa. A construção do transporte rodoviário reduziu muito os custos de transporte e desempenhou um papel muito importante no crescimento econômico da China. É claro que ainda existem muitos problemas na sociedade, mas são necessárias mais reformas para resolvê-los.

As conquistas da China estão em grande parte relacionadas à mudança de ideias. Na década de 1980, com o surgimento de sistemas autônomos e de bônus, a China tinha a «doença do olho vermelho», e algumas pessoas nem podiam aceitar «distribuição de acordo com o trabalho». Se ela não for aceita, a economia não se desenvolverá e todos viverão na pobreza. Através dos esforços de economistas e outros trabalhadores das ciências sociais, a "distribuição de acordo com o trabalho" tem sido gradualmente aceita. Dessa forma, as pessoas têm o entusiasmo de trabalhar. Mais tarde, a ideia de capital e outros fatores de produção participando da distribuição de renda foi aceita, e os lucros empresariais foram reconhecidos. Desta forma, o espírito empreendedor do povo chinês pôde florescer, estabelecendo a China como um país de empreendedorismo, e a vida de todos melhorou.

Infelizmente, em termos de ideias, parece que estamos recuando. "Doença do olho vermelho" é um tipo de inveja, enraizada na natureza humana. Inveja significa que, desde que você veja que os outros são melhores do que você mesmo — têm uma renda mais alta do que a sua, são mais bonitos, têm a mente mais inteligente do que a sua, um corpo mais forte, crianças indo para uma boa escola, etc. —, você sentirá ressentimento e pensará que a sociedade é injustiça. As pessoas que são invejosas nem se importam com o quanto recebem. Em vez disso, elas preferem ser mais pobres a ver os outros mais ricos do que elas. Então, o que mais as faz se vangloriar é verem os ricos falirem e as celebridades se fazerem de tolas. A base epistemológica da inveja é o pensamento de jogo de soma zero, ou seja, a crença de que a riqueza é uma quantia fixa.[846] O ganho de uma pessoa significa as perdas de outra. Algumas pessoas se tornam ricas apenas porque outras se tornam pobres. Então, as pessoas que estão cheias de pensamento de jogo de soma zero estão muito interessadas na luta de classes.

---

[846] Cf. Rubin, "Folk Economics" and Zitelmann, The Rich in Public Opinion, Chapter 5.

Se os seres humanos não podem efetivamente conter a "doença do olho vermelho" e a inveja, a sociedade não pode progredir.[847] Portanto, a "doença do olho vermelho" e inveja são termos depreciativos. A Bíblia considera a inveja como um dos sete pecados capitais. Atos baseados em inveja não têm legitimidade social. Em público, as pessoas sempre tentam esconder ou negar sua inveja. O problema é que, graças aos esforços de alguns esquerdistas ocidentais, a "inveja" agora está usando o colete de "distribuição justa" e "justiça social" e alcançou legitimidade moral. É fácil confundir o público e enraizar um pouco o sentimento de inveja. As proposições políticas de "Equidade" e "Justiça" podem prevalecer no nome. Essas políticas defendem a mudança da atenção das pessoas da criação de riqueza para a sua distribuição, o que definitivamente prejudicará aqueles que teriam esperança de enriquecer com seus próprios esforços, e que são as pessoas que os defensores da política afirmam estar ajudando.

Isso nos traz de volta à questão no início deste artigo: a responsabilidade dos economistas. Por que a sociedade precisa de economistas? Como a economia de mercado é muito frágil e muito vulnerável a danos, é necessário alguém para defendê-la. A economia planejada foi projetada por um pequeno número de intelectuais e depois imposta à sociedade de cima para baixo pelo poder, então há sempre algumas pessoas poderosas defendendo-a. A economia de mercado é diferente. Não foi projetada por intelectuais ou por ninguém, mas surgiu espontaneamente de baixo para cima. Isso também significa que a economia de mercado é como uma criança sem mãe, qualquer um pode vencê-la e estigmatizá-la sem assumir a responsabilidade. As pessoas que vivem no sistema de economia planejada e a criticam, inevitavelmente assumem riscos políticos e até legais, mas não importa em qual sistema você viva, não há risco em criticar a economia de mercado. Na verdade, inúmeras pessoas foram presas e até pagaram o preço de suas vidas por criticar a economia planejada, mas ninguém nunca se meteu em problemas por criticar a economia de mercado. Nesse sentido, a economia de mercado é realmente benevolente, e devemos realmente apreciá-la.

A economia de mercado tem um problema: quando você tem a oportunidade de desfrutar de seus benefícios, você os toma como garantidos e tudo o que percebe são suas deficiências; quando você não tem oportunidade de desfrutar de seus benefícios, ele não tem como mostrar suas vantagens. Se você mesmo

[847] Cf. Schoeck, Chapter 5.

quebrar alguma coisa, poderá se auto culpar. Se você é excluído e se sente impotente, lhe faltam explicações sobre o motivo da sua situação ser tão ruim.

Todo chinês está familiarizado com o comediante Sr. "*Vendendo Muletas*" de Zhao Benshan. A perna de Fan Wei não estava quebrada, mas Zhao Benshan disse repetidamente que estava. No final, o próprio Fan Wei sentiu que sua perna estava realmente quebrada, então ele mal podia esperar para comprar as muletas de Zhao Benshan. Na verdade, o problema não era com as pernas de Fan Wei, mas com seu cérebro. Muitas pessoas agora estão "vendendo muletas". Quais são as "muletas" delas? Argumentos antimercado. E muitos dos chamados fracassos da economia de mercado são realmente fabricados.

Quando digo isso, tenho apenas um propósito, que é dar a todos uma melhor compreensão do que é uma economia de mercado e fortalecer nossa crença em uma economia de mercado. Qual é a coisa mais preocupante sobre o futuro da China? Não são questões energéticas ou ambientais — é claro que são muito importantes, mas não as mais importantes, porque o progresso tecnológico impulsionado pela concorrência no mercado certamente encontrará a resposta para nós. Não precisamos ser tão pessimistas quanto Malthus era há 200 anos, ou o Clube de Roma há 50 anos. O desenvolvimento futuro da China depende de nossas crenças. Como argumentei em outro lugar, os sucessos econômicos da China nos últimos 40 anos são o resultado de reformas de comercialização e do aumento do empreendedorismo.[848] O futuro crescimento da China depende de empreendedores inovadores.[849] Se fortalecermos nossa confiança na economia de mercado e continuarmos a promover um ambiente institucional favorável aos empreendedores por meio de reformas orientadas para o mercado, a China avançará em direção à prosperidade comum. Se perdermos a fé no mercado e introduzirmos cada vez mais intervenção do governo em nome da prosperidade comum, a China sacrificará o progresso que fez e retornará à pobreza comum. Não se esqueça de que a intenção original da economia planejada naquela época era beneficiar os pobres, mas, como resultado, os grupos de pobres aumentaram, tornando o destino dos pobres mais miserável do que antes.

Em resumo, a economia de mercado é o único caminho para a prosperidade comum, e a economia planificada é uma via de mão única para a pobreza comum!

---

848 Zhang, "The China model view is factually false."

849 Zhang, "China's future growth depends on innovation entrepreneurs."

[Este capítulo foi originalmente publicado como "Market economy and China's 'common prosperity' campaign" ("Economia de mercado e a campanha de 'prosperidade comum' da China"), em *Journal of Chinese Economic and Business Studies*, 2021, 1–15.]

QUESTIONÁRIO

Q1. Segue abaixo uma lista de várias coisas que as pessoas disseram que consideram ser um bom sistema econômico. Qual dessas afirmações você também faria?

(Entrevistador, alterne as afirmações)

- Defendo um sistema econômico em que o Estado estabelece as regras, mas não interfere de outra maneira.
- O Estado deve fixar os preços dos aluguéis e alimentos, e fixar salários mínimos e máximos; caso contrário, o sistema será socialmente injusto.
- Penso que as empresas privadas devem decidir, por si mesmas, quais produtos fabricar e que preços cobrar por eles; o Estado não deve se envolver.
- Precisamos de muito mais intervenção estatal na economia, uma vez que o mercado falha repetidas vezes.
- Num bom sistema econômico, penso que o Estado só deve possuir propriedade em certas áreas; a maior parte da propriedade deve ser propriedade privada.
- A justiça social é mais importante num sistema econômico do que a liberdade econômica.
- Nenhuma das anteriores.

Q2. Agora, pense na palavra capitalismo. Para cada uma das afirmações a seguir, selecione se isso é algo que você associa ao capitalismo.

(Entrevistador, use um código unificado para as afirmações e as alterne a cada questionário, mas mantenha fixa a coluna)

- Afirmações
- Prosperidade
- Inovação
- Ganância
- Frieza
- Progresso
- Corrupção
- Liberdade
- Foco no desempenho, pressão constante para alcançar resultados
- Uma vasta gama de produtos
- Degradação ambiental

Coluna

- 1. Sim — com certeza
- 2. Sim — provavelmente
- 3. Não — provavelmente
- 4. Não — com certeza
- 5. Não sei

Q3. Com qual das seguintes afirmações sobre o capitalismo você concorda, caso haja alguma?

Selecione todas as opções aplicáveis

(Entrevistador, alterne as afirmações)

O capitalismo…

- garante a prosperidade.
- é responsável pela fome e pela pobreza.
- é um sistema econômico especialmente eficiente.
- leva a desigualdade crescente.
- significa que os consumidores determinam o que é oferecido, e não o Estado.
- é responsável pela destruição ambiental e pelas mudanças climáticas.
- significa liberdade econômica.
- conduz repetidamente a novas crises econômicas e financeiras.
- melhorou as condições para pessoas comuns em muitos países.

- é dominado pelos ricos, que definem a agenda política.
- encoraja as pessoas a darem o seu melhor.
- leva a monopólios em que empresas individuais (por exemplo, Google ou Amazon) controlam todo o mercado.
- promove o egoísmo e a ganância.
- pode não ser ideal, mas ainda é melhor do que todos os outros sistemas econômicos.
- leva a guerras.
- é insubstituível; as tentativas passadas de substituir o capitalismo sempre resultaram em ditaduras e sofrimento.
- estimula as pessoas a comprar produtos que não precisam.
- significa que há sempre o perigo do fascismo.
- Nenhuma das anteriores.

Q4. Os partidos políticos são frequentemente classificados como estando à esquerda, no centro ou à direita. Como você descreveria a sua posição política?

Dê sua resposta em uma escala de zero a dez, em que zero significa que você está na extrema-esquerda e dez significa que você está na extrema-direita.

- 0. Extrema-esquerda
- 1.
- 2.
- 3.
- 4.
- 5. Centro
- 6.
- 7.
- 8.
- 9.
- 10. Extrema-direita
- 11. Não sei
- 12. Prefiro não dizer

Q5. Diga se você concorda ou discorda com a seguinte afirmação:

Na realidade, os políticos não decidem nada. Eles são fantoches controlados por forças poderosas nos bastidores.

- 1. Concordo
- 2. Discordo
- 3. Indeciso

Q6. Diga se você concorda ou discorda com a seguinte afirmação:
Muitas coisas na política só podem ser devidamente compreendidas se você souber que há um plano maior por detrás, algo que a maioria das pessoas, no entanto, não conhece.

- 1. Concordo
- 2. Discordo
- 3. Indeciso

REFERÊNCIAS

ALMOND, Gabriel A., *The Appeals of Communism*, Princeton, Princeton University Press, 1954.

ALTRICHTER, Helmut, *Kleine Geschichte der Sowjetunion 1917–1991*, Verlag C.H. Beck, 3rd Edition, 2007.

ALY, Götz, *Hitler's Beneficiaries. Plunder, Racial War, and the Nazi Welfare State*, Metropolitan Books, New York, NY, 2006.

ANDREÄ, Johann Valentin, "Christianopolis. An Ideal State of the Seventeenth Century" in Held, Felix Emil (translator), *Johann Valentin Andreae's Christianopolis. An Ideal State of the Seventeenth Century*, University of Illinois, IL, 1914.

ANDREWS, Nigel, *True Myths: The Life and Times of Arnold Schwarzenegger*, Bloomsbury, New York, NY, 2003.

ANTWEILER, Werner; COPELAND, Brian R.; TAYLOR, M. Scott, "Is Free Trade Good for the Environment?," Working Paper 6707, National Bureau of Economic Research, Cambridge, August 1998. ≤https://www.jstor.org/stable/2677817>.

ARENDT, Hannah, *Sobre a revolução*, Editora Schwarcz S.A., São Paulo, 2013.

ARNOTT, Robert, Bernstein, William, Wu, Lillian, "The Rich get Poorer: The Myth of Dynastic Wealth," in *Cato Journal, Vol. 35, No. 3, Fall 2015.*

ARON, Raymond, *Opium for Intellectuals*, W.W. Norton & Company, Inc., New York, NY, 1962.

AUSLUND, Anders, *Russia's Crony Capitalism. The Path from Market Economy to Kleptocracy*, Yale University Press, New Haven, CT, and London, 2019.

AUER, Dirk; PETIT, Nicolas, "Two Systems of Belief About Monopoly: The Press vs. Antitrust," in *Cato Journal Vol. 39, No. 1 (Winter 2019)*, 99–132. ≤https://www.cato.org/sites/cato.org/files/serials/files/cato-journal/2019/2/cj-v39n1-7.pdf>.

AUSUBEL, Jesse H., "The Return of Nature. How Technology Liberates the Environment," in *The Breakthrough Journal,* May 12, 2015.
≤https://thebreakthrough.org/journal/issue-5/the-return-of-nature>.

BAADER, Roland, *Geld, Gold und Gottspieler. Am Vorabend der nächsten Wirtschaftskrise*, Resch Verlag, Gräfelfing, 2004.

BAADER, Roland, *Geldsozialismus. Die wirklichen Ursachen der neuen globalen Depression*, Resch Verlag, Gräfelfing, 2010.

BABEROWSKI, Jörg, *Der rote Terror. Die Geschichte des Stalinismus*, Fischer Taschenbuch, 3rd edition, Frankfurt am Main, 2014.

BABEROWSKI, Jörg, *Scorched Earth: Stalin's Reign of Terror*, Yale University Press, Stanford, CA, 2016.

BACKHAUS, Julien, *Ego. Gewinner sind gute Egoisten*, Finanzbuch Verlag, Munich, 2020.

BANKEN, Ralf, *Hitlers Steuerstaat. Die Steuerpolitik im Dritten Reich*, De Gruyter, Berlin and Boston, MA, 2018.

BARKAI, Avraham, *Nazi Economics: Ideology, Theory, and Policy*, Yale University Press, New Haven, CT, 1990.

BARTELS, Larry M., *Unequal Democracy. The Political Economy of the New Gilded Age*, Second Edition, Russel Sage Foundation New York, Princeton University Press, Princeton, NJ, and Oxford, 2016.

BEINHOCKER, William Oliver, *The Origin of Wealth: Evolution, Complexity and Radical Remaking of Economics*, Harvard Business School Press, Boston, MA, 2006.

BELEITES, Michael, *Dicke Luft: Zwischen Ruß und Revolte. Die unabhängige Umweltbewegung in der DDR*, Evangelische Verlagsanstalt, Leipzig, 2016.

BENJAMIN, Walter, "Capitalism as Religion." In *The Frankfurt School on Religion. Key Writings by the Major Thinkers*. Edited by Eduardo Mendieta. New York and London: Routledge, 2005, 259–262.

BERNSTEIN, William J., Gardner, Grover, *The Birth of Plenty (Vol. 165)*, McGraw-Hill, New York, NY, 2004.

BIERLING, Stephan, *Geschichte des Irakkrieges. Der Sturz Saddams und Amerikas Albtraum im Mittleren Osten*, Verlag C.H. Beck, Munich, 2010.

BISS, Eula, *Having and Being Had*, Riverhead Books, New York, NY, 2020.

BOLDT, Klaus, "Top-Manager Reitzle wirft Bundesregierung bei Corona-Politik Versagen vor," *Die Welt*, April 3, 2021. <https://www.welt.de/wirtschaft/article229695277/Corona-Politik-Wolfgang-Reitzle-uebt-scharfe-Kritik-an-Bundesregierung.html>.

BOOKSTABER, Richard, *A Demon of Our Own Design: Markets, Hedge Funds, and the Perils of Financial Innovation*, John Wiley & Sons, Inc., Hoboken, NJ, 2007.

BOURDIEU, Pierre. *Distinction: A Social Critique of the Judgement of Taste*, Routledge, Abingdon, Oxon, 2010.

BOURNE, Ryan, "Is This Time Different? Schumpeter, the Tech Giants, and Monopoly Fatalism," in *Cato Institute, Policy Analysis, June 17, 2019, No. 872*.

BRAUDEL, Fernand, *Civilization and Capitalism, 15th-18th Century, Vol. I: The Structures of Everyday Life*, William Collins Sons & Co Ltd, London, 1985.

BRAUNTHAL, Julius, *History of the International. Volume 1: 1864–1914*, Frederick A. Praeger Publishers, New York, NY, 1967.

BRECHT, Bertolt, "Alfabet" (1934) in *The Collected Poems of Bertolt Brecht, translated by David Constantine and Tom Kuhn*, New York, NY, Liveright, 2018.

BRIESEN, Detlef, *Warenhaus, Massenkonsum und Sozialmoral. Zur Geschichte der Konsumkritik im 20. Jahrhundert*, Campus Verlag, Frankfurt am Main, 2001.

BROOK, Yaron; WATKINS, Don, *Free Market Revolution. How Ayn Rand's Ideas Can End Big Government*, Ayn Rand Institute, Palgrave Macmillan, Santa Ana, CA, 2012.

BUCHARIN, Nikolai, *Imperialism and World Economy*, Martin Lawrence Limited, London, 1929.

BULTMANN, Daniel, *Inside Cambodian Insurgency. A Sociological Perspective on Civil Wars and Conflict*, Taylor & Francis, London and New York, NY, 2016.

BULTMANN, Daniel, *Kambodscha unter den Roten Khmer. Die Erschaffung des perfekten Sozialisten*, Paderborn, 2017.

CAMPANELLA, Tommaso, *The City of the Sun* in *Ideal Commonwealths: Comprising More's Utopia, Bacon's New Atlantis, Campanella's City of the Sun, and Harrington's Oceans*, The Colonial Press, New York, NY, 1901.

CAREY, John, *The Intellectuals and the Masses. Pride and Prejudice Among the Literary Intelligentsia, 1880–1939*, St. Martin's Press, New York, NY, 1993.

CHANDLER, David P. et.al., *Pol Pot Plans the Future: Confidential Leadership Documents from Democratic Kampuchea, 1976–1977*, Yale University South East Asia Studies, New Haven, CT, 1988.

Chang, Jung; HALLIDAY, Jon, *Mao: A História Desconhecida*, Editora Schwarcz S.A., São Paulo, 2012.

CHARLES, Ray; RITZ, David, *Brother Ray. Ray Charles' Own Story*, Da Capo Press, Cambridge, MA, 2004.

CHOMSKY, Noam, *Requiem for the American Dream. The 10 Principles of Concentration of Wealth & Power*, Seven Stories Press, New York, NY, 2015.

CHOMSKY, Noam, interviewed by Christopher Cramer for *Pressenza International Press Agency*, May 1, 2018. ≤https://www.pressenza.com/2018/05/noam-chomsky-discusses-iraq/>.

CLARK, A.C., *The Revolutionary Has No Clothes. Hugo Chávez's Bolivarian Farce*, Encounter Books, New York, NY, London, 2009.

COBDEN, Richard, "On the Total and Immediate Repeal of the Corn Laws" in *The National Review, Volume X, September To February 1887–8*, London, 1888.

COLLIER, Paul, *The Bottom Billion: Why the Poorest Countries Are Failing and What Can Be Done about It*, Oxford University Press, Oxford, 2007.

COLLIER, Paul, *O Futuro do Capitalismo: Enfretando as Novas Inquietações*, L&PM Editores, Porto Alegre, RS, 2019.

COLLIER, Paul, Kay, John, *Greed Is Dead: Politics After Individualism*, Allan Lane, London, 2020.

Commission of the Central Committee of the Communist Party of the Soviet Union, *History of the Communist Party of the Soviet Union (Bolsheviks): Short Course*, Foreign Languages Publishing House, Moscow, 1945.

COURTOIS, Stéphane; WERTH, Nicolas; PANNÉ, Jean-Louis; PACZKOWSKI, Andrzej; BARTOSEK, Karel; MARGOLIN, Jean-Louis, *The Black Book of Communism. Crimes, Terror, Repression*, Harvard University Press, Cambridge, MA, 1999.

COWEN, Tyler, *Big Business. A Love Letter to an American Anti-Hero*, St. Martin's Press, New York, NY, 2019.

DAVIES, William, "The Last Global Crisis didn't Change the World. But This one Could," in *The Guardian*, March 24, 2020. <https://www.theguardian.com/commentisfree/2020/mar/24/coronavirus-crisis-change-world-financial-global-capitalism>.

DEATON, Angus, *The Great Escape. Health, Wealth, and the Origins of Inequality*, Princeton University Press, Princeton, NJ, and Oxford, 2013.

DELSOL, Jean-Philippe; LECAUSSIN, Nicolas; MARTIN, Emmanuel (eds.), *Anti-Piketty: Capital for the 21st Century*, Cato Institute, Washington, DC, 2017.

DELSOL, Jean-Philippe, "The Great Process of Equalization of Conditions," in *Anti-Piketty: Capital for the 21st Century*, Cato Institute, Washington, DC, 2017, 5–18.

DIKÖTTER, Frank, *A Grande Fome de Mao: A história da catástrofe mais devastadora da China, 1958–62*, Editora Record, Rio de Janeiro, 2017.

DIKÖTTER, Frank, *The Cultural Revolution. A People's History. 1962–1976*, Bloomsbury Press, New York, NY, London, Oxford, New Delhi & Sydney 2017.

DILORENZO, Thomas J., *How Capitalism Saved America. The Untold History of Our Country, from the Pilgrims to the Present*, Crown Forum, New York, NY, 2004.

DIMITROV, Georgi, "The Fascist Offensive and the Tasks of the Communist International in the Struggle of the Working Class against Fascism," main report delivered at the Seventh World Congress of the Communist International on August 2, 1935.
<https://www.marxists.org/reference/archive/dimitrov/works/1935/08_02.htm>.

Documents of the 22nd Congress of the Communist Party of the Soviet Union, October 17–31, 1961, Foreign Language Publishing House, Moscow 1961.

DOUTHAT, Ross, "Marx Rises Again," in *The New York Times*, April 19, 2014.

DUHM, Dieter, *Angst im Kapitalismus. Zweiter Versuch der gesellschaftlichen Begründung zwischenmenschlicher Angst in der kapitalistischen Warengesellschaft*, Verlag Kübler KG, 11th Edition, Lampertheim, 1975.

DUHM, Dieter, *Warenstruktur und zerstörte Zwischenmenschlichkeit. Zur politökonomischen Begründung der psychischen Situation des Individuums im Kapitalismus*, Verlag Rolf Horst, Cologne, 1975.

EASTERLIN, Richard A., "Does economic growth improve the human lot? Some empirical evidence," in David, Paul A., Reder, Melvin W. (eds.), *Nations and Households in Economic Growth*, Stanford University Press, Palo Alto, CA, 1974, 90–125.

EASTON, George, "Labour's manifesto is more Keynesian than Marxist," in *The New Statesman*, June 2015.

EDELMAN, *Edelman Trust Barometer 2020*. <https://www.edelman.com/trust/2020-trust-barometer>.

EDWARDS, Chris; BOURNE, Ryan, "Exploring Wealth Inequality," in *Cato Institute Policy Analysis, November 5, 2019, No. 881*. <https://www.cato.org/sites/cato.org/files/2020-01/pa-881-updated-2.pdf>.

ENGELS, Frederick, *Anti-Dühring*, Boitempo Editorial, São Paulo, 2015.

ENGELS, Frederick, *A Situação da classe trabalhadora na Inglaterra*, Boitempo Editorial, São Paulo, 2010.

ENGELS, Frederick, "Socialism: Utopian and Scientific" *Selected Works, Vol. III*, Progress Publishers, Moscow, 1970, 115–151.

ERHARD, Ludwig, *Wohlstand für Alle*, 8th Edition, Econ Verlag, Düsseldorf, 1964.

FALTER, Jürgen W., *Hitlers Parteigenossen. Die Mitglieder der NSDAO 1919–1945*, Campus Verlag Frankfurt am Main, New York, NY, 2020.

Federal Government of the Federal Republic of Germany (Bundesregierung der Bundesrepublik Deutschland), *Lebenslagen in Deutschland. Der Sechste Armuts- und Reichtumsbericht der Bundesregierung, Kurzfassung*, May 2021.

Federal Foundation for Coming to Terms with the GDR's Past (Bundesstiftung Aufarbeitung), Bericht 1990: <https://deutsche-einheit-1990.de/ministerien/muner/verschmutzung/>.

FERGUSON, Niall, *The Pity of War. Explaining World War I*, Basic Books, New York, NY, 1999.

FESHBACH, Murry; FRIENDLY JR., Alfred, *Ecocide in the USSR. Health and Nature Under Siege*, Basic Books, New York, NY, 1992.

FINK, Alexander; KAPPNER, Kalle, "Globale Armut: Positive Entwicklung, negative Einschätzung," in ≤https://de.irefeurope.org/Diskussionsbeitrage/Artikel/article/Globale-Armut-Positive-Entwicklung-negative-Einschatzung>.

FINK, Alexander; MENGDEN, Alexander; KURZ, Fabian, "Umweltdesaster DDR: Bitteres aus Bitterfeld," IREF, August 16, 2019. ≤https://de.irefeurope.org/Diskussionsbeitrage/Artikel/article/Umweltdesaster-DDR-Bitteres-aus-Bitterfeld>.

FOLLETT, Andrew, "7 Enviro Prediction From Earth Day 1970 That Were Just Dead Wrong," April 22, 2016. ≤https://dailycaller.com/2016/04/22/7-enviro-predictions-from-earth-day-1970-that-were-just-dead-wrong/>

FOSTER, George M., "The Anatomy of Envy: A Study in Symbolic Behavior," in *The University of Chicago Press Journals, Vol. 13, No. 2*, April 1972, 165–202.

Frankfurter Allgemeine Zeitung, "Doppelt so viele Unternehmer im neuen Bundestag," September 30, 2017. ≤https://www.faz.net/aktuell/wirtschaft/deutlich-mehr-unterneh-mer-im-bundestag-15225816.html>.

FRIEDMAN, Milton, *Capitalismo e Liberdade*, LTC Editora, São Paulo, 2014.

GALBRAITH, John Kenneth, *The Affluent Society. Fortieth Anniversary Edition*, Houghton Mifflin Company, Boston, MA, 1998.

GALLEGOS, Raúl, *Crude Nation. How Oil Riches Ruined Venezuela*, Potomac Books, University of Nebraska Press, 2016.

GARTZKE, Erik, "The Capitalist Peace," in *American Journal of Political Science, Vol. 51, No. 1*, January 2007, 166–191. ≤https://www.jstor.org/stable/4122913>.

GARTZKE, Erik; HEWITT, Joseph, "International Crises and the Capitalist Peace," in *International Interactions, 36:2*, May 18, 2010, 115—45. ≤https://www.tandfonline.com/doi/full/10.1080/03050621003784846>

GASSMANN, Michael, "Ewige Allmacht? Plötzlich wankt Amazons Monopol," in *Die Welt*, February 6, 2021.

≤https://www.welt.de/wirtschaft/plus225775833/D2C-Trend-Amazon-muss-um-sein-Monopol-fuerchten.html>

GATES, Bill, *How to Avoid a Climate Disaster. The Solutions We Have and the Breakthroughs We Need*, Allen Lane, London, 2021.

GILENS, Martin, *Affluence & Influence. Economic Inequality and Political Power in America*, Russell Sage Foundation New York, Princeton University Press, Princeton and Oxford, 2012.

GÖTZ, Norbert, "Die nationalsozialistische Volksgemeinschaft im synchronen und diachronen Vergleich," in Schmiechen-Ackermann, Detlef (ed.), *"Volksgemeinschaft": Mythos, wirkungsmächtige soziale Verheißung oder soziale Realität im „Dritten Reich"? Zwischenbilanz einer kontroversen Debatte*, Ferdinand Schöningh Verlag, Paderborn, 2012, 55–68.

GRAW, Ansgar, *Die Grünen an der Macht. Eine kritische Bilanz*, Finanzbuch Verlag, Munich, 2020.

GRAY, John, "The Violent Visions of Slavoj Žižek," in *New York Review of Books*, July 12, 2012, 23. ≤https://www.nybooks.com/articles/2012/07/12/violent-visions-slavoj-zizek/>.

GREENSPAN, Alan, *The Age of Turbulence. Adventures in a New World*, Penguin Books, New York, NY, 2007.

GREENWALD, Igor, "Is Capitalism Dying?" in Forbes.com, January 7, 2013. <https://www.forbes.com/sites/igorgreenwald/2013/01/07/is-capitalism-dying/?sh=4fe3cc432820>.

HAGEMANN, Harald, "Schumpeter und die Weltwirtschaftskrise: Die Vorzüge schlechter Zeiten oder eine pathologische Depression?" in Frambach, Hans, Koubek, Norbert, Kurz, Heinz D., Pfriem, Reinhard, *Schöpferische Zerstörung und der Wandel des Unternehmertums. Zur Aktualität von Joseph A. Schumpeter*, Metropolis Verlag, Marburg, 2019, 433–454.

HARTMANN, Michael. *The Sociology of Elites*, Routledge, New York, NY, 2006.

Hayek, F. A., Bartley III, W. W. (ed.), *The Fatal Conceit: The Errors of Socialism*, Routledge, London, 1988.

HAYEK, Friedrich August von, *O caminho da servidão*, Instituto Liberal, Rio de Janeiro, 1990.

HAYEK, Friedrich August von, "Kinds of Rationalism," in Hayek, Friedrich August von, Studies in Philosophy, Politics, and Economics, The University Press of Chicago, Chicago, IL, 1967.

HAYEK, Friedrich August von, *The Constitution of Liberty, The Definitive Edition*, The University of Chicago Press, London, 2011.

HECKEN, Thomas, *Das Versagen der Intellektuellen. Eine Verteidigung des Konsums gegen seine deutschen Verächter*, transcript Verlag, Bielefeld, 2010.

HELLER, Eva, *Wie Werbung wirkt: Theorien und Tatsachen*, Fischer Taschenbuch Verlag, Frankfurt am Main, 1996.

HEUER, Steffan, "Die Einfalt der Vervielfältiger," *brand eins, Heft 2/2001.* ≤https://www.brandeins.de/magazine/brand-eins-wirtschaftsmagazin/2001/organisation/die-einfalt-der-vervielfaeltiger>

HIGGINBOTHAM, Adam, *Midnight in Chernobyl. The Untold Story of the World's Greatest Nuclear Disaster*, Corgi Books, London, 2019.

HOLLANDER, Paul, *From Benito Mussolini to Hugo Chávez. Intellectuals and a Century of Political Hero Worship*, Cambridge University Press, Cambridge, MA, 2016.

HORKHEIMER, Max, "The Jews and Europe" in Bronner, Steven Eric, MacKay Kellner, Douglas (eds.), *Critical Theory and Society: A Reader*, Routledge, New York, NY, 1989.

IMHOFF, Roland; BRUDER, Martin, “Speaking (Un-)Truth to Power: Conspiracy Mentality as A Generalised Political Attitude,” in *European Journal of Personality 28(1),* January 2014, 25-43.

JÄGER, Thomas; BECKMANN, Rasmus (eds.), *Handbuch Kriegstheorien*, VS Verlag für Sozialwissenschaften, Springer Fachmedien, Wiesbaden, 2011.

JUNGBLUTH, Rüdiger, *Die Oetkers. Geschäfte und Geheimnisse der bekanntesten Wirtschaftsdynastie Deutschlands*, Bastei Lübbe Verlag, Frankfurt am Main and New York, NY, 2004.

KAHNEMAN, Daniel; DEATON, Angus, “High income improves evaluation of life but not emotional well-being,” in *Proceedings of the National Academy of Sciences 107 (2010)*, 16489–16493.

KAMARCK, Elaine, “If money can’t buy you votes, what can it buy? Lessons from Michael Bloomberg’s 2020 run,” *Brookings*, March 5, 2020.

<https://www.brookings.edu/blog/fixgov/2020/03/05/if-money-cant-buy-you-votes-what-can-it-buy-lessons-from-michael-bloombergs-2020->.

KELLEY, Jonathan; EVANS, M.D.R., “Societal inequality and individual subjective well--being: Results from 68 societies and over 200.000 individuals, 1981-2008,” in *Social Science Research 62 (2016)*, 1–23. <https://pubmed.ncbi.nlm.nih.gov/28126092/>.

KEPPLINGER, Hans Mathias, *Risikofallen und wie man sie vermeidet*, Herbert von Halem Verlag, Cologne, 2021.

KHOR, N.; PENCAVEL, J., “Income mobility of individuals in China and the United States,” in *Economics of Transition, 14 (3)*, 2006, 417–458.

KILLINGSWORTH, Matthew, A., “Experienced well-being rises with income, even above $75,000 per year,” in *PNAS Vol. 118 No. 4 e2016976118*, January 26, 2021. <https://doi.org/10.1073/pnas.2016976118>.

KIRZNER, Israel M., *Competition and Entrepreneurship,* The University of Chicago Press, London and Chicago, IL, 1973.

KLEIN, Naomi, *This Changes Everything: Capitalism vs. The Climate*, Simon & Schuster, New York, NY, 2019.

KNABE, Hubertus, “Klimakiller DDR,” September 19, 2019. <https://hubertus-knabe.de/klimakiller-ddr/>.

KNIGHT, Damien; MCCREDDIE, Harry, “Understanding the ‘facts’ about top pay,” in Shackleton, J.R. (ed.), *Top Dogs & Fat Cats. The Debate on High Pay*, Institute of Economic Affairs, London, 2019, 40–56.

KOCH, Thomas, “Wirkt Werbung überhaupt nicht? Oder nur falsch?” in *Wirtschaftswoche*, March 2, 2021. <https://www.wiwo.de/unternehmen/dienstleister/werbesprech-wirkt--werbung-ueberhaupt-nicht-oder-nur-falsch/26962092.html>

KOENEN, Gerd, *Die Farbe Rot. Ursprünge und Geschichte des Kommunismus*, Beck Verlag, Munich, 2017.

KÖNIG, Wolfgang, *Kleine Geschichte der Konsumgesellschaft. Konsum als Lebensform der Moderne*, Franz Steiner Verlag, Stuttgart, 2008.

KÖNIG, Wolfgang, *Geschichte der Wegwerfgesellschaft. Die Kehrseite des Konsums*, Franz Steiner Verlag, Stuttgart, 2019.

KOESTLER, Arthur, in Crossmann, Richard (ed.), *The God That Failed. Six Studies in Communism*, Harper Collins, New York, NY, 1950.

KREUTZER, Ralf T.; LAND, Karl-Heinz, *Dematerialisierung. Die Neuverteilung der Welt in Zeiten des digitalen Darwinismus*, Future Vision Press, Cologne, 2015.

KRUGMAN, Paul, "Oligarchy, American Style," in *The New York Times*, November 3, 2011. ≤https://www.nytimes.com/2011/11/04/opinion/oligarchy-american-style.html>.

KÜRSCHNER, Jens, *Unterschwellige Werbung als Priming-Instrument. Eine Untersuchung*, Grin Verlag, Books on Demand, Norderstedt, 2012.

LAWSON, Neal, "Do we want to shop or to be free? We'd better choose fast," in *The Guardian*, August 2, 2009.

LEE, Felix, *Macht und Moderne. Chinas großer Reformer Deng Xiaoping. Die Biographie*, Rotbuch Verlag, Berlin, 2014.

LENIN, Vladimir Ilyich, *Imperialismo, Etapa Superior do Capitalismo*, Navegando Publicações, Campinas, 2011.

LENIN, Vladimir Ilyich, "How to Organize Competition?" in *Selected Works Vol. II*, 259–260, Foreign Language Publishing House, Moscow, 1947, 256–263.

LENIN, Vladimir Ilyich, "The Famine (A Letter to the Workers of Petrograd)" in *Selected Works Vol. II*, 259–260, Foreign Language Publishing House, Moscow, 1947, 345–351.

LENIN, Vladimir Ilyich, "What Is To Be Done?" in *Collected Works, Volume 5*, Foreign Languages Publishing House, Moscow, 1961, 347–531.

LENIN, Vladimir Ilyich. "The State and Revolution. The Marxist Theory of the State & the Tasks of the Proletariat in the Revolution." In Lenin, Vladimir Ilyich. *Collected Works, Volume 25, June–September 1917*, Moscow: Progress Publishers, 1964, 381–492.

LENIN, Vladimir Ilyich, "O Estado e a Revolução. A doutrina do Marxismo sobre o Estado e as Tarefas do Proletariado na Revolução, Obras Escolhidas de V.I. Lénine, Editorial Avante, 1977, 219-305.

LENIN, Vladimir Ilyich, "The New Economic Policy And The Tasks Of The Political Education Departments" in *V. I. Lenin Collected Works, Vol. 33, August 1921 – March 1923, 2nd English Edition*, Progress Publishers, Moscow, 1965, 60–79.

LIEBOWITZ, Stan J., Margolis, Stephen E., *Winners, Losers & Microsoft. Competition and Antitrust in High Technology*, The Independent Institute, Oakland, CA, 1999.

LINDERT, Peter H.; WILLIAMSON, Jeffrey G., "English Workers' Living Standards During the Industrial Revolution: A New Look," in Mokyr, Joel (ed.), *The Economics of the Industrial Revolution*, Routledge, New York, NY, 2011, 177–205.

LOMMEL, Cookie, *Schwarzenegger. A Man with a Plan*, Heyne Verlag, Munich and Zürich, 2004.

LUNDBERG, Ferdinand, *The Rich and the Super-Rich. A Study in the Power of Money Today*, Lyle Stuart, New York, NY, 1968.

LUXEMBURG, Rosa, *Gesammelte Werke, Vol. 5*: Ökonomische Schriften, Berlin, 1975.

MADDISON, Angus, *Contours of the World Economy 1–2030 AD, Essays in Macro-Economic History*, Oxford University Press, New York, NY, 2007.

MAIER, Hans, *Politische Religionen. Die totalitären Regime und das Christentum*, Herder Verlag, Freiburg, Basel and Vienna, 1995.

MAIER, Hans (ed.), *Totalitarismus und Politische Religionen. Band III: Deutungsgeschichte und Theorie*, Schöningh Verlag, Paderborn, 2003.

MARCUSE, Herbert, *A Ideologia da Sociedade Industrial: O Homen Unidimensional*, Zahar Editores, Rio de Janeiro, 173.

MARGOLIN, Jean-Louis, "Cambodia: The Country of Disconcerting Crimes" in *The Black Book of Communism: Crimes, Terror, Repression*, Harvard University Press, Cambridge, MA., 1999, 577–635.

MARX, Karl, *Contribuição à Crítica da Economia Política*, Expressão Popular, São Paulo, 2008.

MARX, Karl, "Crítica do Porgrama de Gotha", Boitempo Editorial, São Paulo, 2012.

MARX, Karl, *Grundrisse. Esboços da crítica da economida política*, Boitempo Editorial, São Paulo, 2011.

MARX, Karl, *Capital. Volume I: Crítica da Economia Política,* London, Boitempo Editorial, São Paulo, 2013.

MARX, Karl, *Capital. Volume III*, Progress Publishers, Moscow, undated.

MARX, Karl, "Toward a Critique of Hegel's Philosophy of Right" in, *Karl Marx Selected Writings,* Hackett Publishing Company, Inc., Indianapolis, IN, 1994, 27–39.

MARX, Karl; ENGELS, Frederick, *Selected Works in Three Volumes. Vol. III.* Progress Publishers, Moscow, 1973.

MAVRAGANI, Amaryllis; NIKOLAOU, Ioannis E., Tsagarakis, Konstantino P., "Open Economy, Institutional Quality, and Environmental Performance: A Macroeconomic Approach," in *Sustainability 2016, 8, 601*, 1–13.

MCAFEE, Andrew, *The Surprising Story of How We Learned to Prosper Using Fewer Resources – and What Happens Next*, Scribner, New York, NY, 2019.

MCCLOSKEY, Deirdre Nansen; CARDEN, Art, *Leave Me Alone and I'll Make You Rich. How the Bourgeois Deal Enriched the World*, The University of Chicago Press, London and Chicago, IL, 2020.

MCDERMOTT, Kevin; AGNEW, Jeremy, *The Comintern: A History of International Communism from Lenin to Stalin*, Macmillan Press, London, 1996.

MCKENZIE, Richard B.; LEE, Dwight R., *In Defense of Monopoly. How Market Power Fosters Creative Production*, The University of Michigan Press, Ann Arbor, MI, 2008.

MEDVEDEV, Zhores A., "Environmental Destruction of the Soviet Union," *The Ecologist, Vol. 20, No. 1*, January/February 1990.

MEISSNER, Gerd, *SAP – Die heimliche Software-Macht. Wie ein mittelständisches Unternehmen den Weltmarkt erobert*, Hoffmann und Campe, Hamburg, 1997.

MELCHER, Jacqueline, "Kinderarbeit: Alarmierende Entwicklung laut UN-Studie" in *FAZ*, June 10, 2021: <https://www.faz.net/aktuell/wirtschaft/kinderarbeit-alarmierende-entwicklung-laut-un-studie-17380670.html>

MELTZER, Allan H., *Why Capitalism?*, Oxford University Press, New York, NY, 2012.

MÉNDEZ, Daniel Fernández, "The Real Relationship Between Capitalism and the Environment," in *Mises Wire*, December 1, 2018: <https://mises.org/ko/wire/real-relationship-between-capitalism-and-environment>

MÉNDEZ, Daniel Fernández, "The Real Relationship Between Capitalism and the Environment": ≤https://mises.org/wire/real-relationship-between-capitalism-and-environment>

MILLER, Terry; KIM, Anthony B.; ROBERTS, James M., *2021 Index of Economic Freedom*, The Heritage Foundation, Washington, DC, 2021.

MISES, Ludwig von, *Socialismo: Uma Análise Econômica e Sociológica*, Konkin, Rio de Janeiro, 2021.

MISES, Ludwig von, *The Anti-Capitalistic Mentality*, Liberty Fund, Indianapolis, IN, 1972.

MORE, Thomas, *The Utopia of Thomas More*, The MacMillan Company, New York, 1912.

MOYO, Dambisa. *Dead Aid: Why Aid is not working and How There Is A Better Way For Africa*. New York: Farrar, Straus and Giroux, 2009.

MUELLER, John, "Capitalism, Peace, and the Historical Movement of Ideas," in *International Interactions, 36*, 2010, 169–184.

NEFFE, Jürgen, *Marx. Der Unvollendete*, C. Bertelsmann, 3rd Edition, Munich, 2017.

NEUBAUER, Alexander, Ökofimmel. Wie wir versuchen, die Welt zu retten – und was wir damit anrichten, Deutsche Verlags Anstalt, Berlin, 2012.

NEUHÄUSER, Christian, *Reichtum als moralisches Problem*, Suhrkamp Verlag, Berlin, 2018.

NIEMIETZ, Kristian, "Der Mythos vom Globalisierungsverlierer. Armut im Westen," in Hoffmann, Christian, Bessard, Pierre (eds.), *Das Ende der Armut. Chancen einer globalen Marktwirtschaft*, Zürich, 2012, 141–159.

NIEMIETZ, Kristian, *Socialism. The Failed Idea That Never Dies*, Institute of Economic Affairs, London, 2019.

NISKANEN, William A.; MOORE, Stephen, "Supply-Side Tax Cuts and the Truth about the Reagan Economic Record," in *Cato Policy Analysis*, October 22, 1996.

NOCUN, Katharina, LAMBERTY, Pia, *Fake Facts. Wie Verschwörungstheorien unser Denken bestimmen*, Bastei Lübbe, Cologne, 2020.

NORBERG, Johan, *In Defense of Global Capitalism*, CATO Institute, Washington, DC, 2003.

NORBERG, Johan, *Financial Fiasco. How America's Infatuation with Homeownership and Easy Money Created the Economic Crisis*, Washington, DC, 2009.

NORBERG, Johan, *Progress: Ten Reasons to Look Forward to the Future*, Oneworld Publications, London, 2017.

OGILVY, David, *Confessions of an Advertising Man*, Atheneum, London, 1963.

Oxford Poverty & Human Development Initiative, Global MPI 2021.

PAGE, Benjamin I.; GILENS, Martin, *Democracy in America? What Has Gone Wrong and What We Can Do About It*, The University of Chicago Press, Chicago and London 2017.

PAGE, Benjamin I.; BARTELS, Larry M.; SEAWRIGHT, Jason, "Democracy and the Policy Preferences of Wealthy Americans," in *Cambridge University Press Perspectives on Politics, March 2013, Vol. 11, No. 1.*

≤https://www.cambridge.org/core/journals/perspectives-on-politics/article/abs/democracy-and-the-policy-preferences-of-wealthy-americans/B783EEF6785FEE093198ABED8D2C3D61>.

PALMER, Tom G., "Foreward" in Delsol, Jean-Philippe et al. (eds.), *Anti-Piketty. Capital for the Twenty-First Century*, Washington, DC, 2017, xi–xvi.

PASOLINI, Pier Paolo, "A Challenge to Television Network Executives" in *Corriere della Sera*, December 9, 1973.

PASOLINI, Pier Paolo, "Open Letter to Italo Calvino: From Pasolini—What I Feel Nostalgic About" in *Paese Sera*, July 8, 1974.

PASOLINI, Pier Paolo, "Don't Be Afraid To Have a Heart" in *Corriere della Sera*, March 10, 1975.

PETIT, Nicolas, *Big Tech and The Digital Economy. The Moligopoly Scenario*, Oxford University Press, Oxford, 2020.

PETTINGER, Tejvan, "Advantages and Disadvantages of Monopolies," *Economics Help*, October 4, 2020.
<https://www.economicshelp.org/blog/265/economics/are-monopolies-always-bad/>.

PETZINA, Dieter, *Autarkiepolitik im Dritten Reich. Der nationalsozialistische Vierjahresplan*, dva, Stuttgart, 1968.

PIKETTY, Thomas, *O Capital no século XXI*, Intrínseca LTDA., Rio de Janeiro, 2014.

PIKETTY, Thomas, *Capital e Ideologia*, Editora Intrínseca Ltda., Rio de Janeiro, 2020.

PINKER, Steven, *Enlightenment Now. The Case For Reason, Science, Humanism, And Progress*, Viking, New York, 2018.

PLUMPE, Werner, *Das kalte Herz. Kapitalismus: Die Geschichte einer andauernden Revolution*, Rowohlt Verlag, Berlin, 2019.

PLUMPE, Werner, "Die Logik des modernen Krieges und die Unternehmen: Überlegungen zum Ersten Weltkrieg," in *Jahrbuch für Wirtschaftsgeschichte 2015; 56 (2), 325–357.*

POLLEIT, Thorsten, *Der Antikapitalist. Ein Weltverbesserer, der keiner ist*, Finanzbuch Verlag, Munich, 2020.

POLLOCK, Frederick, "Is National Socialism a New Order?" in *Zeitschrift für Sozialforschung 9.3* (1941), 440-455.

PONCIANO, Jonathan, "The Forbes 400 Self-Made Score: From Silver Spooners To Bootstrappers," *Forbes.com*, September 8, 2020. <https://www.forbes.com/sites/jonathanponciano/2020/09/08/self-made-score/?sh=6a41b14d41e4>.

POPE FRANCIS, "Carta Encíclica Laudato Si' do Santo Padre Francisco sobre o Cuidado da Casa Comum," 2015. <https://www.vatican.va/content/francesco/en/encyclicals/documents/papa-francesco_20150524_enciclica-laudato-si.html>.

PRAKASH, Siddharth; DEHOUST, Günther; GSELL, Martin; SCHLEICHER, Tobias; STAMMINGER, Rainer, *Einfluss der Nutzungsdauer von Produkten auf ihre Umweltwirkung: Schaffung einer Informationsgrundlage und Entwicklung von Strategien gegen 'Obsoleszenz,'* Umweltbundesamt, Dessau-Roßlau 2016. <https://www.umweltbundesamt.de/publikationen/einfluss-der-nutzungsdauer-von-produkten-auf-ihre-1>

RABBINBACH, Anson, "Anti-Totalitarianism as Anti-Communism," in *Weltanschauung und Politik in Deutschland, Europa und den USA*, Wallstein Verlag, Berlin, 2017.

RAND, Ayn, *The Virtue of Selfishness. A New Concept of Egoism*, Signet, New York, NY, 1964.

RAND, Ayn, "America's Persecuted Minority" (1962), in: *Capitalism: The Unknown Ideal (50th Anniversary Edition). With Additional Articles by Nathaniel Branden, Alan Greenspan, and Robert Hessen*, New American Library, New York, NY, 1967, 40–62

RAVIER, Adrian; LEWIN, Peter, "The Subprime Crisis," in *Quarterly Journal of Austrian Economics, Vol. 15, No. 1*, 2012, 45–74.

REICH, Wilhelm, *Character Analysis. Third Enlarged Edition*, Pocket Books, New York, NY, 1976.

RHONHEIMER, Martin, "Ludwig Erhards Konzept der sozialen Marktwirtschaft und seine wettbewerbstheoretischen Grundlagen" in *Zeitschrift für Marktwirtschaft und Ethik 5* (2), 2017, 83–106.

RHONHEIMER, Martin, "Politik für den Menschen braucht weder 'christlich' noch 'sozial' zu sein" in Rausch, Bettina, Varga, Simon, *Christlich-soziale Signaturen. Grundlagen einer politischen Debatte*, edition noir, Vienna, 2020, 215–246.

RIES, Al; RIES, Laura, *The Fall of Advertising and the Rise of PR*, HarperCollins, New York, NY, 2002.

ROSDOLSKY, Roman, *Gênese e estrutura de O Capital de Karl Marx*, Contraponto Editora LTDA., Rio de Janeiro, 2001.

ROSLING, Hans; ROSLING, Anna; RÖNNLUND, Ola Rosling, *Factfulness: Ten Reasons We're Wrong About The World – And Why Things Are Better Than You Think*, Sceptre, London, 2018.

RUBIN, Paul, "Folk Economics," in *Southern Journal of Economics 70 (1)*, 2003, 157–171.

RUPRECHT, Götz; LÜDECKE, Horst-Joachim, *Kernenergie. Der Weg in die Zukunft*, TvR Medienverlag, Jena, 2018.

RYKLIN, Michail, *Kommunismus als Religion. Die Intellektuellen und die Oktoberrevolution*, Verlag der Weltreligionen im Insel Verlag, Frankfurt am Main / Leipzig, 2008.

SACHWEH, Patrick, *Deutungsmuster sozialer Ungleichheit. Wahrnehmung und Legitimation gesellschaftlicher Privilegierung und Benachteiligung*, also submitted as a doctoral dissertation at the University of Bremen 2009, Campus Verlag, Frankfurt am Main and New York, NY, 2009.

SAMLAND, Bernd M., Übersetzt du noch oder verstehst du schon? Werbe-Englisch für Anfänger, Herder Verlag, Freiburg i. Br. u.a. 2011.

SCHEIDEL, Walter, *The Great Leveler: Violence and the History of Inequality from the Stone Age to the Twenty-First Century*, Princeton University Press, Princeton, NJ, 2018.

SCHMIECHEN-ACKERMANN, Detlef (ed.), *"Volksgemeinschaft": Mythos, wirkungsmächtige soziale Verheißung oder soziale Realität im "Dritten Reich"? Zwischenbilanz einer kontroversen Debatte*, Ferdinand Schöningh Verlag, Paderborn, 2012.

SCHNEIDER, Gerald; GLEDITSCH, Petter, NILS (eds.), *Assessing the Capitalist Peace*, Routledge, London and New York, NY, 2015.

SCHOECK, Helmut. *Envy: A Theory of Social Behaviour*, Liberty Fund, Indianapolis, IN, 1966.

SCHOECK, Helmut, *Das Recht auf Ungleichheit*, 3rd Expanded Edition, Frankfurt, Berlin 1990.

SCHROEDER, Gertrude, "The Dismal Fate of Soviet-Type Economies: Mises was Right," in *Cato Journal, Vol. 11, No. 1*, 1991, 13–25.

SCHUMPETER, Joseph, *Teoria do Desenvolvimento Econômico*, Editora Nova Cultural Ltda., São Paulo, 1997.

SCHUMPETER, Joseph, *Capitalismo, Socialismo e Democracia*, Editora Fundo de Cultura, Rio de Janeiro, 1961.

SCHUMPETER, Joseph, "Unternehmerfunktion und Arbeiterinteresse," in Herzog, Lisa, Honneth, Axel (eds.), *Schumpeter, Joseph, Schriften zur Ökonomie und Soziologie*, Suhrkamp Verlag, Berlin, 2016, 222–240.

SCRUTON, Roger, *Fools, Frauds and Firebrands. Thinkers of the New Left*, Bloomsbury Continuum, London, 2019.

SHACKLETON, J.R. (ed.), *Top Dogs & Fat Cats. The Debate on High Pay*, Institute of Economic Affairs, London, 2019.

SHAPIRO, Bradley T., Hitsch, Günter J., Tuchmann, Anna E., "TV Advertising Effectiveness and Profitability: Generalizable Results from 288 Brands," in *Econometrica. Journal of the Econometric Society, Vol. 89, Issue 4*, July 2021, 1855–1879.

SHAW, George Bernard, *The Rationalization of Russia*, Indiana University Press, Bloomington, IN, 1964.

SHELLENBERGER, Michael, *Apocalypse Never. Why Environmental Alarmism Hurts Us All*, Harper Collins, New York, NY, 2020.

SIMON, Hermann, *True Profit! No Company Ever Went Broke Turning a Profit*, Copernicus, Bonn, 2021.

SLOTERDIJK, Peter, *You Must Change Your Life: On Anthropotechnics*, Polity Press, Cambridge, UK, 2013.

SMITH, Adam, *A Riqueza das Nações: Investigação sobre sua Natureza e suas Causas*, Editora Nova Cultural Ltda., São Paulo, 1996.

SMITH, Bradley A., "The Power of Money is Overrated," in *The New York Times*, February 29, 2016. <https://www.nytimes.com/roomfordebate/2016/02/25/does-money-really-matter-in-politics/the-power-of-politcal-money-is-overrated>

SNOW, Richard, *I Invented the Modern Age. The Rise of Henry Ford, Scribner*, Reprint Edition, New York, NY, 2013.

SOBANET, Andrew, *Generation Stalin. French Writers, the Fatherland, and the Cult of Personality*, Indiana University Press, Bloomington, Indiana, 2018.

SOMBART, Werner, *Der moderne Kapitalismus. Band III. Das Wirtschaftsleben im Zeitalter des Hochkapitalismus, Zweiter Halbband*, Duncker & Humblot, Berlin, 1969.

SOWELL, Thomas, *Intellectuals and Society. Revised and Enlarged Edition*, Basic Books, New York, NY, 2011.

SOWELL, Thomas, *Os Intelectuais e a Sociedade*, É Realizações Editora, Livraria e Distribuidora Ltda., São Paulo, 2011.

SOWELL, Thomas, *Discrimination and Disparities*, Basic Books, New York, NY, 2019.

STALIN, Joseph V., "The Seventh Enlarged Plenum of the E.C.C.I." in *Works, Vol. 9*, December 1926–July 1927, Foreign Languages Publishing House, Moscow, 1954, 37.

STALIN, Joseph V., "Political Report of the Central Committee to the Sixteenth Congress of the C.P.S.U.(B.)," June 27, 1930 in *Works, Vol. 12*, April 1929–June 1930, Foreign Languages Publishing House, Moscow 1954, 242–268.

STIGLITZ, Joseph, *The Great Divide. Unequal Societies and What We Can Do About Them*, W.W. Norton & Company, New York, NY, 2015.

STONE, Brad, *Amazon Unbound. Jeff Bezos and the Invention of a Global Empire*, Simon & Schuster, New York, NY, 2021.

The Economist, "Our crony-capitalism index: Planet Plutocrat," in *The Economist*, March 15, 2014. <https://www.economist.com/international/2014/03/15/planet-plutocrat>.

TEMPELMAN, Jerry H., "Austrian Business Cycle Theory and the Global Financial Crisis: Confessions of a Mainstream Economist," in *Quarterly Journal of Austrian Economics, Vol. 13, No. 1*, 2010, 3–15.

TILLESSEN, Carl, *Konsum. Warum wir kaufen, was wir nicht brauchen*, Harper Collins, Hamburg, 2020.

Transparency International, *Corruption Perceptions Index 2020.*
<https://www.transparency.org/en/cpi/2020/index/nzl>.

TRENTMANN, Frank, *Empire of Things: How We Became a World of Consumers, from the Fifteenth Century to the Twenty-First*, Penguin, London, 2017.

TSE-TUNG, Mao, *Citações do Presidente Mao Tse-tung*, Seara Vermelha, 2016.

TURNER JR., Henry Ashby, "Emil Kirdorf and the Nazi Party" in *Central European History Vol. 1 (December 1, 1968)*, 324–344.

TURNER JR., Henry Ashby, "Big Businss and the Rise of Hitler" in *The American Historical Review Vol. 75 No. 1 (October 1969)*, 56–70.

TURNER JR., Henry Ashby, *German Big Business and the Rise of Hitler*, Oxford University Press, Oxford & New York, NY, 1985.

UNICEF, "Kinderarbeit: Die 7 wichtigsten Fragen und Antworten": <https://www.unicef.de/informieren/aktuelles/blog/kinderarbeit-fragen-und-antworten/166982>.

VOEGELI, William, *Never Enough: America's Limitless Welfare State*, Encounter Books, New York, NY, 2010.

VOEGELIN, Eric, *The Political Religions*, in Voegelin, Eric, *Modernity Without Restraint: The Political Religions, The New Science of Politics, and Science, Politics, and Gnosticism (Collected Works of Eric Voegelin, Volume 5)*, University of Missouri Press, Columbia and London, 1999.

WAGENKNECHT, Sahra, *Die Selbstgerechten: Mein Gegenprogramm – für Gemeinsinn und Zusammenhalt*, Campus Verlag, Frankfurt am Main, 2021.

WALTER, Franz; MARG, Stine (eds.), *Sprachlose Elite? Wie Unternehmer Politik und Gesellschaft sehen*, BP-Gesellschaftsstudie, Rowohlt Verlag, Reinbek near Hamburg, 2015.

WANG, Xiaolu; GANG, Fan; JINGWEN, Yu, *Marketization Index of China's Provinces (Zhongguo fensheng shichanghua zhishu baogao)*, Social Sciences, Beijing, 2017.

WATKINS, Don; BROOK, Yaron, *Equal is Unfair. America's Misguided Fight Against Income Inequality*, St. Martin's Press, New York, NY, 2016.

WEEDE, Erich, "Frieden durch Kapitalismus. Eine Ergänzung und Alternative zum demokratischen Frieden," in *Internationale Politik IP*, July 2005, 65–73.

WEEDE, Erich, "Wirtschaftliche Freiheit. Hintergrundbedingungen, Auswirkungen und Gefährdungen," in *Wirtschaftspolitische Blätter 3–4*, 2014, 443–455.

WEEDE, Erich, "The Capitalist Peace and the Rise of China: Establishing Global Harmony by Economic Interdependence," in Schneider, Gerald, Gleditsch, Nils Petter (eds.), *Assessing the Capitalist Peace*, Routledge, London and New York, NY, 2015, 158–165.

WEEDE, Erich, "The Expansion of Economic Freedom and the Capitalist Peace," in Thompson, William R. (ed.), *Oxford Encyclopedia for Empirical International Relations Theory*, 2018, 820–836. ≤https://www.pollux-fid.de/r/cr-10.1093/acrefore/9780190228637.013.276>.

WEIMANN, Joachim; KNABE, Andreas; SCHÖN, Ronnie, *Geld macht doch glücklich. Wo die ökonomische Glücksforschung irrt*, Schäffer Poeschel Verlag, Stuttgart, 2012.

WEIMER, Wolfram, "Sogar Bill Gates setzt darauf: Warum Kernenergie wieder angesagt ist," in *Focus.de*, July 23, 2021. ≤https://www.focus.de/finanzen/nur-in-deutschland-gibt-es-kein-comeback-verblueffend-die-kernenergie-erlebt-ein--globales-comeback_id_13519732.html>.

WEMHEUER, Felix, *Der große Hunger. Hungersnöte unter Stalin und Mao*, Rotbuch Verlag, Berlin, 2012.

WENDLING, Z.A.; EMERSON, J.W.; DE SHERBININ, A.; ESTY, D.C., et al, *Environmental Performance Index 2020. Global metrics for the environment: Ranking country performance on sustainability issues*, Yale Center for Environmental Law & Policy, Yale University, New Haven, CT, 2020.

WERTH, Nicolas, "A State against its People: Violence, Repression, and Terror in the Soviet Union," in *The Black Book of Communism. Crimes, Terror, Repression*, Harvard University Press, London and Cambridge, MA, 1999, 33–268.

WILLIAMS, Walter E., "Environmentalists Are Dead Wrong," April 26, 2017. ≤https://www.creators.com/read/walter-williams/04/17/environmentalists-are-dead-wrong>.

WOODS JR., Thomas E., *Meltdown. A Free-Market Look at Why the Stock Market Collapsed, the Economy Tanked, and Government Bailouts Will Make*

Things Worse, Regnery Publishing, Washington, DC, 2009.

Wall Street Journal, "World's Dumbest Energy Policy. After giving up nuclear power Germany now wants to abandon coal," in *Wall Street Journal*, January 29, 2019. ≤https://www.wsj.com/articles/worlds-dumbest-energy-policy-11548807424>.

YORK, John, "Does Rising Income Inequality Threaten Democracy?" Poverty and Inequality Report, *The Heritage Foundation*, June 30, 2017. ≤https://www.heritage.org/poverty-and-inequality/report/does-rising-income-inequality-threaten-democracy>.

ZHANG, Weiying, *The Logic of the Market. An Insider's View of Chinese Economic Reform*, Cato Institute, Washington, DC, 2015.

ZHANG, Weiying, "China's future growth depends on innovation entrepreneurs," in *Journal of Chinese Economic and Business Studies, 15 (1)*, 2017, 19–40.

ZHANG, Weiying, *The Origin of the Capitalist Firm: An Entrepreneurial/Contractual Theory of the Firm*, Springer Nature, Singapore, 2018.

ZHANG, Weiying, "The China model view is factually false," in *Journal of Chinese Economic and Business Studies 2019.* ≤https://www.tandfonline.com/doi/abs/10.1080/14765284.2019.1663696>.

ZHANG, Weiying, *Ideas for China's Future*, Palgrave Macmillan, Singapore, 2020.

ZHANG, Weiying, "A paradigmatic change is needed for understanding the real market," in *China Economic Review Vol. 66 (C)*, 2021. <https://www.researchgate.net/publication/349085342_A_paradigmatic_change_is_needed_for_understanding_the_real_market>.

ZHANG, Weiying, "Market economy and China's 'common prosperity' campaign," in *Journal of Chinese Economic and Business Studies,* 2021, 1–15.

ZIEGLER, Jean, *Was ist so schlimm am Kapitalismus? Antworten auf die Fragen meiner Enkelin*, C. Bertelsmann, Munich, 2018.

ZITELMANN, Rainer, "Zur Argumentationsstrategie linker Umweltpolitik, in: 3 Aufsätze von einem Insider, der keine Lust mehr an dem Verein hat," N.P., 1977. <https://www.rainer-zitelmann.de/jahr-1977/>.

ZITELMANN, Rainer, "Zur Begründung des 'Lebensraum'-Motivs in Hitlers Weltanschauung, in Zitelmann, Rainer, *Hitler. Selbstverständnis eines Revolutionärs*, 5th Expanded Edition, Lau Verlag, Reinbek, 2017, 557–576.

ZITELMANN, Rainer, *The Wealth Elite. A Groundbreaking Study of the Psychology of the Super Rich*, LiD Publishing Limited, London 2018.

ZITELMANN, Rainer, *The Power of Capitalism*, LiD Publishing Limited, London, 2019.

ZITELMANN, Rainer, "Left-Wing Intellectuals Are Thrilled: Corona And Dreams Of the End of Capitalism," in *Forbes.com*, March 30, 2020. <https://www.forbes.com/sites/rainerzitelmann/2020/03/30/left-wing-intellectuals-are-thrilled-corona-and-dreams--of-the-end-of-capitalism/?sh=130c65d57420>

ZITELMANN, Rainer, *The Rich in Public Opinion: What We Think About When We Think About Wealth*, Cato Institute, Washington, DC, 2020.

ZITELMANN, Rainer, *Hitler's National Socialism*, Management Books 2000, Oxford, 2022.

ŽIŽEK, Slavoj, *A Left that Dares Speak Its Name: 34 Untimely Interventions*, Polity Press, London, 2020.

ŽIŽEK, Slavoj, "The Will Not To Know," August 24, 2020. <https://thephilosophicalsalon.com/the-will-not-to-know/>